Karl-Heinz Boeßenecker | Michael Vilain
Spitzenverbände der Freien Wohlfahrtspflege

Karl-Heinz Boeßenecker | Michael Vilain

Spitzenverbände der Freien Wohlfahrtspflege

Eine Einführung in Organisationsstrukturen
und Handlungsfelder sozialwirtschaftlicher
Akteure in Deutschland

2., überarbeitete Auflage

Bibliografische Information der Deutschen Nationalbibliothek

Die Deutsche Nationalbibliothek verzeichnet diese Publikation in der
Deutschen Nationalbibliografie; detaillierte bibliografische Daten sind
im Internet über http://dnb.d-nb.de abrufbar.

1. Auflage 1995
Neuausgabe 2005
2., überarbeitete Auflage 2013

© 1995 Votum Verlag Münster
© 2005 Juventa Verlag · Weinheim und München
© 2013 Beltz Juventa · Weinheim und Basel
www.beltz.de · www.juventa.de
Druck und Bindung: Beltz Bad Langensalza GmbH, Bad Langensalza
Printed in Germany

ISBN 978-3-7799-2502-6

Inhalt

Vorbemerkung zur Neuauflage

Zielgruppe des Lehrbuches sind Studierende in Studiengängen und Praktiker des Sozial- und Gesundheitswesens, aber auch zunehmend Studierende der zahlreichen Sozial- und Nonprofit-Management Studiengänge. Diese mit den Rahmenbedingungen ihrer (potentiellen) Berufspraxis vertraut zu machen, ist eine vordringliche Aufgabe sozial- und organisationswissenschaftlicher Lehrgebiete: Hierbei soll das Kunststück gelingen, beim Betreten bislang weitgehend unbekannter Gebiete Orientierungen zu ermöglichen, die über wichtige Strukturkenntnisse hinausgehend zugleich Neugier für eine kritische Beschäftigung mit den Bestands- und Entwicklungsbedingungen sozialwirtschaftlicher Organisationen wecken. Dies gilt umso mehr, als sich die Anbieter- und Trägerlandschaft im Bereich der sozialen und gesundheitlichen Dienste in den vergangenen Jahrzehnten substanziell verändert hat und sich weiter verändern wird. Die hier wirkenden Einflussfaktoren zu erkennen, wird deshalb zu einer zentralen Wissens- und Handlungskompetenz beruflicher Fachkräfte. U.a. ist zu sehen, dass vor allem die Spitzenverbände der Freien Wohlfahrtspflege mit substanziell neuen Herausforderungen konfrontiert sind, die eine bloße Fortschreibung traditionsbegründeter Politik- und Organisationskonzepte nicht mehr erlauben. Für die Hochschullehre stellt sich damit die Aufgabe, Studierende der Sozial- und Gesundheitswissenschaften bzw. fachverwandter Studiengänge mit diesen Veränderungsprozessen vertraut zu machen; denn verändern und beeinflussen lässt sich nur, was verstanden wird. Insbesondere sozial- und organisationswissenschaftliche Lehrgebiete sind hierbei besonders gefordert, ist ihr Erkenntnisinteresse doch unmittelbar auf diagnostizierbare Zusammenhänge zwischen persönlichem, organisationalem und gesamtgesellschaftlichem Handeln im Bereich der Sozial- und Gesundheitswirtschaft bezogen. Dass sich diese Interdependenzen zwischen Mikro-, Meso- und Makroebene interessen- und machtpolitisch geradezu als ein Ringen um Macht, Zuständigkeiten, Einflusszonen und deren Verteidigung entschlüsseln lassen, ist eine der spannenden Themen, zu denen dieses Lehrbuch Einschätzungen liefert. Auf dieser Basis die Frage nach der Zukunftsfähigkeit sozialer und gesundheitlicher Dienste stellen und Vorschläge in die Debatte einbringen zu können, ist ein weiterer von den Autoren beabsichtigter Lehr- und Lerneffekt dieses Lehrbuches. Im Bewusstsein, dass die hiermit verbundenen Themen und Fragestellungen bei Studierenden sozialer und pädagogischer Studiengänge in der Regel sich keiner großen Beliebtheit erfreuen, nehmen wir umso mehr diese Herausforderung an. Denn es gilt, die Kluft zwischen aktuellen studentischen Wahrnehmungsperspektiven und multikomplexen Anforderungen der Berufspraxis innerhalb der Hochschullehre anschlussfähig zu überbrücken.

Aus frühen Vorlesungsskripten zur Organisationsentwicklung wohlfahrtsverbandlicher Spitzenorganisationen entstand 1995 erstmals ein spezifisch auf diesen Trägerbereich fokussiertes, im damals noch existierenden Votum Verlag veröffentlichtes Lehrbuch. Wesentlich schneller als erwartet, endete die „Verfallszeit" des damals publizierten Textes. Die Wirkungsdynamik sich verändernder Handlungsbedingungen auf allen Ebenen sozialer und gesundheitlicher Dienste erforderte sehr schnell eine Aktualisierung. Mehrere Entwicklungen waren hierfür maßgeblich. So beispielsweise verabschiedete der Paritätische Wohlfahrtsverband ein neues Verbandsstatut, so wurden mit der Verabschiedung des Pflegeversicherungsgesetzes erstmals privat-gewerbliche Träger als prinzipiell gleichberechtigte Anbieter von Sozialer Arbeit anerkannt, so führte die Krise der öffentlichen Haushalte zu einer extern aufgezwungenen betriebswirtschaftlich orientierten Leistungsrechnung, so verstärkten europäische Rechtsregelungen den Trend zu mehr Wettbewerb und Konkurrenz auf dem Markt sozialer Dienste. Die aus diesen Aspekten vorgenommene Überarbeitung führte 1998 zu einer zweiten und erweiterten Auflage und 2005 zu einer Neubearbeitung des Lehrbuches. Inzwischen hat sich erneut die Ausgangslage entscheidend verändert. Viele Befunde der früheren Auflagen prägen inzwischen die wettbewerbliche Realität einer mittlerweile entstandenen und größer gewordenen Sozial- und Gesundheitswirtschaft. Zahlreiche der hier genannten Transparenz- und Entwicklungslücken sind heute überwunden, zumindest minimiert. Genauer und zugleich differenzierter geworden sind die wissenschaftlichen Befunde und Prognosen zur Rolle und zum Beitrag dieser Organisationen für das deutsche Sozialstaatsmodell. Erheblich verändert und verbessert hat sich inzwischen die Informationspolitik der Verbände gegenüber der Öffentlichkeit. Extern induzierte Transparenzanforderungen haben in Verbindung mit der Einführung neuer Informationstechnologien mittlerweile in vielen Bereichen zu einer offensiven Informationspraxis und Öffentlichkeitsarbeit geführt. Daten, die noch vor 20 Jahren als verbandsinterne „Geheiminformationen" gehandelt wurden, lassen sich heute auf den Internetseiten der Verbände abrufen; zuweilen verlangt dies durchaus ein detektivisches sozialwissenschaftliches Gespür. Gleichwohl bleibt das hierdurch vermittelbare Bild der Sozial- und Gesundheitswirtschaft diffus; viele Bäume sind zu sehen, ohne dass der Wald ins Blickfeld kommt. Was erneut fehlt, ist eine kritische Gesamtschau des hochkomplexen Systems des deutschen Anbietermarktes, in dem die Wohlfahrtsverbände eine zentrale Rolle spielen. Reif war deshalb die Zeit für eine komplette Neubearbeitung des Lehrbuches. Der nunmehr vorliegende und im Januar 2013 abgeschlossene Text bietet nicht nur orientierende und einführende Informationen, sondern nimmt neue Ausprägungsformen und Entwicklungspfade in der Sozial- und Gesundheitswirtschaft in den Blick. An dem Anspruch eines einführenden Lehrbuches wurde gleichwohl festgehalten, nämlich aus einer politisch-soziologischen-organisationalen Perspektive grundlegende Informationen und Einschätzungen über neuere Entwicklungen der Spitzenverbände Freier Wohlfahrtspflege u.a. sozialwirtschaftlicher Akteure zu präsentieren. Dabei spielen zunehmend auch Managementfragen eine eigenständige Rolle bei der Fortentwicklung der Verbände. Und ebenfalls wird auf dieser Basis kritisch die Frage gestellt, welche nachhaltigen Zukunftsperspektiven dieses System bietet bzw. bieten kann.

Wie im nachfolgenden Text deutlich wird, ist die Sozial- und Gesundheitswirtschaft in weiten Bereichen ein von Frauen geprägter Beschäftigungssektor. Es wäre dies ein Argument, bei der Nennung von Mitarbeitern durchgängig auch die weibliche Form zu verwenden. Um die Lesbarkeit des Textes nicht zu strapazieren, haben wir uns deshalb für die überwiegende Verwendung der Bezeichnung „Mitarbeitende" entschieden.

Die Neufassung des vorliegenden Textes erfolgte erstmals gemeinsam mit Michael Vilain, Professor für Betriebswirtschaftslehre und geschäftsführender Direktor des Instituts für Zukunftsfragen der Gesundheits- und Sozialwirtschaft der Evangelischen Hochschule Darmstadt (IZGS). Durch die gemeinsame Arbeit wurden veränderte Perspektiven bei der Einschätzung gegenüber dem Stand und Entwicklungsprozess sozialwirtschaftlicher Organisationen möglich. Diese Koautorenschaft markiert zugleich eine Stabübergabe bei der Bearbeitung sozialwirtschaftlicher Forschungs- und Entwicklungsfragen, die nach vielen erfolgreichen Jahren an anderen Hochschulen nunmehr in einem eigenen Forschungszentrum der Evangelischen Hochschule Darmstadt eine neue Heimat gefunden hat. Nach Erscheinen des Lehrbuches werden hier aktuelle Entwicklung in der Verbändelandschaft über eine besondere Internetplattform abrufbar sein: www.wohlfahrtsverband.net.

Gedankt sei allen, die sich beim Formulieren und Abwägen vorgenommener Positionen beteiligt und so zu dieser kompletten Neubearbeitung beigetragen haben. Insbesondere gilt dies für viele Mitarbeiter und Kolleginnen aus Verbänden und Wissenschaft, die durch ihre Insiderkenntnisse bei der Durchsicht des Manuskriptes wesentliche Sichterweiterungen anregten und uns vor groben Fehleinschätzungen bewahrten. Stellvertretend für viele sind zu nennen Dieter Ambronn, Heike von Bassewitz, Helga Blümel, Rainer Brückers, Prof. Dr. Volker Herrmann und Dr. Rudolf Martens.

Und ebenfalls zu danken haben wir den Mitarbeitern und Mitarbeiterinnen des Rotkreuz-Campus Kronberg/Ts. für die bereitgestellte Infrastruktur mehrerer durchgeführter Schreibklausuren. Ohne diesen entlastenden Rundumservice wäre es kaum möglich gewesen, die mit der Textfassung verbundenen Schreibarbeiten, internen Diskurse und Klärungsprozesse angemessen zu realisieren.

Karl-Heinz Boeßenecker und Michael Vilain

Kapitel 1
Themeneinführung –
Die Wohlfahrtspflege
in der Bundesrepublik

Historisch betrachtet prägen vier wesentliche Strukturprinzipien die Entwicklung der Wohlfahrtspflege in der Bundesrepublik Deutschland, die allerdings mit den beginnenden 1990er Jahren zunehmend erodieren. Bestand bis dahin neben der Existenz von öffentlichen und freien Trägern (Dualität) ein bedingter Handlungsvorrang frei-gemeinnütziger Träger (Subsidiarität und Verbändedominanz), in der Regel unter dem Dach bzw. als Teil spitzenverbandlicher Organisationen, so besteht heute eine zumindest formalrechtliche Wettbewerbsgleichheit mit anderen Dienstleistungsanbietern. Waren bis zur Einführung der Pflegeversicherung 1994 fast alle sozialgesetzlichen Leistungsbereiche durch eine weitgehend öffentliche Refinanzierung (Fehlkostenerstattung) verlässlich gesichert, so erfolgte mit der Umstellung auf eine prospektive und leistungsabhängige Finanzierung ein die Finanzierung und das Management sozialer Einrichtungen betreffender Paradigmenwechsel. Eingeleitet war mit diesen Entwicklungen das Ende des deutschen subsidiär geprägten Wohlfahrtskorporatismus, wie er sich im 19. Jahrhundert hatte herausbilden konnte und während der Weimarer Republik ab 1919 sozialgesetzlich verankerte. Die hiermit verbundenen ordnungspolitischen Strukturprinzipien erlebten in der Frühgeschichte der Bundesrepublik Deutschland eine regelrechte Renaissance, von der vor allem kirchliche Trägerorganisationen profitierten.[1] Im Kontext der 1990 stattgefundenen deutschen Wiedervereinigung wurden die wirtschaftlichen und politischen Rahmenbedingungen auf das frühere Staatsgebiet der Deutschen Demokratischen Republik übertragen. Dieser interessen- und machtpolitisch basierende Institutionentransfer bedeutete für die Umstrukturierung der sozialen Infrastruktur in den neuen Bundesländern eine weitgehende Adaption der westdeutschen Gestaltungsprinzipien Dualität, Subsidiarität,

---

1 Vgl.: Traugott Jähnichen (2010): Caritas und Diakonie im „goldenen Zeitalter" des bundesdeutschen Sozialstaats. Transformationen der konfessionellen Wohlfahrtsverbände in der 1960er Jahren. Kohlhammer Verlag. Stuttgart.

Korporatismus und öffentliche Subventionierung. Spezifische sozial-kulturelle Ausgangsbedingungen und politisch-zentralistisch ausgeformte Zuständigkeiten in der früheren DDR bedingten hierbei, dass diese Übernahme eines an sich fremden Systems keineswegs ungefiltert, sondern gleichermaßen handlungspragmatisch und ideologieskeptisch erfolgte.[2] In Verbindung mit einem unmittelbar bestehenden Handlungsdruck kam es deshalb schneller als in der alten Bundesrepublik zur Akzeptanz weiterer Trägerstrukturen und Akteure, auch außerhalb des freigemeinnützigen Bereichs.

Wenn auch die Produktion sozialer Dienstleistungen in der Bundesrepublik Deutschland heute immer noch in großem Maße durch die Träger und Einrichtungen der öffentlichen und Freien Wohlfahrtspflege erfolgt, so ist hiermit keineswegs der Gesamtbereich der hier stattfindenden Aktivitäten ausreichend erfasst. Viele der personenbezogenen sozialen Dienstleistungen realisieren sich in familiären Zusammenhängen und Nachbarschaftskontexten, deren Ausmaß und volkswirtschaftliche Bedeutung quantitativ und qualitativ nur unzureichend erfasst sind.[3] Hingegen liegen zur Tätigkeit der Verbände Freier Wohlfahrtspflege durchaus öffentlich zugängliche Daten vor, die eine genauere Beschreibung der jeweiligen Organisationsstrukturen, der Tätigkeitsfelder sowie der Relevanz von unterschiedlichen Werteorientierungen bei der Ausgestaltung von Sozialer Arbeit erlauben. Auch hat sich im Vergleich zum Informationsstand Mitte der 1990er die Datenlage über die Wohlfahrtsverbände beträchtlich verbessert; es sind keineswegs mehr nur zusammenfassende lexikalische Hinweise[4] oder wenige vorliegende

---

2   Vgl.: Susanne Angerhausen/Holger Backhaus-Maul/Claus Offe/Thomas Olk/Martina Schiebel (1998): Überholen ohne einzuholen. Freie Wohlfahrtspflege in Ostdeutschland. Westdeutscher Verlag. Opladen/Wiesbaden.

3   Zum Ausmaß des informellen Sektor siehe u.a.: Joseph Huber (1984): Die zwei Gesichter der Arbeit. Ungenutzte Möglichkeiten der Dualwirtschaft. S. Fischer Verlag. Frankfurt a.M. Brigitte Runge, Fritz Vilmar (1988): Handbuch Selbsthilfe. Verlag Zweitausendeins. Frankfurt a.M. Verein zur Förderung der Selbsthilfe und Selbstorganisation e.V. München (Hrsg.) (1992): Wirkungen, Evaluation und sozialpolitische Bewertung des Selbsthilfebereichs in München. Kosten-Nutzen-Analyse der volkswirtschaftlichen Rückflußeffekte und Wert der Freiwilligenarbeit in Selbsthilfe-Initiativen. München.

4   Vgl. hierzu: Dieter Kreft, Ingrid Mielenz (Hrsg.) ([4]1996): Wörterbuch Soziale Arbeit: Aufgaben, Praxisfelder, Begriffe und Methoden der Sozialarbeit und Sozialpädagogik. Juventa Verlag. Weinheim, München. Rudolph Bauer (Hrsg.) (1992): Lexikon des Sozial- und Gesundheitswesens. R. Oldenbourg Verlag. München. Deutscher Verein für öffentliche und private Fürsorge (Hrsg.) (1993): Fachlexikon der sozialen Arbeit. 3. Auflage. Eigenverlag. Frankfurt am Main. Hanns Eyferth u.a. (Hrsg.) (1987): Handbuch zur Sozialarbeit, Sozialpädagogik. Verlag Luchterhand. Darmstadt, Neuwied.

Standardwerke[5] die über diesen Bereich sozialer Dienstleistungen in der Bundesrepublik informieren. Hierzu beigetragen hat auch das veränderte und hauptsächlich durch neue sozialgesetzliche Dokumentationsanforderungen induzierte Informationsverhalten der Verbände gegenüber der Öffentlichkeit. Die noch Anfang der 90er Jahre konstatierte Intransparenz wohlfahrtsverbandlicher Aktivitäten[6] kann heute weitgehend als überwunden gelten, zumindest gilt dies für den Kern der damals vorgetragenen Kritik.

Weiterentwickelt hat sich ebenfalls der sozialwissenschaftliche Forschungsstand gegenüber den Wohlfahrtsverbänden. Die in der zweiten Auflage des Lehrbuches genannten Literaturverweise[7] sind um zahlreiche neue Studien zu ergänzen und belegen heute differenzierende Befunde[8]. Sie konzentrieren sich auf die Frage, welche Rolle den Wohlfahrtsverbänden im Konstituierungsprozess von Gesellschaft und Sozialstaat schlechthin zukommt und machen sich fest an den Stichworten Pluralismus, Neokorporatismus, Mediatisierung, Dritte-Sektor-Organisationen und Zivilgesellschaft.

---

5   Vgl.: Rudolph Bauer (1978): Wohlfahrtsverbände in der Bundesrepublik. Materialien und Analysen zu Organisation, Programmatik und Praxis. Ein Handbuch. Beltz Verlag. Weinheim und Basel. Karl-Heinz Boeßenecker (1995): Spitzenverbände der Freien Wohlfahrtspflege. Eine Einführung in Organisationsstruktur und Handlungsfelder. Votum Verlag. Münster.

6   Vgl.: infas-Sozialforschung (1993): Die Freie Wohlfahrtspflege im Spiegel der Öffentlichkeit. Expertenmeinungen und Bevölkerungsbefragung. Bonn. Juni 1993. Gerhard Heun (1981): Freie Träger in der sozialen Arbeit. In: Projektgruppe Soziale Berufe (Hrsg.): Sozialarbeit: Expertisen. Juventa Verlag. München. S. 140 ff.

7   Vgl.: Karl-Heinz Boeßenecker (1998): Spitzenverbände der Freien Wohlfahrtspflege. Votum Verlag. Münster, S. 12, Fußnote 7.

8   Beispielhaft hierzu: Rudolph Bauer (2001): Personenbezogene soziale Dienstleistungen. Westdeutscher Verlag. Wiesbaden. Adalbert Evers/Ulrich Rauch/Uta Stitz (2002): Von öffentlichen Einrichtungen zu sozialen Unternehmen. Sigma. Berlin. Klaus Grundwald (2001): Neugestaltung der Freien Wohlfahrtspflege. Management organisationalen Wandels und die Ziele der Sozialen Arbeit. Juventa Verlag. Weinheim und München. Chris Lange (2001): Freie Wohlfahrtspflege und europäische Integration. Zwischen Marktangleichung und sozialer Verantwortung. Eigenverlag Deutscher Verein. Frankfurt. Joachim Merchel (2003): Trägerstrukturen in der Sozialen Arbeit. Eine Einführung. Juventa. Weinheim und München. Adrian Ottnad/ Stefanie Wahl/Meinhard Miegel (2000): Zwischen Markt und Mildtätigkeit. Die Bedeutung der Freien Wohlfahrtspflege für Gesellschaft, Wirtschaft und Beschäftigung. Olzog Verlag. München. Rainer A. Roth (2002): Als Solidaritätsstifter unentbehrlich. Beitrag der Wohlfahrtsverbände zur Förderung von Bürgerengagement und Aufbau der Zivilgesellschaft. Lambertus Verlag. Freiburg i. Br. Reinhard Liebig (2005): Wohlfahrtsverbände im Ökonomisierungsdilemma. Lambertus Verlag. Freiburg i. Br. Heinz-Jürgen Dahme/Gertrud Kühnlein/Norbert Wohlfahrt (2005): Zwischen Wettbewerb und Subsidiarität. Wohlfahrtsverbände unterwegs in die Sozialwirtschaft. Edition Sigma. Berlin.

Für „Einsteiger" freilich bleiben diese Beiträge insofern unbefriedigend, als sie ein schon gebildetes sozialwissenschaftliches Verständnis voraussetzen. Ebenso verbessert, wenn auch nach wie vor unbefriedigend, ist die empirische Datenlage über die im Gesundheits- und Sozialsektor erbrachten Leistungen, die hier agierenden Personen und Institutionen sowie die damit verbundenen organisationalen Handlungsbedingungen. Die hierzu in diesem Lehrbuch präsentierten neuen Befunde können allerdings (noch) kein vollständiges Bild einer solchen ausstehenden Leistungsbilanz zeichnen, erweitern gleichwohl den empirischen Wissensstand eines schwer zugänglichen Sektors.

Auch eine zweite Gattung der vorliegenden Literatur ermöglicht „Anfängern" nur bedingt ein zeitgemäßes und vergleichendes Verständnis der Spitzenverbände. Es handelt sich hier entweder um ältere Veröffentlichungen[9], um Studien, die sich in differenzierter Weise auf die Entwicklung, Tätigkeit und Bewertung von Einzelverbänden konzentrieren[10] oder bestimmte bzw. allgemeine Aspekte der Modernisierung Freier Wohlfahrtspflege sowie von Non-Profit-Organisationen fokussieren.[11] Eine dritte Literaturgattung schließlich umfasst materialreiche wie affirmative Organisations- und Verbändedarstellungen[12] oder werbende, für die Öffentlichkeit bestimmte Informationsbroschüren.[13]

---

9   So Rudolph Bauer. A. a. O. 1978.

10 Beispielhaft hierzu: Heinrich Beyer, Hans G. Nutzinger (1991): Erwerbsarbeit und Dienstgemeinschaft. Arbeitsbeziehungen in kirchlichen Einrichtungen – Eine empirische Untersuchung. SWI-Verlag. Bochum. Joachim Merchel (1989): Der Deutsche Paritätische Wohlfahrtsverband. Seine Funktion im korporatistisch gefügten System sozialer Arbeit. Deutscher Studien Verlag. Weinheim. Peter Heimerl (1995): Wohlfahrtsverbände im Dritten Sektor. Entwicklung und Struktur der Arbeiterwohlfahrt Baden. Hartung-Gorre Verlag. Konstanz. Wolfgang Klug (1997): Wohlfahrtsverbände zwischen Markt, Staat und Selbsthilfe. Lambertus Verlag. Freiburg i. Br.

11 Beispielhaft hierzu: Christoph Badelt (Hrsg.) (1997): Handbuch der Nonprofit Organisation. Strukturen und Management. Schäffer-Poeschel Verlag. Stuttgart. Rainer Öhlschläger (1995): Freie Wohlfahrtspflege im Aufbruch. Ein Managementkonzept für soziale Dienstleistungsorganisationen. Nomos Verlag. Baden-Baden. Hans-Christoph Reiss (1993): Controlling und Soziale Arbeit. Luchterhand. Neuwied – Kriftel – Berlin. Annette Zimmer/Eckhard Priller (2007): Gemeinnützige Organisationen im gesellschaftlichen Wandel. Ergebnisse der Dritte-Sektor-Forschung. Verlag für Sozialwissenschaften. Wiesbaden.

12 Beispielhaft hierzu: Hans Flierl (1992): Freie und öffentliche Wohlfahrtspflege. Aufbau, Finanzierung, Geschichte, Verbände. 2. Auflage. Jehle Verlag. München.

13 Beispielhaft hierzu: Bundesarbeitsgemeinschaft der Freien Wohlfahrtspflege e. V. (Hrsg.) (2002): Die Freie Wohlfahrtspflege – Profil und Leistungen. Lambertus Verlag. Freiburg i. Br.; dgl. (2009): Die Freie Wohlfahrtspflege. Von Menschen für Menschen. Berlin; dgl. (2012): Jahresbericht 2011. Von Menschen für Menschen. Berlin.

Für Studierende des Sozialwesens an Hochschulen und anderen Ausbildungsstätten ist dies ein anhaltend unbefriedigender Zustand. Ebenso gilt dies für viele Fachkräfte anderer Professionen sowie für Quereinsteiger in sozialwirtschaftlichen Tätigkeitsbereichen. Sie machen in ihrer Alltagspraxis oftmals die Erfahrung, den als fremd empfundenen Verbandsstrukturen gleichermaßen relativ verständnislos wie einflusslos gegenüber zu stehen. Bedenkt man, dass trotz aller Veränderungen die Spitzenverbände der Freien Wohlfahrtspflege nach wie vor die maßgeblichen Arbeitgeber in der Sozial- und Gesundheitswirtschaft sind, drängt sich die Aktualisierung eines einführenden Lehrbuches geradezu auf. Schließlich wird in den jeweils vorzufindenden Institutionen und Organisationen u. a. nur dann eine fachlich hergeleitete Sozialarbeit und ein professionelles Management leistbar sein, sofern die damit einhergehenden Strukturen und Entscheidungsbedingungen von den professionellen Akteuren und denen, die es werden wollen, verstanden und im Kontext notwendiger Veränderungsprozesse aktiv aufgegriffen werden können.

Dieses Lehrbuch informiert über grundlegende Organisationsstrukturen der Spitzenverbände Freier Wohlfahrtspflege sowie weiterer neuer Träger in der Sozialwirtschaft. Zugleich werden Einschätzungen angeboten, die zu kritischen Rückfragen gegenüber den bisherigen Arrangements zwischen öffentlichen und freien Trägern anregen und ermutigen sollen. Gerade im Hinblick auf die stattfindenden und sich weiter zuspitzenden Verteilungskämpfe zwischen den Akteuren Sozialer Arbeit könnte der vorliegende Text die notwendige Debatte über nachhaltige und innovative Kooperations- und Organisationsformen in der Wohlfahrtspflege zusätzlich beleben. Konzeptionell bemüht sich das Lehrbuch deshalb um eine Mischform aus traditioneller Organisationslehre und kritischer Organisationssoziologie[14], was bedeutet, formale Strukturen immer auch in ihrem interessenpolitischen Zusammenhang zu sehen. Die Neuauflage trägt hierbei auch die Handschrift eines ökonomischen und betriebswirtschaftlichen Zugangs und trägt damit zu weiteren notwendigen Blickerweiterungen bei.

Im Zentrum der vorliegenden Veröffentlichung stehen die Spitzenverbände der Freien Wohlfahrtspflege auf Bundesebene. Die hier feststellbaren Charakteristika wohlfahrtsverbandlicher Handlungsmuster werden exemplarisch auch in ihren regionalen und lokalen Ausprägungsformen und den damit verbundenen Sonderwegen thematisiert. Vor Beginn der eigentlichen Organisationsbeschreibungen werden zunächst in einem einleitenden Text-

---

14 Zur Unterscheidung zwischen Organisations-, Verwaltungslehre und organisations-, verwaltungssoziologischer Orientierung siehe: R. Mayntz (1985): Soziologie der öffentlichen Verwaltung. C. F. Müller Juristischer Verlag. Heidelberg. Insbes. S. 2 ff.

teil die wesentlichen Grundprinzipien aufgegriffen, auf denen die Arbeit der Spitzenverbände basiert. Die Bedeutung subsidiärer Beziehungen wird hierbei ebenso thematisiert wie das Spannungsverhältnis zwischen grundgesetzlich formuliertem Sozialstaatsauftrag einerseits und einer von freien Verbänden durchgeführten Wohlfahrtspflege andererseits. Ein besonderes Augenmerk gilt der beschäftigungspolitischen Bedeutung der Wohlfahrtspflege.

Wodurch Deutscher Caritasverband, Diakonisches Werk, Deutsches Rotes Kreuz, Arbeiterwohlfahrt, Paritätischer Wohlfahrtsverband und die Zentrale Wohlfahrtsstelle der Juden in Deutschland jeweils charakterisiert sind und worin ihre Unterscheidungsmerkmale bestehen, ist Inhalt des Verbändeteils. Um insgesamt einen komparativen Zugang zu ermöglichen, erfolgt die Darstellung der Verbände nach einem gleichen „roten Faden". Behandelt werden die Bereiche

- Entstehung, Selbstverständnis und Mission,
- Verbandsaufbau und Organisationsstrukturen,
- Aufgabenbereiche, Arbeitsfelder und Arbeitsfelder sowie
- Resümee und Ausblick zur weiteren Organisationsentwicklung.

Neben diesen gemeinsamen Überschriften werden in den jeweiligen Verbandskapiteln durchaus unterschiedliche Fokussierungen vorgenommen, die in besonderer Weise verbandsspezifische Charakteristika betonen. Bei allen Ähnlichkeiten der Spitzenverbände sind bei diesen nämlich durchaus sehr eigene profilbildende Themen erkennbar. Es ist also keine willkürliche oder zufällige Pointe, dass im Textteil zur Arbeiterwohlfahrt dem sozialpolitischen Auftrag stärkeres Gewicht zukommt, zur Diakonie Themen der Kommunikation, Kooperation und Konzentration behandelt werden. Demgegenüber berücksichtigt das Kapitel zum DRK Aspekte einer historisch erzwungenen Hinwendung zur Wohlfahrtspflege. Der Text zur Caritas greift u. a. das mit der Amtskirche bestehende Spannungsverhältnis auf, während die Erörterungen zum Paritätischen Fragen verbandlicher Identitätsfindung im Spannungsfeld zwischen Servicefunktion und Anbieter sozialer Dienste fokussieren. Schließlich werden im Zusammenhang mit dem jüdischen Wohlfahrtsverband Aspekte von Kultur, Heimatlosigkeit und Integration thematisiert. Gleichwohl sind die Organisationsbeschreibungen nicht isoliert zu sehen. Zusammen zeichnen sie ein facettenreiches Gesamtbild des durch Verbände geprägten deutschen Sozialwesens in seinen historischen und gegenwärtigen Ausprägungen. So rekonstruiert sich Sozialgeschichte aus einem christlichen und jüdischen Blickwinkel ohne dabei das Bürgertum und die Arbeiterbewegung außen vor zu lassen. Ebenso rekonstruieren sich über die unterschiedlichen Fokussierungen zahlreiche Aspekte von Organisationsrealität und Managementfragen. Das Anliegen, die Verbände der

Wohlfahrtspflege gleichermaßen als Spezifikum und Teil eines Ganzen zu sehen, hat uns bewogen, in der Neuauflage auf verbandsspezifische Literaturanhänge zu verzichten.

Das Schlusskapitel des Buches befasst sich zusammenfassend mit der Frage nach den Zukunftsperspektiven des deutschen Systems der Wohlfahrtspflege. Die sich derzeit neu konstituierenden Rahmenbedingungen für die Erbringung sozialer Dienstleistungen werden sowohl aus der bundesdeutschen Perspektive als auch mit Blick auf europäische Herausforderungen behandelt. Gefragt wird hierbei nach der Bedeutung der Spitzenverbände für die Realisierung einer dem Gemeinwohl verpflichteten Sozialpolitik, den hiermit einhergehenden Legitimationskrisen, aber auch nach den Chancen, die Wohlfahrtsverbände möglicherweise bei der Herausbildung innovativer Entwicklungen haben (könnten).

Bezogen auf den Verbändeteil und den hierfür gewählten komparativen Zugang orientiert sich der vorliegende Text an einer überwiegend klassifikatorisch-typologischen Systematik. Die Diskussion über die gesellschaftliche Funktion der Verbände Freier Wohlfahrtspflege und ihr Verhältnis zu Staat und Markt und die damit einhergehenden sozialwissenschaftlichen Theorien werden hingegen im dritten Hauptteil aufgegriffen.

Mit der gewählten Systematik soll insbesondere Studierenden und Praktikern die Möglichkeit eröffnet werden, sich auf der Basis grundlegender Informationen und Bewertungen in eine komplizierte und selbst von Insidern schwer zu überschauende Materie einzuarbeiten. Darüber hinaus bietet der Text vielfältige Möglichkeiten zur vertiefenden Weiterarbeit und regt zu weiteren Studien an. Nicht zuletzt aber soll mit den vorgenommenen Positionierungen die Diskussion über die zukünftige Rolle und den Beitrag der Wohlfahrtsverbände in einem sich weiter entwickelnden Sozialstaat angeregt und bereichert werden. Einige der vorgenommenen Einschätzungen werden auf Widerrede stoßen, zu der ausdrücklich ermuntert wird.

Inhaltliche Reichweite und Absicht der vorliegenden Arbeit sind damit benannt. Abschließend gilt es noch auf eine weitere Relativierung hinzuweisen, die vor Missverständnissen und unnützen Scheindebatten bewahren soll. Die typologisch-klassifizierende Darstellung wohlfahrtsverbandlicher Strukturen und Arbeitsschwerpunkte bezieht sich primär auf die Ebene der bundesweit agierenden Dachverbände. Hiermit verbundene Aussagen und Bewertungen können nun keineswegs so interpretiert werden, dass die auf zentraler Ebene vorzufindenden Strukturen unmittelbar und generell auch die lokalen und regionalen Verbandsebenen bzw. deren Einrichtungen prägen. Die hier feststellbaren Wirkungsbeziehungen sind differenzierter, was nicht zuletzt an dem teilweise hohen Autonomiegrad der Lokalverbände liegt. Gleichwohl macht es einen Unterschied, ob ein Kindergarten oder eine Beratungsstelle in der Trägerschaft eines konfessionellen oder eines nicht konfessionsgebundenen Verbandes betrieben wird. Und nicht nur die Auseinandersetzungen um die Schwangerschaftskonfliktberatungsstellen innerhalb des Caritasverbandes wären neben vielen anderen Themen ein Beispiel für eine solche durchaus präjudizierende Wirkung spezifischer Verbandsstrukturen auf die Ausgestaltung von Sozialer Arbeit. Andererseits bestehen innerhalb gleicher Rahmenbedingungen zugleich aber auch vielschichtige und eigensinnige Ausprägungen von Sozialer Arbeit die zeigen, dass die Handlungsrationalität von sozialen Organisationen keineswegs immer und in jedem Fall mit der Handlungsrationalität ihrer Mitglieder übereinstimmt oder gar identisch ist.[15] Gerade deshalb stellt sich umso mehr die Aufgabe, den Zusammenhang zwischen Individuum und Organisation zu entdecken und möglichst zu rekonstruieren. Gelingt diese prekäre, nicht leicht lösbare Aufgabe, so können die beschriebenen Grundmuster wohlfahrtsverbandlicher Arbeit kaum in einem Gegensatz zu regionalspezifischen Abweichungen und Sonderheiten verstanden werden, sondern gerade als typische und mögliche Ausdrucksformen bestehender Grundmuster der jeweiligen Verbände!

---

15 Vgl.: Mancur Olson (1968): Die Logik des kollektiven Handelns. Kollektivgüter und die Theorie der Gruppen. Tübingen; Robert Presthus (1966): Individuum und Organisation. Typologie der Anpassung. S. Fischer Verlag. Frankfurt am Main.

Kapitel 2
Wohlfahrtspflege
in der Bundesrepublik

2.1 Freie und öffentliche Träger

In ihrem aktuellen Selbstverständnis ist die Freie Wohlfahrtspflege substanzieller Teil der demokratischen und sozialstaatlich verfassten Sozialordnung der Bundesrepublik Deutschland.[16] Hieraus folgende Aufgabenwahrnehmungen, Formen von Arbeitsteilung und Zuständigkeiten zwischen staatlichen Behörden und Wohlfahrtsverbanden basieren nicht zuletzt deshalb auf einer öffentlichen Subventionierung und weitgehenden sozialgesetzlich geregelten Refinanzierung ihrer Leistungen. Dass dem nicht immer so war, vielmehr in der Wiege der Freien Wohlfahrtspflege ganz andere Intentionen und Motivbündel wirkten, zeigt der Rückblick in die Entstehungszeit einer staatlichen Sozialpolitik und karitativen Wohlfahrtspflege während des 19. Jahrhunderts. Eingebettet in den verfassungsrechtlichen Rahmen einer konstitutionellen Monarchie ging es den damals Regierenden darum, den herrschaftsgefährdenden Einfluss einer wachsenden, sich sozialdemokratisch organisierenden Arbeiterschaft zu begrenzen bzw. zu neutralisieren. Als Mittel hierzu dienten gleichermaßen machtsichernde gesetzliche Interventionen und sozialpolitische Verbesserungen; Sozialistengesetz, gesetzliche Regelungen der Kranken-, Unfall- und Rentenversicherung, besondere Fürsorgebestimmungen und Armengesetze waren damit nur unterschiedliche Seiten einer gleichen Medaille. Ähnlich motiviert waren die caritativen Hilfsangebote der christlichen Wohlfahrtspflege, denn auch hier ging es nicht um Hilfe zur Selbsthilfe als vielmehr um die Durchsetzung volksmissionarischer Aufgaben mittels sozial-karitativer Integrationshilfen.[17] Einerlei,

---

16 Beispielhaft hierzu: Franz Spiegelhalter (1990): Der dritte Sozialpartner. Die Freie Wohlfahrtspflege – ihr finanzieller und ideeller Beitrag zum Sozialstaat. Lambertus Verlag. Freiburg im Breisgau. Bundesarbeitsgemeinschaft der Freien Wohlfahrtspflege 2002.

17 Vgl. hierzu u. a.: Dankwart Danckwerts (1978): Grundriß einer Soziologie sozialer Arbeit und Erziehung. Zur Bestimmung der Entwicklung von Sozialarbeit und Sozialpädagogik in der BRD. Beltz Verlag. Weinheim und Basel. Insbes. S. 55 ff. Richard

ob staatliche Sozialpolitik oder christliche Liebestätigkeit zielten beide ordnungspolitischen Facetten keineswegs auf eine grundsätzliche Veränderung kollektiver Armutslagen der lohnabhängigen Bevölkerung. Stattdessen stellte sich vor allem auf kommunaler Ebene die Aufgabe, qualitativ neue soziale Notstände, wie sie durch den massenhaften Zuzug einer proletarischen Armutsbevölkerung verursacht waren, sozial-kontrollierend zu bewältigen. Das in Preußen schon 1842 eingeführte Prinzip des Unterstützungswohnsitzes wurde durch das „Reichsgesetz über den Unterstützungswohnsitz" (UWG) 1871 verallgemeinert und ersetzte das traditionelle Heimatprinzip als Voraussetzung für den Erhalt von kommunalen Hilfeleistungen.[18] Was die Organisation der lokalen Armutsfürsorge betrifft, so orientierten sich viele Städte am „Elberfelder System"[19], das vor allem durch humanistisch-sozialreformerisch motivierte Personen der städtischen Bürgerschaft getragen und vom „Deutschen Verein für Armenpflege und Wohltätigkeit"[20] reichsweit propagiert wurde. Hierbei lag die Einschätzung zugrunde, dass weder eine ausschließlich christliche Liebestätigkeit eine Lösung des Bettler- und Vagabundenproblems erreichen könne, noch die zersplitterten und sich zahlreich gründenden Armenvereine in der Lage seien, diese Armutsprobleme organisatorisch zu bewältigen. Die Bemühungen zielten deshalb auf eine

Münchmeier (1981): Zugänge zur Geschichte der Sozialarbeit. Juventa Verlag. München. Insbes. S. 18 f., 26 ff. und 38 ff. Wangler 1998

18 Vgl. hierzu: Christoph Sachße, Florian Tennstedt (1988): Geschichte der Armenfürsorge in Deutschland. Band 2. Fürsorge und Wohlfahrtspflege 1871 bis 1929. Verlag W. Kohlhammer. Stuttgart, Berlin, Köln, Mainz, S. 23 ff.

19 Das „Elberfelder System" wurde 1853 in Wuppertal-Elberfeld eingeführt und war durch folgende Merkmale gekennzeichnet: Individualisierung der Unterstützungsleistungen, Dezentralisierung der Entscheidungskompetenzen auf die Ebene der Armenbezirke, ehrenamtliche Durchführung der Armenfürsorge und Zuständigkeit des Armenpflegers für ein bestimmtes Quartier. Vgl. u. a.: Rüdeger Baron (1983): Die Entwicklung der Armenpflege in Deutschland vom Beginn des 19. Jahrhunderts bis zum Ersten Weltkrieg. In: Rolf Landwehr, Rüdeger Baron (Hrsg.): Geschichte der Sozialarbeit. Hauptlinien ihrer Entwicklung im 19. und 20. Jahrhundert. Beltz Verlag. Weinheim und Basel, S. 11 ff.

20 Der „Deutsche Verein für Armenpflege und Wohlthätigkeit" wurde 1880/81 in Berlin auf Initiative des Deutschen Armenpflegekongresses gegründet. Die Gründungsmitglieder waren 93 Städte, 4 Provinzial- und Landarmenverbände, 11 freie Vereine und 79 Einzelpersonen. Auf das Angebot des Frankfurter Instituts für Gemeinwohl, die Kosten der Geschäftsstelle mitzufinanzieren, verlagerte der DV 1919 seinen Sitz von Berlin nach Frankfurt a. M. und änderte seinen Namen in „Deutscher Verein für öffentliche und private Fürsorge". Zur Entwicklung des DV vergleiche u. a.: Rolf Landwehr, Rüdeger Baron (Hrsg.) (1983): A. a. O. S. 28 ff. Christoph Sachße, Florian Tennstedt (1980): Geschichte der Armenfürsorge in Deutschland. Band 2. A. a. O. S. 142 ff. Nachrichtendienst des DV. Nr. 12.

Neuorganisation der Armenpflege unter öffentlicher Leitung, der sich die private Wohltätigkeit ergänzend zuordnen sollte. All diesen Aktivitäten fehlte es zunächst an sozialstaatlichen und auf die Durchsetzung von demokratischen Teilhaberechten gerichteten Intentionen. Soziale Arbeit respektive Wohlfahrtspflege war stattdessen geprägt durch eher gegenläufige Optionen. Christliche, volksmissionarische Interventionen zielten mit ihren Hilfsangeboten auf eine Bekämpfung und Eindämmung von als gefährlich angesehenen gesellschaftlichen Säkularisierungstendenzen, dies vor allem in der Arbeiterschaft. Staatliche Maßnahmen waren überwiegend polizeirechtliche und ordnungspolitisch intervenierende Aktionen eines obrigkeitsstaatlichen Fürsorgekonzeptes, dem die Kategorie des mündigen Staatsbürgers noch fremd war. Gegenüber einer sich sozialdemokratisch formierenden Arbeiterschaft galt das Konzept von Zuckerbrot und Peitsche als probates Gegenmittel. Abseits dieser christlich oder staatlich induzierten sozialen Arbeit gab es durchaus auch bürgerliche Mäzenaten sowie Unternehmerpersönlichkeiten, die im Bewusstsein einer wahrzunehmenden gesellschaftlichen Verantwortung soziale Einrichtungen forderten bzw. initiierten. Unabhängig, ob es sich hierbei um den Ausbau einer Werksfürsorge oder die Förderung lokaler Krankenanstalten handelte, blieben diese herausragenden Einzelaktivitäten für die Ausgestaltung einer sozialen Infrastruktur weitgehend folgenlos.

Sozialstaatliche Optionen und bürgerrechtliche Vorstellungen gewinnen erst nach dem 1. Weltkrieg im Zusammenhang mit der Novemberrevolution 1918, dem Zusammenbruch der Monarchie und der Konstituierung der Weimarer Republik als demokratischem Verfassungsstaat ab 1919 prägenden Einfluss auf die Gestaltung des politischen Gemeinwesens.

Gleichwohl war dieser gesellschaftspolitische Systemumbruch nicht gleichbedeutend mit einer „Stunde Null". Die Ausgestaltung einer nunmehr in staatlicher Verantwortung liegenden und auf die Durchsetzung von demokratischen Teilhaberechten zielenden öffentlichen Wohlfahrt musste deshalb notwendiger Weise an vorhandenen Strukturen ansetzen und bisherige Arbeitsteilungen zwischen staatlichen und freien Trägern berücksichtigen. Programmiert war damit der Konflikt zwischen polarisierenden ordnungspolitischen Vorstellungen und damit verbundenen Zuständigkeiten für die Wohlfahrts- und Armenpflege.[21] Dieser Subsidiaritätsstreit weist nicht nur ein spezifisch deutsches Muster auf, sondern hatte ebenso für den weiteren Verrechtlichungsprozess in der Wohlfahrtspflege entscheidende Folgen. Die

---

21 Vgl. u. a.: Wirtschafts- und Sozialwissenschaftliches Institut des Deutschen Gewerkschaftsbundes (Hrsg.) (1981): Seit über einem Jahrhundert…: Verschüttete Alternativen in der Sozialpolitik. Bund-Verlag Köln.

in der Weimarer Verfassung dem Staat zugewiesene Gesetzgebungskompetenz für das Armenwesen, die Wandererfürsorge, Jugendfürsorge, das Gesundheitswesen und die Fürsorge für die Kriegsteilnehmer[22] war nämlich aus der Sicht der freien (nicht-staatlichen) Verbände mit der Gefahr verbunden, aus diesen Handlungsbereichen verdrängt zu werden oder zumindest aber ihre bisherige Eigenständigkeit zu verlieren. Im Kern betroffen waren hiervon vor allem die konfessionellen Verbände, die mit verstärktem Lobbyismus einerseits und der Zentralisierung ihrer Verbands- und Organisationsstrukturen andererseits auf diese veränderten Rahmenbedingungen reagierten. Das Ziel war ein doppeltes: Zum einen ging es um eine bessere Koordinierung und Zusammenfassung der jeweiligen Binnenaktivitäten und zum anderen um ein interessenpolitisch abgestimmtes Verhalten der Freien Wohlfahrtspflege gegenüber staatlichen Instanzen. In der Weimarer Fürsorgegesetzgebung führten diese Entwicklungen zu einer veränderten Rolle der Verbände Freier Wohlfahrtspflege, die durch die Reichsverordnung über die Fürsorgepflicht (RFV) 1924 nicht nur in ihrer Eigenständigkeit ausdrücklich gestärkt wurden, sondern darüber hinaus einen Handlungsvorrang gegenüber der öffentlichen Fürsorge erhielten.[23] Diese einflussreiche Position der Freien Wohlfahrtspflege konnte weniger Jahre später unter dem unscheinbaren Namen „Wohlfahrtsrente" weiter ausgebaut werden. Mit der dritten Verordnung zur Durchführung des Gesetzes über öffentliche Anleihen vom Dezember 1926[24] wurden Einrichtungen der Reichsspitzenverbände der Freien Wohlfahrtspflege auf Antrag hin staatliche, nicht rückzahlbare Zuschüsse (Wohlfahrtsrente) gewährt. Diese Förderung blieb exklusiv auf die Reichsspitzenverbände sowie den Hauptausschuss der Arbeiterwohlfahrt begrenzt, öffentliche Träger waren von einer Förderung ausgeschlossen. Für die weitere Ausgestaltung der Wohlfahrtspflege in Deutschland war dies von außerordentlicher Bedeutung, weil diese subsidiären Regelungen keineswegs auf die Periode der Weimarer Republik begrenzt blieben. In der frühen Sozialgesetzgebung der Bundesrepublik Deutschland wurden diese Ordnungs-

---

22 Vgl.: Die Verfassung des Deutschen Reiches (Weimarer Verfassung) vom 11. August 1919. Art. 7, Punkt 5, 7, 8und 11.
23 Vgl.: Reichsverordnung über die Fürsorgepflicht – RFV vom 13. Februar 1924. Insbes. § 5, Absatz 1, 2 und 5.
24 Vgl.: Dritte Verordnung zur Durchführung des Gesetzes öffentlicher Anleihen vom 4. Dezember 1926 – RGesBl. I S. 494. 1. Abschnitt. Die soziale Wohlfahrtsrente. Nach § 8 zählten zu den damaligen Spitzenverbänden: Zentralausschuss für die innere Mission der deutschen ev. Kirche, Deutscher Caritasverband, Zentrale Wohlfahrtsstelle der deutschen Juden, Deutsches Rotes Kreuz, Fünfter Wohlfahrtsverband, Hauptausschuss für Arbeiterwohlfahrt und Zentraler Wohlfahrtsausschuss der christlichen Arbeiterschaft.

prinzipien erneut aufgegriffen und im BSHG[25] und JWG[26] verankert. Die Debatte hierüber erfolgte keineswegs konfliktfrei, sondern erneut im heftigen Streit über das Verhältnis und die Kompetenzen von öffentlicher Fürsorge und Freier Wohlfahrtspflege. Vorläufig entschieden wurde dieser Konflikt durch die Entscheidung des BVerfG 1967[27], der Freien Wohlfahrtspflege einen bedingten Handlungsvorrang einzuräumen. Insbesondere aus der Sicht der konfessionellen Wohlfahrtsverbände wurde hieraus ein verfassungsrechtlich begründeter Bestandsschutz der freigemeinnützigen Wohlfahrtspflege abgeleitet und der Ausbau nicht-staatlicher Trägerschaften begründet. Eine Entwicklung, von der vor allem die kirchlichen Trägerorganisationen profitierten.[28] Das Verhältnis zwischen öffentlicher und Freier Wohlfahrtspflege wurde hierdurch gleichwohl nicht wirklich gelöst oder entspannt. Nicht nur die in den späten 1960er Jahren erneut proklamierte und durch den Regierungswechsel 1969 scheinbar in greifbare Nähe gerückte Realisierungsmöglichkeit einer stärkeren öffentlichen Gestaltung der Wohlfahrtspflege, sondern ebenso die sich verschärfende Kritik an der Politik der etablierten Wohlfahrtsverbände heizten den Streit neu an.[29] Die Debatten kulminierten in einer lang anhaltenden Jugendhilferechtsreform, die schließlich mit dem 1990 verabschiedeten SGB VIII (Kinder- und Jugendhilfegesetz) einen vorläufigen Abschluss fanden. Tangiert war hierbei auch das bisherige Subsidiaritätsprinzip mit seiner ausgeprägten verbändezentrierten Vorrangstellung der freigemeinnützigen Wohlfahrtspflege. Wenn zwar (noch) nicht gänzlich abgelöst, so doch deutlich modifiziert wurde dieses subsidiäre Verhältnis zwischen öffentlichen und freien Trägern durch den Terminus der „partnerschaftlichen Zusammenarbeit", der dem öffentlichen Träger eine

---

25 Vgl.: Bundessozialhilfegesetz vom 30. Juni 1961 (BSHG). §§ 2, 8, 10, 93 und 95.

26 Vgl.: Gesetz für Jugendwohlfahrt vom 11. August 1961 (JWG). §§ 2, 5, 8, 9, 12, 13 bis 16, 18 und 37.

27 Vgl.: Urteil des BVerfG vom 18.7.1967. Nähere Informationen siehe im Textabschnitt „Subsidiarität".

28 Vgl.: Traugott Jähnichen: Caritas und Diakonie im „goldenen Zeitalter" des bundesdeutschen Sozialstaats. Transformationen der konfessionellen Wohlfahrtsverbände in den 1960er Jahren. Kohlhammer Verlag. Stuttgart.

29 Vgl. u. a.: Rüdeger Baron, Kristin Dyckerhoff, Rolf Landwehr, Hans Nootbaar (Hrsg.) (1978): Sozialarbeit zwischen Bürokratie und Klient – Die Sozialpädagogische Korrespondenz 1969–1973 (Reprint) – Dokumente der Sozialarbeiterbewegung. Hrsg. Sozialistisches Büro. Offenbach. Initiative Jugendpolitisches Forum (Hrsg.) (1975): Dokumentation Jugendpolitisches Forum in Frankfurt. Fachhochschule für Sozialarbeit 6.–8. Dezember 1974. Arbeitsgemeinschaft für Jugendhilfe (AGJ), Fachhochschule für Sozialarbeit und Sozialpädagogik Berlin (1983): 60 Jahre für Jugendwohlfahrt 1922–1982. Bonn. E. Jordan, J. Münder (Hrsg.) (1987): 65 Jahre Reichsjugendwohlfahrtsgesetz – ein Gesetz auf dem Weg in den Ruhestand. Votum Verlag. Münster. J. Münder; D. Kreft (Hrsg.) (1990): Subsidiarität heute. Votum Verlag. Münster.

eindeutige Planungs- und Entscheidungsverantwortung zuwies und damit bisherige Handlungsoptionen freigemeinnütziger Träger einengte.[30]

Eine hiervon unabhängige und scheinbar widersprüchliche Entwicklung vollzog sich durch den Auflösungsprozess der früheren DDR und dem deutschen Einigungsprozess ab 1990. Im Zuge eines stattfindenden Institutionentransfers konnten hierbei die westdeutschen Wohlfahrtsverbände nicht nur ihren geografischen Aktionsraum gesamtdeutsch ausweiten, sondern darüber hinaus eine rechtliche Verankerung des Subsidiaritätsprinzips durchsetzen.[31] Auch wenn die im Einigungsvertrag ausdrücklich anerkannte Bedeutung der Freien Wohlfahrtspflege für die neuen Bundesländer einem Systembruch gleichkam und die in der DDR nach 1949 geschaffenen Traditionen radikal veränderten, blieb der Ausbau freigemeinnütziger Verbände zunächst hinter den eigenen Erwartungen zurück.[32]

Weitere Veränderungen im Verhältnis von öffentlichen Trägern und den Wohlfahrtsverbänden vollzogen sich in den 1990er Jahren. Hier ist es vor allem eine sich allmählich durchsetzende veränderte Sichtweise von Staatsfunktionen, damit verbundener Aufgaben und Zuständigkeiten, die das bisherige Zusammenwirken von Staat und Wohlfahrtsverbände in Frage stellen, zumindest aber empfindlich berühren. Ebenso wirkte die Debatte um ein New Public Management, Neue Steuerungskonzepte und damit verbundene Vorstellungen bzw. Konzepte zu den Anforderungen an eine öffentliche Leistungserbringung.[33] Was sich ankündigte war ein weiterer Paradigmenwechsel, der auf eine gänzlich andere Form der Leistungserbringung

---

30 Kinder- und Jugendhilfegesetz vom 26. Juni 1990 (KJHG). §§ 3, 4, 5, 8, 9, 11, 36, 71, 74, 78 und 80.

31 Vertrag zwischen der BRD und der DDR über die Herstellung der Einheit Deutschlands (Einigungsvertrag) vom 31. August 1990. Artikel 32 Freie und gesellschaftliche Kräfte.

32 Vgl. u. a.: Jürgen Blandow, M. Tangemann (1998): Von der christlichen Liebestätigkeit zum Wohlfahrtsverband. Caritas und Diakonie der ehemaligen DDR der Transformation. Beispiele aus Rostock. In: Bauer (Hrsg.): Sozialpolitik in deutscher und europäischer Sicht. A. a. O.; Susanne Angerhausen u. a.

33 Vgl. u. a.: Rolf Krähmer (1992): Das Tilburger Modell der Verwaltungsmodernisierung und Verwaltungsführung. Hrsg. Sozialdemokratische Gemeinschaft für Kommunalpolitik Nordrhein-Westfalen e. V. Düsseldorf. Bertelsmann Stiftung (1995): Neue Steuerungsmodelle und die Rolle der Politik. Dokumente eines Symposiums. Gütersloh. Holger Backhaus-Maul/Thomas Olk (1995): Von Subsidiarität zu „outconracting". Zum Wandel der Beziehungen zwischen Staat und Wohlfahrtsverbänden in der Sozialpolitik. Köln; Kommunale Gemeinschaftsstelle für Verwaltungsvereinfachung – KGSt (1994): Bericht Nr. 9/1994: Outputorientierte Steuerung in der Jugendhilfe. Köln. Karl-Heinz Boeßenecker/Achim Trube/Norbert Wohlfahrt (Hrsg.) (2000): Privatisierung im Sozialsektor. Rahmenbedingungen, Verlaufsformen und Probleme der Ausgliederung sozialer Dienste. Votum Verlag. Münster.

zielte. Die Einführung von Wettbewerbselementen bei der Förderung sozialer Dienste sowie das Insistieren auf eine transparente und qualitätsorientierte Leistungserfüllung bildeten die wesentlichen Eckpfeiler. Rückblickend lassen sich diese Entwicklungen im Sozialleistungsrecht insbesondere an folgenden Veränderungen festmachen:

- In der Pflegeversicherung 1994 (SGB XI) fällt die Unterscheidung zwischen freigemeinnützigen und privat-gewerblichen Trägern. Die von Leistungserbringern unterhaltenen Pflegeeinrichtungen werden als wirtschaftliche Einrichtungen definiert, der bisherige in anderen Sozialleistungsgesetzen vorgesehene Handlungsvorrang der Freien Wohlfahrtspflege wird nicht übernommen (§ 72 SGB XI).
- Mit der 1996 vorgenommenen Novellierung des Bundessozialhilfegesetzes (BSHG) wird die bisherige Vorrangstellung der frei-gemeinnützigen Verbände aufgelöst und durch mit Trägern zu vereinbarende Leistungen über Inhalt, Umfang und Qualität der Maßnahmen sowie die hierfür zu entrichtenden Entgelte ersetzt (§ 93 BSHG).
- Vergleichbare Veränderungen zeigt die im April 1998 erfolgte Novellierung des Kinder- und Jugendhilfegesetzes (SGB VIII, §§ 78a–78g). Abgelöst wird das bis dato bestehende Prinzip der Selbstkostendeckung durch nunmehr zu treffende Leistungs- und Entgeltvereinbarungen. Aufgegeben wird die privilegierte Stellung freier Träger bzw. der Freien Wohlfahrtspflege; zumindest formalrechtlich kommt es zu einer Gleichstellung aller Leistungsanbieter, unabhängig von ihrer jeweiligen Rechtsstellung.
- Die im Dezember 2003 verabschiedete und ab 1.1.2005 vollzogene Einordnung des Sozialhilferechts in das Sozialgesetzbuch (SGB) sowie das neue SGB XII markieren den generell vorgenommenen sozialpolitischen Paradigmenwechsel zum Konzept des „Förderns und Forderns"[34] Genannte neue vertraglich abzuschließende Leistungsvereinbarungen werden in alle Bereiche des Sozialrechts übertragen.[35]

Wie zu sehen, sind dem bis in die 1990er Jahre bestehenden deutschen System der Freien Wohlfahrtspflege inzwischen gänzlich neue Stellschrauben zugefügt worden, die zu einer deutlichen Erosion der früheren Vorrangstel-

34 Vgl.: Sozialgesetzbuch II – Grundsicherung für Arbeit Suchende – Vom 24. Dezember 2003. BGBl. I S. 2954; Sozialgesetzbuch XII – Sozialhilfe – Vom 27. Dezember 2003. BGBl. I S. 3022.
35 Vgl.: Walter Schellhorn (2004): Einordnung des Sozialhilferechts in das Sozialgesetzbuch – das neue SGB XII. In: Nachrichtendienst des Deutschen Vereins für öffentliche und private Fürsorge. Heft 5, S. 174.

lung der deutschen Spitzenverbände führten. Gleichwohl dominieren die Spitzenverbände der Freien Wohlfahrtspflege – wenn auch nicht mehr unangefochten – den Markt sozialer Dienstleistungen. Insbesondere als Teil kirchlicher Organisationsstrukturen und damit einhergehender Zwecke verfügen sie zudem über verfassungsrechtliche Schutzgarantien und Ressourcenzugänge, die anderen Organisationen nicht oder nur sehr eingeschränkt zugänglich sind.[36]

2.2 Das Subsidiaritätsprinzip

Etymologisch ist der Begriff „Subsidiarität" lateinischer Herkunft. Der Duden beschreibt hiermit ein „gesellschaftliches Prinzip, nach dem übergeordnete gesellschaftliche Einheiten (bes. der Staat) nur solche Aufgaben übernehmen sollen, zu deren Wahrnehmung untergeordnete Einheiten (bes. die Familie) nicht in der Lage sind", das Adjektiv „subsidiarisch" bedeutet hierbei „a) unterstützend, Hilfe leisten; b) behelfsmäßig, als Behelf dienend".[37] Nach lexikalischer Definition beschreibt Subsidiarismus „die Lehre, das Gemeinschaftsleben sei nur dann in rechter Weise geordnet, wenn die jeweils übergeordnete Gemeinschaft nur die Aufgaben an sich zieht, die von der untergeordneten nicht erfüllt werden können", woraus ein notwendiger Weise föderalistischer Staatsaufbau gefolgert wird.[38] Was unter Subsidiarität/Subsidiarismus zu verstehen ist, scheint damit klar und eindeutig zu sein und auf allgemeine Zustimmung zu treffen. Die übergeordneten Gemeinschaften sollen die Wirkungsmöglichkeiten der untergeordneten anerkennen, zentrale Instanzen sollen nur solche Aufgaben wahrnehmen, die kleinere Gemeinschaften nicht erfüllen können, die Eigenkompetenz von Personen, Gruppen, gesellschaftlichen Organisationen und Verbänden soll gestärkt werden, der Staat soll nur dann tätig werden, wenn andere nicht in der Lage sind,

---

36 GG, Art. 123 und Art. 140, Weimarer Verfassung Art. 136–139 und 141. Siehe auch: Matthias Branahl, Winfried Fuest (1995): Kirchensteuer in der Diskussion. Hrsg.: Institut der deutschen Wirtschaft. Beiträge zur Wirtschafts- und Sozialpolitik Nr. 224. Deutscher Institutsverlag. Köln. Prof. Leisner (1990): Staatliche Rechnungsprüfung Privater unter besonderer Berücksichtigung der Freien Wohlfahrtspflege. Schriften zum Öffentlichen Recht, Band 585. Verlag Duncker & Humblot. Berlin. Ebd. (1991): Staatliche Rechnungsprüfung kirchlicher Einrichtungen unter besonderer Berücksichtigung der karitativen Tätigkeit. Ebd., Band 600. Berlin.

37 Duden Fremdwörterbuch. Sechste, auf der Grundlage der amtlichen Neuregelung der deutschen Rechtschreibung überarbeite und erweiterte Auflage. Herausgegeben und bearbeitet vom Wissenschaftlichen Rat der Dudenredaktion. Mannheim 1997. S. 780.

38 DTV-Lexikon. Band 17. München 1979. S. 341.

öffentliche Aufgaben wahrzunehmen.[39] Bei allen begrifflichen Übereinstimmungen und einem breiten gesellschaftlichen Konsens liegt aber auch hier der Teufel im Detail. Denn zu sehen ist, dass je nach Blickwinkel und Interessenlage durchaus unterschiedliche Varianten des Subsidiaritätsprinzips favorisiert werden.[40]

So versteht die Katholische Kirche unter Subsidiarität eine vorrangige, möglichst durch katholische Verbände ausgeübte Handlungskompetenz gegenüber staatlichen Zuständigkeiten und Institutionen. Besondere Bedeutung haben hierbei die päpstlichen Sozialenzykliken Rerum novarum – Über die Arbeiterfrage (Leo XIII. 1891), Quadrogesimo anno – Über die Gesellschaftsordnung (Pius XI. 1931), Laborem exercens – Über die menschliche Arbeit (Johannes Paul II. 1981) sowie Centessimus annus – Zum 100. Geburtstag der Enzyklika Rerum Novarum (Johannes Paul II. 1991). Erweitert um den neuen Welt-„Katechismus der Katholischen Kirche"[41] von 1993 bilden diese Dokumente das „sozialpolitische Grundgesetz" der Katholischen Kirche. Nicht nur erklären sie das Subsidiaritätsprinzip zum obersten Grundsatz der katholischen Gesellschafts- und Soziallehre, sondern interpretieren dieses als Teil eines transzendentalen Sinnkontextes, der sich teleologisch auf eine jenseitige Heils- bzw. Erlösungserwartung richtet. Verbunden ist hiermit ein ideologischer Hegemonialanspruch für die „Sinnstiftung" menschlicher Existenz, was insbesondere bei der Ausgestaltung sozialer Beziehungen im Bereich von Bildung, Erziehung und Soziales dazu führt, staatliche Zuständigkeiten nur begrenzt zu akzeptieren. Bezogen auf die praktische Sozialpolitik begründet eine solche Sichtweise den institutionell gesicherten Handlungsvorrang für das Wirken katholischer Verbände. Folglich ist es „...wichtig, dass sie ihren Anspruch nicht nur etwa mit dem Hinweis auf den Armen begründen, dem sie helfen wollen, sondern vielmehr auf ihr freies Recht, sozial tätig zu sein. Wenn also der Staat diesem Begehren nachkommt, so mag er selbst vielleicht an die vielen Armen denken, die ihm sonst zur Last fallen würden. Das aber ist ... nicht der nächste und eigentliche Grund, warum der Staat ihre Tätigkeit zu unterstützen habe.

---

39 Vgl.: Oswald von Nell-Breuning (1976): Das Subsidiaritätsprinzip. In: Theorie und Praxis der sozialen Arbeit. S. 6–17.

40 Vgl.: Arno Waschkuhn (1995): Was ist Subsidiarität? Ein sozialphilosophisches Ordnungsprinzip: Von Thomas von Aquin bis zur „civil society". Westdeutscher Verlag. Opladen.

41 Von Tugenden und Sünden. Neuer Welt-„Katechismus der katholischen Kirche". Frankfurter Rundschau vom 18. 5. 93.

Unterstützt werde zunächst und in erster Absicht die soziale Tätigkeit der freien Verbände."[42]

Dass diese verbändezentrierte Auffassung von Subsidiarität innerhalb der Katholischen Kirche keineswegs unumstritten ist und durchaus auch andere Interpretationen kennt, zeigt die durch den Nestor der katholischen Soziallehre Oswald Nell-Breuning vorgenommene Positionierung. Nach dessen Auffassung soll für das Verhältnis von Einzel- und Gemeinwohl folgende Maxime gelten: „Was der einzelne aus eigener Initiative und eigener Kraft leisten kann, darf die Gesellschaft ihm nicht entziehen und an sich reißen; ebenso wenig darf das, was das kleinere und engere soziale Gebilde zu leisten und zum guten Ende führen vermag, ihm entzogen und umfassenderen oder übergeordneten Sozialgebilden vorbehalten werden." Und weiter an anderer Stelle „die beste Gemeinschaftshilfe ist die Hilfe zur Selbsthilfe; wo immer Gemeinschaftshilfe zur Selbsthilfe möglich ist, soll daher die Selbsthilfe unterstützt, Fremdhilfe dagegen nur dann und insoweit eingesetzt werden, wie Gemeinschaftshilfe zur Selbsthilfe nicht möglich ist oder nicht ausreichen würde."[43] Dieses auf die Stützung kleinerer, nicht schon von vornherein interessenpolitisch eingegrenzter Gemeinschaften gerichtete Subsidiaritätsverständnis können auch kirchenferne Organisationen mittragen.[44]

Neben der verbändezentrierten katholischen Variante besteht eine protestantische Sichtweise von Subsidiarität, die sich hinsichtlich ihrer Organisationsformen und Inhalte theologisch anders herleitet. Entwickelt wurde dieses protestantische Subsidiaritätsverständnis in den Auseinandersetzungen mit der katholischen Kirche während des frühen 16. Jahrhunderts. Die sich nach dem Wormser Reichstag 1521 ausbreitende Reformationsbewegung führt mit dem Augsburger Reichstag 1530 und des 1571 vollzogenen Zusammenschlusses der Protestanten im Schmalkaldischen Bund zur faktischen Kirchenspaltung, die durch den Augsburger Religionsfrieden 1555 reichsrechtlich anerkannt wurde. In den protestantischen Gebieten konnte sich damit ein Verständnis von Religiosität, Glauben und Verkündigung entfalten, das im Gegensatz zum katholischen Primat einer kirchenhierarchisch ausgeformten Theologie die Eigenständigkeit der christlichen Basisgemeinschaft betonte. Zunächst waren es norddeutsche und niederländische Protestanten, die 1571 auf der Synode von Emden für die evangelisch-reformierten Kirchen Nordwestdeutschlands eine an den Grundsätzen der Brüderlichkeit, Gleichheit, Eigenständigkeit und Unabhängigkeit ausgerichtete

---

42   Vgl.: Arthur Fridolin (1965): Formen und Grenzen des Subsidiaritätsprinzips. Heidelberg. S. 28.

43   Oswald von Nell-Breuning (1985): Gerechtigkeit und Freiheit. Grundzüge der katholischen Soziallehre. München. S. 56 f.

44   Vgl.: Theorie und Praxis der sozialen Arbeit 1976. S. 6–17.

Kirchenordnung beschlossen. Nach deren Vorstellungen erfolgte der kirchliche Aufbau von der Gemeinde her, über Bezirkssynoden, Provinzialsynoden bis zur Generalsynode, wobei auf „der je folgenden Stufe … nichts behandelt werden (soll), was auf den vorhergehenden Stufen erledigt werden kann".[45] „Keine Gemeinde soll andere Gemeinden, kein Pastor über andere Pastoren, kein Ältester über andere Älteste, kein Diakon über andere Diakone den Vorrang oder die Herrschaft beanspruchen, sondern sie sollen lieber auch dem geringsten Verdacht und jeder Gelegenheit aus dem Wege gehen."[46]

Diese programmatische und entscheidungsstrukturelle Abgrenzung gegenüber dem römisch-katholischen Glaubensverständnis mit ihrem zentralen und universellen Wahrheitsanspruch war gleichbedeutend mit der Proklamation einer gemeinde-demokratischen Position, die sich jedoch ausschließlich auf die innerkirchlichen Ordnungs- und Entscheidungsstrukturen bezog. Keinesfalls war hiermit ein subsidiärer Gestaltungsanspruch für die Gesellschaft schlechthin verbunden, so dass das protestantische als ein denkbares alternatives gesellschaftliches Ordnungsprinzip einflusslos blieb.

Neben diesen gegensätzlichen kirchlichen Subsidiaritätsauffassungen finden sich in vielen Bereichen von Recht, Politik und Gesellschaft subsidiäre Regelungen, ohne dass dies im Alltagshandeln den hiervon betroffenen Menschen unmittelbar bewusst ist. Beispiele hierfür sind der föderative Staatsaufbau der Bundesrepublik Deutschland, die konkurrierenden Gesetzgebungskompetenzen zwischen Ländern und Bund, die verfassungsrechtliche Verankerung der kommunalen Selbstverwaltung sowie die subsidiär geregelten Kompetenzen zwischen nationalen Regierungen und der europäischen Union. Und blickt man zurück in das 18. und 19. Jahrhundert, so

---

45 Emden 1571–1971. Herausforderungen der Jubiläumssynode. In: Reformierte Kirchenzeitung. Organ des Reformierten Bundes. Nr. 3. 113. Jahrgang. Februar 1971. S. 26.

46 Dieter Perlich (1973): Die Akten der Synode der niederländischen Gemeinden, die unter dem Kreuz sind und in Deutschland und Ostfriesland verstreut sind. Gehalten in Emden, den 4. Oktober 1571. Übersetzung aus dem Lateinischen. In: Evangelisch-reformierte Kirche in Nordwestdeutschland (Hrsg.): 1571 Emder Synode. Beiträge zur Geschichte und zum 400jährigen Jubiläum. Bearbeitet und redigiert von Elwin Lomberg. Neukirchener Verlag. Neukirchen-Vluyn. Zur Emder Synode siehe weiterhin: J. F. Gerhard Goeters (Hrsg.) (1971): Die Akten der Synode der Niederländischen Kirchen zu Emden vom 4. bis 13. Oktober 1571. Im lateinischen Grundtext mitsamt den alten niederländischen, französischen und deutschen Übersetzungen. Neukirchener Verlag. Neukirchen-Vluyn. Gerhard Nordholt (1971): Emden 1571 – eine heilsame „Unruhe" für Verfassung und Ordnung der Evangelisch-reformierten Kirche in Nordwestdeutschland. In: Reformierte Kirchenzeitung. Organ des Reformierten Bundes. Nr. 17. 112. Jahrgang.

zeigen sich wesentliche gesellschaftliche Entwicklungen durch subsidiäre Prinzipien bestimmt. Zu denken ist hierbei nicht nur an die sich sukzessive durchsetzenden Verfassungsreformen innerhalb konstitutioneller Monarchien und entstehender Demokratien, sondern ebenfalls die Selbsthilfeorganisationen, Genossenschaften der Arbeiterbewegung sowie die bürgerlichen Vereinsbildungen.[47] Sie alle stellen subsidiäre Ausdrucksformen insofern dar, als die Frage nach der Ansiedlung von jeweiliger Entscheidungssouveränität im Machtkonflikt zwischen lokalen und zentralen Ebenen zu regeln war. Allerdings entfaltete die Interpretation und Anwendung des Subsidiaritätsprinzips in keinem gesellschaftlichen Bereich eine so große Wirkung, wie in der Wohlfahrtspflege.

Insbesondere für die Bundesrepublik Deutschland präjudizierte das Subsidiaritätsprinzip bis zum ausgehenden 20. Jahrhundert die Entwicklung und Ausgestaltung der sozialen Arbeit.[48] Wie im vorangegangenen Kapitel gezeigt, setzte sich im Streit um die Weimarer Fürsorgegesetzgebung das „Subsidiaritätsprinzip" dergestalt durch, dass der maßgeblich von konfessionellen Verbänden geforderte Handlungsvorrang gegenüber staatlichen Zuständigkeiten gesetzlich abgesichert wurde.[49] Diese alte Konfliktbeziehung aktualisierte sich in der 1949 gegründeten Bundesrepublik bei der Frage der zukünftigen Ausgestaltung der Wohlfahrtspflege und der hierbei zu gewichtenden Rolle von öffentlichen und freien Zuständigkeiten. Vorläufig entschieden wurden diese durch das 1961 verabschiedete Jugendwohlfahrtsgesetz und das im gleichen Jahr beschlossene Bundessozialhilfegesetz.[50] Mit diesen gesetzlichen Regelungen wurden die Weimarer Subsidiaritätsregelungen revitalisiert, parlamentarisch in der Minderheit blieben weitergehende Reformansätze, die den Ausbau einer öffentlichen Erziehung und Wohlfahrtspflege forderten.

Die im Gesetzgebungsverfahren unterlegene sozialdemokratische Minderheit fand sich jedoch mit diesen Regelungen keineswegs ab. Angeführt von den Stadtstaaten Hamburg und Bremen, den Ländern Hessen und Nie-

---

47 Vgl. u. a.: Annette Zimmer (1996): Vereine – Basiselement der Demokratie. Leske + Budrich. Opladen.

48 Vgl. zusammengefasst: Christoph Sachße (1988): Subsidiarität. In: Dieter Kreft, Ingrid Mielenz (Hrsg.): Wörterbuch Soziale Arbeit. A. a. O. S. 554 ff.

49 Vgl. hierzu insbes.: Gerhard Buck (1983): Die Entwicklung der Freien Wohlfahrtspflege von den ersten Zusammenschlüssen der freien Verbände im 19. Jahrhundert bis zur Durchsetzung des Subsidiaritätsprinzips in der Weimarer Fürsorgegesetzgebung. In: Rolf Landwehr, Rüdeger Baron (Hrsg.): Geschichte der Sozialarbeit. 5. 139 ff. Sowie: Deutscher Verein für öffentliche und private Fürsorge (1993): Fachlexikon der sozialen Arbeit. 3. Auflage. Frankfurt a. M. S. 774 und 939.

50 Vgl.: Gesetz für Jugendwohlfahrt (JWG) vom 11. August 1961 und Bundessozialhilfegesetz (BSHG) vom 30. Juni 1961.

dersachsen sowie den Städten Dortmund, Darmstadt, Frankfurt und Herne wurde Verfassungsbeschwerde erhoben. Dieser in der Geschichte der BRD als „Subsidiaritätsstreit" benannte Zentralkonflikt wurde sieben Jahre später durch den Zweiten Senat des Bundesverfassungsgerichtes entschieden. In seinem Urteil vom 18. Juli 1967 formulierte das BVerfG jedoch keinen eindeutigen, den freien Trägern zugewiesenen Handlungsvorrang, sondern steckte ausschließlich den Interpretationsrahmen für auszugestaltende Beziehungen zwischen öffentlichen und freien Trägern ab, wobei die durch die Beschwerdeführer inkriminierten subsidiären Gesetzesregelungen als mit dem Grundgesetz vereinbar angesehen wurden.[51] Die politischen Mehrheitsverhältnisse in den Kommunen als auch die faktische Macht der konfessionellen Wohlfahrtsverbände führten in ihrem Zusammenwirken gleichwohl zu einem verbändezentrierten Ausbau sozialer Dienste, aus der heraus immer stärker eine Vorrangstellung der frei-gemeinnützigen Verbände abgeleitet wurde.

Veränderungen bahnten sich erst mit dem 1990 verabschiedeten Kinder- und Jugendhilfegesetz (heute: SBG VIII) an.[52] Eingeführt wurde eine größere Trägerpluralität und die bisherige Fixierung auf die traditionellen Wohlfahrts- und Jugendverbände wurde zumindest intentional überwunden. Der eigentliche Paradigmenwechsel subsidiärer Regelungen erfolgte in diesem Leistungsbereich allerdings erst mit der 1998 vorgenommenen Novellierung des SGB VIII und der damit verbundenen Einführung von Leistungs- und Entgeltverträgen sowie der prinzipiellen Anerkennung privat-gewerblicher Träger.[53] Eingeführt wurde ein komplett neuer Abschnitt, der die zukünftige Ausgestaltung der Leistungsangebote wettbewerblich präjudizieren soll.[54] Auch in anderen Gesetzesbereichen wurde wie schon erörtert, die bis dahin dominierende Verbändelastigkeit des Subsidiaritätsparadigmas relativiert oder gar gänzlich abgeschafft.

Zusammenfassend ist zu sehen, dass sich der alte und ideologisch begründete Kompetenzstreit zwischen Staat einerseits und frei-gemeinnützigen (kirchlichen) Verbänden andererseits zunehmend auf die Frage verlagert hat, durch wen und unter welchen Ressourcenbedingungen angemessene Hilfeformen realisiert werden können. Was in diesem Zusammenhang für die Staat-Verbände-Beziehungen ebenso erodiert, sind die jeweiligen ethischen und normativen Hintergründe der freien Träger. Stattdessen

---

51 Vgl.: BVerfG 22. S. 180 ff. In: Münder/Kreft 1990. S. 166 ff.
52 Gesetz zur Neuordnung des Kinder- und Jugendhilfegesetzes (Kinder- und Jugendhilfegesetz – KJHG) vom 26. Juni 1990 (BGBl. I S. 1163).
53 Vgl.: Sozialgesetzbuch (SGB) Achtes Buch (VIII) Kinder- und Jugendhilfe. In der Fassung der Bekanntmachung vom 8. Dezember 1998 (BGBl. I S. 3546).
54 Vgl.: SGB VIII §§ 78a–78g.

werden „diese Beziehungsstrukturen … tendenziell ersetzt durch eine Orientierung an sachrationalen Kategorien eines Vergleichs von Inhalt, Umfang und Qualität der Leistung, wobei prinzipiell bedeutungslos wird, um welchen Träger und um welche Trägerform … es sich handelt".[55] Ob dieses neue Muster von Aushandlung wirklich zu sachlich begründeten und besseren Entscheidungen bei der Vergabe bzw. Beauftragung privater Träger führt, ist jedoch zu bezweifeln. Schließlich können sich insbesondere auf lokaler Ebene neue, öffentlich wenig kontrollierbare Machtkonstellationen ergeben, die alte Monopolstellungen in neue Kooperationsformen überführen. Etablierte und kommunal vernetzte Verbände dürften eher zu den Gewinnern einer solchen Entwicklung gehören.

Rivalitätsbeziehungen und Machtansprüche können sich damit immer weniger auf die gesellschaftlichen Bedingungen der frühen Bundesrepublik oder gar auf die in der Weimarer Republik begründeten Traditionen beziehen. An ihnen festzuhalten, entspricht ideologisch begründeten Besitzstandsinteressen[56] etablierter Wohlfahrtsverbände, nicht aber der überfälligen Suche nach neuen sozialpolitischen Lösungen.[57]

2.3 Das Selbstverständnis Freier Wohlfahrtspflege

Warum eigentlich betiteln sich die wohlfahrtsverbandlichen Spitzenorganisationen mit „Verbände der Freien Wohlfahrtspflege"? Welchen Sinn macht dieses ausschließlich in deutschsprachigen Ländern verwendete Attribut „frei", wenn es doch hierfür durchaus andere weniger erklärungsbedürftige Bezeichnungen gibt? Warum benennt sich dieser Bereich sozialer Dienstleistungsproduktion beispielsweise nicht einfach und ohne Zusätze „Wohlfahrtsverband"?[58] Gibt es also spezifisch deutsche Gründe, die es sinnvoll erscheinen lassen, an diesem historisch gewachsenen Begriff auch heute noch festzuhalten? Mit den vorgenannten Fragen soll wiederum ein Fenster zur Frühgeschichte des deutschen Wohlfahrtswesens geöffnet werden und zu einem historisch-politischen Verständnis heutiger Wohlfahrtspflege beitragen.

---

55 Joachim Merchel (2003): Trägerstrukturen in der Sozialen Arbeit. Eine Einführung. Juventa Verlag. Weinheim und München. S. 23.

56 Zum Begriff „Ideologie" vgl.: Werner Hofmann (1969): Grundelemente der Wirtschaftsgesellschaft. Ein Leitfaden für Lehrende. Rowohlt TB Verlag. Reinbek b. Hamburg.

57 Vgl. u. a.: Warnfried Dettling (1995): Politik und Lebenswelt. Vom Wohlfahrtsstaat zur Wohlfahrtsgesellschaft. Verlag Bertelsmann Stiftung. Gütersloh.

58 Im angloamerikanischen Sprachraum werden Wohlfahrtsverbände bzw. vergleichbare Organisationen mit „charity organizations", „welfare organizations", z. T. auch als „volunteer organizations" bezeichnet.

Wie an anderer Stelle schon bemerkt, entfaltete sich in Deutschland ein demokratischer und sozialer Verfassungsstaat vergleichsweise spät. Zwar fehlte es auch in Deutschland nicht an demokratischen, sozialen Bewegungen, ohne dass diese sich jedoch hätten dauerhaft durchsetzen und etablieren konnten.[59] Die deutsche Demokratiegeschichte während des 19. Jahrhunderts gleicht deshalb einer Historie des Scheiterns und der Restauration.[60] Letztlich obsiegten restaurative Kräfte, die ein sozialpolitisches Handeln ausschließlich in den Rahmenbedingungen einer konstitutionellen Monarchie erlaubten. Die hiermit verbundenen paternalistischen Fürsorgekonzepte prägten so den Aufbau und Ausbau einer staatlichen Armenpflege, daneben blieb genügend Handlungsspielraum für eine sich entwickelnde caritative Armenfürsorge religiöser Organisationen.

Erst die Folgen des desaströsen und verlorenen Ersten Weltkriegs, die hierdurch ausgelösten revolutionären Erhebungen vom November 1918 sowie das Ende der Monarchie öffneten den Weg zur Bildung eines demokratischen Verfassungsstaates. Es schien, als könnten auf dieser Basis über bisherige obrigkeitsstaatliche und polizeirechtliche Fürsorgemaßnahmen hinausgehende sozialpolitische Vorstellungen durchgesetzt werden und zu einer nachhaltigen Verbesserung der Lebensbedingungen verarmter Klassen führen. Aus der Sicht der damaligen Sozialreformer waren die sich in diesem politischen Kontext stellenden Aufgaben ganz eindeutig staatlichen Organen und Behörden zugewiesen und auf der Basis allgemeiner Steuereinnahmen zu finanzieren. In der Tradition des deutschen Obrigkeitsstaates hatten solche ordnungspolitische Optionen zur Ausgestaltung gesellschaftlicher Verhältnisse jedoch keine wirkliche Umsetzungschance.[61] Zu bedenken ist zudem die spezifischen Entwicklung Deutschlands seit der zweiten Hälfte des 19. Jahrhunderts. Kleinstaaterei und die relativ späte Entwicklung zu einem einheitlichen Nationalstaat waren gewissermaßen der Humus, auf dem – mangels wohlfahrtlicher Maßnahmen des Staates – sich konfessionelle Initiativen und Aktivitäten entwickelten und stabilisierten. Der lange Zeit nur kleinräumig existierende deutsche „Nachtwächterstaat" kümmerte sich vorrangig um die Sicherung der gesellschaftlichen Rahmenbedingungen, wohingegen die gesellschaftlichen Binnenverhältnisse dem freien Spiel der

---

59 Vgl. u. a.: Bundeszentrale für politische Bildung (Hrsg.) (1989): Deutsche Verfassungsgeschichte 1849–1919–1949. Bonn.
60 Vgl. u. a.: Wolfgang J. Mommsen (1998): Achtzehnhundertachtundvierzig, die ungewollte Revolution. Die revolutionären Bewegungen in Europa 1830–1849. Bundeszentrale für politische Bildung. Bonn.
61 Vgl. u. a.: Wirtschafts- und Sozialwissenschaftliches Institut des Deutschen Gewerkschaftsbundes (Hrsg.) (1981): Seit über einem Jahrhundert …: Verschüttete Alternativen in der Sozialpolitik. Bund-Verlag. Köln.

Kräfte ausgesetzt blieben. Sozialpolitische Problemzuspitzungen waren die Folge und bildeten zugleich das Eldorado für das entstehende verbandliche Wohlfahrtswesen katholischer oder protestantischer Provenienz.

Was die Arbeit der damaligen Wohlfahrtsverbände betrifft, so begrenzte sich diese wesentlich auf die Aktivitäten der Inneren Mission sowie der Caritas. Sie verstanden ihre Aufgaben überwiegend als Ausdruck von „christlicher Liebes- und Missionstätigkeit", wobei die Ansätze und Zielsetzungen christlicher Sozialreformer in den etablierten amtskirchlichen Strukturen nur zögerlich Widerhall fanden. Über weite Bereiche vollzog sich diese caritative Arbeit in Form von „Seelen-Rettung" in einem jeweils eigenständigen Organisationsrahmen und abseits staatlicher Beeinflussung; gleichwohl wurde die finanzielle Unterstützung des Staates gesucht.

Auch zu Beginn der Weimarer Republik hielten die konfessionellen Wohlfahrtsverbände an diesem Selbstverständnis zunächst unverändert fest. Zunehmende Kooperations- und Koordinationserfordernisse zwischen staatlichen Organen und den Wohlfahrtsverbänden bei der Ausgestaltung sozialgesetzlicher Regelungen und beim Aufbau von sozialen Einrichtungen machten jedoch den bisher gebräuchlichen Begriff der „christlichen Liebestätigkeit" auch deshalb obsolet, als sich wohlfahrtliche Aktivitäten keineswegs mehr nur noch auf die konfessionellen Verbände begrenzten. Ohne dass man für diesen semantischen Wechsel ein konkretes Datum angeben könnte, setzte sich im Sprachgebrauch stattdessen der Terminus „Freie Wohlfahrtspflege" durch, mit dem die Eigenständigkeit und Unabhängigkeit von staatlichen Organen und Einflüssen markiert wurde. In der weiteren Entwicklung der deutschen Wohlfahrtspflege verselbständigte sich dieser Begriff als Synonym für das Nebeneinander von staatlichen Zuständigkeiten einerseits und freien (nichtstaatlichen) Aktivitäten andererseits.

Erfolgten diese wohlfahrtspflegerischen Aktivitäten zunächst in zahlreichen, zersplitterten und voneinander unabhängig agierenden Einzelorganisationen, so bedingten die neuen Verhältnisse in der Weimarer Republik einen interessenpolitischen Organisierungsprozess[62], der schließlich zu einer rechtlichen Verankerung als „Spitzenverband" führte und in der Reichsverordnung vom 4. Dezember 1926 geregelt wurde:

„Von Einrichtungen, deren Träger einem Reichsspitzenverband der Freien Wohlfahrtspflege angeschlossen sind, wird vermutet, dass sie Einrich-

---

62 Vgl.: Exkurs: Vom Wohltätigkeitsverein zum Reichsspitzenverband. Der Aufbau der dualen Struktur der Wohlfahrtspflege. In: Christoph Sachße, Florian Tennstedt: Geschichte der Armenfürsorge in Deutschland. Band 2. A. a. O. S. 152 ff.

tungen der Freien Wohlfahrtspflege sind. Reichsspitzenverbände der Freien Wohlfahrtspflege im Sinne dieser Verordnung sind

1. der Centralausschuß für die Innere Mission der deutschen evangelischen Kirche,
2. der Deutsche Caritasverband,
3. das Deutsche Rote Kreuz,
4. die Zentralwohlfahrtsstelle der deutschen Juden,
5. der Fünfte Wohlfahrtsverband,
6. der Hauptausschuss für Arbeiterwohlfahrt,
7. der Centralwohlfahrtsausschuß der christlichen Arbeiterschaft."[63]

Vom Staat per Rechtsverordnung als Kooperationspartner akzeptiert, eröffneten sich für die genannten Verbände nicht nur eigenständige Gestaltungsräume, sondern ebenfalls weitreichende staatliche Alimentierungen. In der sich damit immer stärker verfestigenden dualen Trägerstruktur liegt dann auch die für fast 80 Jahre gebräuchliche und weitgehend gültige Einschätzung begründet, „freie Träger" und „Spitzenverband" seien synonyme Bezeichnungen für prinzipiell gleiche Sachverhalte.

Was bezogen auf die Entstehung der Freien Wohlfahrtspflege in Deutschland noch klar und eindeutig erschien, wirft heute erhebliche Zweifel auf. Schließlich ist inzwischen allgemein akzeptiert, dass soziale Aufgaben und Problembewältigungen eine öffentliche Angelegenheit darstellen, was keineswegs zwangsläufig einhergehen muss mit staatlichen Organisationsformen oder Trägerschaften.[64] Heftig und notwendigerweise gestritten wird deshalb über das Ausmaß und die Hilfeformen öffentlicher Sozialpolitik, zumal hierbei sehr unterschiedliche Sozialpolitikkonzepte miteinander konkurrieren.

Und angesichts der inzwischen erreichten Trägerpluralität sowie der breiten Palette unterschiedlicher Organisations- und Rechtsformen beim Betrieb sozialer Einrichtungen stellt sich ebenso die Frage, zu was der Be-

---

63 Reichsgesetzblatt. Jahrgang 1926. Teil 1. Dritte Verordnung zur Durchführung des Gesetzes über die Ablösung öffentlicher Anleihen. Vom 4. Dezember 1926. 1. Abschnitt. Die soziale Wohlfahrtsrente. § 8.

64 Dass die Wahrnehmung von öffentlichen Aufgaben keineswegs gleichzusetzen ist mit staatlichen Organisationsformen, gehört zum essentiellen Erkenntnisstand der Staats- und Verwaltungswissenschaft. Demnach sollen Aufgaben gleichermaßen zweckorientiert, verfassungsbezogen und jeweils spezifisch verfahrens- und organisationsorientiert wahrgenommen werden; sie umfassen damit ein weites Spektrum verschiedener Organisierungsmuster und Rechtsformen. Vgl. Th. Ellwein, J. J. Hesse (1987): Das Regierungssystem der Bundesrepublik Deutschland. 6., neubearbeitete und erweiterte Auflage. Westdeutscher Verlag Opladen. S. 347 f.

griff noch gut sein soll. Nicht von der Hand zu weisen ist die Vermutung, der Begriff „Freie Wohlfahrtspflege" sei ein begriffliches Konstrukt zur Legitimation spitzenverbandlicher Einflusszonen und Ausgrenzung unliebsamer Konkurrenten beim Zugang um öffentliche Haushaltsmittel. Denn legt man die von der Bundesarbeitsgemeinschaft der Freien Wohlfahrtspflege (BAGFW) benannten und als erforderlich angesehenen Eigenschaften für die Kennzeichnung eines Spitzenverbandes zu Grunde, stellen sich Fragen und Zweifel. Zu sehen ist nämlich ein begrifflicher Definitionsanspruch, der nur schwer, zum Teil überhaupt nicht auf alle Spitzenverbände zutrifft. Nach den Statuten der BAGFW ist ein Verband dann ein Spitzenverband, wenn

> „– er seine Tätigkeit über das ganze Bundesgebiet erstreckt;
> – seine unmittelbare tätige Hilfe grundsätzlich das gesamte Gebiet der Freien Wohlfahrtspflege umfasst, nicht nur einzelne Arbeitszweige derselben;
> – er den umfassenden Zusammenschluss für die Organisation und Einrichtungen darstellt, die von derselben Idee getragen werden;
> – zwischen dem Spitzenverband und den ihm zugeordneten Organisationen und Einrichtungen eine organische Verbindung besteht;
> – der Spitzenverband insgesamt und durch die Bedeutung der in ihm zusammengeschlossenen Organisationen und Einrichtungen die Gewähr für eine stetige, umfassende und fachlich qualifizierte Arbeit sowie für eine gesicherte Verwaltung bietet."[65]

Und selbstdefinitorisch wird der Kreis der hierzu gehörenden Spitzenverbände auf die in der BAGFW zusammengeschlossenen Organisationen begrenzt: „Die Freie Wohlfahrtspflege organisiert sich überwiegend in ihren sechs Spitzenverbänden: der Arbeiterwohlfahrt (AWO), dem Deutschen Caritasverband (DCV), dem Deutschen Paritätischen Wohlfahrtsverband (Der PARITÄTISCHE); dem Deutschen Roten Kreuz (DRK), dem Diakonischen Werk der EKD (DW der EKD) und der Zentralwohlfahrtsstelle der Juden in Deutschland (ZWST)."[66]

Wäre hiermit keine ausschließende Absicht gegenüber anderen Organisationen und Trägern verbunden, so könnte man die Problematisierung des Begriffs als künstlich und für die Praxis von Sozialer Arbeit irrelevant bezeichnen. Nun zeigen aber die heftigen Debatten, dass der Terminus „Spit-

---

65 Satzung der Bundesarbeitsgemeinschaft der Freien Wohlfahrtspflege e. V. in der Fassung von 18. 05. 1999, zuletzt geändert durch Beschluss der OMV vom 27. 11. 2002, § 1 Abs. 2.

66 BAGFW (2002): Die Freie Wohlfahrtspflege. Profil und Leistungen. Lambertus Verlag. Freiburg i. Br. S. 8.

zenverband der Freien Wohlfahrtspflege" keineswegs nur von historisierender Bedeutung ist. Bezogen auf die frühe sozialpolitische Entwicklung der Bundesrepublik Deutschland ging es vor allem um die Sicherung eines staatsfreien Gestaltungsraums, in dem sich vor allem die konfessionellen Verbände entfalten konnten.[67] In der weiteren Entwicklung von Sozialer Arbeit zielten die strategischen Absichten verbandsübergreifend darauf ab, eine gleichberechtigte Stellung anderer Organisations- und Trägerformen zu verhindern.[68] Wie insbesondere an den Novellierungen des BSHG 1996 und der des SGB VIII 1998 zu sehen ist, war dieser Versuch letztlich wenig erfolgreich.

Ein weiteres kommt hinzu. Fachlich-inhaltliche Qualitätsanforderungen an die Soziale Arbeit können immer weniger verbandsspezifisch begründet werden. Ausschließlich den Besitzstand sichernde Haltungen verlieren deshalb an Einfluss. Das System erodiert und zeigt Angleichungsprozesse, die bisherige Unterschiede zwischen öffentlichen und freien Trägern und solche zwischen den freien Trägern zunehmend schwinden lassen. Schon 1994 konstatierte eine durch den Deutschen Verein vorgelegte Studie zur Befragung leitender Mitarbeiter in der Wohlfahrtspflege folgenden Befund: „Empirisch unstrittig ist bei allen Befragten die Feststellung, dass in der alltäglichen Arbeit die praktische Bedeutung christlichen Engagements vor Problemen der Professionalisierung und Organisierung des Helfens ... zurücktritt. ... Mit der Entscheidung, in einem kirchlichen Verband Sozialarbeit zu leisten, entscheidet man sich zwar weniger dafür, einer bestimmten Weltanschauung zu dienen, als dafür, eine bestimme sozialberufliche Tätigkeit auszuüben, mit all ihren spezifischen Chancen und Risiken für den persönlichen Werdegang. ... Die Frage der Befähigung für eine Tätigkeit in einem konfessionell geprägten Verband wird eindeutig im Sinne der Professionalisierung beantwortet."[69]

Diese Einschätzungen wurden in der Folgezeit durch weitere Untersuchungen bestätigt. Sie alle belegen die zunehmende Relevanz von fachlichen Prinzipien für die Ausgestaltung von Sozialen Hilfen und die sich relativie-

---

67 Beispielhaft hierzu: K.-J. Ruhl (1992): Hierarchie oder Anarchie? Der Streit um die Familienrechtsreform in den fünfziger Jahren. In: Aus Politik und Zeitgeschichte. B 45/92. 30. Oktober 1992. Ebd. (1993): Familie und Beruf. Weibliche Erwerbstätigkeit und katholische Kirche in den fünfziger Jahren. In: Aus Politik und Zeitgeschichte. B 17/93. 23. April 1993.

68 BVerfG 22, S. 180 ff. In: J. Münder/D. Kreft (Hrsg.) (1990): Subsidiarität heute. Votum Verlag. Münster. S. 166 ff.

69 G. Frank, C. Reis, M. Wolf (1994): „Wenn man die Ideologie wegläßt, machen wir alle das gleiche." Eine Untersuchung zum Praxisverständnis leitender Fachkräfte unter Bedingungen des Wandels der Freien Wohlfahrtspflege. Arbeitshilfen Heft 47. Hrsg.: Deutscher Verein. S. 147 f.

rende Bedeutung verbandlicher Wertemuster.[70] Dies bedeutet nun keineswegs, dass wertgebundene Gesichtspunkte bedeutungslos würden; die Befunde verweisen vielmehr auf die schwindende Prägungskraft und Verbindlichkeit solcher institutioneller Wertekodizes.[71] Den Interessen von Klienten kommt ein solcher Perspektivenwechsel sicher entgegen, zumal deren Einschätzung über den Nutzen und die Qualität Sozialer Dienste weniger an verbandsideologischen Prämissen als vielmehr an unmittelbaren Erfahrungen mit der persönlichen und direkten Dienstleistungserbringung orientiert sein dürfte. Auch der Befund weitgehend übereinstimmender Rollensettings von Leitungskräften als Unternehmer, Experte und Basisarbeiter belegt die Tendenz einer zunehmend fachlichen, d. h. zugleich verbandsunspezifischen Dienstleistungserbringung[72]. Die quantitativ nachweisbare Inanspruchnahme sozialer Dienste jedoch als Beleg für bewusste weltanschauliche Entscheidungen der Klienten zu interpretieren, wird im Zuge dieser Entwicklung immer weniger überzeugend und die hinter einer solchen Argumentation stehenden profaneren materiellen Interessen immer deutlicher. Innerhalb der Verbände der Freien Wohlfahrtspflege haben diese Sachverhalte deutliche Spuren hinterlassen und begründen inzwischen ein neues Verständnis als dem Gemeinwohl verpflichtete, die Zivilgesellschaft tragende und stärkende Organisationen.[73]

Für das Festhalten an einem großgeschriebenen Attribut „Freie" Wohlfahrtspflege gibt es damit immer wenige gute Gründe, zumal auch aus juristischer und ordnungspolitischer Sicht diese bisher praktizierte Eigeninterpretation unter Druck geraten ist.[74] Bislang proklamierte Alleinzuständigkeiten der Wohlfahrtsverbände bewegen sich damit nicht nur auf einem rechtlich unsicheren Boden, sondern folgen einem engen und durch die

---

70 Vgl. u. a.: Boeßenecker u. a. (2003): Qualitätskonzepte in der Sozialen Arbeit. Votum Verlag. Münster.

71 Siehe hierzu auch die Ergebnisse der von Nübel 1993 durchgeführten Befragungen innerhalb diakonischer Einrichtungen. In: Hans Ulrich Nübel (1994): Die neue Diakonie: Teilhabe statt Preisgabe. Mitarbeiterinnen und Mitarbeiter kommen zu Wort. Lambertus Verlag. Freiburg i. Br.

72 Vgl. hierzu ausführlich: B. Badura, P. Gross (1976): Sozialpolitische Perspektiven. Eine Einführung in Grundlagen und Probleme sozialer Dienstleistungen. München. J. Berger, C. Offe (1980): Die Entwicklungsdynamik des sozialen Dienstleistungssektors. In: Leviathan. Heft 8. S. 41–75. Th. Olk (1994): Jugendhilfe als Dienstleistung. Vom Öffentlichen Gewährleistungsauftrag zur Marktorientierung? In: Widersprüche. Heft 53.

73 Vgl.: Bundesarbeitsgemeinschaft der Freien Wohlfahrtspflege (2009): Von Menschen für Menschen. Berlin; dgl. (2012): Jahresbericht 2011. Berlin.

74 Vgl.: Johannes Münder (1996): Verbände der Freien Wohlfahrtspflege – ein strittiger Begriff. In: Nachrichtendienst des Deutschen Vereins für öffentliche und private Fürsorge. 76. Jahrgang. Heft 11. S. 350 ff.

Praxis von Sozialer Arbeit überholten Verbandsverständnis, das den heutigen Rahmenbedingungen nicht mehr entspricht.[75]

Gleichwohl ist zu sehen, dass sich die Anbieter sozialer Dienste in einem tripolaren Spannungsverhältnis befinden, das in dieser Form eben nicht für gewerbliche Unternehmungen zutrifft. Es ist die sehr konkret vorzunehmende Ausbalancierung zwischen gleichzeitig wirksamen Einflüssen einer werteorientierten Verbandslogik einer juristisch-betriebswirtschaftlichen Steuerungslogik und einer zum Teil sozialpolitisch aufgeladenen Fachlogik sozialpädagogischer und gesundheitswissenschaftlicher Herkunft.

2.4 Spitzenverbandlicher Lobbyismus

Wie dargestellt ist die Freie Wohlfahrtspflege in Deutschland im Wesentlichen identisch mit den sechs Spitzenverbänden. Ihr gemeinsames öffentliches Auftreten erweckt den Eindruck einer geschlossenen Formation, zumal sie in diesen Kontexten bislang auf verbandliche Differenzierungen verzichten.[76] Suggeriert wird hiermit ein gemeinsamer, einheitlicher und homogener Handlungsbereich, ohne auf die hiermit verbundenen organisatorischen und interessenpolitischen Differenzierungen zu verweisen. Der Öffentlichkeit werden so immer wieder Leistungsbilanzen präsentiert, die sich auf den Gesamtbereich der Freien Wohlfahrtspflege beziehen und zum Stand Januar 2008 bundesweit über 102 000 Einrichtungen und Dienste mit rund 3,7 Millionen Betten bzw. Plätzen, knapp über 1,5 Millionen hauptamtliche Mitarbeiter sowie zwischen 2,5 bis 3 Millionen geschätzten Ehrenamtliche belegen.[77] Man könnte deshalb schnell dem Trugschluss erliegen, die Freie Wohlfahrtspflege sei ein in sich geschlossener Wirtschaftssektor, der hinsichtlich seiner Leistungs- und Strukturdaten ähnlich klar eingrenzbar wäre wie andere Branchen. Wie jedoch in der vorliegenden Veröffentlichung aufgezeigt wird, ist das Feld der Freien Wohlfahrtspflege durch spezifische hochkomplexe Organisations- und Verbändestrukturen bestimmt, die sich nur schwerlich unter einen gemeinsamen Hut bringen lassen. Dass die Öffentlichkeit dennoch einer zunächst verbändeunspezifischen Informations-

---

75 Vgl.: Berthold Becher (1996): Die Verbände der Freien Wohlfahrtspflege vor dem Zwang zur Neupositionierung: Strategisches Management und Organisationsentwicklung. In: Nachrichtendienst des Deutschen Vereins für öffentliche und private Fürsorge. 76. Jahrgang. Heft 6. S. 178 ff.

76 Vgl. hierzu aktuell: Bundesarbeitsgemeinschaft der Freien Wohlfahrtspflege (2012): Jahresbericht 2011. Berlin.

77 Vgl.: Bundesarbeitsgemeinschaft der Freien Wohlfahrtspflege (2009): Einrichtungen und Dienste der Freien Wohlfahrtspflege. Gesamtstatistik 2008. Berlin.

politik gegenüber steht, ist dem spitzenverbandlichen Selbstverständnis der hier agierenden sechs Wohlfahrtsverbände zuzuschreiben, die parallel zu rechtlichen und organisatorischen Eigenständigkeit gegenüber der Öffentlichkeit einen in weiten Bereichen gemeinsam abgestimmten Lobbyismus praktizieren. Strategisches und operatives Handlungsorgan sind hierbei nicht die Einzelverbände, sondern die Bundesarbeitsgemeinschaft der Freien Wohlfahrtspflege (BAGFW) als deren Zusammenschluss. In einem solchen organisatorischen Korsett Interessen zu vertreten, erfordert offenkundig eine gemeinsame überverbandliche Sprache und entsprechend abgestimmte Positionierungen. Gemeinsame Schnittmengen müssen ausgelotet, organisiert und lobbyistisch in konkurrierender Auseinandersetzung gegenüber anderen Organisationsinteressen möglichst erfolgreich durchgesetzt werden, wobei einzelverbandliche Charakteristika, Interessen und Optionen zumindest in der öffentlichen Präsentation zurückzustellen sind. Begrenzte sich diese Tätigkeit bis zum Ende der 1980er Jahre fast ausschließlich auf eine nationalstaatliche Handlungsbühne, so stellt sich diese Aufgabe inzwischen ebenfalls im Kontext einer europäischen sozialpolitischen Einflussnahme und Interessenvertretung.[78]

Die institutionelle Ausprägung einer solchen verbändelobbyistischen Politik ist jedoch keineswegs ein Produkt der bundesrepublikanischen Geschichte. Ihre Anfänge liegen weit früher zurück und sind in den 1920er Jahren eng verknüpft mit dem Aufbau einer öffentlichen Sozialpolitik der Weimarer Republik. Es ist der Beginn einer sich interessenorganisatorisch ausformenden Kontinuitätslinie, die nur durch den nationalsozialistischen Staat unterbrochen war und bis heute reicht.

---

78 Vgl. hierzu u. a.: Rudolph Bauer (Hrsg.) (1992): Sozialpolitik in deutscher und europäischer Sicht. Rolle und Zukunft der Freien Wohlfahrtspflege zwischen EG-Binnenmarkt und Beitrittsländern a. a. O. Walter Hornstein, Gerd Mutz (1993): Die europäische Einigung als gesellschaftlicher Prozeß. Soziale Problemlagen, Partizipation und kulturelle Transformation. Nomos Verlag. Baden-Baden. Insbes. Kap. 2: Sozialarbeit und Sozialpolitik, S. 226 ff.

Übersicht 1: Lobbyismus der spitzenverbandlichen Wohlfahrtspflege[79]

1920	Verbände der Freien Wohlfahrtspflege gründen den Wirtschaftsbund sozialer Einrichtungen (WIBU) als Einkaufsgenossenschaft für die ihnen angeschlossenen Einrichtungen.[80]
1921	DCV, Innere Mission, ZWST, DRK und Fünfter Verband (Paritätischer) schließen sich zur „Reichsarbeitsgemeinschaft der Hauptverbände der Freien Wohlfahrtspflege" zusammen.
1923	Gründung der „Hilfskasse gemeinnütziger Wohlfahrtseinrichtungen Deutschlands GmbH" (Hika) durch die Mitgliedsverbände der Reichsarbeitsgemeinschaft.[81]

79 Vgl. hierzu u. a.: Christoph Sachße, Florian Tennstedt (1988): Geschichte der Armenfürsorge in Deutschland. Band 2. A. a. O. S. 313 f. Rudolph Bauer (1986): Vom Roten Kreuz zum Totenkreuz. Zur Wohlfahrtsverbände-Politik im Nationalsozialismus. In: neue praxis. Zeitschrift für Sozialarbeit, Sozialpädagogik und Sozialpolitik. Heft 4. S. 311 ff.

80 Der WIBU besteht als eingetragene Genossenschaft mit Hauptsitz in Ahrensburg. Zur WIBU-Gruppe zählen 2012 folgende 10 Regionalgesellschaften in der Rechtsform einer GmbH: Berlin, Münster, Bad Lünnenberg, Leipzig, Kronberg Ts., Nürnberg, Renningen, München, Unterschleißheim und Linz. Der Kundenkreis umfasst über 9 000 Sozialeinrichtungen. Nach den WIBU-Mitgliederadressen 1996 gehörten der WIBU 1 173 Mitglieder an, die folgenden Spitzenverbänden angeschlossen waren: 560 Mitglieder des DCV, 361 Mitglieder des DW, 60 Mitglieder des DPWV, 23 Mitglieder des DRK, 15 Mitglieder der AWO. 115 Mitglieder gehörten keinem Spitzenverband an; bei 39 Mitgliedern handelte es sich um öffentliche Einrichtungen.

81 Mit der Gründung einer eigenen Wohlfahrtsbank weiteten die Spitzenverbände ihre Tätigkeiten auf das Bankgeschäft aus und schufen sich ein zusätzliches Instrument zur Finanzierung ihrer Verbände und Einrichtungen. Der Bankencrash 1929/30 brachte auch die Hika in Schwierigkeiten. Ihr drohender Konkurs konnte nur mit Hilfe des Reiches abgewendet werden. Die Vereinnahmung der Hilfskasse durch die NSV 1934 sowie rückgehende Mitgliederzahlen führten zum Niedergang der Hilfskasse. Nach 1945 arbeitete die Hilfskasse zunächst als Vermögensverwaltung der früheren Wohlfahrtsverbände in kleinem Rahmen weiter. Ihre Wiederzulassung zum Betreiben von Bankgeschäften erhielt sie 1954. Ausgestattet mit 50 Mio. DM Treuhandmittel des Bundesinnenministeriums konnte die Hilfskasse ab 1956 allmählich ihre frühere Bedeutung zurückerlangen. 1970 erfolgte die Umbenennung in „Bank für Sozialwirtschaft GmbH" (BFS). 1990 übernimmt die BFS die Lotterie-Organisationsgesellschaft mbH und organisiert seitdem die Wohlfahrtslotterien „Glückspilz" und „Glückskäfer". Mit Hauptsitz in Berlin vertreten, hatte die Hika/BFS zunächst nur eine Niederlassung in Köln. Nach dem deutschen Einigungsprozess wurden 1992 in Leipzig und Dresden weitere Geschäftsstellen eingerichtet. Derzeit bestehen 12 Geschäftsstellen, vier Repräsentanzen, ein Europa-Büro in Brüssel; zur Bank gehören drei GmbH-Gesellschaften. Anteilseigner der BFS sind die Arbeiterwohlfahrt, Bundesverband e. V. mit 7,86 %, die Caritas Stiftung Deutschland mit 25,5 %, der Deutsche Paritätische Wohlfahrtsverband, Gesamtverband e. V. mit 3,57 %, das Deutsche Rote Kreuz e. V. mit 1 %, das Diakonische Werk der Evangelischen Kirche Deutschland e. V. mit 25,5 % und die Zentralwohlfahrtsstelle der Juden in Deutschland mit 0,53 %; der nicht näher ausgewiesene Streubesitz umfasst 36,04 %. Vgl.: Bank für Sozialwirtschaft (2012): Bericht über das Geschäftsjahr 2011. Berlin.

1924	Die Reichsarbeitsgemeinschaft gibt sich einen neuen Namen und heißt fortan „Liga der Spitzenverbände der Freien Wohlfahrtspflege".
1926	Die in der Liga zusammengeschlossenen Verbände, aber auch die AWO werden durch die 3. Verordnung zur Durchführung des Gesetzes über die Ablösung öffentlicher Anleihen vom 4.12.1926 (RGBl I S. 494 ff.) als „(Reichs-)Spitzenverbände der Freien Wohlfahrtspflege" anerkannt.
1933	Neuordnung der Spitzenverbände durch den NS-Staat und Bildung der „Reichsgemeinschaft der Freien Wohlfahrtspflege Deutschlands". Mitglieder sind: Innere Mission, Caritasverband, Deutsches Rotes Kreuz und Nationalsozialistische Volkswohlfahrt (NSV).
1934	An die Stelle der „Reichsgemeinschaft ..." tritt die „Arbeitsgemeinschaft der Freien Wohlfahrtspflege", mittelbar geleitet und geführt durch die Reichsleitung der NSDAP.
1940	Die NSV kündigt ihre Mitarbeit in der „Arbeitsgemeinschaft der Freien Wohlfahrtspflege" auf.
1949	Erweitert um die AWO gründet sich die bis 1933 bestehende Liga neu.
1961	Die Liga benennt sich um in „Bundesarbeitsgemeinschaft der Freien Wohlfahrtspflege (BAGFW)".
1966	Die Form der losen Arbeitsgemeinschaft wird aufgegeben. Die BAGFW gibt sich die Rechtsform eines eingetragenen Vereins.
1990	Die BAGFW errichtet ein Europabüro in Brüssel.
1994	Innerhalb der europäischen Gemeinschaft wird die BAGFW mit Beginn der neuen Legislaturperiode (Oktober) Mitglied des Wirtschafts- und Sozialausschusses.
2000	Verlagerung der BAGFW Geschäftsstelle an den neuen Berliner Regierungssitz

Gehörte während der Weimarer Zeit die Arbeiterwohlfahrt ganz ausdrücklich noch nicht zu diesem Konsortium der Reichsarbeitsgemeinschaft, so trat sie in der Entwicklung nach 1945 diesem Zusammenschluss bei. Ungeachtet der in dieser Entwicklungsgeschichte vorgenommenen Namensänderungen geht es diesem sich seit 1961 „Bundesarbeitsgemeinschaft der Freien Wohlfahrtspflege" (BAGFW) nennenden Zusammenschluss um die Vertretung der Gesamtinteressen der „Freien Wohlfahrtspflege" gegenüber dem Staat und der Gesellschaft. Vorrangig bedeutet dies, sich aktiv am Sozialgesetzgebungsprozess sowie der konzeptionellen und institutionellen Ausgestaltung staatlicher Sozialpolitik zu beteiligen.[82] Zur Wahrnehmung dieser Aufgaben unterhält die BAGFW eine Bundesgeschäftsstelle in Berlin mit einer Abteilung in Köln und einer besonderen EU-Vertretung in Brüssel. Die Ausformung inhaltlicher Postionen erfolgt in Fachausschüssen, deren Vermittlung und Verbreitung in politischen Gesprächen, Tagungen und Fachveranstaltungen. Zentralen Stellenwert haben die Fachausschüsse, in denen wesentliche politikberatende und strategische Vorarbeiten erfolgen.

---

82 Vgl.: Bundesarbeitsgemeinschaft der Freien Wohlfahrtspflege (2002): Satzung vom 18.05.1999, zuletzt geändert durch Beschlüsse der OMV vom 27.11.2002. § 3 Aufgaben.

Abbildung 1: Gremien und Fachausschüsse der BAGFW in 2011

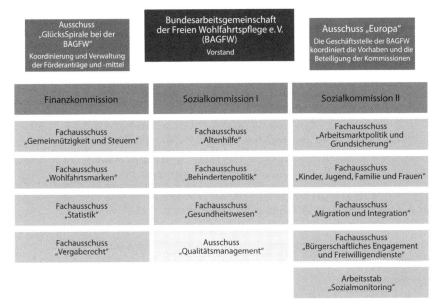

Übersicht entnommen aus: Bundesarbeitsgemeinschaft der Freien Wohlfahrtspflege: Jahresbericht 2011. Von Menschen für Menschen. Berlin 2012. S. 11.

Auf der Ebene der einzelnen Bundesländer sind entsprechende Landesarbeitsgemeinschaften oder Landesligen tätig; auf der kommunalen Ebene bestehen örtliche Arbeitsgemeinschaften mit gleicher Zielsetzung. Sowohl kommunalpolitisch als landespolitisch sind diese Arbeitsgemeinschaften in den maßgeblichen sozialpolitischen Entscheidungsgremien, zumeist mit Stimmrecht vertreten. Unabhängig von der jeweils gewählten Bezeichnung und gebietskörperschaftlichen Handlungsebene gilt für all diese Ligaverbände, dass sie rechtlich eigenständige Arbeitsgemeinschaften darstellen und sich in ihrer Zusammensetzung ausschließlich auf die Spitzenverbände begrenzen. Bei allen mittlerweile erfolgten Modernisierungen im Bereich der Wohlfahrtspflege insgesamt, hat sich damit an dem bisherigen Alleinvertretungsanspruch der Verbände wenig verändert. Was zum Ausdruck kommt, ist eine Closed-shop-Strategie wohlfahrtsverbandlicher Interessenspolitik.

Als bundesweiter Zusammenschluss rechtlich autonomer Einzelverbände kann die BAGFW freilich nur solche Interessen öffentlich vertreten, die sich im Konzert aller Mitgliedsorganisationen als konsensfähig erweisen. Dies zu gewährleisten, erfordert eine Grundordnung, die Majorisierungen und Bevormundung verhindert. Typisch sind deshalb spezifische Satzungsbestimmungen der BAGFW, die den Vorstand als ein aus allen Mitgliedsverbänden zusammengesetztes Vertretungsorgan bestimmen und einen regelmäßigen Vorsitzwechsel vorschreiben, was im Übrigen auch für die Besetzung und Leitung der Fachausschüsse gilt.[83] Ebenso zeigt sich die Mitgliederversammlung als weiteres Vereinsorgan durch das Prinzip der gleichwertigen Mitgliedschaft geprägt. Unabhängig von der Größe des jeweiligen Spitzenverbandes hat auch hier jede Mitgliedorganisation nur eine Stimme, wobei eine Beschlussfassung, mit Ausnahme genau definierter Bereiche, der Einstimmigkeit bedarf.[84] Und dieses Prinzip gilt ebenso für die Bildung von entscheidungsvorbereitenden Ausschüssen.[85]

Dass die BAGFW als ideeller Gesamtlobbyist der Spitzenverbände Freier Wohlfahrtspflege keineswegs nur allgemeine und formelhafte Ziele verfolgt, zeigt ihr politisches Agieren auf nationaler und europäischer Ebene. Deutlich werden vor allem drei miteinander verzahnte Handlungsstrategien. Dies sind zum einen sozialpolitische Stellungnahmen und Positionierungen zur Situation von unterschiedlichen Ziel-, Problem- und Klientengruppen der Sozialen Arbeit. Zum anderen handelt es sich um die politikberatende und -beeinflussende Mitarbeit in staatlichen, halbstaatlichen und verbandlichen Gremien oder Facharbeitskreisen auf bundesrepublikanischer und europäischer Ebene. Zum dritten schließlich positioniert sich die BAGFW in Form von Kampagnen, Projekten, Veranstaltungen und Kongressen sowie der jährlichen Verleihung des Sozialpreises.[86]

Wie umfangreich diese Aktivitäten sind, belegen u.a. die im Zeitraum von 2001 bis 2012 insgesamt fast 200 vorgelegten Positionspapiere und Stellungnahmen zu Gesetzesentwürfen sowie anderen sozialpolitischen Initiativen bundesdeutscher und europäischer Politikinstanzen. Mit den nachfolgend ausgewählten Beispielen sozialpolitischer Stellungnahmen aus den Jahren 2009 bis 2012 soll das Spektrum dieser Aktivitäten zumindest illustriert werden.[87]

- Stellungnahme zum Grünbuch der EU-Kommission über Arbeitskräfte des Gesundheitswesens in Europa (März 2009)
- Stellungnahme zum Gesetzentwurf der Bundesregierung „Entwurf eines Gesetzes zur Förderung von Familien und haushaltsnahen Dienstleistungen (Familienleistungsgesetz – FamLeistG)" (November 2008)

---

83 Vgl.: §§ 7, 10 und 11 der Satzung i. d. F. vom 27. 11. 2002.
84 Vgl.: § 9 der Satzung i. d. F. vom 27. 11. 2002.
85 Vgl.: § 11 der Satzung i. d. F. vom 27. 11. 2002.
86 Vgl.: Bundesarbeitsgemeinschaft der Freien Wohlfahrtspflege (2012): Jahresbericht 2011. Von Menschen für Menschen. Berlin.
87 Vgl.: http://www.bagfw.de/no_cache/veröffentlichungen/stellungnahmen/?txt_twpublicatio … (Zugriff am 16. 11. 2012).

- Stellungnahme zur strukturellen Anhörung zum Thema „Zukunft des Glücksspielwesens in Deutschland" (März 2010)
- Stellungnahmen zum Entwurf der Umsatzsteuer-Richtlinien 2011 (März 2010)
- Positionspapier Menschen in der aufenthaltsrechtlichen Illegalität in Deutschland (Dezember 2009)
- Positionspapier: Mehr Teilhabe durch Arbeit. Mit klaren Rahmenbedingungen einen sozialen Arbeitsmarkt schaffen (Juni 2010)
- BAGFW-Papier: Ansätze und Überlegungen zum Umgang mit der Fachkräftesituation in Kindertageseinrichtungen (März 2011)
- Stellungnahme zum Richtlinienentwurf der Gendiagnostik-Kommission über die Anforderungen an die Qualifikation zur und die Inhalte der genetischen Beratung (März 2011)
- Stellungnahme zum Zwischenbericht des Runden Tischs „Sexueller Kindesmissbrauch" (Dezember 2010)
- Stellungnahme zur Kommissionsmitteilung – Reform der EU-Beihilfevorschriften über Dienstleistungen von allgemeinem wirtschaftlichen Interessen (Juni 2011)
- Stellungnahme zu einer eigenständigen Jugendpolitik der Bundesregierung (März 2011)
- Stellungnahme zum Entwurf einer Akkreditierungs- und Zulassungsverordnung Arbeitsförderung (AZAV) (Januar 2012)
- Stellungnahme zum Entwurf eines Gesetzes zur Verbesserung der Eingliederungschancen am Arbeitsmarkt (August 2011)
- Aufnahme und Neuansiedlung besonders schutzbedürftiger Flüchtlinge aus Drittstaaten (März 2012)
- Stellungnahme zu den Vorschlägen für Richtlinien des Europäischen Parlamentes und des Rates über die Konzessionsvergabe und über die öffentliche Auftragsvergabe (März 2012)
- Erklärung zur interkulturellen Öffnung und zur kultursensiblen Arbeit für und mit Menschen mit Behinderung und Migrationshintergrund (Januar 2012)
- Stellungnahme zum Entwurf eines Gesetzes zur Regelung des Assistenzpflegebedarfs in stationären Vorsorge- und Rehabilitationseinrichtungen (Dezember 2012)
- Stellungnahme zum Gesetzesantrag der Länder Hessen, Rheinland-Pfalz „Entwurf eines Gesetzes zur Ergänzung des Bundesfreiwilligendienstgesetzes um Regelungen des Freiwilligendienstes aller Generationen" (Juli 2012)
- Stellungnahme zum Entwurf eines Gesetzes zur Neuausrichtung der Pflegeversicherung (Mai 2012)

Dass diese Aktivitäten insgesamt nicht nur auf eine Weiterentwicklung einer zeitgemäßen sozialen Infrastruktur zielen, sondern ebenso auch auf eine weitgehende Bestandssicherung bestehender Fördersysteme gegenüber der Freien Wohlfahrtspflege, ist für einen interessenpolitischen Zusammenschluss nicht wirklich überraschend. Wie an anderer Stelle schon erläutert, ist dieses lobbyistische System Freier Wohlfahrtspflege jedoch keineswegs mehr unumstritten und stößt zunehmend auf heftige Kritik. Vor allem lassen sich drei unterschiedliche Denkrichtungen ausmachen, aus denen die Angemessenheit solcher Strukturen in Frage gestellt werden: Zum einen handelt es sich um eine engagiert-sozialpolitische Position, die erfahrungsmäßig eingebunden in den Handlungskontext neuer sozialer Bewegungen ideologiekritisch den Einflussbereich und die systemstabilisierenden Rolle der traditionellen Wohlfahrtspflege kritisiert und für größere Autonomie, Selbstorganisation und Selbsthilfe der Betroffenen plädiert.[88] War diese Position vor allem für die späten 1960er bis hin zu den 1980er Jahren meinungsbildend, so haben sich diese kritischen Stimmen insofern relativiert, als viele der damaligen Protestströmungen und Initiativen inzwischen Teil der Freien Wohlfahrtspflege geworden sind und von diesen adaptiert wurden. Zum Zweiten findet sich seit Ende der 1980er vermehrt eine Kritik, die aus ordoliberaler Sicht die Legitimität des Systems Freier Wohlfahrtspflege schlichtweg verneint und radikal die marktförmige Neugestaltung des so genannten „Wohlfahrtskartells" fordert.[89] Quer dazu formiert sich eine dritte und neuere Kritiklinie, die aus zivilgesellschaftlichen Diskursen entstanden ist. Aus dieser Sicht werden verbändekorporatistische Arrangements kritisiert und die Forderung nach unmittelbarer Teilhabe und Beteiligung an öffentlichen Angelegenheiten erhoben. Die Legitimität von Organisationen – auch im sozialen Bereich – wird hierbei u. a. durch die Bereitschaft und Fähigkeit einer nachvollziehbaren, effizienten und öffentlich transparenten Funktionserfüllung belegt.[90]

---

88 Vgl. hierzu: Rudolph Bauer (Hrsg.) (1984): Die liebe Not: zur historischen Kontinuität der Freien Wohlfahrtspflege. Beltz Verlag. Weinheim. Rudolph Bauer; Hartmut Diessenbacher (Hrsg.) (1984): Organisierte Nächstenliebe. Wohlfahrtsverbände und Selbsthilfe in der Krise des Sozialstaats. Westdeutscher Verlag. Opladen.

89 Vgl.: Gerd von Lojewski, Uwe Sauermann (1989): Unsere Wohlfahrt: Verbände, Funktionäre und Filz? Bayerischer Rundfunk. Bericht der Bundesregierung. 12. Hauptgutachten Monopolkommission. Ottnad u. a. 2000. Institut der deutschen Wirtschaft (2004).

90 Beispielhaft hierfür ist die sich im Sommer 2010 konstituierende „Initative Transparente Zivilgesellschaft", die getragen ist von folgenden Organisationen: Bundesverband Deutscher Stiftung, Deutscher Kulturrat, Deutscher Spendenrat, Deutscher Fundraising Verband, Deutsches Zentralinstitut für Soziale Fragen, Maecenate Insti-

In der Vergangenheit stellte sich die BAGFW einer solchen Kritik eher zögerlich und defensiv. Spätestens seit dem Deutschen Fürsorgetag 2003 ist jedoch zu sehen, dass den nicht abreißenden kritischen Einwürfen nunmehr mit einer offensiven Qualitätskampagne begegnet wird. Sie zielt darauf, die aus der Sicht der BAGFW unverzichtbaren Leistungen der Freien Wohlfahrtspflege herauszustellen und praktisch zu belegen. Interessant hierbei ist die Verständigung aller Spitzenverbände auf einen gemeinsamen Referenzrahmen für ein Qualitätsmanagement, der jeweils verbändespezifisch umgesetzt werden soll.[91] Transparenz, Nachweisbarkeit, Verbindlichkeit und Wirksamkeit des jeweiligen Dienstleistungsprofils sollen hierdurch für den gesamten Bereich der Freien Wohlfahrtspflege durch die Beachtung gemeinsamer Referenzpunkte unterstützt und gesichert werden. Neun an der Zahl sind dies: Leitbildorientierung, Orientierung am persönlichen Nutzen, Gemeinwesen- und Bürgerorientierung, Mitarbeiterorientierung, Dienstleistungsorientierung, Ziel- und Wirkungsorientierung, Vertragspartnerschaft, Ressourcenorientierung und schließlich Management der Qualität. Und parallel zu dieser Qualitätsdimension freigemeinnütziger sozialer Dienstleistungen befindet sich die Freie Wohlfahrtspflege in einem neuen Selbstverständigungsprozess als zivilgesellschaftlicher gemeinwohlorientierter Sektor, der über die hiermit verbundenen Aufgaben eine nachhaltige öffentliche Förderung reklamiert. [92]

---

tut, Transparancy International Deutschland sowie dem Verband Entwicklungspolitik Deutscher Nichtregierungsorganisationen VENRO. Zum Stand November 2012 haben 357 Organisationen diese Selbstverpflichtung zu einer transparenten Information ihrer Leistungen und Ressourcen unterzeichnet. Organisatorisch ist die Initiative bei Transparancy International Deutschland angebunden.

91 Vgl.: Grundanliegen der Wohlfahrtsverbände zur Erreichung ihrer spezifischen Dienstleistungsqualität. Verabschiedet vom Vorstand der Bundesarbeitsgemeinschaft der Freien Wohlfahrtspflege. Berlin 18.03.2003. dgl.: Anforderungen der Bundesarbeitsgemeinschaft der Freien Wohlfahrtspflege (BAGFW) an die Darlegung und Prüfung von QM-Systemen.

92 Vgl.: Bundesarbeitsgemeinschaft der Freien Wohlfahrtspflege (2004): Memorandum „Zivilgesellschaftlicher Mehrwert gemeinwohlorientiert sozialer Dienste". Berlin.

Kapitel 3
Der Wohlfahrtssektor –
statistische Befunde

3.1 Aktuelle Entwicklungen zur Neuformierung des Sozialsektors

Wenn auch die Produktion sozialer Dienstleistungen in der Bundesrepublik Deutschland immer noch in überwiegender Weise durch die Träger und Einrichtungen der freigemeinnützigen Wohlfahrtspflege erfolgt, so sind hiermit keineswegs alle personenbezogenen Dienstleistungen in der Sozial- und Gesundheitswirtschaft ausreichend erfasst. Viele dieser Aktivitäten realisieren sich außerhalb der Verbände in familiären Zusammenhängen, Nachbarschaftskontexten oder in anderen informellen Organisationsformen, über deren Ausmaß und volkswirtschaftliche Bedeutung quantitativ und qualitativ nur nähernde Daten vorliegen. Auch sind seit Mitte der 1990er Jahre neue privat-gewerbliche Sozialunternehmen und Akteure in diesem Marktsegment tätig, die keineswegs mehr nur Nischenbereiche im Gesamtbereich sozialer Dienstleistungen besetzen, sondern in manchen Handlungsfeldern den Wohlfahrtsverbänden den Rang abgelaufen haben. Diesbezügliche, noch näher zu erläuternde Beispiele finden sich vornehmlich im Gesundheits- und Pflegesektor, bei Bildungsangeboten im Bereich der Arbeitsförderung sowie im Krankentransport und Rettungsdienst. Bezogen auf die freigemeinnützige Wohlfahrtspflege steht deren Datenbasis keineswegs auf so sicheren Grundlagen, wie es die im vierjährigen Rhythmus von der BAGFW vorgelegte Gesamtstatistik suggeriert. Denn ausschließlich die beiden großen christlichen Wohlfahrtsverbände verfügen über entsprechende Organisations- und Personalressourcen, die eine annähernd valide statistische Erfassung ihrer sozialen und gesundheitlichen Dienste überhaupt ermöglichen. Deutlich anders ist die Situation der übrigen Spitzenverbände, denen es an solchen vergleichbaren Spezialabteilungen fehlt. Zudem sind die Organisationen mit der Schwierigkeit weitgehend eigenständiger Verbandsgliederungen und Mitgliedseinrichtungen konfrontiert. In einem solchen hochgradig komplexen Organisationsgeflecht halbwegs gültige Daten zeitnah zu erheben, gerät hier oftmals zur Quadratur des Kreises. In den verbändespezifischen Teilen wird darüber hinaus deutlich, dass die sich weiter ausdifferenzierenden Organisations- und Trägerstrukturen innerhalb der Verbände mit weiteren statistischen Problemen der Erfassung und Darstellung verbunden sind. Die präsentierten Daten dürfen also keineswegs unter dem Anspruch der Vollständigkeit noch mit jenem der übereinstimmenden Zuordnungssystematik gelesen und bewertet werden. Diese generelle Problematik der Aussagefähigkeit gilt keineswegs nur für die freigemeinnützige Wohlfahrtspflege, sondern ebenfalls für die vorliegenden amtlichen Erhebungsverfahren zu gesetzlich geregelten Dienstleistungen im Sozial- und Gesundheitssektor. Gleich, ob es sich um Pflegeleistungen, die Krankenhausversorgung oder arbeitsmarktbezogene Fördermaßnahmen handelt, lässt sich konstatieren, dass die hier jeweils zugrunde liegenden Statistiken durchaus eigenen Logiken folgen und nur bedingt miteinander vergleichbar sind. Der Probleme sind damit nicht genug. Denn ein sich mittlerweile durchgesetztes Verständnis von wohlfahrtlichen Diensten als Teil einer umfassenden Sozialwirtschaft (vgl. Wendt 2012) belegt zusätzlich die eklatanten Informationslücken einer Gesamtschau über das Ausmaß und die Bedeutung der hier agierenden Akteure, Einrichtungen respektive Unternehmen, die sich seit Mitte der 1990er Jahre immer weniger auf eine bis dahin wirksame Dualität von öffentlichen und freigemeinnützigen Trägern begrenzen lassen. Der durch nationales Sozialrecht und europäisches Wettbewerbsrecht induzierte Paradigmenwechsel hat auch in der Bundesrepublik Deutschland durch die Zulassung privat-gewerblicher Träger einen neuen Wohlfahrtsmix entstehen lassen.

Wurde eine solche Entwicklung anfangs noch heftig bekämpft und als Gefährdung der sozialen Infrastruktur angesehen, so ist heute dieser Wohlfahrtsmix prinzipiell akzeptiert. Gestritten wird gleichwohl um die Frage, ob sich mit der Öffnung des Sozialmarktes für privat-gewerbliche Träger auch zugleich eine Förderverpflichtung der öffentlichen Hand gegenüber diesen Anbietern verbindet und herleiten lässt. Ebenfalls strittig sind Fragen des Gemeinnützigkeitsrechts und damit verbundene steuerrechtliche Privilegien, sowie die Relevanz des europäischen Beihilfe- und Vergaberechts bei der Ausschreibung sozialer Dienstleistungen (vgl. Kapitel 5). An dieser Stelle soll zunächst eine Fokussierung solcher Bereiche des deutschen Sozialmarktes erfolgen, in denen privat-gewerbliche Anbieter vermehrt auftreten und mit zunehmend stärkerem Gewicht tätig werden. Zu nennen sind gleich mehrere sozialwirtschaftlichen Teilmärkte, nämlich die Krankenhausversorgung, ambulante und stationäre Pflegedienste, Leistungen der Arbeitsförderung, Krankentransport- und Rettungsdienste, auch die Sozial- und Jugendhilfe. Soweit empirisch belegbare und belastbare Daten vorliegen, erfolgt eine nähere Beschreibung der freigemeinnützigen Wohlfahrtspflege, danach werden Befunde zu einzelnen Teilmärkten präsentiert.

3.2 Die Spitzenverbände der Freien Wohlfahrtspflege

Viele vorliegende Einzeluntersuchungen haben inzwischen dazu beigetragen, den empirischen Kenntnisstand über die Spitzenverbände der Freien Wohlfahrtspflege zu erweitern und zu präzisieren.[93] Im Vergleich zum Informationsstand Mitte der 1990er Jahre verfügen wir heute über eine deutlich verbesserte Datenlage, auch hat sich das Informationsverhalten der spitzenverbandlichen Wohlfahrtspflege durchaus positiv verändert. Gleichwohl sind die empirischen Zugangsprobleme hierdurch nicht wirklich gelöst. Die nachfolgend präsentierten Befunde werden dies deutlich machen.

Die Gesamtstatistik der BAGFW dokumentiert die Aktivitäten und Einrichtungen der Spitzenverbände und ihrer Mitgliedsorganisationen. Das Zahlenwerk besteht aus summarischen Angaben und kommentierten Erläuterungen über den größten Bereich der nichtstaatlichen, gemeinnützigen Wohlfahrtspflege. Systematisch werden 8 Handlungsfelder (ohne Selbsthilfegruppen) unterschieden, die insgesamt 181 Tätigkeitsfelder umfassen. Auch Selbsthilfe- und eigenständige Initiativgruppen werden zahlenmäßig aufgeführt, wobei allerdings bereichs- und verbändespezifische Informationen fehlen. Erhoben und vorgelegt werden diese Daten in einem vierjährigen Abstand. Die zuletzt vorgelegte Statistik datiert vom 1.1.2008.[94] Die der BAGFW von den einzelnen Spitzenverbänden mitgeteilten Daten erfolgen auf freiwilliger Basis und sind nach jeweils verbändeintern vorgenommenen Gesichtspunkten den unterschiedlichen Handlungsfeldern zugeordnet. Ob diese Angaben tatsächlich den damit suggerierten Sachverhalten entsprechen, ist deshalb keineswegs klar und eindeutig. Ein bislang weiterer Mangel besteht in der verbändeunspezifischen Bilanzierung der freigemeinnützigen Wohlfahrtspflege. Denn die sowohl zwischen den Spitzenverbänden als auch innerhalb der Spitzenverbände bestehenden unterschiedlichen Organisationswirklichkeiten bleiben ungenannt und lassen damit nur begrenzt Aussagen über die konkrete Bedeutung der einzelnen Verbände bei der Erbringung sozialer Dienstleistungen zu.

---

93 Vgl. hierzu u.a.: Rauschenbach/Sachße/Olk (1996); Liebig (2005); Dahme/Kühnlein/Wohlfahrt (2008); Grzeszick (2010); Jähnichen (2010); Schellberg (2010).

94 Vgl.: Bundesarbeitsgemeinschaft der Freien Wohlfahrtspflege e.V. (2009): Einrichtungen und Dienste der Freien Wohlfahrtspflege. Gesamtstatistik 2008. Stand: 1. Januar 2008. Berlin.

Differenzierung nach Fachbereichen	Tätigkeitsfelder
1. Gesundheitshilfe	23
2. Jugendhilfe	33
3. Familienhilfe	16
4. Altenhilfe	13
5. Hilfe für Menschen mit Behinderung und psychischer Erkrankung	41
6. Hilfe für Personen in besonderen sozialen Situationen	25
7. Weitere Hilfen	9
7. Aus-, Fort-, Weiterbildung	21
Insgesamt	181

Erhebungszeitraum: Zweijährlich. Gesetzliche Grundlage: keine, freiwillige Mitteilung.

Eine weitere Datenquelle steht mit den jährlichen Geschäftsberichten sowie der Umlagestatistik der Berufsgenossenschaft für Gesundheitsdienst und Wohlfahrtspflege zur Verfügung.[96] In ihrer Eigenschaft als Arbeitgeber unterliegen die Spitzenverbände den Bestimmungen des Sozialversicherungsgesetzes, was unter anderem bedeutet, genauere Angaben über die Mitgliedsunternehmen und die hierin tätigen Personen machen zu müssen. Dokumentiert werden verbändespezifische Angaben über die Zahl der versicherten Unternehmen, Arbeitnehmer und ehrenamtlich Tätigen. Diese Daten entsprechen allerdings nur zum Teil den vorliegenden verbandsinternen und der BAGFW mitgeteilten Angaben. Der Grund hierfür sind vor allem unterschiedliche Begriffsverwendungen der Bezeichnungen „Betrieb" und „Einrichtung". Wird der Berufsgenossenschaft (BG) die Anzahl der einem Spitzenverband zugehörenden Betriebe gemeldet, so handelt es sich bei den BAGFW-Zahlen um mitgeteilte Einrichtungen.[97] Auch die Zahl der bei den Spitzenverbänden insgesamt beschäftigten Mitarbeiter weicht in beiden Statistiken zumindest teilweise erheblich voneinander ab. Hier liegt der Grund in einer vorgenommenen Umrechnung angegebener Arbeitsstunden

---

95 Vgl.: Bundesarbeitsgemeinschaft der Freien Wohlfahrtspflege (2009): A. a. O.
96 Vgl.: Berufsgenossenschaft für Gesundheitsdienst und Wohlfahrtspflege (2003): Jahresbericht 2002. Hamburg. Dgl. (2011): Umlagestatistik 2010.
97 Die Bezeichnungen „Betriebe" und „Einrichtungen" werden in der Wohlfahrtspflege unscharf benutzt und erfassen nicht in jedem Fall gleiche Gegenstandsbereiche.

in Vollzeitäquivalente; ein Verfahren, das vor allem beim Paritätischen Wohlfahrtsverband sowie beim DRK zu wesentlich höheren Beschäftigungszahlen führt und zu Fehlinterpretationen Anlass gibt.

Fasst man die unterschiedlich vorliegenden Befunde zusammen, so zeigt sich der Wohlfahrtssektor als ein unverändert boomender und zugleich in vielerlei Hinsicht prekärer Wirtschafts- und Arbeitsmarkt. Im Kontext dieser Entwicklung hat sich die Freie Wohlfahrtspflege nicht nur aus einer ehemals randständigen Bedeutung befreit[98], sondern begreift sich in ihrem Selbstverständnis immer stärker als Teil einer umfassenden Sozialwirtschaft.[99] Wie der Zeitvergleich zwischen 1950 und 2002 zeigt, vollzog sich diese gewachsene Bedeutung vor allem mit Beginn der 1970er Jahre.

Tabelle 1: Arbeitsmarkt Sozial- und Gesundheitswirtschaft 1950–2008

	Freie Wohlfahrtspflege (BAGFW)		Berufsgenossenschaft für Sozial- und Gesundheitsdienste (BGW)	
	Beschäftigte	Betriebe	Versicherte[1)]	Betriebe
1950	67 000	o. A.	333 884	90 459
1960	96 000	o. A.	685 707	188 230
1970	381 888	52 475	922 597	191 503
1981	592 870	58 086	1 513 219	208 144
1990	751 126	68 466	1 925 155	294 709
1994	937 405	80 962	5 047 508	394 186
2004	1 422 798	133 956	5 870 792	504 239
2008	1 541 829	102 393	6 328 019	551 826

Bis 1990 nur Vollzeitbeschäftigte erfasst, danach sind auch Teilzeitbeschäftigte, Honorarkräfte und ehrenamtlich Tätige berücksichtigt.

Eigene Zusammenstellung nach statistischen Angaben der BAGFW und BGW.

---

98 Vgl. hierzu u. a.: E. Goll (1991): Die Freie Wohlfahrtspflege als eigener Wirtschaftssektor. Theorie und Empirie ihrer Verbände und Einrichtungen. Nomos Verlag. Baden-Baden; W. R. Leenen (1992): Der Arbeitsmarkt für Sozialarbeiter und Sozialpädagogen. Ein kritischer Rückblick auf die 80er Jahre. In: neue praxis 6. S. 503 ff.

99 Vgl. W. R. Wendt (2011): Sozialwirtschaftliche Leistungen, Versorgungsgestaltung und Produktivität. Ziel Verlag. Augsburg.

Tabelle 2: Freie Wohlfahrtspflege – Entwicklung der Arbeitsbereiche 1970–2008

Arbeitsbereich	Stand	Einrichtungen	Betten/Plätze	Beschäftigte
Krankenhäuser	1970	1 205	227 794	153 861
	1981	1 018	226 866	226 110
	1990	1 086	219 975	251 919
	2000	1 227	220 507	317 516
	2008	8 462	217 030	374 886
Jugendhilfe	1970	19 377	1 298 105	97 512
	1981	22 416	1 322 828	133 084
	1990	24 701	1 347 159	148 203
	2000	33 974	1 835 231	256 732
	2008	38 092	2 032 790	325 973
Familienhilfe	1970	13 077	59 324	31 646
	1981	9 018	71 831	42 967
	1990	9 509	79 765	49 453
	2000	9 453	58 757	89 447
	2008	7 201	60 448	61 499
Altenhilfe	1970	6 416	335 462	49 970
	1981	8 365	358 302	90 182
	1990	9 584	418 252	138 734
	2000	15 212	481 495	237 577
	2008	16 528	548 072	398 914
Behindertenhilfe	1970	1 527	81 369	19 011
	1981	4 627	176 100	62 627
	1990	8 122	248 562	96 659
	2000	12 449	344 819	157 711
	2008	15 365	493 708	291 307
Sonstige Einrichtungen/Dienste	1970	9 269	91 515	20 416
	1981	11 108	133 304	28 095
	1990	14 023	202 888	55 533
	2000	19 683	215 417	88 921
	2008	15 111	295 042	75 605
Aus-, Fort- u. Weiterbildung	1970	1 604	58 000	9 472
	1981	1 534	92 275	9 805
	1990	1 441	108 322	10 625
	2000	1 568	114 310	16 425
	2008	1 638	51 935	13 645
Gesamt	1970	52 475	2 151 569	381 888
	1981	58 086	2 181 506	592 870
	1990	68 466	2 624 923	751 126
	2000	93 566	3 270 536	1 164 329
	2008	102 393	3 699 025	1 541 829

Eigene Zusammenstellung nach BAGFW-Statistiken 1970 bis 2008.

Tabelle 3: Beschäftigte und Einrichtungen in der Freien Wohlfahrtspflege 2008/2011

	DCV	DW	AWO	DPWV	DRK
Gesundheitshilfe/ Krankenhäuser					
Beschäftigte	238 504	108 111	5 497	26 394	14 560
Einrichtungen	2 547	1 287	552	2 604	1 053
Jugendhilfe					
Beschäftigte	116 662	107 480	26 339	71 485	32 311
Einrichtungen	11 417	10 747	3 690	9 557	1 793
Familienhilfe					
Beschäftigte	4 721	32 649	14 749	8 296	4 370
Einrichtungen	991	2 439	1 723	1 553	260
Altenhilfe					
Beschäftigte	107 651	101 841	56 590	73 488	47 158
Einrichtungen	3 042	3 135	2 884	3 916	2 400
Behindertenhilfe/Psychiatrie					
Beschäftigte	63 897	77 287	9 288	102 161	50 822
Einrichtungen	2 154	3 316	977	8 537	903
Weitere soziale Hilfen					
Beschäftigte	28 091	24 270	11 672	33 471	9 065
Einrichtungen	4 495	6 054	2 633	5 335	1 533
Aus-, Fort und Weiterbildung					
Beschäftigte	2 489	954	1 232	2 088	1 115
Einrichtungen	120	105	82	287	240
Selbsthilfegruppen, bürgerschaftliches Engagement					
Beschäftigte	–	–	–	5 087	–
Einrichtungen	–	–	–	12 013	–
Gesamt					
Beschäftigte	559 526	452 592	125 367	322 470	159 401
Einrichtungen	24 646	27 083	12 541	43 802	8 182

Eigene Zusammenstellung nach statischen Angaben der Spitzenverbände 2008 und 2011.
Da neuere Angaben zur ZWST nicht vorliegen, bleibt der jüdische Wohlfahrtsverband an dieser Stelle unberücksichtigt.

Die für die Gesamtentwicklung des Wohlfahrtssektors deutlich werdende Wachstumsphase belegt dessen inzwischen hohen volkswirtschaftlichen Stellenwert und zeigt sich ebenso im engeren Bereich der von den freigemeinnützigen Wohlfahrtsverbänden angebotenen Dienstleistungen. Auf den ersten Blick gesehen, scheint die hier erkennbare Steigerung sozialer Dienstleistungen dem tagespolitischen Klagen über den Abbau sozialer Dienste zu widersprechen.

Über diesen allgemeinen Trend hinaus zeigt sich, dass die einzelnen Spitzenverbände diesen Arbeitsmarkt sozialer Dienstleistungen sehr unterschiedlich prägen (siehe Tab. 3). Ohne den in den Kapitel 3.1 bis 3.6 verbandsspezifischen Erläuterungen vorzugreifen, soll dieser Sachverhalt schon an dieser Stelle durch einige verbändevergleichende Daten zumindest illustriert werden. Hierbei ist zu berücksichtigen, dass diese Daten mit anderen statistischen Angaben nicht immer kongruent sind, was u. a. auf verbandsinterne Abstimmungsprobleme aber auch auf unterschiedlich praktizierte Erfassungsverfahren zurückzuführen ist.

Überraschend hierbei ist, dass das Leistungsspektrum der Spitzenverbände um einiges höher ist, als dies in der veröffentlichten Gesamtstatistik der BAGFW angegeben wird. Und ebenso überraschend sind die statistischen Befunde zum Paritätischen Gesamtverband, dessen Bedeutung als Sozialer Dienstleister in den vergangenen 15 Jahren exorbitant zugenommen hat und deshalb neu zu bewerten ist.

Ungeachtet der bestehenden Inkohärenzen belegen die summarischen Leistungsdaten der BAGFW die Dominanz der unter dem Dach freigemeinnütziger Spitzenverbände angesiedelten Dienstleistungen. In ihrer zusammenfassenden Darstellungsform führen solche Angaben leicht zu dem Schluss, der durch die Wohlfahrtsverbände geprägte Sozialsektor sei eine Art Hilfsindustrie, bestimmt durch das interessenspolitische Handeln einiger weniger Sozialkonzerne.[100] Denn gemessen an großen Wirtschaftsunternehmen repräsentiere dieser gemeinnützige Wohlfahrtssektor hinsichtlich seiner Beschäftigungsrelevanz ähnliche Größenordnungen wie etwa die Firmen Siemens mit rd. 402 000, Daimler Benz mit rd. 271 400, Volkswagen mit rd. 502 000, Metro AG mit rd. 288 000 oder E.ON AG mit rd. 78 900 beschäftigten Arbeitnehmern.[101] Ein solcher Vergleich hinkt insofern, als die den Spitzenverbänden zugerechneten Einrichtungen, Dienste und Mitarbeiter eben nicht in ähnliche unternehmensrechtliche Entscheidungsstrukturen eingebunden sind, wie dies bei den genannten Konzernen der Fall ist. Wie

---

100 Beispielhaft hierzu: Walter Wüllenweber (2011): Die Hilfsindustrie. In: Stern 8/2011. S. 94–101.

101 Vgl.: Die wichtigsten Unternehmen des Jahres 2011. http://top500.welt.de/list/U/ Zugriff 1. 08. 2012.

noch zu zeigen ist, sind hier die Verhältnisse anders und komplizierter. Gleichwohl ist nicht zu übersehen: Es sind vor allem die konfessionellen Spitzenverbände, die auf dem Markt sozialer Dienste zumindest in der Anbietergruppe der freigemeinnützigen Träger in größerer Geschlossenheit den Ton angeben. Daneben zeigt sich unter dem Dach des Paritätischen inzwischen eine hohe Beschäftigtenzahl bei Klein- und Kleinstanbietern, die summarisch gesehen dicht zu den beiden konfessionellen Verbänden aufschließen.

3.3 Neue Wettbewerber in der Sozial- und Gesundheitswirtschaft

Der Bereich Gesundheit und Pflege. Die Krankenhausversorgung ist mit den Gesundheitsreformen ab Ende der 1970er schon frühzeitig durch Privatisierungstendenzen und das Aufkommen privat-gewerblicher Träger geprägt. In diesem Entwicklungskontext entstanden ab Mitte der 1980er Jahre neue gewerbliche Gesundheitskonzerne, die inzwischen in der gesundheitlichen Versorgung nicht mehr wegzudenken sind. Die u. a. durch das Rheinisch-Westfälische Wirtschaftsinstitut vorgelegten Prognosen (vgl. RWI 2009) zeigen zudem, dass dieser Entwicklungspfad keineswegs abgeschlossen ist und zu weiteren Veränderungen führen wird. Erwartet wird nach diesen Prognosen

- ein weiter sinkender Anteil öffentlicher Krankenhausträger um 15 %;
- eine stärkere Verlagerung in den ambulanten Bereich u. a. durch den Aufbau integrierter Versorgungssysteme mit der Folge eines weiteren ca. 40%igen Rückgangs derzeitiger Bettenkapazitäten;
- ein zunehmender Verdrängungswettbewerb zwischen großen gewerblichen Krankenhausträgern, verbunden mit Fusionsprozessen und Firmenzusammenschlüsse und
- die Entwicklung strategischer Partnerschaften zwischen privaten Anbietern, Krankenkassen und Ärzten, wobei die Zukunft in integrierten Versorgungsketten gesehen wird.

Illustrieren lassen sich diese Entwicklungen durch die zahlreiche Neugründungen profitausgerichteter Gesundheitsunternehmen. In der Tabelle 4 werden wichtige Beispiele benannt.

Tabelle 4: Gesundheitskonzerne in Deutschland – Beispiele 2011

	Einrichtungen/ Standorte	Beschäftigte	Umsatz p. a.	Cash flow/ Gewinn
Marseille-Kliniken AG, gegr. 1984	62	5 058	240 Mio.	0,66 Mio.
Asklepios GmbH, gegr. 1986	66	34 854	2,3 Mrd.	89,6 Mio.
Rhön-Klinikum AG, gegr. 1973	90	38 000	2,5 Mrd.	145,0 Mio.
Sana-Klinik GmbH München, gegr. 1976	43	22 500	1,5 Mrd.	113,0 Mio.
Klinik Management GmbH (KMG), gegr. 1991	19 ausschließlich in früheren NBL	3 500	213 Mio.	k. A.
Stiftung Rehabilitation Hcidclbcrg (SRH), gegr. 1966	56	8 000	600 Mio.	34,8 Mio.
MediClin AG, gegr. 1974	52	8 300	493 Mio.	10,8 Mio.
Allgemeine Hospital Gesellschaft AG (AHG), gegr. 1973	45	3 066	198 Mio.	10,7 Mio.
Internationaler Player:				
Fresenius Health Group, gegr. 1912		137 552	16 Mrd.	1,9 Mrd.
in der BRD:	65	37 198	2,6 Mrd.	294 Mio.

Eigene Zusammenstellung nach Firmenangaben 2012.

Auffällig hierbei ist, dass sich diese Konzerne im Zuge ihrer Entwicklung immer stärker als vernetzte Gesundheitsdienstleister herausbilden und auf den Verbund von ambulanten, stationären Einrichtungen, den Aufbau von Medizinischen Versorgungszentren, aber auch den Entwicklungsbereich Medizintechnik setzen. Weitere Beispiele für die Dynamik dieses engeren Gesundheitsmarktes sind die Entstehung von neuen Discountpraxen, wie die McZahn AG, von europäisch ausgerichteten Zahnkliniken wie Dentaltrade, der Aufbau eines eigenen Gesundheitszentrums durch die Deutsche Krankenversicherung AG oder die Verbreitung von Internetapotheken.

Ein weiterer für privat-gewerbliche Träger bedeutsamer Teilsektor des Sozialmarktes ist die pflegerische Versorgung. Bis zur Verabschiedung des Pflegeversicherungsgesetzes 1994 befand sich diese neben der familialen Zuständigkeit ausschließlich in der Hand öffentlicher und frei-gemeinnüt-

ziger Träger. Auch wenn die überwiegende Zahl der 2,34 Millionen pflege-
bedürftigen Menschen in Deutschland zu Hause versorgt wird, so haben
sich in diesem Bereich substanzielle Veränderungen vollzogen. Denn es sind
keineswegs mehr die freigemeinnützigen oder öffentlichen Träger, die diesen Bereich der Leistungserbringung prägen. Inzwischen bestehen mehr als
23 000 ambulante und stationäre Pflegedienste und -einrichtungen, in denen
über 990 000 Beschäftigte, davon 269 000 in ambulanten und rd. 621 000 in
stationären Einrichtungen tätig sind.[102]

Betrachtet man die Trägerzugehörigkeit dieser Einrichtungen, so zeigen
sich deutliche Ausprägungen eines stärker werdenden Wettbewerbs und eine Verabschiedung aus der traditionellen verbandlichen Wohlfahrtspflege.

Zuwachsraten zeigen sich ausschließlich im Bereich privat-gewerblicher
Dienste. Etwas anders sieht es aus bei den stationären Pflegeeinrichtungen.
Mehrheitlich sind hier freigemeinnützige Träger tätig. Aber auch hier zeich-
net sich ein Bedeutungsverlust der Freien Wohlfahrtspflege ab.

Tabelle 5: Ambulante Pflegedienste nach Trägergruppen 2009

Insgesamt: 12 026			
Gewerbliche	Gemeinnützige	Darunter: Freie Wohlfahrtspflege	Öffentliche
7 398 (61,5 %)	4 433 (36,8 %)	4 075 (33,9 %)	195 (1,6 %)
Veränderungen zu 2007 in %			
+7,2	0,0	−0,9	+2,2

Eigene Zusammenstellung nach Pflegestatistik 2009.

Tabelle 6: Stationäre Pflegeeinrichtungen nach Trägergruppen 2009

Insgesamt: 11 600			
Gewerbliche	Gemeinnützige	Darunter: freie Wohlfahrtspflege	Öffentliche
4 637 (39,9 %)	6 373 (54,9 %)	5 581 (48,1 %)	624 (5,4 %)
Veränderungen zu 2007 in %			
+7,3	+5,0	+5,3	−1,7

Eigene Zusammenstellung nach Pflegestatistik 2009.

---

102 Vgl.: Pflegestatistik 2009. A. a. O.

Bildungsangebote im Bereich der Arbeitsförderung. Veränderungen im Anbietermix haben sich in den vergangenen Jahren ebenso im Regelungsbereich des SGB III (Arbeitsförderung) durchgesetzt. Aufgabenwahrnehmungen im Bereich der unmittelbaren Beschäftigung (Arbeitsgelegenheiten, Beschäftigungsbetriebe etc.) befinden sich nach wie vor überwiegend in kommunaler Trägerschaft. Anders stellt sich die Situation bei Bildungsträgern dar. Die Zulassung privat-gewerblicher Träger hat hier früher bestandene Monopole frei-gemeinnütziger Berufsbildungswerke faktisch abgeschafft. Durch die praktizierte und europäisch induzierte Ausschreibungspflicht besteht inzwischen eine formale Rechtsgleichheit aller Bildungsträger in der beruflichen Weiterbildung. Mit der in 2004 erlassenen „Anerkennungs- und Zulassungsverordnung – Weiterbildung – AZWV" wurde zudem unter der Voraussetzung einer erfolgreichen Zertifizierung allen Trägern der Zugang zum geförderten Weiterbildungsmarkt eröffnet. Weiter präzisiert wurden diese Regelungen durch das am 28. Dezember 2011 verkündete Gesetz zur Verbesserung der Eingliederungschancen am Arbeitsmarkt (BGBl. I S. 2854). Ergänzt wurde das Gesetz durch die vom Bundesministerium für Arbeit und Soziales am 5. 4. 2012 erlassene Akkreditierungs- und Zulassungsordnung – AZAV, nach der zukünftig alle Träger zukünftig der Zulassung durch fachkundige Stellen bedürfen. Diese Zulassung umfasst den gesamten Bereich der Arbeitsförderung, betrifft damit die Bereiche Förderung beruflicher Weiterbildung, Maßnahmen zur Förderung der Berufswahl und Berufsausbildung, Maßnahmen zur Aktivierung der beruflichen Eingliederung, spezifische Maßnahmen der Rehabilitation sowie Transfermaßnahmen durch Dritte. Wirksam wurde die AZAV zum 1. 4. 2012, eingeräumt ist eine Übergangsfrist bis zum 1. 1. 2013.

Mit der vorgenommenen Gesetzesnovellierung und Verordnung sollen bisherige Vergaberichtlinien in so weit modifiziert werden, als neben rein wirtschaftlichen Kriterien auch qualitätsbezogene Aspekte, wie beispielsweise in der Vergangenheit liegende Integrationserfolge eines Anbieters, für eine Auftragsvergabe entscheidungsrelevant sind.

Hinsichtlich der empirisch dokumentierbaren Relevanz aller im Bereich der Arbeitsmarktdienstleistungen tätigen Träger und Anbieter liegen bislang keine vollständigen und zusammenfassenden Informationen vor. Die nachfolgenden Angaben erlauben gleichwohl eine erste Skizze dieses sozialwirtschaftlichen Teilsektors.

Für 2004, dem ersten Jahr einer zentralisierten Ausschreibung durch die Regionalen Einkaufszentren (REZ) der Bundesanstalt für Arbeit (BA) gab es in der Bundesrepublik Deutschland insgesamt 584 private Auftragnehmer, die sechst größten hatten einen Marktanteil von 41 % der Beauftragungen und 42 % der ausgeschriebenen Kapazitäten. Gemessen an dieser Ausgangslage hat sich für 2012 nur wenig geändert, geringfügig angestiegen ist die Zahl privater Arbeitsvermittler auf nunmehr 598.

Dass die Bildungs- und Schulungsangebote im Bereich der Arbeitsmarktdienstleistungen einen enormen Weiterbildungsmarkt repräsentieren, zeigt folgende für das Jahr 2012 vorgenommene Zusammenstellung.

Tabelle 7: Bildungsangebote der Arbeitsförderung

Angebote im Bereich	Anzahl
Allgemeinbildung mit Berufsbezug	18 227
Berufsausbildung	45 520
Berufliche Weiterbildung	43 906
Weiterbildung (aufstiegsorientiert)	20 539
Hochschulstudiengänge	18 397
Berufliche Bildung in der Rehabilitation	13 790
Zusammen	160 379
Berufe/Berufsabschlüsse	3 190
darunter angeboten von	
freigemeinnützigen Trägern (Wohlfahrtsverbände)	376
öffentlichen Trägern (Kommune, Landkreis)	304
Wirtschaftsverbänden (HK; IHK, Gewerkschaften)	197
Privat-gewerbliche GmbH-Unternehmen	3 064
Privat-gewerbliche GbR-Unternehmen	160
Andere privat-gewerbliche Anbieter	156 278
Bundesweit anerkannte fachkundige Stellen	31
Zugelassene Weiterbildungsträger in Deutschland	ca. 5 000

Eigene Zusammenstellung nach Angaben der Bundesagentur für Art: KURSNET – Bildungsangebote einfach finden. Stand Mai 2012.

Nur ein kleinerer Teil dieser über 150 000 zählenden Bildungsangebote hat einen sozialwirtschaftlichen Anbieterbezug. Ohne dies derzeit im Einzelnen belegen zu können, sind gleichwohl deutlich mehr als die von Wohlfahrtsverbänden angebotenen Kursangebote von sozialwirtschaftlicher Relevanz, denn alleine im Bereich der Rehabilitation bestehen weit über 13 000 Bildungsangebote und bezogen auf die Bereiche Gesundheit, Alten- und Krankenpflege sind dies immerhin noch rd. 1 100. Es sind Hinweise auf die in diesem Teilsektor bestehende Dominanz privat-gewerblicher Bildungsanbieter, die neben zahlreichen Maßnahmen der beruflichen Weiterbildung ebenso auch die Sparte Sozial- und Gesundheitswirtschaft bedienen; TÜV, Dekra-Akademie, Manpower, Randstad oder Amadeus Fire AG sind nur wenige ausgewählte Bespiele solcher Unternehmen.

Krankentransport und Rettungsdienst. Ein weiterer, von privat-gewerblichen Trägern erneut bedienter Teilsektor der Gesundheits- und Sozialwirtschaft ist das Krankentransport- und Rettungswesen. Erneut deshalb, als bis 1942 der Krankentransport in Deutschland durchaus auch von privaten Unternehmen durchgeführt wurde. Im Nachkriegsdeutschland wurde allerdings diesen Unternehmen eine Wiederzulassung verweigert; Rettungsdienst und Krankentransport wurden stattdessen der Feuerwehr sowie den gemeinnützigen Hilfsorganisationen, mit regional unterschiedlichem Gewicht vor allem dem Roten Kreuz sowie dem Arbeiter-Samariter-Bund, zugewiesen. Erst ab den 1980er Jahren versuchen privat-gewerbliche Anbieter mit zunehmendem Erfolg, in diesem Bereich erneut tätig zu werden. Erzwungen wurde dieser Marktzugang gegen heftige Widerstände der bisherigen freigemeinnützigen Anbieter, begleitet von zahlreichen Rechtsauseinandersetzungen. Mit dem Inkrafttreten des novellierten Personenförderungsgesetzes zum 1.1.1992 und der damit erfolgten Übertragung des Rettungsdienstes in die alleinige Zuständigkeit der Länder hatte sich in den einzelnen Bundesländern eine rechtlich unterschiedliche Ausgestaltung des Rettungsdienstes herausgebildet. Die Varianten reichten von einem ausschließlich öffentlichen Rettungsdienst (Feuerwehr), innerhalb dessen durchaus private Leistungserbringer mitwirken können (Eingliederungsmodell) bis hin zu dualen Systemen, die neben dem öffentlichen Rettungsdienst ebenso auch private Rettungsdienste zulassen. Gegen den 2008 per Gesetz in Sachsen vollzogenen Wechsel vom dualen Modell zum Eingliederungsmodell (Sächsisches Gesetz über den Brandschutz, Rettungsdienst und Katastrophenschutz – SächsBRKG) legten private Rettungsdienstanbieter Verfassungsbeschwerde mit dem Ziel ein, eine gänzliche Marktöffnung des Rettungsdienstes zu erreichen. Als teilweise unzulässig verworfen und im Übrigen zurückgewiesen wurden diese Verfassungsbeschwerden u.a. mit dem Argument einer in Organisation und Durchführung einheitlich und effizient zu sichernden Hilfeleistung in allen Bereichen des Bevölkerungsschutzes. Dieser verfassungsrechtlich sanktionierte Systemwechsel zum Eingliederungsmodell ist trotz der abgewiesenen Verfassungsklage dennoch für privat-gewerbliche Anbieter im Bereich des Rettungsdienstes und Krankentransportwesens ein Erfolg. Denn das BVerfG stellte zugleich klar: „[es] ist nunmehr durch die Aufgabe der Trennung zwischen öffentlichem und privatem Rettungsdienst erstmals ein Wettbewerb zwischen Hilfsorganisationen und privaten Unternehmen um alle benötigten Kapazitäten zu gleichen Konditionen eröffnet worden [...]; alle, insbesondere auch neue Bewerber, haben grundsätzlich die gleiche Chance, als Leistungserbringer ausgewählt zu werden".[103]

Für den 1985 erstmals gegründeten und bundesweit agierenden „Bundesverband eigenständiger Krankentransport- und Sanitätshilfsdienste e. V." – später umbenannt in „BKS – Bundesverband eigenständiger Rettungsdienste e. V." – bedeutete diese Entscheidung Aufwind für die eigene Interessenspositionierung und Verbandsentwicklung. Der Verband ist in allen Bundesländern mit rechtlich eigenständigen Landesverbänden vertreten. Angeschlossen sind dem Verband insgesamt 263 private Rettungsdienstbetriebe mit > 6 000 Beschäftigten. Die Leistungsbilanz 2010 dokumentiert ca. 2,4 Millionen Einsätze, darunter rd. 270 000 Notfalleinsätze. Präsent sind die dem Verband angehörenden Betriebe an 288 Standorten mit 1 600 Fahrzeugen. In vier Bundesländern gehört der BKS zu den anerkannten Katastrophenschutzorganisationen. Mit seiner Göttinger Erklärung 2011 positioniert der BKS den Rettungsdienst als Teil des Gesundheitswesens und tritt ein für eine weitergehende Professionalisierung und Qualitätssicherung in diesem Arbeitsfeld (BKS 2011).

Kinder- und Jugendhilfe. Subsidiäre Aufgabenwahrnehmungen durch freigemeinnützige Träger und das nachrangige Handeln öffentlicher Träger prägten bis Mitte der 1990er Jahre das System der Jugend- und Sozialhilfe in Deutschland (siehe auch Kapitel Subsidiarität). Mit der 1996 erfolgten Novellierung SGB XII (früheres BSHG) und jene des SGB VIII in 1998 wurden auch diese bisherigen Schutzzonen freigemeinnütziger Träger für weitere private Anbieter geöffnet. Terminologisch erfolgte dies durch die Einführung eines neutralen Trägerbegriffs in Verbindung mit zukünftig verpflichtend abzuschließenden Leistungs-, Qualitäts- und Entgeltvereinbarungen im Kontext eines politisch geförderten Anbieterwettbewerbs. Gleichwohl bedeuteten diese neuen Regelungen keineswegs eine rechtliche Verpflichtung zur öffentlichen Förderung privater Träger, was die nach wie vor bestehende Nischenposition dieser neuen Akteursgruppe in der Sozial- und Jugendhilfe erklärt. Die meisten dieser privaten Anbieter sind Mitglied im Bundesverband privater Träger der freien Kinder-, Jugend- und Sozialhilfe – VPK e. V., der als Interessensverband privater Träger übrigens schon 1953 gegründet wurde. Die Gruppe der damaligen Gründungsmitglieder bestand aus 30 Kinderheimen. 1996 modernisiert und umfassend reorganisiert ist dieser bundesweite Dachverband heute in allen Bundesländern durch juristisch selbständige Landesverbände vertreten.

---

103 BVerfG. Beschluss vom 8. Juni 2010 – 1 BvR 2011/07, 1 BvR 2959/07.

Übersicht 3: Der Bundesverband privater Träger (VPK)

Landesverband	Mitglieder	Einrichtungen	Heimplätze
Baden-Württ.	19	52	524
Bayern	61	63	753
Berlin			
Brandenburg	19	61	387
Mecklenb.-Vorp.			
Nieders./Hessen	130	> 200	1 500
NRW	62	64	902
Rhld.Pfalz/Saarl.	24	21	331
Sachsen		7	
SH-Hamburg	7	24	152
Zusammen	> 300	< 500	> 3 500

Eigene Zusammenstellung nach Webesiteangaben der Landesverbände.

Neben diesen im VPK zusammengeschlossenen privaten Trägern versuchen vermehrt weitere gewerblich orientierte Anbieter, auf dem Markt der Kinder- und Jugendhilfe Fuß zu fassen. Ökonomisch lukrativ erscheinende Freizeit-, Bildungs- und Beratungsangebote werden hierbei als neue Marktnischen identifiziert und ausgelotet. Die Palette reicht von Jugendferienreiseanbietern, Outdoor- und Freizeitbetriebe bis hin zu kommerziell betriebenen Nachhilfebetreuungen. Die Beispiele zeigen Prozesse einer organisatorischen ökonomischen Verselbständigung von Aktivitäten, die noch in den 1970er Jahren zum selbstverständlichen Kernbestand jugendpflegerischer Maßnahmen gehörten. Der hier erkennbare Trend: Erkundete Marktnischen für soziale Dienstleistungen werden nach ökonomisch erfolgreicher Erprobung verstetigt oder verschwinden schnell wieder vom Markt. Für die öffentliche Jugendhilfe birgt dies nicht nur die Gefahr eines Aderlasses hinsichtlich der Attraktivität ihrer Angebote, sondern ebenso einer erzwungenen Reduzierung auf prekäre und ökonomisch schwache „Restgruppen". Sozialpolitisch prekär sind diese Entwicklungen insofern, als Aufgaben der Daseinsvorsorge und Daseinssicherung immer weniger aus einer sozialpolitischen Perspektive definiert werden und vorwiegend fiskalpolitisch begründet zu einer Residualkategorie verkommen können. Der demokratische Gestaltungsauftrag von Sozialpolitik würde damit dem scheinbaren Sachdiktat des finanziell Möglichen im Wege eines „Vorwegabzugs" faktisch entzogen.

Die Jugendhilfestatistik wird seit 1963 als Teil einer Sozialleistungsstatistik durchgeführt.[104] Als verpflichtende Rechtsgrundlage wurde sie durch am 3.10.1990 in Kraft getretene Gesetz zur Neuordnung des Kinder- und Jugendhilferechts (KJHG) – Achtes Sozialgesetzbuch (SGB VIII) wesentlich erweitert und reformiert.[105] Auskunftspflichtig sind unabhängig von ihrer jeweiligen Rechts- und Organisationsform alle Träger, die Leistungen nach dem SGB VIII erbringen. Wird dieser Auskunftspflicht nicht entsprochen, so kann dies mit einem Bußgeld geahndet werden.[106] Die bundesrechtlichen Regelungen finden sich in den §§ 98–103 SGB VIII. Als Folge der bestehenden Auskunftspflicht ist die Jugendhilfe der statistisch am differenziertesten belegte Bereich der Wohlfahrtspflege.[107] Dies ist nun auch der Grund für eine etwas ausführlichere Vorstellung und Diskussion der hiermit verbundenen Befunde. Systematisch ausgewertet und aufbereitet werden die aus der Kinder- und Jugendhilfestatistik gewonnenen Daten seit Mitte der 1990er Jahre durch die an der Universität Dortmund angesiedelte und gemeinsam mit dem Deutschen Institut für Jugendforschung (DJI) betriebene Arbeitsstelle Kinder- und Jugendhilfestatistik. Mit einem speziellen Newsletter „KomDat Jugendhilfe" informiert die Arbeitsstelle in regelmäßigen Abständen über neue Befunde und Entwicklungen in der Jugendhilfe.[108]

Präzisere Informationen über Organisationsformen und Rechtsträger der jeweiligen Leistungserbringer erschließen sich über die Erhebungen der Jugendhilfestatistik. Relevant sind hierbei die im vierjährigen Rhythmus erhobenen Einrichtungsdaten. Im vorliegenden Lehrbuch wird vor allem auf diese Daten Bezug genommen. Wenn auch die Jugendhilfe keineswegs das

---

104 Gesetz über die Durchführung von Statistiken auf dem Gebiet der Sozialhilfe, der Kriegsopferfürsorge und der Jugendhilfe vom 15. Januar 1963. KJHG §§ 98–103.

105 Vgl. Ulrich Hoffmann (1991): Neuordnung der Jugendhilfestatistik, in: Wirtschaft und Statistik, Heft 3, S. 153–164.

106 Vgl.: SGB VIII § 104.

107 Mit der zweibändigen Studie von Thomas Rauschenbach/Matthias Schilling „Die Kinder- und Jugendhilfe und ihre Statistik" wurde erstmals 1997 eine systematische Auswertung vorgelegt. Über die inzwischen erfolgte Weiterentwicklung informiert umfassend Thomas Rauschenbach (2011): 20 Jahre Kinder- und Jugendhilfe im Spiegel ihrer Statistik. Bilanz der empirischen Wende. In: Thomas Rauschenbach/ Matthias Schilling (Hrsg.): Kinder- und Jugendhilfereport 3. Bilanz einer empirischen Wende. Juventa Verlag. Weinheim und München, S. 11–24.

108 Der Infodienst „KomDat" wird von der Dortmunder Arbeitsstelle Kinder- und Jugendhilfestatistik herausgegeben und erscheint seit 1998 drei Mal jährlich. Die öffentlich frei zugänglichen Informationen sind im Internet abrufbar unter: http://www.akjstat.uni-dortmund.de.

ausschließliche Arbeitsfeld der Wohlfahrtspflege darstellt, so repräsentiert es dennoch einen wesentlichen Bereich sozialer Dienstleistungen. Welche Bedeutung hierbei öffentliche, freigemeinnützige und andere private Träger haben, lässt sich aus den vorliegenden Daten ebenso rekonstruieren, wie die Leistungsrelevanz der einzelnen Spitzenverbände der Wohlfahrtspflege. Ein erstes Fazit: Bezogen auf die Erhebungsjahre 2010 und 2011 befinden sich in der Jugendhilfe etwas mehr als 70 % der über 84 000 bestehenden Einrichtungen in einer spitzenverbandlichen Trägerschaft, die ca. 52 % der rund 640 000 zählenden hauptberuflich Tätigen beschäftigen.

Angebots- und Organisationsformen der gesamten Kinder- und Jugendhilfe unterscheiden insgesamt 39 pädagogische Einrichtungsarten, Kindertagesstätten und andere Einrichtungen der Frühpädagogik. Hinzu kommen Verwaltungs-, Koordinationsstellen, Arbeitsgemeinschaften und behördliche und andere Einrichtungen der Frühpädagogik (s. Tab 8, S. 66 ff.).

Ebenso wie die Wohlfahrtspflege insgesamt ist auch das Handlungsfeld der Jugendhilfe im Vergleich zu 1994 ein boomender Entwicklungssektor. Inzwischen zählt dieser Bereich weitere rd. 13 300 Einrichtungen, in denen zusätzlich knapp über 89 000 Personen tätig sind. Von dieser Expansion profitieren vor allem freie Träger. Die schon für die Entwicklung bis 1994 beim Betrieb sozialer Einrichtungen konstatierte Vorrangigkeit freier Träger hat sich keineswegs verändert, sondern weiter zugenommen. Befanden sich 1994 von allen Einrichtungen, Fach- und Jugendämtern, Geschäftsstellen, Arbeitsgemeinschaften 59,4 % in freier und 40,6 % in öffentlicher Trägerschaft[109], so werden inzwischen 70,4 % aller sozialen Einrichtungen von freien Trägern betrieben. Ausschließlich in den Bereichen Offene Jugendarbeit, mobile Jugendarbeit und den pädagogisch betreuten Spielplätze befinden sich öffentliche Trägerschaften auf annähernd quantitativer Augenhöhe mit freien Trägerschaften. Das Fazit: Von wenigen Ausnahmen abgesehen ist der Bereich der Jugendhilfe von freien Trägern dominiert; es sind hier vor allem die Wohlfahrtsverbände, die als Anbieter sozialer Dienstleistungen auftreten. Aber auch dieser Befund bedarf einer weiteren differenzierten Betrachtung, denn zwischen den Wohlfahrtsverbänden bestehen eklatante Unterschiede hinsichtlich ihrer Größe, Organisationsform sowie ihrer Relevanz als soziale Dienstleister. Die hiermit verbundenen Befunde werden in den organisationsspezifischen Kapiteln des Lehrbuches im Näheren erläutert.

---

109 Vgl.: Statistisches Bundesamt (1996): Statistik der Jugendhilfe. Fachserie 13. Reihe 6.3. Einrichtungen und tätige Personen in der Jugendhilfe 1994. Wiesbaden; Boeßenecker (1998): Spitzenverbände der Freien Wohlfahrtspflege in der BRD. Votum Verlag. Münster.

Tabelle 8: Einrichtungen der Jugendhilfe nach Trägerschaften – Stand 2010/2011

Nr.	Art der Einrichtung	Insges.	Öffentl. Träger	Freie Träger										
				Insges.	AWO	Parität.	DRK	DW	CV	ZWST	(*)	JV	andere	gewerbl.
1	Stationäre Erziehungshilfe	1 329	48	1 281	77	217	38	287	260	–	4	22	278	98
2	Stationäre Erziehungshilfe – Lebensgemeinschaften	150	3	147	1	41	1	22	17	–	–	9	40	16
3	Ausgelagerte Gruppe-/Erz.-hilfe im Schichtdienst	1 400	51	1 349	48	183	24	510	231	–	7	19	226	101
4	Ausgelagerte Gruppe/Erz-hilfe in Lebensgemeinschaften	435	16	419	10	65	10	174	25	–	6	7	91	31
5	Betreute Wohnform	1 072	72	1 000	41	247	16	273	109	1	5	8	224	76
6	Erziehungshilfe gemäß § 34 SGB VIII	721	23	698	35	180	7	141	34	–	3	19	222	57
7	Wochengruppe (ohne Wochenendunterbringung)	81	3	78	3	11	4	24	21	–	–	1	12	2
8	Tagesgruppe gemäß § 32 SGB VIII	1 092	49	1 043	86	188	26	322	181	–	4	12	176	48
9	Geschlossene Unterbringung nach richterl. Entscheidung	14	–	14	–	–	–	4	4	–	–	1	5	–
10	Vorläufige Schutzmaßnahme gemäß § 42 SGB VIII	177	28	149	14	41	3	35	29	–	1	1	20	5
11	Kleinsteinrichtung der stationären Erziehungshilfe	907	26	881	34	199	15	68	18	–	7	35	312	193

Nr.	Art der Einrichtung	Insges.	Öffentl. Träger	Freie Träger										
				Insges.	AWO	Parität.	DRK	DW	CV	ZWST	(*)	JV	andere	gewerbl.
12	Einrichtung für integrierte Hilfen/ Jugendhilfezentren	289	14	275	22	113	8	52	27	–	–	6	39	8
13	Internat gemäß §§ 34, 41 SGB VIII	78	1	77	–	8	–	24	13	–	2	1	20	9
14	Großpflegestelle	–	–	–	–	–	–	–	–	–	–	–	–	–
15	Gemeinsame Wohnform für Mütter/ Väter und Kinder	329	15	314	16	68	6	85	66	–	3	5	52	13
16	Einrichtung der Frühförderung	76	4	72	6	25	–	13	10	–	–	–	15	3
17	Tag-/Nacht-Einrichtung für jg. Menschen m. Behinderung	275	4	271	10	88	5	56	47	–	–	2	49	14
18	Tageseinrichtung für jg. Menschen mit Behinderung	149	5	144	5	35	1	5	28	–	1	–	66	3
19	Jugendwohnen gemäß § 13 Abs. 3 SGB VIII	210	23	187	3	19	1	29	60	1	2	4	62	6
20	Jugendmigrationsdienst	203	2	201	25	5	11	63	54	–	–	6	37	–
21	Jugendsozialarbeit gemäß § 13 Abs. 1 u. 2 SGB VIII	697	111	586	43	154	7	96	63	–	3	25	186	9
22	Kur-, Genesungs-, Erholungseinr. f. jg. Menschen	11	–	11	–	2	–	2	–	–	–	1	4	2
23	Jugendherberge, Jugendgästehaus	771	41	730	9	169	4	51	53	1	12	164	247	20
24	Jugendtagungsstätte, Jugendbildungsstätte	269	17	252	1	12	1	44	35	–	10	65	81	3

Nr.	Art der Einrichtung	Insges.	Öffentl. Träger	Freie Träger										
				Insges.	AWO	Parität.	DRK	DW	CV	ZWST	(*)	JV	andere	gewerbl.
25	Jugendzentrum, Haus der offenen Tür	7 661	3 071	4 590	228	481	85	1 225	588	8	154	815	995	11
26	Jugendräume/-heime ohne hauptberufliches Personal	5 311	1 891	3 420	23	42	91	559	1 619	6	198	451	425	6
27	Einrichtungen der mobilen Jugendarbeit	1 017	307	710	41	133	15	145	77	–	8	79	195	17
28	Jugendkunstschule u. a. kulturelle Einr. f. jg. Menschen	330	69	261	1	37	–	9	–	1	2	37	171	3
29	Einrichtung der Stadtranderholung	129	25	104	19	9	2	41	18	–	1	8	6	–
30	Kinder- u. Jugendferien/Jugenderholungsstätte	191	21	170	4	10	2	22	10	2	7	33	65	15
31	Familienferienstätte	86	5	81	2	8	–	15	19	–	3	2	27	5
32	Päd. betreuter Spielplatz, Abenteuerspielplatz	334	133	201	13	40	2	9	3	1	3	22	107	1
33	Jugendzeltplatz	271	133	138	1	4	2	7	9	1	1	57	49	7
34	Erziehungs- u. Familienberatungsstelle	1 765	415	1 350	100	296	24	363	328	2	6	7	177	47
35	Ehe- und Lebensberatungsstelle	221	4	217	10	38	–	39	111	–	–	1	15	3
36	Jugendberatungsstelle gemäß § 11 SGB VIII	430	61	369	17	81	12	73	42	–	6	21	112	5
37	Drogen- und Suchtberatungsstelle	292	19	273	18	67	7	70	74	1	–	1	35	–
38	Einrichtung der Mitarbeiterfortbildung	72	4	68	1	8	1	14	9	–	2	13	20	–

Nr.	Art der Einrichtung	Insges.	Öffentl. Träger	Freie Träger										
				Insges.	AWO	Parität.	DRK	DW	CV	ZWST	(*)	JV	andere	gewerbl.
39	Einrichtung der Eltern- und Familienbildung	373	22	351	34	81	9	65	62	1	4	7	87	1
40	Zusammen	29 218	6 736	22 482	1 001	3 405	440	5 036	4 354	26	465	1 967	4 950	838
41	Gemeinden ohne Jugendamt	334	334											
42	Jugendämter	658	658											
43	Landesjugendämter	10	10											
44	Oberste Landesjugendbehörde	14	14											
45	Zusammen	1 016	1 016											
46	Geschäftsstellen Träger freie Jugendhilfe	2 099	–	2 099	99	393	34	324	367	1	34	375	420	52
47	Arbeitsgemeinschaft o. a. Trägerzusammenschluss	343	16	327	10	41	1	31	18	–	8	109	106	3
48	Insgesamt	32 676	7 768	24 908	1 110	3 839	475	5 391	4 739	27	507	2 451	5 476	893
49	Tageseinrichtungen für Kinder	51 484	17 106	34 378	2 237	4 579	1 302	8 495	9 435	18	157	62	7 142	951
50	Zusammen	84 160	24 874	59 286	3 347	8 418	1 777	13 886	14 174	45	664	2 513	13 618	1 844

(*) sonstige Religionsgemeinschaft des öffentlichen Rechts.

Eigene Zusammenstellung nach Statistiken der Kinder- und Jugendhilfe 2010 und 2011.

Liest man diese statistischen Befunde unter dem Aspekt früherer Impulse einer umfassenden Jugendhilferechtsreform[110] und einer damit beabsichtigten Stärkung der öffentlichen Jugendhilfe, so ist Ernüchterung geboten. Denn die Daten belegen keineswegs nur die quantitativ größer gewordene Relevanz freier Träger, sondern verweisen zudem auf die im Wesentlichen unverändert starke Stellung konfessioneller Trägerschaften. Die ebenfalls gewachsene Bedeutung sonstiger juristischer Personen sowie von gewerblichen Unternehmen hält sich dagegen in engen Grenzen. So hat sich die Teilgruppe „sonstige juristische Personen" um mehr als 3 300 Einrichtungen vermehrt und jene der gewerblichen Unternehmen um etwas über 500. Neben neuen Trägerinitiativen im Bereich der frühkindlichen und vorschulischen Erziehung handelt es sich hierbei um Erziehungshilfen außerhalb der Familie, die das Spektrum nicht-staatlicher Trägerschaften durchaus erweitern. Ob diese „sonstigen juristischen Personen" Entwicklungen die mit dem 1990 verabschiedeten Kinder- und Jugendhilfegesetz (SGB VIII) intendierte größere Trägerpluralität jedoch wirklich zum Ausdruck bringen, ist allerdings zu hinterfragen. Denn ebenso denkbar ist es, dass es sich in vielen Fällen um Ausgründungen und Organisationsprivatisierungen öffentlicher Träger handelt (z. B. KiTa-GmbHs u. a.), die in der statistischen Erfassung nunmehr zu anderen Zuordnungen führen, jedoch nicht wirklich das Entstehen neuer Träger in der Jugendhilfe belegen. Deutlich zu relativieren gilt es die vermutete und von manchen befürchtete Bedeutung privat-gewerblicher Unternehmen im Bereich der Jugendhilfe, denn diese betreiben gerade einmal 2,1 % aller Einrichtungen. Auch wenn sich hier Umschichtungen im Bereich vorschulischer und frühkindlicher Einrichtungen sowie bei Angeboten der familienergänzenden oder familienersetzenden Erziehungshilfe andeuten, bleibt deren Bedeutung im Gesamtspektrum der Anbieter von Jugendhilfeleistungen marginal.

Im Folgenden soll nunmehr die *Jugendhilfe als Arbeits- und Beschäftigungsmarkt* näher in den Blick genommen werden. Als statistische Quelle steht hierfür wiederum die Jugendhilfestatistik zur Verfügung, die im vierjährlichen Rhythmus Datengrundlagen über die in der Jugendhilfe tätigen Personen und existierenden Einrichtungen liefert. Hierdurch werden konkretere Aussagen darüber möglich, welche Berufsgruppen in diesem Bereich im Einzelnen tätig sind, über welchen Ausbildungsabschluss diese Arbeitnehmer verfügen und bei welchen Trägern und Einrichtungsarten diese im Einzelnen beschäftigt sind. Insgesamt zeigt sich, dass im Vergleich zu den Angaben von 1990 und 1994 auch im Bereich der Jugendhilfe eine fortge-

---

110 Siehe hierzu insbesondere: Harald Hottelet (1978): Offensive Jugendhilfe – neue Wege für die Jugend. Verlag Klett-Cotta. Stuttgart.

setzt expansive Entwicklung, allerdings mit abnehmender Tendenz festzustellen ist. Gesamtdeutsch betrachtet sind inzwischen rd. 640 000 hauptberufliche Personen in der Jugendhilfe tätig. Das sind rd. 91 000 mehr Beschäftigte, als dies 1994 der Fall gewesen war (vgl. Boeßenecker 1998). Den nachfolgend präsentierten statistischen Übersichten liegen teilweise unterschiedliche Begrifflichkeiten und damit verbundene Erhebungssystematiken zugrunde. So unterscheidet die Jugendhilfestatistik bei den Angaben zum Personal zwischen Beschäftigten im Bereich der Pädagogik und Verwaltung einerseits und hauswirtschaftlichen sowie technischem Personal andererseits. Differenzierte Daten zum Ausbildungsabschluss, Alter und Geschlecht sowie weiteren Merkmalen werden ausschließlich für das pädagogische und verwaltungsmäßige Personal erhoben. Insbesondere bezogen auf den Bereich der Kindertagesstätten erklären sich hierdurch die geringfügig abweichenden Zahlenwerte (s. Tab. 9, S. 72 ff. und Tab 10, S. 76 f.).[111]

Der allgemeine Befund: Die Jugendhilfe als Teil der Wohlfahrtspflege ist nicht nur ein wichtiger Beschäftigungssektor, sondern prägt ganz wesentlich die Arbeitsverhältnisse sozialer gemeinnütziger Dienste in Deutschland. Denn mehr als 41 % aller in der Freien Wohlfahrtspflege beschäftigten Personen sind in diesem Bereich tätig. Ein weiterer Blick zeigt, dass die überwiegende Zahl dieser Beschäftigten, nämlich fast 70 %, in Tageseinrichtungen für Kinder und in der Kindertagespflege arbeitet. Daneben zeigt sich die Jugendhilfe durch ein diversifiziertes Angebot zahlreicher Einrichtungsarten geprägt, die extrem unterschiedlich hohe Beschäftigungszahlen aufweisen. Die Spanne reicht hier von 181 hauptberuflichen Personen (Jugendzeltplätze) bis zu über 56 000 (stationäre Erziehungshilfen außerhalb der Familie/ Heimerziehung, betreute Wohnformen), was u.a. auf die breite Palette von allgemeinen pädagogischen Einrichtungen bis hin zu spezialisierten Tätigkeitsbereichen verweist. Wurde für die Freie Wohlfahrtspflege insgesamt ein dominierender Einfluss konfessioneller Träger konstatiert, so gilt dieser Befund ebenso für die Beschäftigungsverhältnisse in der Jugendhilfe. Nicht nur sind die meisten der Beschäftigten bei freien Trägern angestellt (rd. 69 % der insgesamt über 639 000 Arbeitnehmer), sondern nahezu 50 % der bei freien Trägern beschäftigten Personen unterliegen kirchlich geregelten Arbeits- und Anstellungsbedingungen. Im Arbeitsfeld der Kindertageseinrichtungen und Kindertagespflege sind dies knapp über 53 %. Die übrigen Spitzenverbände der Freien Wohlfahrtspflege folgen als Arbeitgeber in der Gruppe

---

111 Vgl.: Statistisches Bundesamt (2012): Statistiken der Kinder- und Jugendhilfe. Einrichtungen und tätige Personen (ohne Tageseinrichtungen für Kinder) 2010. Wiesbaden. dgl. (2011): Kinder und tätige Personen in Tageseinrichtungen und in öffentlich geförderter Kindertagespflege am 01.03.2011. Wiesbaden.

Tabelle 9: Beschäftigte in der Jugendhilfe 2010/2011 Bundesrepublik insgesamt

Nr	Art der Einrichtung	Insges.	Öffentl. Träger	Freie Träger									
				Insges.	AWO	Parität.	DRK	DW	CV	ZWST	(*)	JV	andere gewerbl.
1	Stationäre Erziehungshilfe	29 733	1 169	28 564	982	3 956	511	7 134	9 465	–	102	352	4 885	1 177
2	Stationäre Erziehungshilfe – Lebensgemeinschaften	3 737	13	3 724	15	1 308	8	581	895	–	–	114	668	135
3	Ausgelagerte Gruppe/-Erziehungshilfe im Schichtdienst	13 922	456	13 466	482	1 788	208	5 417	2 570	–	104	113	1 834	932
4	Ausgelagerte Gruppe/Erziehungshilfe in Lebensgemeinschaften	2 625	146	2 479	20	598	77	911	153	–	14	22	467	217
5	Betreute Wohnform	6 436	336	6 100	287	1 565	68	1 319	654	–	22	55	1 720	410
6	Erziehungshilfe gemäß § 34 SGB VIII	2 774	46	2 728	134	578	65	609	240	–	17	72	792	221
7	Wochengruppe (ohne Wochenend-unterbringung)	617	14	603	20	103	17	155	151	–	–	7	139	11
8	Tagesgruppe gemäß § 32 SGB VIII	7 722	272	7 450	584	1 257	104	2 180	1 726	–	45	78	1 136	340
9	Geschlossene Unterbringung nach richterlicher Entscheidung	276	–	276	–	–	–	75	86	–	–	13	102	–
10	Vorläufige Schutzmaßnahme gemäß § 42 SGB VIII	1 811	431	1 380	170	450	28	299	289	–	10	15	102	17
11	Kleinsteinrichtung der stationären Erziehungshilfe	5 522	184	5 338	232	1 219	76	557	121	–	26	177	1 905	1 025

Nr	Art der Einrichtung	Insges.	Öffentl. Träger	Freie Träger										
				Insges.	AWO	Parität.	DRK	DW	CV	ZWST	(*)	JV	andere	gewerbl.
12	Einrichtung für integrierte Hilfen/Jugendhilfezentren	3 149	176	2 973	245	1 099	99	512	506	–	–	25	424	63
13	Internat gemäß §§ 34, 41 SGB VIII	1 588	23	1 565	–	189	–	505	334	–	19	3	314	201
14	Großpflegestelle	–	–	–	–	–	–	–	–	–	–	–	–	–
15	Gemeinsame Wohnform für Mütter/Väter und Kinder	2 736	110	2 626	141	462	41	772	744	–	15	64	282	105
16	Einrichtung der Frühförderung	801	33	768	41	388	–	118	118	–	–	–	87	16
17	Tag/Nacht-Einrichtung für jg. Menschen m. Behinderung	8 797	126	8 671	232	1 731	154	2 107	2 577	–	–	64	1 247	559
18	Tageseinrichtung für jg. Menschen mit Behinderung	4 267	142	4 125	46	852	30	181	881	–	72	–	1 986	77
19	Jugendwohnen gemäß § 13 Abs. 3 SGB VIII	2 073	125	1 948	23	104	8	470	733	13	23	39	484	51
20	Jugendmigrationsdienst	679	10	669	124	8	28	190	149	–	–	22	148	–
21	Jugendsozialarbeit gemäß § 13 Abs. 1 u. 2 SGB VIII	3 789	424	3 365	174	771	10	532	474	–	30	173	1 134	67
22	Kur-, Genesungs-, Erholungseinrichtungen für junge Menschen	191	–	191	–	24	–	52	–	–	–	1	79	35
23	Jugendherberge, Jugendgästehaus	5 924	138	5 786	49	1 791	3	260	183	10	48	1 077	2 213	152
24	Jugendtagungsstätte, Jugendbildungsstätte	2 610	116	2 494	9	115	7	334	466	–	117	558	864	24

73

Nr	Art der Einrichtung	Insges.	Öffentl. Träger	Freie Träger Insges.	AWO	Parität.	DRK	DW	CV	ZWST	(*)	JV	andere gewerbl.
25	Jugendzentrum, Haus der offenen Tür	24 693	9 988	14 705	789	1 790	263	3 179	1 755	38	335	3 078	3 424	54
26	Jugendräume/-heime ohne hauptberufliches Personal	724	291	433	1	34	1	94	133	–	44	64	58	4
27	Einrichtungen der mobilen Jugendarbeit	3 419	793	2 626	148	659	31	573	217	–	9	287	603	99
28	Jugendkunstschule u. a. kulturelle Einr. f. jg. Menschen	3 603	1 274	2 329	3	260	–	52	–	2	3	361	1 632	16
29	Einrichtung der Stadtranderholung	213	46	167	26	16	–	86	21	–	1	11	6	–
30	Kinder- u. Jugendferien/Jugenderholungsstätte	666	65	601	8	36	7	81	9	12	31	103	271	43
31	Familienferienstätte	552	1	551	7	16	–	116	210	–	11	7	165	19
32	Päd. betreuter Spielplatz, Abenteuerspielplatz	1 359	601	758	35	196	9	38	10	2	3	83	38	–
33	Jugendzeltplatz	181	56	125	–	4	1	23	10	–	1	42	39	5
34	Erziehungs- u. Familienberatungsstelle	12 265	2 485	9 780	705	1 925	137	2 636	2 641	11	38	56	1 289	342
35	Ehe- und Lebensberatungsstelle	1 156	19	1 137	39	207	–	170	614	–	–	3	83	21
36	Jugendberatungsstelle gemäß § 11 SGB VIII	1 477	205	1 272	39	250	26	266	152	–	22	126	375	16
37	Drogen- und Suchtberatungsstelle	1 786	124	1 662	70	511	25	429	418	8	–	23	178	–
38	Einrichtung der Mitarbeiterfortbildung	486	94	392	2	97	6	39	52	–	10	99	88	–

Nr	Art der Einrichtung	Insges.	Öffentl. Träger	Freie Träger										
				Insges.	AWO	Parität.	DRK	DW	CV	ZWST	(*)	JV	andere gewerbl.
39	Einrichtung der Eltern- und Familien-bildung	2 009	86	1 923	140	366	66	507	401	9	14	26	390	4
40	Zusammen	166 368	20 618	145 750	6 021	26 723	2 114	33 559	30 158	105	1 186	7 431	31 995	6 458
41	Gemeinden ohne Jugendamt	973	973	–										
42	Jugendämter	34 959	34 959	–										
43	Landesjugendämter	513	513	–										
44	Oberste Landesjugendbehörde	451	451	–										
45	Zusammen	36 896	36 896	–										
46	Geschäftsstellen Träger freie Jugendhilfe	15 873	–	15 873	911	3 927	206	2 859	2 286	4	208	1 869	3 285	318
47	Arbeitsgemeinschaft o. a. Träger-zusammenschluss	856	28	828	22	154	–	118	85	–	10	205	226	8
48	Insgesamt	219 993	57 542	162 451	6 954	30 804	2 320	36 536	32 529	109	1 404	9 505	35 506	6 784
49	Tageseinrichtungen für Kinder (nur pädagogisches Personal)	419 563	141 636	277 927	20 925	41 585	11 724	68 477	78 255	178	1 035	433	49 670	5 675
50	Zusammen	639 556	199 178	440 378	27 879	72 389	14 044	105 013	110 784	287	2 439	9 938	85 176	12 459

(*) sonstige Religionsgemeinschaft des öffentlichen Rechts.

Eigene Zusammenstellung nach Statistiken der Kinder- und Jugendhilfe 2010 und 2011.

Tabelle 10: Beschäftigte in der Jugendhilfe nach Geschlecht und Ausbildungsabschluss 2010/2011

Berufsausbildungsabschluss	Männer	Frauen
Dipl.-Sozialpädagogen/Sozialarbeiter (FH-Abschluss)	19 761	41 636
– davon in Tageseinrichtungen für Kinder	1 197	11 177
Dipl.-Pädagogen/Sozialpädagogen (Uni-Abschluss)	4 192	8 871
– davon in Tageseinrichtungen für Kinder	438	4 119
Dipl.-Heilpädagogen (FH-Abschluss)	263	888
– davon in Tageseinrichtungen für Kinder	53	1 116
Erzieherinnen	10 944	30 472
– davon in Tageseinrichtungen für Kinder	8 473	301 442
Heilpädagogen	532	1 969
– davon in Tageseinrichtungen für Kinder	229	6 115
Kinderpflegerinnen	138	1 633
– davon in Tageseinrichtungen für Kinder	674	52 582
Heilerzieher	1 245	2 375
– davon in Tageseinrichtungen für Kinder	–	–
Familienpflegerinnen	19	232
– davon in Tageseinrichtungen für Kinder	–	–
Assistenten im Sozialwesen	192	397
– davon in Tageseinrichtungen für Kinder	271	3 346
Soziale und medizinische Helferberufe	219	674
– davon in Tageseinrichtungen für Kinder	–	–
Sonstige soziale/sozialpädagogische Kurzausbildung	587	798
– davon in Tageseinrichtungen für Kinder	137	5 078
Kinder- und Jugendpsychotherapeuten	127	311
– davon in Tageseinrichtungen für Kinder	–	–
Psychologische Psychotherapeuten	337	472
– davon in Tageseinrichtungen für Kinder	–	–
Psychologen mit Hochschulabschluss	1 461	2 932
– davon in Tageseinrichtungen für Kinder	–	–
Beschäftigungs- und Arbeitstherapeuten	246	692
– davon in Tageseinrichtungen für Kinder	–	–
Ärzte	60	125
– davon in Tageseinrichtungen für Kinder	–	–
Kinderkrankenpfleger/innen, Krankenpfleger	131	1 462
– davon in Tageseinrichtungen für Kinder	6	1 545
Krankengymnasten, medizinische Bademeister, sonstige Gesh.-berufe	29	155
– davon in Tageseinrichtungen für Kinder	271	3 021
Logopäden/innen	8	141
– davon in Tageseinrichtungen für Kinder	–	–

Berufsausbildungsabschluss	Männer	Frauen
Sonderschullehrer	120	212
– davon in Tageseinrichtungen für Kinder	–	–
Fachlehrer und sonstige Lehrer	1 519	2 012
– davon in Tageseinrichtungen für Kinder	180	1 702
Sonstiger Hochschulabschluss	2 494	3 219
– davon in Tageseinrichtungen für Kinder	297	1 297
Abschluss für den mittleren Dienst/erste Angestelltenprüfung	668	3 910
– davon in Tageseinrichtungen für Kinder	–	–
Abschluss für den gehobenen Dienst/zweite Angestelltenprüfung	2 047	4 442
– davon in Tageseinrichtungen für Kinder	–	–
Sonstige Verwaltungsberufe	1 042	9 082
– davon in Tageseinrichtungen für Kinder	204	2 332
Hauswirtschaftsleiterinnen, Oekotrophologen	33	331
– davon in Tageseinrichtungen für Kinder	12	314
Hauswirtschafterinnen	18	259
– davon in Tageseinrichtungen für Kinder	–	–
Kaufmannsgehilfen	225	1 257
– davon in Tageseinrichtungen für Kinder	–	–
Facharbeiter	1 190	1 265
– davon in Tageseinrichtungen für Kinder	–	–
Meister	644	249
– in Tageseinrichtungen für Kinder	–	–
Künstlerischer Ausbildungsabschluss	553	769
– in Tageseinrichtungen für Kinder	–	–
Sonstiger Ausbildungsabschluss	2 173	4 461
– davon in Tageseinrichtungen für Kinder	795	7 337
Praktikanten im Anerkennungsjahr	732	2 104
– davon in Tageseinrichtungen für Kinder	789	8 900
Anderweitig noch in Ausbildung	2 001	3 163
– davon in Tageseinrichtungen für Kinder	884	4 806
Ohne abgeschlossene Ausbildung	2 408	3 884
– davon in Tageseinrichtungen für Kinder	1 864	8 058
Zusammen – Jugendhilfe ohne Kindertageseinrichtung	58 258	136 854
Zusammen – in Tageseinrichtungen für Kinder	17 352	426 108
Beschäftigte Frauen und Männer insgesamt		638 572
Akademisierungsgrad Beschäftigte i. d. Jugendhilfe ohne KiTa		14,8 %
Akademisierungsgrad Beschäftigte in Kindertageseinrichtungen		3,4 %
Akademisierungsgrad bezogen auf alle Beschäftigte i. d. Jugendhilfe		17,6 %

Eigene Zusammenstellung nach Statistiken der Kinder- und Jugendhilfe 2010 und 2011.

„Freie Träger" den kirchlichen Wohlfahrtsverbänden erst mit großem Abstand. So sind beim DPWV 16,4%, bei der AWO 6,3%, beim DRK 3,2% und bei der ZWST 0,06% aller in der freien Jugendhilfe beschäftigten Personen tätig. Dass die Wohlfahrtspflege in weiten Teilen ein weiblich dominierter Beschäftigungssektor ist, zeigt sich erneut auch im Bereich der Jugendhilfe. Fast 67% der Beschäftigten sind Frauen und die größte Gruppe hierbei bilden die Erzieherinnen. Gleichzeitig wird deutlich, dass in diesem Teilbereich der Wohlfahrtspflege nur eine Minderheit der Beschäftigten über einen akademischen Berufsabschluss verfügt, wobei auch hier deutliche Unterschiede zwischen Männern und Frauen zu Tage treten.

Die vorliegenden Befunde zusammenfassend lässt sich konstatieren: Soziale Dienste und Einrichtungen werden in der Bundesrepublik Deutschland nach wie vor in überwiegender Weise durch die Spitzenverbände der Freien Wohlfahrtspflege erbracht. Trotz einer größer gewordenen Trägervielfalt sind diese nach wie vor die primären Akteure und Anstellungsträger. Dieser Sachverhalt verleitete in der Vergangenheit manche Beobachter zu der Diagnose, Freie Wohlfahrtspflege sei ein monopolistischer und durch Kartelle geprägter Wirtschaftsbereich. Bei der Darstellung der einzelnen Spitzenverbände wird zu zeigen sein, ob und wo diese Hypothese ihre Berechtigung hat. Zu sehen ist ebenso, dass entgegen des allgemeinen öffentlichen Eindrucks einer um sich greifenden Erosion sozialstaatlicher Leistungen der Bereich der Wohlfahrtspflege – wenn auch mit abnehmender Tendenz – im Zeitvergleich zur Erstauflage dieses Lehrbuches 1995 weiter gewachsen ist.

Die vorliegenden Daten belegen jedoch nicht nur die gewachsene arbeitsmarktpolitische Bedeutung der Wohlfahrtspflege. Sie verweisen auch auf die damit einhergehenden, in den letzten Jahrzehnten stattgefundenen Veränderungsprozesse von Professionalisierung, Verfachlichung und Dienstleistungsorientierung in der Sozialen Arbeit überhaupt.[112] Ganz zweifellos hat hierbei die beruflich ausgeübte Sozialarbeit eine zunehmende Bedeutung erfahren, was sich nicht zuletzt in einem gewachsenen Anteil akademisch ausgebildeter Fachkräfte zeigt. Unübersehbar sind die Folgen einer Hochschulreform, die seit Anfang der 1970er Jahre die Ausbildung von Sozialarbeitern und -pädagogen in die Fachhochschulen, Gesamthochschulen und Universitäten verlagerte. Dennoch lässt dies keineswegs den Schluss zu, So-

---

112 Thomas Rauschenbach (1990): Jugendhilfe als Arbeitsmarkt. Fachschul-, Fachhochschul- und Universitätsabsolvent(innen) in sozialen Berufen. In: Sachverständigenkommission 8. Jugendbericht (Hrsg.): Jugendhilfe – Historischer Rückblick und neuere Entwicklungen. Materialien zum 8. Jugendbericht (Band 1). München. S. 225 ff. Manfred Bausch (1995): Sozialpädagogin/Sozialpädagoge. Sozialarbeiterin/Sozialarbeiter. Gesamtbetrachtung zum Beruf und zur allgemeinen Arbeitsmarktsituation. In: ibv Nr. 1 vom 4. Jan. 1995.

ziale Arbeit sei auf dem Wege, sich in stärkerem Maße und den beruflichen Anforderungen entsprechend zu akademisieren. Stattdessen ist zu sehen, dass der Anteil der an Hochschulen ausgebildeten Fachkräfte innerhalb der Wohlfahrtspflege nach wie vor gering und nur unwesentlich gestiegen ist. Hatten nach den Erhebungen der Jugendhilfestatistik 1994 nicht mehr als 10,8 % aller in der Jugendhilfe beschäftigten Personen einen Fachhochschul- oder Universitätsabschluss, so sind dies heute gerade einmal 17,6 %. Und legt man die Daten des Nürnberger Instituts für Arbeitsmarkt- und Berufs- forschung zu Grunde, so sieht die Lage keineswegs positiver aus. Nach diesen Befunden hätte sich der Anteil akademisch qualifizierter Fachkräfte bei den sozialpflegerischen Berufen[113] seit 1996 nämlich kaum verändert und würde bei heute 14,5 % gegenüber 10,8 % auf leicht höherem Niveau stagnieren.[114]

Ebenso in überschaubaren Grenzen hält sich die Zahl der Studierenden des Sozialwesens an deutschen Hochschulen. Diese betrug im WS 91/92 rd. 46 700 und umfasste damit nicht mehr als 2,8 % aller eingeschriebenen Stu- denten.[115] Bezogen auf das WS 2010/2011 hat sich an dieser Ausgangslage nichts geändert. Zu diesem Zeitpunkt waren in den Studiengängen des So zialwesens (Sozialarbeit und Sozialpädagogik) an allen Hochschulen insge- samt rd. 59 000 Studierende immatrikuliert, was einem Anteil von 2,7 % aller Studenten entspricht.[116] Angesichts dieser Befunde von einer Akademisie- rungswelle sozialer Berufe zu sprechen, wäre maßlos übertrieben, denn ins- gesamt gesehen besteht der semiprofessionelle Status sozialer Berufe weiter fort. Angesichts zunehmend komplexer werdender Anforderungen bei der Planung und Ausgestaltung des sozial- und gesundheitswirtschaftlichen Sektors stellt sich damit ein unverändert hoher Reformbedarf.[117] Fachliche Qualifizierung und Professionalisierung können nämlich nicht weiterhin

---

113 Die Berufsklassifikation des IAB unterteilt sozialpflegerische Berufe in folgende Be- rufsordnungen: 861 Sozialarbeiter/innen, Sozialpfleger/innen, 862 Heimleiter/in- nen, Sozialpädagogen/innen, 863 Arbeit-, Berufsberater/innen, 864 Kindergärtne- r/innen, Kinderpfleger/innen. Aufgeführt werden alle sozialversicherungspflichtige Beschäftigte, deren Erwerbsstatus und Ausbildungsabschluss. Vgl.: Institut für Ar- beitsmarkt- und Berufsforschung der Bundesanstalt für Arbeit (2003): Berufe im Spiegel der Statistik. Beschäftigung und Arbeitslosigkeit 1996–2002. Nürnberg.

114 Vgl. Bundesanstalt für Arbeit: Institut für Arbeitsmarkt- und Berufsforschung (2010): Berufe im Spiegel der Statistik 2010. IAB Online. http://bisds.infosys.iab.de/ bisds/faces/Start.jsp.

115 Vgl.: Statistisches Bundesamt (Hrsg.) (1993): Fachserie 11. Reihe 4.1 Studenten an Hochschulen. WS 1991/92. Wiesbaden.

116 Vgl.: Statistisches Bundesamt (Hrsg.) (2011): Fachserie 11. R. 4.1. Bildung und Kul- tur. Studierende an Hochschulen. Wintersemester 2010/2011. Wiesbaden.

117 Siehe u. a.: Boeßenecker/Markert (2011): Studienführer Sozialmanagement. Nomos Verlag. Baden-Baden.

auf nur wenige Bereiche bezogen bleiben und verlangen geradezu nach einer verstärkten Ausweitung akademischer Ausbildungsgänge im Bereich der Sozialen Arbeit. Und insbesondere mit Blick auf unsere europäischen Nachbarstaaten wird deutlich, dass über den bisher erreichten Stand weitere, darüber hinausgehende Reformen zwingend erforderlich sind.[118]

---

118 U. a. als Folge der PISA-Studie und der damit verbundenen ländervergleichenden Perspektive wird verstärkt die Miteinbeziehung der Erzieherausbildung in ein sozialpädagogisches Hochschulstudium gefordert. Nach ersten Modellstudiengängen im Bereich der Frühen Kindheit und Erziehung während der Jahre 2004/2005 bestehen inzwischen > 67 Bachelor- und 17 Masterstudiengänge. Vgl. hierzu: Deutsches Jugendinstitut (2012): Onlineplattform Weiterbildungsinitiative 2012. http://weiterbildungsinitiative.de/studium/studiengaenge.html, 20. 04. 2012.

Kapitel 4
Spitzenverbände
der Freien Wohlfahrtspflege

4.1 Deutscher Caritasverband e.V.

4.1.1 Entstehung des Verbandes

Gegründet wurde der „Caritasverband für das katholische Deutschland" am 9. November 1897 als eine zunächst neben der Amtskirche weitgehend selbständig agierende Organisation. Maßgeblicher Initiator war neben anderen Personen Lorenz Werthmann, Hofkaplan des Freiburger Erzbischofs. Das Gründungsdatum markiert eine neue Etappe im Entwicklungsprozess des sich seit Mitte des 19. Jahrhunderts ausbreitenden katholischen Verbandswesens. Als katholisch-karitative Arbeit entstanden die damit verbundenen Organisierungsformen zwar im institutionellen Kontext der katholischen Kirche, ohne jedoch amtskirchlich initiiert zu sein. Vielmehr bildeten sich diese Aktivitäten in Form von lokalen und auf spezifische Problemfelder bezogene Laienorganisationen, unterstützt oder initiiert von einzelnen Priestern. Beispiele hierfür sind u.v.a. die Vincenzvereinigungen oder der Raphaelsverein.[119] Da sich diese Aktivitäten in großer Unabhängigkeit entwickelten, wurden sie von den Repräsentanten der Amtskirche umso mehr argwöhnisch beäugt, eher geduldet als gefördert. Anderes als die karitativen Ordensgemeinschaften hatten diese frühen katholisch-karitativen Sozialbewegungen damit durchaus innerkirchliche Akzeptanzprobleme. Denn aus der Sicht der amtskirchlichen Hierarchie gehörten die von Laien geprägten und organisierten Aktivitäten keineswegs zum autorisierten Wesenskern kirchlichen Handelns. Dem pragmatischen Eigensinn karitativer Initiativen tat diese ablehnende Haltung der offiziellen Amtsträger jedoch keinen Abbruch; vielmehr stellte sich hierbei immer die Aufgabe, das sich weiter entwickelnde katholische Vereinswesen zu bündeln und zu koordinieren. Be-

---

119 Vgl.: Jochen-Christoph Kaiser (1989): Die zeitgeschichtlichen Umstände der Gründung des Deutschen Caritasverbandes am 9. November 1897. In: Manderscheid/ Wollasch (Hrsg.). S. 11 ff.

fördert wurde dieser Organisierungsprozess zusätzlich durch den auch im Deutschen Reich tobenden Kulturkampf zwischen Staat und katholischer Kirche. Im Kern dieser in den 1860er Jahren sich zuspitzenden Auseinandersetzungen ging es um die Abweisung und Verurteilung liberaler Ideen durch die katholische Kurie und die von ihr geforderte Unterordnung von Staat, Wissenschaft und Kultur unter die kirchliche Autorität (syllabus errorum 1864; ex cathedra 1870 Verkündigung des Dogmas päpstlicher Unfehlbarkeit). Die hiermit verbundenen Perspektiven spitzten sich zu in der Forderung nach der Wiedereinführung des Kirchenstaates. Im protestantischen Preußen stießen solche hegemonialen Machtansprüche der römisch-katholischen Kirche nicht nur auf besondere Gegnerschaft, sondern führten zu verschiedenen staatlichen antikatholischen Reformen. Beispiele hierfür sind die Ersetzung der kirchlichen Schulaufsicht durch eine staatliche Zuständigkeit 1871, das Verbot des Jesuitenordens 1872 sowie die Einführung der Zivilehe 1875. Die Diasporasituation der katholischen Minderheit in Preußen verschärfte sich hierdurch; ihre Handlungsbedingungen durch ein gemeinsames Dach für die vereinzelt agierenden caritativen Verbände zu verbessern, wurde damit zu einem vordringlichen Anliegen.[120] Erste organisatorische Synergieeffekte ergaben sich vor allem mit dem von Paul Cahensly 1871 gegründeten „Raphaels-Verein zum Schutz katholischer deutscher Auswanderer". Cahensly – Großkaufmann, katholischer Sozialpolitiker und mit Werthmann freundschaftlich eng verbunden – reagierte mit dieser Vereinsgründung nicht zuletzt aufgrund persönlicher Erlebnisse auf die sozialen Folgewirkungen der großen Auswanderungswelle während des letzten Drittels des 19. Jahrhunderts. Da die Zahl der deutschen Auswanderer nach Amerika bei weitem die Überfahrtmöglichkeiten überstieg, entstanden in den deutschen, niederländischen und französischen Hafenstädten massive zusätzliche soziale Probleme. Mit besonderen Beratungsdiensten, Hilfen zur Existenzbeschaffung, Rechtsberatung und religiös-sittlichem Beistand sollte diesen Missständen begegnet und neue Orientierungen ermöglicht werden. Die Zusammenarbeit beider Organisationen wurde forciert und führte nach schwerer Erkrankung Cahenslys 1914 zur Integration der Raphaels-Vereinsgeschäftsführung in den Caritasverband. Die weitere Entwicklung des Verbandes ist nicht unwesentlich durch den 1. Weltkrieg beeinflusst. Werthmanns Aktivitäten zielten hierbei sowohl auf eine größere staatliche Unterstützung des Verbandes als auch auf die wirksamere Anerkennung und Förderung durch die katholischen Bischöfe, was mit den Beschlüssen der

---

120 Vgl.: Sekretariat der Deutschen Bischofskonferenz (1988): Katholische Verbände. Studientag der Vollversammlung der Deutschen Bischofskonferenz. 21. September 1988. Arbeitshilfen Nr. 61.

Fuldaer Bischofskonferenzen vom August 1916 und 1917 zumindest formell erreicht wurde. Seine politisch-lobbyistischen Tätigkeiten in Berlin erforderten sehr bald eine dort anzusiedelnde Geschäftsstelle des Caritasverbandes. Hierfür die Bischöfe zu gewinnen, stellte sich als eine zentrale, keineswegs leicht zu realisierende Aufgabe. Im Juli 1918 beschloss der Caritas Zentralrat die Errichtung einer Generalvertretung in Berlin, deren Kosten gleichermaßen durch den Verband selbst sowie den Raphaelsverein zu tragen waren. Die Mittel für eine gedeihliche Entwicklung reichten nicht aus, schon nach kurzer Zeit musste das Berliner Büro geschlossen werden. Der im Oktober 1918 in Koblenz stattfindende 20. Caritastag behandelte das Thema erneut und führte zu einer weiteren Organisationsgründung. Die drohende Kriegsniederlage und damit verbundene Auswanderungswelle antizipierend (gerechnet wurde mit einem Anwachsen der Auswandererzahl auf 5 bis 10 Millionen) wurde der „Reichsverband für die katholischen Auslandsdeutschen" als Dachverband der „Katholischen Deutschen Vereine für Auslanddeutschenfürsorge" gegründet. Unverändert setzte sich Werthmann bei den deutschen Bischöfen für eine materielle und personelle Unterstützung des Verbandes und seiner Berliner Außenvertretung ein. Nach mehreren Anläufen konnte der Militärgeistliche Benedict Kreutz für die Berliner Aufgabe gewonnen und freigestellt werden. Der kurzen Einarbeitungszeit in der Freiburger Caritaszentrale folgte die Leitungsübernahme der erneut eröffneten Berliner Geschäftsstelle; in Personalunion von Kreutz ebenso wahrgenommen wurde die Geschäftsführung für den Raphaelsverein sowie den Reichsverband für die katholischen Auslandsdeutschen.

Die Novemberrevolution 1918 und die sich konstituierende Weimarer Republik bedeuteten für den sich allmählich stabilisierenden Caritasverband weitere Gefährdungen. Denn die sich mit dem Ende der Monarchie ankündigenden sozialpolitischen Umwälzungen waren alles andre als der Caritas förderlich. Insbesondere die von der sozialdemokratischen Regierung beabsichtigte Kommunalisierung und Säkularisierung sozialer Einrichtungen, die gesetzliche Verankerung eines Jugendhilferechts sowie weiterer sozialer Schutzrechte, die Einführung des Achtstundentages, die Durchsetzung politischer Rechte wie das Frauenwahlrecht waren allesamt Punkte, die im diametralen Gegensatz zum Anliegen der katholischen sozialkaritativen Arbeit standen. Auf die damit verbundenen Gefährdungen der Caritasaktivitäten reagierte der Verband mit verstärktem politischem Lobbyismus gegenüber Ministerien und Regierungsvertretern. Trotz der Beschlüsse der Fuldaer Bischofskonferenzen und der damit erfolgten grundsätzlichen Anerkennung und Einordnung des Caritasverbandes in die katholische Kirche, fehlte es dem Caritasverband für eine solche Interessenvertretung an einem innerkirchlichen Mandat. Konflikte mit dem deutschen Episkopat waren deshalb geradezu programmiert. Heftig, kurz und eindeutig intervenierten die deutschen Bischöfe, die dem Caritasverband entsprechende Kompetenzen untersagten und dessen Tätigkeiten auf die praktische Nächstenliebe begrenzten. Der Verband und sein Berliner Büro blieben damit in einer verbandspolitisch schwierigen und materiell prekären Lage. Der von Kreutz dem Zentralrat im Mai 1920 vorgelegte Rechenschaftsbericht beschreibt die Schwierigkeiten der damaligen Arbeit und lässt erkennen, dass der Gesamtverband erst am Anfang seiner Konsolidierung stand. Die fortschreitende Erkrankung Werthmanns führte noch im Verlaufe des Jahres 1921 zu einer faktischen Übertragung der Amtsgeschäfte an Kreutz, der nach Werthmanns Tod im April 1921 konsequenterweise im November 1921 zum 2. Präsidenten des Caritasverbandes gewählt wurde.[121] Das neue Amt war zugleich mit der vorläufigen Geschäftsführung für die Berliner Hauptvertretung verbunden.

Zusammenfassend lässt sich die Entstehungs- und frühe Entwicklungsphase des Deutschen Caritasverbandes und die damit verbundene sukzessiv erfolgende Integration in die katholische Amtskirche als ein Parcours mit Hürden und Hindernissen beschreiben. Der Prozess benötigte mehrere Jahrzehnte; von einer Phase der Konsolidierung und des Wachstums kann erst ab 1921 gesprochen werden. Wohl niemand der damaligen Akteure hätte sich vorstellen können, dass sich der Verband in seiner weiteren Entwicklung einmal zum größten Wohlfahrtsverband in Deutschland entwickeln würde.

4.1.2 Selbstverständnis des Verbandes

Etymologisch leitet sich der Begriff „Caritas" aus dem Lateinischen ab und bezeichnet die göttliche Tugend der Liebe, die sich in christlicher Nächstenliebe und Wohltätigkeit äußert. Innerhalb der katholischen Kirche umfasst „Caritas" alle sozialen Dienste, die in organisierter Form angeboten und realisiert werden; hierzu gehören auch ehrenamtlich geleistete sozialkaritative Aktivitäten. Unerheblich hierbei ist, ob sich solche Tätigkeiten unmittelbar in kirchliche Einrichtungen, in jenen des Caritasverbandes seiner Mitgliedsorganisationen und angeschlossenen Fachverbände oder in von Ordensgemeinschaften unterhaltenen Sozialeinrichtungen vollziehen. Nach dem Verständnis der katholischen Kirche sind sie alle Wesensäußerungen von Kirche und damit substanzieller Teil kirchlicher Grundvollzüge wie Verkün-

---

121 Vgl.: Hans-Josef Wollasch (1970): Werthmann, Kreutz und die Anfänge der Hauptvertretung Berlin des Deutschen Caritasverbandes. In: Deutscher Caritasverband (Hrsg.): Caritas Jahrbuch 71. S. 155 ff.

digung, Liturgie und Gemeindeaufbau. Als kirchlich eingebundene Wohlfahrtsorganisation ist der Caritasverband hinsichtlich seiner strategischen und operativen Ausrichtung damit intentional präjudiziert und festgelegt. Seine „autonomen" Entscheidungsspielräume realisieren sich ausschließlich innerhalb der von der Amtskirche, d.h. dem deutschen Episkopat sowie dem Heiligen Stuhl zugestandenen Rahmen- und Handlungsbedingungen. Kirchenrechtlich ist diese innerkirchliche Verankerung des Caritasverbandes durch das kanonische Recht sowie hieraus abgeleitete Satzungsregelungen bestimmt.

> „(1) Der Deutsche Caritasverband ist die von den deutschen Bischöfen anerkannte institutionelle Zusammenfassung und Vertretung der katholischen Caritas in Deutschland.
>
> (2) Er ist privater Verein von Gläubigen im Sinne der Canones 299, 321–326 des Codex Iuris Canonici (Codex des kanonischen Rechts).
>
> (3) Der Verband steht unter der nach dem Codes Iuris Canonici sich bestimmenden Aufsicht der Deutschen Bischofskonferenz.
>
> (4) Der Vorsitzende der für die Caritas zuständigen Bischöflichen Kommission hat das Recht, an den Sitzungen der Verbandsorgane teilzunehmen.
>
> (5) Die Grundordnung des kirchlichen Dienstes im Rahmen kirchlicher Arbeitsverhältnisse findet in ihrer jeweiligen im Amtsblatt der Erzdiözese Freiburg veröffentlichten Fassung Anwendung."[122]

Aus der Sichtweise einer sich universalistisch verstehenden und zentralistisch verfassten Weltkirche begründen sich allgemein gültige theologische Wahrheitsaussagen, deren Festlegungen basierend auf dem Primat des Papsttums in letzter Instanz durch die Glaubenskongregation des Heiligen Stuhls getroffen werden. Sozialpolitische, wohlfahrtliche Zielsetzungen der caritativen Arbeit folgen dieser Logik und finden ihre Ausgestaltung auf der Basis einer durch die Theologie gesetzten Kirchenlehre. Der substanzielle Unterschied zu protestantischen Konfessionen besteht hierbei ausschließlich in der prioritären Bedeutung des Priestertums und der untergeordneten Rolle der Laien.[123] Die Entscheidungen des römischen Episkopats und seiner

---

122 Satzung des Deutschen Caritasverbandes e. V. vom 16. Oktober 2003 in der Fassung vom 18 Oktober 2005. § 2.

123 Vgl. u.a.: „Wesentlich für das Katholische ist es, dass es an der kirchlichen Vermitteltheit des Christlichen festhält, während das Protestantische von seinem historischen Ursprung her im Namen des ursprünglich Christlichen gegen die konkrete kirchliche Vermittlungsgestalt protestiert und die Unmittelbarkeit zu Gott behauptet. Man kann auch sagen: Das Wesen des Katholischen ist die Vermittlung." Walter

legitimierten nationalen Instanzen haben damit für das Handeln katholischer Sozialorganisationen eine durchaus verpflichtende Bedeutung. Für die Zielsetzungen und Aufgaben der verbandlichen und überwiegend von Laien getragenen Caritas bedeutet dies in vielen Bereichen nicht nur ein Spannungsverhältnis zu theologischen Lehrmeinungen, sondern ebenso auch eine Handlungsbegrenzung sozialkaritativer Aktivitäten, wie u. a. das an anderer Stelle aufgeführte Beispiel der Schwangerschaftskonfliktberatung zeigt.

„Caritas ist eine der Grundfunktionen der Kirche. Das heißt, sie ist eine wesentliche Form ihres Selbstvollzugs ebenso wie die missionarische Verkündigung, die Feier der Liturgie und die gegliederte Ordnung der Gemeinschaft der Gläubigen. Caritas bestimmt als Zeichen der Liebe Gottes das Erscheinungsbild der Kirche entscheidend mit. …
Der Caritasverband ist nicht Organisation neben den Gemeinden, sondern mit deren Leben organisch verbunden. Er ist auch nicht nur Spitzenverband der Freien Wohlfahrtspflege, sondern vor allem Instrument der dienenden Kirche."[124]

Nun darf diese Einbindung von Caritas in kirchliche Grundvollzüge keineswegs als eine unmittelbare hierarchisch wirksame Konditionalbeziehung zwischen römischer bzw. bischöflicher Definitionsmacht und lokal handelnder Caritas fehlinterpretiert werden. Die hier stattfindenden Interdependenzen sind durchaus komplexer. Gleichwohl gilt es zu konstatieren, dass sich die katholische Wohlfahrtspflege zunächst einmal in einem durch biblische und kirchliche Traditionen bestimmten Definitionsrahmen kirchlicher Autorität entfaltet. Und die Prämissen grundlegender Elemente der katholischen Glaubens- und Sittenlehre, dargelegt im Katechismus der katholischen Kirche[125], formulieren in diesem Verständnis ebenso auch Vorgaben und einzuhaltende Prinzipien für die Ausgestaltung caritativer Dienste und Ordnungen.

Organisationsbezogen manifestiert sich die hierbei postulierte Allgemeingültigkeit in entsprechenden Satzungsbestimmungen, Rahmenordnungen und dergleichen. Gesichert bleibt so ein durch die Amtskirche kontrol-

---

Jasper. Zitiert nach Bischof Dr. Josef Homeyer. In: Sekretariat der Deutschen Bischofskonferenz (1988): Katholische Verbände … A. a. O.; „Erklärung Dominus Jesus. Über die Einzigartigkeit und die Heiluniversalität Jesu Christi und der Kirche", verfasst von der „Kongregation für die Glaubenslehre", August 2000. Vollständiger Text siehe: www.dbk.de.

124 Johannes Paul II. anlässlich der Deutschen Bischofskonferenz im November 1980.
125 Siehe hierzu u. a.: Joseph Ratzinger/Christoph Schönborn (1993): Kleine Hinführung zum Katechismus der katholischen Kirche. Verlag Neue Stadt. München.

liertes katholisches Selbstverständnis in den regionalen Gliederungen als auch in den angeschlossenen Mitgliedsorganisationen. Dass eine solche Präjudizierung nicht zugleich Einheitlichkeit in der rechtlichen Ausgestaltung und organisatorischen Ausgestaltung der Caritasverbände bedeutet, zeigen die in den Diözesen durchaus unterschiedlichen Gestaltungsmöglichkeiten. So besteht nach kanonischem Recht die Möglichkeit, Caritasverbände in der Form eines öffentlichen oder eines privaten Vereins zu konstituieren, was eine jeweils unterschiedliche Einbindung in die jeweilige Erzdiözese zur Folge hat. Die Unterschiede nach dem Codex Iuris Canocici (CIC) sind diffizil und lassen sich durch die Frage erklären, wie die Arbeit der Caritasverbände jeweils mandatiert ist. In der Konstruktion des privaten Vereins bilden katholisch getaufte Christen einen Verein nach BGB, der durch seine kirchenrechtliche Anerkennung und durch die Akzeptanz kirchlicher Aufsichtsrechte Anteil am grundgesetzlichen Selbstbestimmungsrecht der Kirchen erlangt. Vor diesem Hintergrund dieses Selbstbestimmungsrechts können Vereinsrechte des BGB sogar modifiziert werden ohne die Anerkennung als e. V. zu gefährden. Die Konstruktion des öffentlichen Vereins folgt hingegen der Prämisse, dass der zur „cura pauperum" verpflichtete Bischof einen Verein errichtet, der diese Aufgabe für ihn sicherstellt. Der öffentliche Verein wird damit zum bischöflichen Ausführungsorgan und unterliegt damit umfangreichen Aufsichts- und Eingriffsrechten.

Die nachfolgenden Satzungsregelungen des Erzbistums Köln stehen beispielhaft für die Variante „öffentlicher Verein".

„Verkündigung, Liturgie und Caritas sind die wesentlichen Aufträge der Katholischen Kirche. Caritas ist Ausdruck des Lebens der Kirche, in der Gott durch die Menschen sein Werk verwirklicht. In der Caritas ‚wird der Glaube in der Liebe wirksam' (Gal. 5,6). Somit ist Caritas Pflicht des ganzen Gottesvolkes und jedes einzelnen Christen. Ihrer vollen Erfüllung in der Diözese gilt die besondere Sorge des Bischofs. Daher steht dieser Caritasverband unter dem Schutz und der Aufsicht des Erzbischofs von Köln. In ihm sind alle innerhalb seines Bereiches der Caritas dienenden Einrichtungen und Dienste institutionell zusammengefasst; er vertritt die Caritas seines Bereiches nach außen. Der Verband ist Mitgliederverband und für seinen Bereich Verband der Freien Wohlfahrtspflege. Er ist Repräsentant der sozial-karitativen Arbeit der Katholischen Kirche im Erzbistum Köln."[126]

---

126 Amtsblatt des Erzbistums Köln. 1. Juni 2000. Erlasse des Herrn Erzbischofs Nr. 138: Satzung des Diözesan-Caritasverbandes für das Erzbistum Köln e. V. i. d. F. vom 3. 2. 2000. Präambel.

In weiteren Satzungsbestimmungen und mit hohem Verbindlichkeitsgrad geregelt sind u. a. die Einbindung einer so verfassten Caritas in den kirchlichen Auftrag, die Anerkennung amtskirchlicher Hierarchien sowie die Übernahme kirchlicher Ordnungen bei der Ausgestaltung von Arbeitsverhältnissen.[127]

Beispiel für die Variante des „privaten Vereins" und damit für weniger zentralistische Ordnungen ist der Caritasverband der Erzdiözese München und Freising. Dieser verfügt über eigene, von der Amtskirche unabhängigere Vereinsorgane und gliedert sich in Kreis-, Bezirks- und Ortscaritasstellen bzw. -verbände und kennt neben juristischen Mitgliedern ebenso auch natürliche Mitgliedschaften, über deren Aufnahme Vorstände entscheiden.[128]

„Das Gebot Jesu ‚Liebet einander! Wie ich euch geliebt habe, so sollt auch ihr einander lieben' (Joh. 13,34) und seine Aufforderung, den Notleidenden zu helfen, ist an jeden einzelnen Christen gerichtet, aber es gilt auch der Kirche als ganzer, die dazu bestimmt ist, die Liebe Gottes zu bezeugen und das Heil Gottes zu allen Menschen zu tragen. Darum zählt die karitative Diakonie neben der Verkündigung des Wortes Gottes und dem Heiligungsdienst zu den Grundfunktionen kirchlichen Lebens und Handelns, bildet mit diesen eine unaufgebbare Einheit und dient wie diese der Heilssorge für alle. Um dem Auftrag zur Diakonie gerecht zu werden, hat die Kirche in der Geschichte immer wieder karitative Dienste und Werke ins Leben gerufen. Der Bischof hat als Zeuge der Liebe Christi (vgl. c. 383 § 4 CIC) dafür zu sorgen, dass der Geist der Nächstenliebe durch geeignete Werke, Vereinigungen und Organisationen verwirklicht wird. Ein wichtiges Instrument des Erzbischofs von München und Freising bildet hierzu der Caritasverband der Erzdiözese München und Freising e. V."[129]

Gerade weil die Variante „privater Verein" mit einer größeren Autonomie gegenüber der Amtskirche versehen ist, liegen bei einer so gewählten Option die zu treffenden Entscheidungen über Vorsitze der Vereinsorgane (Vertreterversammlung, Caritasrat, Vorstand) unmittelbar in der erzbischöflichen Entscheidungskompetenz.[130] Die Rechtsbeziehungen zwischen Diözese und

---

127 Vgl.: Satzung Diözesan-Caritasverband für das Erzbistum Köln e. V. § 5 Mitgliedschaft

128 Vgl.: Satzung Caritasverband der Erzdiözese München und Freising e. V. § 5 Mitglieder.

129 Präambel. Satzung Caritasverband der Erzdiözese München und Freising e. V.

130 Vgl.: §§ 11, 12, 13, 14, 15, 16 und 18. Satzung CV Erzdiözese München und Freising. A. a. O.

ihrer Caritas regeln sich damit weniger durch unmittelbar amtskirchlich wirkende Hierarchien und Kompetenzen der Ablauforganisation als vielmehr über eine durch den Erzbischof praktizierte Personalpolitik. Es ist ein Steuerungskonzept, das durchaus die Bezeichnung „Governance by Cooptation" verdient. Und damit dieses kontrolliert beherrschbar bleibt, bestehen satzungsrechtliche Regelungen, die ein ökonomisches und/oder inhaltlich-konzeptionelles Abdriften einer vereinsgeführten Caritas vom Primat bischöflicher Zuständigkeit verhindern.[131]

Wenn auch die Organisationsstruktur der einzelnen DiCV sich juristisch unterschiedlich ausformen und hierbei durchaus spezifisch andere Entscheidungsspielräume ermöglichen, so gelten für alle Caritasverbände arbeitsrechtlich prinzipiell gleiche Regelungen, die sich außerhalb des öffentlichen Arbeitsrechts als besondere Form der Dienstgemeinschaft (sogenannter „Dritter Weg"[132]) ausgestalten. Näher kodifiziert sind kirchliche Arbeitsverhältnisse in den „Richtlinien für Arbeitsverträge in den Einrichtungen des Deutschen Caritasverbandes (AVR)", die u. a. folgende Grundpositionierung formuliert.

> „(1) Die Caritas ist eine Lebens- und Wesensäußerung der Katholischen Kirche. Die dem Deutschen Caritasverband angeschlossenen Einrichtungen dienen dem gemeinsamen Werk christlicher Nächstenliebe. Dienstgeber und Mitarbeiter bilden eine Dienstgemeinschaft und tragen gemeinsam zu Erfüllung der Aufgaben der Einrichtung bei. Die Mitarbeiter haben den ihnen anvertrauten Dienst in Treue und in Erfüllung der allgemeinen und besonderen Dienstpflichten zu leisten.

---

131 So bedürfen konkret aufgelistete Rechtsgeschäfte der ausdrücklichen Zustimmung des Erzbischofs. Diese Vorbehaltsgeschäfte betreffen Finanz-, Kredit- und Grundstücksgeschäfte auch den Erlass von Rahmensatzungen und Ordnungen. Vgl.: Satzung § 22. Satzung CV Erzdiözese München und Freising. A. a. O.

132 Arbeitsrechtlich bezeichnet „Erster Weg" die unmittelbar zwischen Arbeitgebern und Arbeitnehmern zustande kommenden Vereinbarungen. Der „Zweite Weg" sind solche Vereinbarungen, die durch jeweilige Tarifparteien (Gewerkschaften und Arbeitgeberverbände) mit einer Bindungswirkung für die tarifgebundenen Unternehmen getroffen werden. Gesetzliche Grundlagen sind das Grundgesetz, das Betriebsverfassungsgesetz sowie das Personalvertretungsrecht. Der „Dritte Weg" ist Folge eines besonderen kirchlichen Arbeitsrechts, das ein besonderes Verhältnis von Dienstgebern und Dienstnehmern begründet, die als Dienstgemeinschaft einem kirchlichen Auftrag unterliegen. Die in diesem Aufgabenkontext entstehenden Interessenkonflikte sind Gegenstand arbeitsrechtlicher Kommissionen sowie von Mitarbeitervertretungen (MAV). Ein Streikrecht wird vom Konzept Dritter Weg entschieden verneint.

(2) Der Treue des Mitarbeiters muss von seiten des Dienstgebers die Treue und Fürsorge gegenüber dem Mitarbeiter entsprechen.

(3) Auf dieser Grundlage regeln sich alle Beziehungen zwischen Dienstgeber und Mitarbeiter."[133]

Dass diese Arbeitsvertraglichen Richtlinien in allen in der Bundesrepublik Deutschland gelegenen Caritaseinrichtungen mit definierten Ausnahmen Anwendung finden, ist durch das besondere kirchliche Vertragsrecht zunächst scheinbar eindeutig geregelt[134], gleichwohl finden sich in der praktischen Umsetzung und Anwendung durchaus Abweichungen. Zudem führt der „Dritte Weg" innerkirchlich zu heftigen Kontroversen und ist wegen der damit verbundenen besonderen Loyalitätsverpflichtungen der Mitarbeitenden vor allem aus der Sicht der Beschäftigten keineswegs unumstritten.[135] Auf die Bedeutung des Urteils des Bundesarbeitsgerichts vom November 2012 wird an anderer Stelle näher eingegangen. Neben diesen grundsätzlichen Meinungsunterschieden relativieren die zunehmende Umgestaltung der Einrichtungen zu Unternehmen innerhalb des Caritasverbandes die postulierte generelle Gültigkeit solcher Vorgaben. Um der Gefahr einer nachlassenden Bindungs- und Verpflichtungskraft des arbeitsrechtlichen Sonderwegs der katholischen Kirche entgegenzuwirken, wurden weitere Richtlinien erlassen sowie Handreichungen für das Leitungsmanagement erarbeitet. Von besonderer Bedeutung sind hierbei die „Tarifpolitischen Leitlinien des Deutschen Caritasverbandes" von 2007, die gemeinsam vom Verband der Diözesen Deutschlands und der Kommission für caritative Fragen der Deutschen Bischofskonferenz herausgegebenen Arbeitshilfe „Das Profil sozialer Einrichtungen in kirchlicher Trägerschaft im Kontext von Kooperationen und Fusionen" von 2007 sowie die „Leitlinien für unternehmerisches Han-

---

133 Richtlinien für Arbeitsverträge in den Einrichtungen des Deutschen Caritasverbandes (AVR). Stand: 01.07.2012. § 1 Wesen der Caritas, Dienstgemeinschaft.

134 Vgl.: §§ 2 und 3 der AVR.

135 Siehe hierzu u.a.: Eva Völpel (2011): Kirchliches Arbeitsrecht. Abmahnungen, Angst und Schikane. In: Die Tageszeitung – TAZ vom 21.09.2011; Augsburger Urteil. Lesbische Erzieherin siegt gegen katholische Kirche. In: Spiegel Online. 19. Juni 2012. http://www.spiegel.de/karriere/berufsleben/kirche-keine-kuendigung-in-elternzeit-fuer-lesbiscch-erzieherin-a-839767.html (abgerufen am 15.10.2012); Ulrich Hammer (2011): Chefarzt-Kündigung im katholischen Krankenhaus. Wiederverheiratete in kirchlichen Einrichtungen dürfen aufatmen. In: Legal Tribune Online. 9.9.2011. http://www.lto.de/persistant/a_id/4252 (abgerufen am 15.10.2012); Kirche kündigt Erzieherin. KITA-Streit. Stadt Königswinter übernimmt die Einrichtung, damit die Frau bleiben kann. In: Kölner Stadtanzeiger. 22. März 2012.

deln der Caritas" von 2008.[136] Dass hierdurch die Diskussionen über den Dritten Weg keineswegs abgeschlossen sind, sondern trotz aller Klärungsversuche der Verbandsspitze[137] diese auch weiterhin ein Dauerthema darstellen, zeigen nicht nur gewerkschaftliche Bestrebungen zur Durchsetzung des öffentlichen Arbeitsrechts im Tätigkeitsbereich der Kirchen[138], sondern ebenfalls immer wieder neu auftretende Rechtskonflikte und Debatten zur Legitimität des Dritten Wegs.[139] Von besonderer Pikanterie ist hierbei, dass der Caritasverband von arbeitsrechtlichen Auseinandersetzungen innerhalb der evangelischen Schwester profitieren dürfte. Denn der hier schwelende Konflikt zwischen Gewerkschaften und einzelnen diakonischen Einrichtungen führte im November 2012 zur Entscheidung des BAG, den Dritten Weg als kirchlichen Sonderweg unter der Voraussetzung zu bestätigen, dass gesamtverbandlich gültige Tarifabkommen die Einhaltung von Mindestnormen gewährleisten und diese eine Beteiligung der Gewerkschaften ermöglichen.[140]

---

136 Vgl.: Sekretariat der Deutschen Bischofskonferenz. Arbeitshilfen Nr. 209: Das Profil sozialer Einrichtungen in kirchlicher Trägerschaft im Kontext von Kooperationen und Fusionen. Eine Handreichung des Verbandes der Diözesen Deutschlands und der Kommission für caritative Fragen der Deutschen Bischofskonferenz. März 2007; Tarifpolitische Leitlinien des Deutschen Caritasverbandes 2007; Leitlinien für unternehmerisches Handeln der Caritas 2008; Dieter Geerlings (2010): Dienstgemeinschaft als Strukturprinzip. In: Neue Caritas. Heft 8. S. 23–27; Hans-Josef Kessmann (2012): Kirchliches Arbeitsrecht: entweder ganz oder gar nicht. In: Neue Caritas. Heft 9. S. 12–17 sowie im gleichen Heft Themenschwerpunkt „Dritter Weg. Sorgsam weiterführen".

137 Vgl. u. a.: Bischöfe verteidigen „Dritten Weg". In: http://www.domradio.de/aktuell/80 181/kirche-will-im-streit-um-das-kirchliche-arbeitsrecht-zahlen-vorlegen.html (Zugriff am 12. 10. 2012); Arbeitsgemeinschaft caritativer Unternehmen (AcU): Fachtagung „Dritter Weg – Dienstgemeinschaft oder Streikrecht?" am 20. September 2012 in Mainz. Beitrag Hans Jörg Millies, Finanz- und Personalvorstand des Deutschen Caritasverbandes: Das Arbeitsrecht der Caritas – Aktuelle Auseinandersetzungen.

138 Vgl. u. a.: ver.di caritas-verdi.blogs. Infoblog für Verdi-Betriebsgruppen in Caritas-Einrichtungen & Interessierte. http://caritas-verdi.blogspot.de/ sowie http://gesundheit-soziales.verdi./de/++skin++print/kirchen_diakonie_caritas? (Zugriff am 15. 12. 2012).

139 Vgl. u. a.: Matthias Kamann (2012): Kann denn Streiken Sünde sein? Das Verbot von Arbeitsniederlegungen bei kirchlichen Einrichtungen wankt. In: Die Welt. 28. 3. 2012. http://www.welt.de/print/die_welt/politik/article10626043/Kann-denn-Streiken_Suen… (Zugriff am 12. 10. 2012); Deutscher Bundestag (2012): Öffentliche Anhörung des Ausschusses für Arbeit und Soziales: Dritter Weg der Kirchen im Arbeitsrecht. http://www.bundestag.de/dokumente/textarchiv/2012/38078918_kw13_ pa_arbeit_sozi… (Zugriff am 12. 10. 2012).

140 Vgl. Bundesarbeitsgericht (2012) a. a. O.

Trotz aller Kontroversen werden sich die innerkirchlichen Arbeitsbeziehungen daher auch weiterhin auf der Basis des Kanonischen Rechts ausgestalten und damit am Konzept des Dritten Wegs festhalten. Die hiermit verbundene, gemäß Canon 305 geregelte bischöfliche Aufsicht gegenüber den Caritasverbänden und ihren Organisationen gilt allerdings nicht für die Ordensgemeinschaften. Im Gegensatz zu den diözesaneingebundenen Caritasorganisationen unterliegen diese nämlich einer kirchenrechtlich geregelten Ordensautonomie, in die ausschließlich die römische Kurie eingreifen kann.[141] Die von Orden unterhaltenen sozialen Dienste und Einrichtungen sind damit zwar summenmäßig Teil der verbandlichen Caritas, entscheidungspolitisch handeln sie jedoch innerhalb eigener und autonomer Zuständigkeiten. Die für den CV geltenden amtskirchlichen Regelungen betreffen diese von Orden geführten Einrichtungen, wenn überhaupt, so nur mittelbar und erst dann, wenn Ordensgemeinschaften die Mitgliedschaft im Caritasverband anstreben und realisieren.[142]

Insgesamt sind also durchaus differenzierte Ausgangslagen zu sehen, die gleichwohl eingebunden bleiben in den Organisationskosmos der katholischen Kirche. Und wenn auch zu beobachten ist, dass die mit diesen Regelungen verbundenen besonderen kirchlichen Loyalitätserfordernisse in ihrer praktischen Handhabung erodieren und bei der Besetzung von hierarchieniedrigen Arbeitsplätzen weniger streng umgesetzt werden, so darf dies nicht darüber hinwegtäuschen, dass solche säkularen Öffnungen ausdrücklich nicht für den erzieherischen Dienst oder gar für leitende Mitarbeitende gelten.[143] Gerade hier zeigt sich das Selbstverständnis von verbandlicher Caritasarbeit als kirchliche Tätigkeit, die zwar außertheologische basierende fachliche Prinzipien mit aufnimmt und von diesen durchaus angereichert wird, ohne jedoch von diesen überlagert oder gar verdrängt zu werden. Ein zentrales Beispiel hierfür ist der von der katholischen Amtskirche erzwungene Ausstieg des Caritasverbandes sowie des Sozialdienst katholischer Frauen (SkF) aus dem staatlich anerkannten System der Schwangerschaftskonfliktberatung, der 1999 zur Gründung des kirchlich unabhängigen Ver-

---

141 Vgl.: Unabhängigkeit der Orden. In: neue caritas. Heft 12/2004. 1. Juli 2004. S. 27.

142 Ein Beispiel hierfür ist der Deutsche Orden, der zum 1. Januar 2012 als Mitglied im DCV aufgenommen wurde und sich hierbei verpflichtete, die arbeitsvertraglichen Regelungen des AVR durchgängig und ohne Ausnahmen anzuwenden. Vgl. u. a.: DPA (2011): Pressemitteilung „Deutscher Orden wird Mitglied des Deutschen Caritasverbandes". Berlin 23.11.2011.

143 Vgl. u. a.: Norbert Feldhoff (1996): Was erwartet die Kirche von den Caritasmitarbeitern? In: Diözesan-Caritasverband für das Erzbistum Köln e. V. (Hrsg.): Schriftenreihe des Diözesan-Caritasverbandes Heft Nr. 31: Caritas als Dienstgeber. Köln. S. 5 ff.; Norbert Feldhoff (2003): Aufstieg für Unbefugte verboten! Grundordnung fordert Loyalität. In. Neue caritas. Heft 22. S. 18 ff.

eins „Donum Vitae" führte.[144] Und dass mit dieser organisatorischen Verselbständigung eines wichtigen caritativen Arbeitsbereiches der innerkirchliche Loyalitätskonflikt keineswegs gelöst ist, zeigt die in der Erzdiözese
Köln praktizierte Anweisung an katholische Krankenhäuser, selbst nach se-
xuellen Missbrauchsvorfällen keine gynäkologischen Untersuchungen durch-
führen zu dürfen. Eine Regelung, von der erst nach heftigem Protest der Öffentlichkeit und unter der Ankündigung, katholische Krankenhausträger
von ihrem Versorgungsauftrag zu entpflichten, scheinbar Abstand genommen wurde.[145] Die Prioritäten bleiben klar! Zwischen sozialarbeiterischen
o. a. Fachlichkeiten einerseits und theologischen Fundamentalaussagen andererseits konstituieren sich stellenweise durchaus unvereinbare Legitima-
tionsanforderungen, die – wie vorgenannte Vorgänge zeigen – innerhalb des
Verbandes letztlich theologisch begründet gelöst werden.

Der Deutsche Caritasverband ist damit sowohl von seiner formalen Konstituierung als auch hinsichtlich seines Selbstverständnisses in der Rolle eines Transmissionsriemens der katholischen Kirche. Es gilt, den christlichen
Verkündigungs- und Missionsauftrag in der Form von Sozialer Arbeit zu
realisieren. Aus dieser Perspektive begründen sich die Entscheidungen über
das Aktivitäts- und Aufgabenspektrum im Bereich der Wohlfahrtspflege sowie über die damit verbundenen Organisationsformen. Dass es hierbei zwischen dem durch die Amtskirche beanspruchten Primat der Theologie einerseits und den sozialpolitisch agierenden Caritasorganisationen andererseits stellenweise zu heftigen Konflikten kommt, liegt nicht nur in dieser
gegebenen Grundstruktur sondern ebenfalls in der damit verbundenen unterschiedlichen Wahrnehmung sozialer Probleme und den sich hierauf be-
ziehenden Antworten. Diese Differenzen verlassen gleichwohl nicht die gemeinsame Basis, an den bisherigen subsidiären Beziehungen zwischen dem
Caritasverband und staatlichen Zuständigkeiten unverändert festhalten zu

---

144 Vgl. u. a.: Stellungnahmen der Kath. Bischöfe zum Urteil des Bundesverfassungsgerichtes zur Verfassungsmäßigkeit von Vorschriften des Schwangeren- und Fami-
lienhilfegesetzes vom 27. Juli 1992. Urteil des BVerfG vom 28. Mai 1993. Otto Jörg
Weis (1996): Potsdam setzt Bischöfen Frist. Konflikt um katholische Schwangerschaftsberatung. Frankfurter Rundschau vom 5.7.1996. Caritasverband für den Bezirk Limburg e. V. (2002): Vorstandsbeschluss vom 11.4.02 – Schwangerschaftskonfliktberatung. In 2012 bestehen 12 Landesverbände mit 201 Beratungsstellen. Unverändert ist der Konflikt mit der katholischen Amtskirche, die mehrheitlich darauf
drängt, Mitglieder des Vereins Donum Vitae aus kirchlichen Gremien fernzuhalten.
145 Vgl. u. a.: Peter Berger (2013): Wer hilft, bekommt die Kündigung. Katholische
Krankenhäuser dürfen Vergewaltigungsopfer nicht über die Pille danach aufklären.
In: Kölner Stadtanzeiger 17. Januar 2013. S. 3; Peter Berger, Joachim Frank (2013):
Meisner erlaubt „Pille danach" … Land begrüßt Kurswechsel. In: Kölner Stadtanzeiger. 1. Februar 2013. S. 1.

müssen und einen weitergehenden öffentlichen Einfluss bei der Ausgestaltung sozialer Dienste vehement abzuweisen.[146]

Ausgehend von diesen Grundpositionen vollziehen sich die innerverbandlichen Klärungsprozesse um ein zeitgemäßes Selbstverständnis sowie angemessene Organisations- und Entscheidungsstrukturen. Die damit verbundenen Debatten sind keineswegs neu, sondern begleiten den Caritasverband seit seinen Anfängen. Die Spannbreite dieses Selbstverständigungsprozesses ist dabei gewissermaßen eine Widerspiegelung der jeweiligen innerkirchlichen Auseinandersetzungen. In der bisherigen Verbandsentwicklung führten diese nicht nur zu mehrfachen Satzungsänderungen, sondern ebenso auch zu innerverbandlichen Organisationsreformen und Neupositionierungen. Insbesondere im Kontext des 2. Vatikanums kam es hierbei ab Mitte der 1960er Jahre zu Versuchen einer politisch-reformerischen Ausprägung des Caritasverbandes. Wichtige Dokumente für dieses Selbstverständnis sind u. a. das synodale Arbeitspapier „Not der Gegenwart" sowie die 1983 publizierte Schrift zum Selbstverständnis und Auftrag der verbandlichen Caritas.[147]

Eine neue sich zuspitzende dynamische Entwicklung zeigte sich ab den 1990er Jahren. Veränderte gesellschaftliche Rahmenbedingungen aber auch interne Konflikte erforderten nämlich organisatorische Modernisierungen, wie sie zuvor kaum vorstellbar waren. Was hervorsticht sind zwei Ereignisse: Es ist zum einen die von 1993 bis 1996 und mit Zentralratsbeschluss vom Mai 1997 vorläufig abgeschlossene Diskussion über ein neues Leitbild des Verbandes. Zum anderen ist es die ab dem Jahre 2000 erneut und verstärkt einsetzende Debatte um eine Struktur- und Satzungsreform des Verbandes. Mit der Leitbilddebatte wurde vor allem auf eine bedrohlich abnehmende Akzeptanz des Wohlfahrtsverbandes in der Öffentlichkeit sowie auf neue wettbewerbliche Herausforderungen an die Wohlfahrtsverbände reagiert. Hinzu kam das nach Identität suchende Bedürfnis, sich als katholische Wohlfahrtsorganisation programmatisch und inhaltlich von der Tätigkeit anderer Verbände abgrenzen zu wollen und zu müssen.[148] Hingegen zeigte

---

146 Vgl. u. a.: Peter Ludemann (1995): Zur (besonderen) Aufgabenstellung der Vertreter der Caritas im JHA. In: Jugendwohl. Zeitschrift für Kinder- und Jugendhilfe 3. S. 110 ff.

147 Gemeinsame Synode der Bistümer in der Bundesrepublik Deutschland/Sachkommission drei (1975): Die Not der Gegenwart und der Dienst der Kirche: ein Arbeitspapier der Sachkommission 3 der Gemeinsamen Synode der Bistümer in der Bundesrepublik Deutschland. Bonn; Deutscher Caritasverband (Hrsg.) (1983): Caritas in Kirche, Staat und Gesellschaft. Ein Positionspapier des Deutschen Caritasverbandes zu Selbstverständnis und Auftrag verbandlich organisierter Caritas im heutigen kirchlichen und gesellschaftlichen Kontext. Freiburg i. Br.

148 Vgl. u. a.: Deutscher Caritasverband (1997): Meinungsbild Caritas. A. a. O.

sich die Struktur- und Satzungsdiskussion zunächst durch andere Probleme ausgelöst.[149] Wesentlich waren Konfliktzuspitzungen innerhalb verschiedener katholischer Träger, die sich aufgrund ihres autonomen Status dem Einfluss des DCV entzogen, gleichwohl aber in der Öffentlichkeit als integraler Teil des Verbandes wahrgenommen wurden. Besonders herausragende Beispiele hierfür waren die drohende Insolvenz des Deutschen Ordens, der nach Jahren des wirtschaftlichen Niedergangs einem gründlichen Sanierungs- und Restrukturierungsprozess unterlag, sowie der Finanzskandal um die Caritasträgergesellschaft Trier (CTT). Sie führten zu der Frage, wie innerhalb der bestehenden Strukturen verbandsschädigendes Verhalten verhindert und damit verbundene Risiken minimiert werden können. Wenn auch unterschiedlich motiviert, konzentrierten sich beide Diskussionsstränge dennoch auf gleiche Kernprobleme im verbandlichen Selbstverständnis. Zu finden war eine neue Balance zwischen organisatorischer Vielfalt und verbandlicher Einheit, zwischen Autonomieanspruch der Mitgliedsverbände und Führungsfunktion des Dachverbandes, zwischen nach mehr Eigenständigkeit strebendem Dachverband und aufsichtlicher Funktionen der Bischöfe, zwischen gemeinsamer Sinnorientierung und lokalem Handeln u. v. a. m.

Mit Beschluss eines gemeinsamen Leitbildes im Mai 1997 sowie der im Oktober 2003 durch die Vertreterversammlung beschlossenen neuen Satzung[150] hat der Caritasverband diese Modernisierungsphase zumindest proklamatorisch abgeschlossen und aus seiner Sicht zeitgemäße Grundlagen für die weitere Organisationsentwicklung geschaffen. Dass hiermit noch keineswegs schon automatisch auch eine qualitativ andere Organisationskultur innerhalb der Einrichtungen und sozialen Dienste einhergeht, zeigen die Ergebnisse einer wissenschaftlichen Auswertung der Leitbilder von mehreren DiCV, Fachverbänden, Ordensgesellschaften und Einrichtungen. Als größte Gefahr wird hierbei die letztlich doch ausbleibende Operationalisierung, Verbindlichkeit und Überprüfbarkeit eines mühsam erarbeiteten Selbstverständnisses gesehen, das durch die Anforderungen der Alltagspraxis wirtschaftlicher Dienstleistungserbringung in vielfältiger Weise überlagert wird.[151] Dieses generelle und keineswegs auf den Caritasverband reduzierbare Spannungsverhältnis zwischen Anspruch und Wirklichkeit formulier-

---

149 Vgl. u. a.: Hellmut Puschmann (2002): Kein Zentralismus – aber eine einheitsstiftende Struktur. In: neue Caritas. Heft 7. S. 29 ff.; dgl. (2002): Eckpunkte der Satzungsreform des DCV. Beratungsvorlage für die 15. Vertreterversammlung 2002 vom 21. bis 23. Oktober 2002 in Aachen. In: neue caritas. Heft 15. S. 36 ff.

150 Vgl.: Deutscher Caritasverband e. V. (2005): Satzung des Deutschen Caritasverbandes e. V. vom 16. Oktober 2003 in der Fassung vom 18. Oktober 2005.

151 Siehe hierzu: Mark Achilles (2004): Ansehen und Vertrauen in der Bevölkerung schaffen. In: neue caritas. Heft 15. S. 24 ff.

ter Grundnormen wird zusätzlich angereichert durch die Folgen veränderter Rahmenbedingungen für die Rechtsträger caritativer Einrichtungen. Im Kontext eines verstärkten Wettbewerbsdruckes, verbunden mit rückläufigen oder ausbleibenden öffentlichen Refinanzierungen sozialer Dienste ist auch der Caritasverband als Wohlfahrtsorganisation zum integralen Teil eines neuen sozialwirtschaftlichen Sektors mutiert. Das verbandliche Selbstverständnis bleibt hiervon nicht unberührt. Dass sich abgrenzend zur früheren Leitbilddebatte heute andere Referenzpunkte zeigen und sich die sozialcaritativen Dienste zunehmend als eine unternehmerische Caritas[152] präsentieren, liegt in der Logik einer solchen Entwicklung.

4.1.3 Organisationsaufbau und Gliederung

Der Deutsche Caritasverband e. V. (DCV) repräsentiert in seiner mitgliedschaftlichen Struktur eine Mischung aus Gesamtverein und Verbändeverband. Mitgliedschaftlich und in den Entscheidungsorganen repräsentiert gehören zum Gesamtverband 27 Diözesan-Caritasverbände (DiCV) mit über 450 Orts- und Kreiscaritasverbänden, 52 zentrale Fachverbände und Arbeitsgemeinschaften sowie 6 Ordensgemeinschaften.[153] Hinzu kommen weitere zahlreiche Caritasunternehmen, Caritas-Stiftungen sowie über 250 sozialkaritative Ordensgemeinschaften, die mittelbar der Caritas zuzurechnen sind. Die im Vergleich zum Jahr 2004 deutlich geringere Zahl zentraler Fachverbände, damals bestanden 67 zentrale Fachverbände und Arbeitsgemeinschaften, deutet auf die in den vergangenen Jahren stattgefundenen Fusionsprozesse hin, die zu einer organisatorischen Verschlankung des Gesamtverbandes beigetragen haben.[154]

Überwiegend besteht der Deutsche Caritasverband aus Vereinsmitgliedschaften sowie aus geborenen Mitgliedschaften der Diözesan-Caritasverbände. Persönliche Mitgliedschaften sind auf der Ebene der Caritasorts- und Diözesanverbände als auch innerhalb der Fachverbände möglich. Solche persönliche Mitgliedschaften begründen nur dann Mitwirkungsrechte innerhalb der Organe des Caritasverbandes, sofern Satzungsbestimmungen

---

152 Vgl.: Deutscher Caritasverband e. V. (2008): Leitlinien für unternehmerisches Handeln der Caritas. Beschluss der 6. Delegiertenversammlung des DCV. Essen, den 16. Oktober 2008.

153 Vgl.: Deutscher Caritasverband e. V. (Hrsg.) (2011): Caritas 2012. Jahrbuch des Deutschen Caritasverbandes. Freiburg i. Br.

154 Vgl.: Deutscher Caritasverband e. V. (Hrsg.) (2003): Caritas 2004. Jahrbuch des Deutschen Caritasverbandes. Freiburg i. Br.

der DiCV oder der zentralen Fachverbände dies ausdrücklich vorsehen.[155] Geografisch basiert der Verband auf den Gebietsaufteilungen der katholischen Kirche, so dass sich innerhalb der bestehenden Diözesen (Amtsbezirk eines regierenden Bischofs) örtliche und regionale Caritasverbände bilden. Diese Kirchenbezirke überschneiden sich zwar mit den politischen Gebietskörperschaften der Bundesländer, sind jedoch nicht mit diesen identisch. Parallel hierzu haben sich in den vergangenen Jahren landesbezogene Organisationsformen herausgebildet, so beispielsweise der Caritas-Landesverband Bayern e.V. Landesbezogene Arbeitsgemeinschaften mit kodifizierter Ordnung und Struktur bestehen bspw. in Form der Hessen-Caritas oder der Arbeitsgemeinschaft der Caritasverbände Rheinland-Pfalz. Ferner gibt es für jedes Bundesland je einen sozialpolitischen Sprecher und darüber hinaus für definierte Themenbereiche je Bundesland je einen Themensprecher. Für vorgenannte Funktionen bestehen strukturierte und nach föderalistischen Prinzipien ausgestaltete Gremien der Kooperation.

Die innerverbandliche Willensbildung und Entscheidungsfindung mandatiert sich damit aus einem Interessenmix der vertretenen Diözcsanverbände, der angeschlossenen Vereine und Fachverbände sowie der karitativen Ordensgemeinschaften. Die Rolle der Deutschen Bischofskonferenz konzentriert sich hierbei unverändert auf eine in Grundsatzfragen bestehende Aufsichts- und Genehmigungsfunktion.

Mitgliedschaftlich unmittelbar der jeweiligen Amtskirche zugehörend, repräsentieren die Diözesan-Caritasverbände eine regional unterschiedlich starke Verankerung der Caritas.

Wie in Übersicht 4 zu sehen ist, besteht hierbei nicht immer und in jedem Fall ein unmittelbarer proportionaler Zusammenhang zwischen der Präsenz eines katholischen Milieus und der Bedeutung der Caritas als Anbieter sozialer Dienstleistungen. Denn selbst in ausgesprochenen Diasporabereichen hat die Caritas eine gewichtige Rolle als Arbeitergeber in der Sozial- und Gesundheitswirtschaft.[156] Dass eine solche Ausgangssituation mit besonderen arbeitsrechtlichen Problemen verbunden ist, wird im resümierenden Abschnitt gesondert aufgegriffen.

---

155 Vgl.: Satzung, § 7.
156 Setzt man die Mitarbeiterzahl der Caritasverbände in den jeweiligen Bundesländern in Relation zu den Mitarbeiterzahlen der anderen Wohlfahrtsverbände, ergeben sich weitere Aussagen über das politische Kräftepotential des CV. Nach verbandseigenen Einschätzungen schwankt der so ermittelte „Marktanteil" der Caritas von 10–15 % bis zu über 50 % in Bayern und Rheinland-Pfalz.

Übersicht 4: Diözesen und Diözesancaritasverbände 2010

Diözesan-Caritasverbände	Katholiken in % der EW	Caritas Einrichtungen Dienste	Beschäftigte
CV für das Bistum Dresden-Meißen e. V.	3	238	5355
CV für das Bistum Magdeburg e. V.	3	270	4646
CV der Diözese Görlitz e. V.	4	115	1156
CV für das Erzbistum Berlin e. V.	7	372	8278
CV für das Bistum Erfurt e. V.	7	240	4833
CV für das Erzbistum Hamburg e. V.	7	321	6139
CV für die Diözese Hildesheim e. V.	11	398	8683
CV für die Diözese Fulda e. V.	24	315	5501
CV für die Diözese Mainz e. V.	26	455	10320
CV für die Diözese Osnabrück e. V.	26	624	19692
CV für die Diözese Limburg e. V.	28	758	16605
CV für die Erzdiözese Bamberg e. V.	33	798	10192
CV für das Erzbistum Paderborn e. V.	33	1809	53037
CV für das Bistum Essen e. V.	34	779	27059
CV der Diözese Rottenburg-Stuttgart e. V.	38	1815	26769
Diözesan-CV für das Erzbistum Köln e. V.	40	1857	53999
CV für die Erzdiözese Freiburg e. V.	42	2006	33128
CV für die Diözese Speyer e. V.	44	546	14639
CV für die Diözese Münster e. V.	45	2024	62396
CV für die Diözese Eichstätt e. V.	48	378	6682
CV der Erzdiözese München und Freising e. V.	49	1428	24120
CV für das Bistum Aachen e. V.	55	920	30015
CV für die Diözese Augsburg e. V.	59	1089	20440
CV für die Diözese Trier e. V.	60	1505	41155
CV für die Diözese Würzburg e. V.	60	824	11987
CV für die Diözese Regensburg e. V.	71	903	16139
CV für die Diözese Passau e. V.	89	471	7152

Eigene Zusammenstellung nach: Sekretariat der Deutschen Bischofskonferenz: Katholische Kirche in Deutschland. Zahlen und Fakten 2011/12. Arbeitshilfen 257. Bonn 2012. S. 9; Deutscher Caritasverband e. V.: Zentralstatistik Stichtag 31. 12. 2010.

Neben den Diözesan-Caritasverbänden kommt den fachverbandlichen Mitgliedern im Deutschen Caritasverband eine ebenfalls große Bedeutung als Träger sozialer Dienste und Einrichtungen zu. Diese insgesamt 52 zentralen Fachverbände und Vereinigungen sind nicht nur in den unterschiedlichsten Bereichen der sozialen Arbeit tätig, sondern repräsentieren auch in ihrer Rolle als caritative Unternehmen und Arbeitgeber zum Teil große Einrichtungsbereiche. Die nachfolgende Übersicht dient einer ersten und beispielhaften Orientierung, wobei die nachfolgend aufgeführten Bereichszuordnungen nicht durchgängig fachlich begründet sind, sondern vielmehr organisationalen Zuordnungen des DCV entsprechen.

Übersicht 5: Fachverbände im DCV – Arbeitsfelder und Organisationsbeispiele[157]

Altenhilfe (n 1): Verband katholischer Altenhilfe in Deutschland e. V.

Familienhilfe (n 5): z. B. Katholische Arbeitsgemeinschaft für Müttergenesung – Bundesgeschäftsstelle; Caritas-Konferenzen Deutschland e. V. – Das Netzwerk von Ehrenamtlichen

Hilfe bei Wohnsitzverlegung ins Ausland (n1): Raphaels-Werk

Hilfe für Menschen mit Behinderung (n 6): Caritas Behindertenhilfe und Psychiatrie (CBP) e. V.; Verband der katholischen Gehörlosen Deutschlands e. V.

Hilfe für Migranten (n 1): Katholische Arbeitsgemeinschaft Migration (KAM)

Hilfe in besonderen Lebenslagen (n 6): Katholische Arbeitsgemeinschaft Wohnungslosenhilfe (KAGW) – Wohnen, Arbeiten, Lebensperspektiven, Katholische Bundes-Arbeitsgemeinschaft Straffälligenhilfe im DCV, Kreuzbund e. V. – Selbsthilfe- und Helfergemeinschaft für Suchtkranke und Angehörige

Jugendhilfe (n 18): Bundesarbeitsgemeinschaft Katholische Jugendsozialarbeit (BAG KJS) e. V., Bundesverband katholischer Einrichtungen und Dienste der Erziehungshilfen e. V., IN VIA Katholischer Verband für Mädchen- und Frauensozialarbeit – Deutschland e. V., Katholische Bundesarbeitsgemeinschaft für Ehe-, Familien- und Lebensberatung, Telefonseelsorge und Offene Tür e. V., SKM – Katholischer Verband für soziale Dienste in Deutschland – Bundesverband e. V. , Verband Katholischer Tageseinrichtungen für Kinder (KTK) – Bundesverband e. V.

Krankenhilfe (n 5): Katholischer Krankenhausverband Deutschlands e. V., Malteser Hilfsdienst e. V.

Sonstige (n 3): Maximilian-Kolbe-Werk e. V., Hildegardis-Verein e. V. – Studienförderung für katholische Studentinnen

Angeschlossene Vereinigungen (n 6): Katholischer Pflegeverband, Verbund Freiwilligen-Zentren im Deutschen Caritasverband, Katholische Arbeitsgemeinschaft für Soldatenbetreuung e. V.

---

157 Vgl.: Caritas Jahrbuch 2012. A. a. O.

Das Muster „organisatorische Vielfalt" unter dem Dach des Deutschen Caritasverbandes wird in noch stärkerem Maße bei den Ordensgemeinschaften erkennbar. Auch wenn es angesichts der Struktur der katholischen Kirche überrascht, so bestehen nur ungefähre Angaben über die Zahl der insgesamt existierenden Ordensgemeinschaften, die sich hinsichtlich ihrer Zielsetzung voneinander stark unterscheiden.[158] In Deutschland bestehen in 2012 über 330 Ordensgemeinschaften[159] von denen allerdings nur 6 Orden dem Deutschen Caritasverband unmittelbar angehören (vgl. § 11 Abs. 2 Ziff. 7 der Satzung).

Wie zu sehen, ist die Zusammensetzung des Gesamtverbandes nicht nur durch sehr verschiedene Handlungsebenen, sondern ebenfalls durch unterschiedliche Gruppen und Akteure geprägt, was besondere Formen der Vertretung und Willensbildung erfordert. In der bis 2003/2004 gültigen Satzung dominierten hierbei die DiCV gegenüber den Fachverbänden und örtlichen Caritasverbänden. Auch wurde der Caritasrat mehrheitlich von durch Bischöfen ernannten Vertretern besetzt. An dieser alten personalen Steuerungslogik wird inzwischen nicht mehr festgehalten. Vorgenommene Satzungsänderungen gewährleisten heute ein stärkeres Repräsentationsverständnis in der Zusammensetzung der Gremien (vgl. Abb. 2, S. 101).

Zur Leitung und Koordinierung der vielfältigen Aufgaben und Aktivitäten unterhält der Deutsche Caritasverband eine Verbandszentrale mit Sitz in Freiburg. Beschäftigt sind hier rd. 380 hauptamtliche Mitarbeitende. Geleitet wird die Verbandszentrale durch den Präsidenten, den Generalsekretär sowie einem weiteren hauptamtlichen Personal- und Finanzvorstand. Ähnlich wie andere Verwaltungs- oder Verbandsbürokratien gliedert sich die Zentrale in verschiedene Ressorts bzw. Abteilungen, denen wiederum einzelne Referate zugeordnet sind.[160]

---

158 So bestehen Mönchsorden, kontemplative Gemeinschaften, Bettelorden, Apostolische Gemeinschaften, Missionsgemeinschaften, sozial-karitative Gemeinschaften und Säkularinstitute. Nach Angaben der Deutschen Ordensobernkonferenz bestehen 2012 in Deutschland rd. 1 600 klösterliche Niederlassungen von Schwesterngemeinschaften. Von den rd. 20 000 Ordensfrauen sind 84 % über 65 Jahre alt, bei den Ordensmännern sind dies 57 %. Der Ordensnachwuchs zählt 117 Novizinnen und 57 Novizen in allen Gemeinschaften. In den Bereichen Bildung, Erziehung, Soziales und Seelsorge sind knapp über 2 100 Ordensangehörige aktiv. Vgl.: http//www.orden.de. (Zugriff am 19. 10. 2012).

159 Siehe hierzu: Deutsche Ordensobernkonferenz: Ordensgemeinschaften in Deutschland. Zahlen und Fakten von Ordensgemeinschaften. Internetplattform. http://www.orden.de.

160 Zusammenstellung nach Angaben des DCV 2004.

Abbildung 2: Organe des DCV 2012[161]

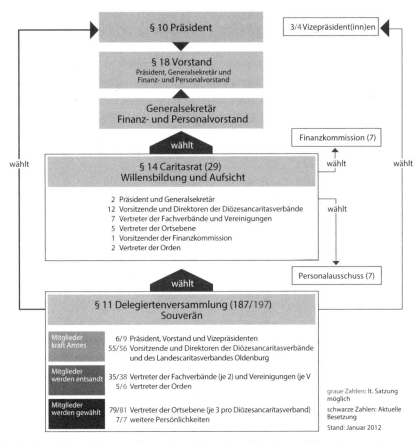

Quelle: http://www.diecaritas/deutschercaritasverband/strukturundleitung/organedes...
(Zugriff am 19. 10. 2012).

---

161 Vgl.: Deutscher Caritasverband e. V. (2005): Satzung des Deutschen Caritasverbandes e. V. vom 16. Oktober 2003 in der Fassung vom 18. Oktober 2005.

Abbildung 3: Organigramm DCV – Verbandszentrale. Stand Januar 2013

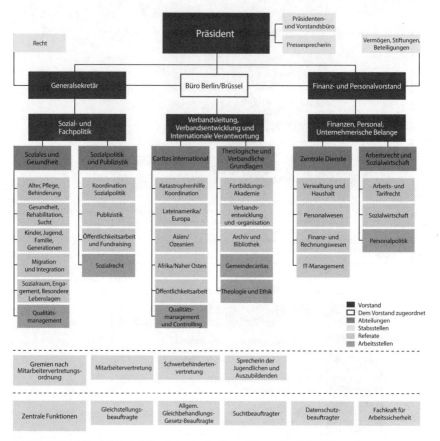

Quelle: www.caritas.de/.../caritasde/.../organigrammdcvzentra/110901_organ...
(Zugriff am 31. 1. 2013).

Das Organigramm verdeutlicht zwar die Aufbaustruktur der Verbandszentrale und der hier gegebenen Zuständigkeiten, ohne hierbei allerdings weitere wichtige Organisationsebenen abzubilden. Es sind dies die überregionalen Fachverbände, die als rechtlich selbständige Organisationen nur noch mittelbar mit der Verbandszentrale verbunden sind (vgl. Abb. 4). Noch stärker gilt diese Parallelstruktur und Autonomie für die karitativen Ordensgemeinschaften, den hier angeschlossenen Säkularinstituten sowie für die sozial-karitativen Gemeinschaften. Diese verbandliche Caritas operiert zwar ebenso als Teil der katholischen Kirche, bleibt jedoch von den engeren Entscheidungskompetenzen des Verbandes als auch der amtskirchlichen Hierarchien weitgehend unbeeinflusst.

Abbildung 4: Fachliche Fusionierungen im Behindertenbereich

Deutscher Caritasverband e. V. – Generalsekretariat

Abteilungsstruktur siehe Organigramm DCV, darunter

Referat Behindertenhilfe, u. a. zuständig für die
- bis Juni 2001 bestandenen vier rechtlich eigenständigen Fachverbände
  (ohne Untergliederungen in den Diözesen).
- Lobbyistisch wurden die Fachverbände durch den DCV vertreten, die
  Geschäftsführungen der Fachverbände erfolgten i. d. R. in Personalunion mit der Referatsleitung Behindertenhilfe.

Psychiatrie in der Caritas e. V. (PiC).
Gegründet 1978 – 230 Einrichtungen

Verband katholischer Einrichtungen und Dienste für körper-
und mehrfach behinderte Menschen e. V. (VKEDKM).
Gegründet 1921 – 67 Einrichtungen

Verband katholischer Einrichtungen und Dienste für
lern- und geistig behinderte Menschen e. V. (VKELG).
Gegründet 1905 – 511 Einrichtungen

Verband katholischer Einrichtungen und Dienste für
lern- und geistig behinderte Menschen e. V. (VKELG).
Gegründet 1905 – 511 Einrichtungen

- Juni 2001: Verschmelzung der vier Vereine zur Caritas Behindertenhilfe und Psychiatrie e. V. (CBP) als karitativer Unternehmens-Fachverband mit eigener Satzung,
  eigenem Vorstand und eigener Geschäftsführung. Im Vorstand institutionell vertreten ist der DCV. Der Verein unterliegt der kirchlichen Aufsicht nach CiC.

CBP e. V. – Leistungsdaten 2012: 1030 Dienste und Einrichtungen, ca. 41500 Mitarbeitende,
ca. 150000 betreute Menschen mit Behinderung oder psychischer Erkrankung. Koordination
durch zentrale Geschäftsstelle mit sieben Mitarbeitenden. Sitz: Zentrale des DCV in Freiburg.

Eigene Zusammenstellung nach: Caritas Behindertenhilfehilfe und Psychiatrie e. V. –
Ziele und Zahlen. http://www.cbp.caritas.de/53597.asp (Zugriff am 15. 1. 2013) sowie
Satzung des CBS e. V. in der Fassung vom 25./26. November 2010.

Gerade in diesen Mitgliedsverbänden haben in den vergangenen Jahren substanzielle Strukturreformen stattgefunden mit denen auf existenzielle Organisationsprobleme reagiert wurde. Drei Grundmuster sind hierbei zu erkennen. Zum einen finden Versuche statt, die Arbeit von in gleichen Handlungsfeldern tätigen, aber mit unterschiedlichen Traditionen versehenen Verbänden miteinander zu verzahnen und Fusionierungen anzustreben. Aufgrund der bisher eigenständigen Verbandsentwicklungen stößt diese Modernisierungsoption keineswegs auf ungeteilte Zustimmung und führt in einem ersten Schritt deshalb „nur" zu organisatorischen Synergieeffekten, bei Beibehaltung eigenständiger Rechtsträgerschaften (Beispiel Behindertenverbände in Caritasverband).

Zum Anderen zeigen sich insbesondere die sozial-karitativen Ordensgemeinschaften bestrebt, das Management für ihre Großeinrichtungen komplett in eigenständige GmbH-Strukturen zu verlagern, um sich so – entlastet von fachlichen und personellen Überforderungen – auf die eigentliche Ordenstätigkeit neu besinnen zu können (Beispiele Waldbreitbacher Franziskanerinnen und Alexianer Brüderorden). Ein Prozess übrigens, der sich wegen der eklatant bestehenden Nachwuchsprobleme zwar in verschiedenen Ordensgesellschaften frühzeitiger ausprägte, jedoch keineswegs auf diesen Organisationsbereich begrenzt blieb.

Zum Dritten findet bei mitgliedschaftlich strukturierten Fachverbänden, die zugleich Rechtsträger von mehreren sozialen Einrichtungen sind, eine systematische Auslagerung der operativen Geschäftsbereiche statt. Diese sozialen Einrichtungen sind oftmals durchaus vergleichbar mit den Größenordnungen von Klein- und mittleren Unternehmen (KMU) und erfordern ein spezifisches Nonprofit-Management mit ausgewiesenen betriebswirtschaftlichen Qualifikationen in den Leitungsebenen. Nicht zuletzt aus diesem Spannungsverhältnis begründet sich das strategische Ziel einer Trennung von vereinsrechtlichem Mitgliederverband einerseits und der Verantwortung für die wirtschaftliche Betriebsorganisation andererseits (Beispiel Malteser).

Die nachfolgenden Abbildungen illustrieren diese Modernisierungsprozesse und können durch zahlreiche andere Organisationsentwicklungen ebenso belegt werden.

Abbildung 5: Auslagerung sozialer Dienstleistungen in Ordensgemeinschaften

Waldbreitbacher Franziskanerinnen, gegr. 1851, Niederlassungen in 7 Ländern, in Deutschland rd. 500 Schwestern, Sitz: Waldbreitbach Orden ist Rechtsträger zahlreicher sozialer Einrichtungen

Arme Dienstmägde Jesu Christi, gegr. 1851, Niederlassungen in 7 Ländern, in Deutschland rd. 1 000 Schwestern, Sitz: Dernbach Orden ist Rechtsträger zahlreicher Einrichtungen

1993 Gründung der St. Elisabeth Stiftung, Sitz Dernbach Paritätischer Vorstand aus beiden Orden. Überführung aller Einrichtungen in Vermögenswerte in die St. Elisabeth Stiftung.

Gründung der St. Elisabeth Kranken- und Pflege GmbH als Geschäftsführungs-GmbH für die ausgelagerten Sozialeinrichtungen. Aufsichtsrat ist mehrheitlich von Ordensschwestern besetzt.

Marienhaus Kranken- und Pflegeanstalt GmbH Waldbreitbach (21 Krankenhäuser, 13 Altenheime, 2 Kinder- u. Jugendheime, 2 Hospize, insgesamt ca. 10 000 Mitarbeiter)

Maria Hilf Kranken- und Pflegeanstalt GmbH Dernbach (9 Krankenhäuser, 11 Altenheime, 1 Kinder- u. Jugendheim, insgesamt ca. 4 000 Mitarbeiter)

Mitte der 1990er Jahre: Fusion scheitert als Folge unterschiedlicher Organisationskulturen. Auflösung des gemeinsamen Betreibermodells, Überführung der Einrichtungen in eigene Gesellschaften

Ab 2009 Marienhaus GmbH Waldbreitbach (31 Krankenhäuser, 29 Alten- u. Pflegeheime, 3 Kinder- u. Jugendheime, 9 Hospize, 10 Bildungseinrichtungen, 9 sonstige Einrichtungen; rd. 13 800 Beschäftigte)

1994 neu gegründete Maria Hilf Kranken- und Pflegegesellschaft mbH Dernbach (8 Krankenhausstandorte, 13 Senioreneinrichtungen, zahlreiche ambulante Pflege- und Hilfsdienste, mehrere Schulen; rd. 5 500 Beschäftigte)

2011 Überführung der Einrichtungen in neu gegründete Marienhaus Stiftung, Neuwied Marienhaus Gesundheits- und Sozialholding GmbH als Betreibergesellschaft mit 6 rechtlich selbständigen GmbHs.

Eigene Zusammenstellung nach: Neue Organisationsstruktur für die Marienhaus GmbH. In: Marienhaus Echo. Zeitung für Schwestern, Mitarbeiter und Freunde der Franziskanerinnen von Waldbreitbach Nr. 1. März 1992 sowie aktuellen Angaben der Ordenswebsite.

Abbildung 6: Alexianer Ordensgemeinschaft

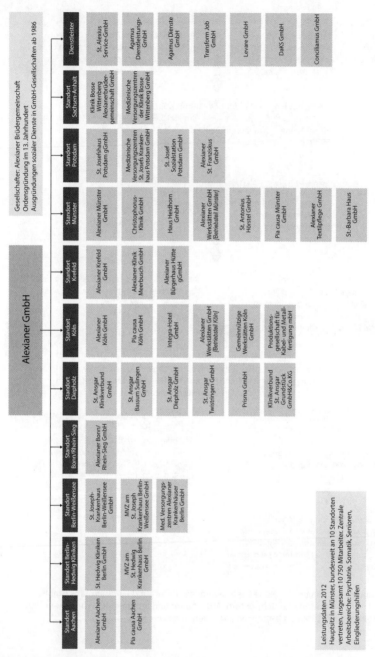

Zusammengestellt nach: www.alexianer.de/home/wir_ueber_uns/?&print=1
(Zugriff am 18. 10. 2012).

Abbildung 7: Trennung von Mitgliederverband und Betriebsorganisation – Malteser Verbund 2012

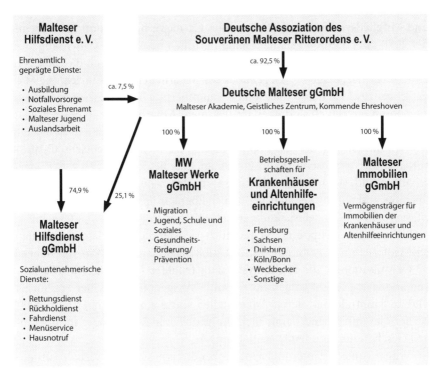

Übersicht Malteser Hilfsdienst – Bundesgeschäftsstelle Köln Stand: Oktober 2012. Mitteilung des MHD vom November 2012.

107

4.1.4 Aufgabenbereiche und Mitarbeiter

Nach den vorliegenden statistischen Angaben waren in den Einrichtungen und Mitgliedsverbänden des Deutschen Caritasverbandes zum 31. Dezember 2010 über 559 000 Personen hauptberuflich beschäftigt; Ordensangehörige sind hier nicht mitgezählt.[162] Deren Umfang dürfte jedoch die Zahl von 2 100 nicht übersteigen.[163] Gegenüber der Mitarbeiter- und Einrichtungsstatistik von 1992 hat damit die Zahl der hauptberuflichen Mitarbeiter deutlich zugenommen; aktuell sind über 150 000 mehr Mitarbeitende in den Caritaseinrichtungen beschäftigt als dies 1992 der Fall war.[164]

Wie im vorhergehenden Kapitel gezeigt, ist auch der Deutsche Caritasverband u. a. ein Dachverbandskonstrukt, was heißt, dass sich die Trägerschaften und Anstellungsverhältnisse in den zahlreichen Arbeitsfeldern überwiegend auf lokaler und regionaler Ebene innerhalb der Diözesan-Caritasverbände oder selbstständiger katholischer Träger bzw. Unternehmen realisieren. Die Gruppe dieser rechtlich selbständigen Sozialunternehmen und Unternehmensverbünde umfasst inzwischen ein Spektrum von nahezu 80 Organisationen, die in der Systematik früherer Jahrbücher des Caritasverbandes noch nicht aufgeführt waren.[165] Ausgenommen seiner Freiburger Verbandszentrale und deren Außenstellen sowie einiger GmbH-Betriebe[166] ist der Gesamtverband damit nicht unmittelbarer Rechtsträger im operativen Geschäft der sozialen Dienstleistungen.

Vorgenannte Erläuterungen bedenkend, lässt sich die Vielfalt katholischer Träger im Bereich sozialer und gesundheitlicher Dienste summarisch wie folgt zusammenfassen.

---

162 Vgl.: Deutscher Caritasverband e. V. (2010): Die katholischen sozialen Einrichtungen und Dienste der Caritas. Zentralstatistik des Deutschen Caritasverband e. V. Stichtag 31. 12. 2010.

163 Den 333 in Deutschland zählenden Ordensgemeinschaften (106 Männer- und 327 Frauenorden) gehören rd. 20 000 Ordensfrauen und ca. 4 800 Ordensmänner an. Hiervon sind ca. 10 % in sozialen und gesundheitlichen Diensten tätig. Vgl.: Deutsche Ordenskonferenz: Ordensgemeinschaften in Deutschland. http://www.orden.de.

164 Vgl.: Deutscher Caritasverband e. V. (Hrsg.) (1993): Die katholischen sozialen Einrichtungen der Caritas in der Bundesrepublik Deutschland. Stand 1. 1. 1992. Caritas Korrespondenz. Heft 1.

165 Vgl.: Deutscher Caritasverband e. V. (2011): Caritas 2012. Jahrbuch des Deutschen Caritasverbandes. Freiburg; dgl. (2003): Caritas 2004. Jahrbuch des Deutschen Caritasverbandes. Freiburg.

166 Der Deutsche Caritasverband ist Gesellschafter folgender GmbH-Unternehmen: Freiburger Bücherdienst, Immobilien- und Verwaltungs-GmbH, Lambertus-Verlag GmbH, Wohlfahrtsgesellschaft „Gut Hellberg" mbH. Vgl.: Caritas Jahrbuch 2012. A. a. O. S. 320.

Tabelle 11: Einrichtungen und Beschäftigte im Deutschen Caritasverband – 2010

Fachbereiche und Art der Einrichtung	Beschäftigte Insgesamt	Vollzeit	Teilzeit	Frauenanteil in %	Zahl der Einrichtungen
Gesundheitshilfe/Krankenhäuser	238 504	117 370	121 134	78,1	2 547
– stationär	194 174	108 002	86 172		566
– Tageseinrichtungen	64	19	45		13
– Dienste der offenen Hilfe	42 841	8 634	34 207		1 779
– Aus- u. Fortbildungsstätten	1 425	715	710		189
Jugendhilfe	116 662	47 262	69 400	90,2	11 417
– stationär	17 359	9 334	8 025		563
– Tageseinrichtungen	91 294	35 932	55 362		9 747
– Dienste der offenen Hilfe	6 690	1 580	5 110		1 036
– Aus- u. Fortbildungsstätten	1 319	416	903		71
Familienhilfe	4 721	892	3 829	90,3	991
– stationär	777	219	558		89
– Tageseinrichtungen	–	–	–		–
– Dienste der offenen Hilfe	3 944	673	3 271		267
– Aus- u. Fortbildungsstätten	–	–	–		–
Altenhilfe	107 651	31 482	76 169	88,0	3 042
– stationär	101 288	30 360	70 928		1 957
– Tageseinrichtungen	1 816	240	1 576		249
– Dienste der offenen Hilfe	4 009	712	3 297		754
– Aus- u. Fortbildungsstätten	538	170	368		82
Behindertenhilfe/Psychiatrie	63 897	25 953	37 944	72,0	2 154
– stationär	33 712	11 530	22 182		806
– Tageseinrichtungen	24 416	13 316	11 100		759
– Dienste der offenen Hilfe	5 365	982	4 383		564
– Aus- u. Fortbildungsstätten	404	125	279		25
Weitere soziale Hilfen	28 091	10 863	17 228	69,5	4 495
– stationär	3 863	1 737	2 126		390
– Tageseinrichtungen	1 220	527	693		157
– Dienste der offenen Hilfe	20 519	7 574	12 945		3 828
– Aus- u. Fortbildungsstätten	2 489	1 025	1 464		120
Insgesamt	559 526	233 822	325 704	81,5	24 646

Zusammenstellung nach: Deutscher Caritasverband e. V.: Die katholischen sozialen Einrichtungen und Dienste der Caritas. Zentralstatistik. Stichtag 31. 12. 2010. Freiburg i. Br. 23. 04. 2012.

Wie schon benannt, hat sich im zurückliegenden Jahrzehnt der Organisationsrahmen, in dem die operativen Tätigkeiten der Caritas erfolgen, deutlich verändert. Denn es sind nicht mehr nur die unmittelbar durch die Diözesanverbände unterhaltenen Einrichtungen, sondern mit zunehmendem Gewicht neue Caritas-Unternehmen die hier tätig werden und in unterschiedlicher Weise mit den Diözesan-Caritasverbänden verbunden bzw. in diese eingebunden sind. Nur beispielhaft soll dieses fast 80 Unternehmen und Unternehmensverbünde umfassende Spektrum vorgestellt werden.

Übersicht 6: Caritas-Unternehmen – Beispiele von A bis Z – Stand: 2012[167]

Bischöfliche Stiftung Haus Hall – Einrichtungen für Menschen mit Behinderung, Gescher
Caritas-Betriebsführungs- und Trägergesellschaft mbH (CBT), Köln
Dominikus-Ringelsen-Werk SdöR, Ursberg
Eichsfeld Klinikum ggmbH, Kleinbartloff
Franziskuswerk Schönbrunn, Röhrmoos
Gesellschaft der Alexianerbrüder mbH, Berlin
Josefs-Gesellschaft, Köln
Katholische Hospitalgesellschaft Südwestfalen ggmbH, Olpe
Malteser Trägergesellschaft ggmbH, Köln
Niels-Stensen-Kliniken GmbH, Georgsmarienhütte
Orden der Barmherzigen Schwestern vom heiligen Vinzenz von Paul, Freiburg
Paul Wilhelm von Keppler-Stiftung, Sindelfingen
Regionalverbund kirchlicher Krankenhäuser (RkK) ggmbH Freiburg, Freiburg
Sozialwerk St. Georg e. V., Gelsenkirchen
Theresienkrankenhaus und St. Hedwigsklinik GmbH, Mannheim
Verein kath. Altenhilfeeinrichtungen e. V., Hamm
Zweckverband Katholische Tageseinrichtungen für Kinder im Bistum Essen

---

Insgesamt ist zu sehen, dass mit knapp 43 % die meisten Beschäftigten des Caritasverbandes in der Gesundheitshilfe hauptberuflich tätig sind. Die Jugendhilfe als zweitwichtigster Beschäftigungsbereich folgt erst mit weitem Abstand (20,8 % aller Arbeitnehmer), dicht gefolgt von der Altenhilfe mit 19,2 % aller Beschäftigten. Bei den Einrichtungsarten dominieren mit knapp über 44 % zwar die Tageseinrichtungen, gefolgt von Diensten der offenen Hilfe, die rd. 36 % aller Einrichtungen repräsentieren. Stationäre Einrichtungen haben prozentual mit fast 18 % zwar ein scheinbar geringeres Gewicht, sind jedoch andererseits die hauptsächlichen Beschäftigungsfelder. Rund 63 % aller Caritasbeschäftigten arbeiten in stationären Diensten, hauptsäch-

---

167 Vgl.: Caritas Jahrbuch 2012. A. a. O. S. 381–387.

lich in Einrichtungen der Gesundheitshilfe und Altenhilfe. Auffällig ist der hohe Anteil von teilzeitbeschäftigten Mitarbeitenden, der in der vergangenen Dekade noch weiter zugenommen hat. Repräsentierten Mitte der 1990er Jahre die Teilzeitbeschäftigten im Caritasverband rd. 49 % aller Hauptberuflichen, so sind dies heute mehr als 58 %. Das heißt: in ausnahmslos allen caritativen Fachbereichen bzw. Arbeitsfeldern erfolgen mittlerweile die Aufgabenwahrnehmungen überwiegend durch teilzeitbeschäftigte Personen. Besonders stark ausgeprägt sind diese Teilzeitbeschäftigungsverhältnisse in Einrichtungen der Familienhilfe (81,1 %) und Altenhilfe (70,7 %). Die vorliegenden statistischen Informationen zeigen zudem einen signifikant hohen Anteil weiblicher Arbeitskräfte. Im Durchschnitt aller sozialen karitativen Einrichtungen beträgt dieser 81,5 % und erreicht in den Arbeitsfeldern der Kinder- und Jugendhilfe sowie der Familienhilfe über 90 %, gefolgt von der Altenhilfe mit 88,0 %. Die Mehrzahl der in Caritas-Einrichtungen hauptberuflich Tätigen sind damit teilzeitbeschäftigte Frauen; was auf mitunter prekäre Beschäftigungsverhältnisse verweist.

Wenn auch soziale Dienstleistungseinrichtungen des Caritasverbandes und seiner Mitgliedsorganisationen in der ganzen Bundesrepublik vorzufinden sind, so bestehen hinsichtlich der Repräsentanz der Caritas gleichwohl deutliche regionale Unterschiede. Für eine solche regionale Betrachtung sind allerdings die politischen Gebietskörperschaften der Bundesrepublik Deutschland wenig geeignet, denn die kirchenbezirklichen Grenzen folgen einem anderen Muster. Relevant sind vielmehr die jeweiligen bischöflichen Gebietszuständigkeiten, innerhalb derer sich die jeweilige Repräsentanz sozialcaritativer Einrichtungen und Dienste ablesen lässt. Wie an anderer Stelle schon dargestellt, zeigt sich hinsichtlich der in den Diözesan-Caritaseinrichtungen beschäftigten Personen eine regional unterschiedlich stark ausgeprägte Caritas; deren Bedeutung als Arbeitgeber in der Sozial- und Gesundheitswirtschaft korrespondiert keineswegs immer und durchgehend mit Präsenz eines jeweils bestehenden katholischen Milieus. Insbesondere in traditionell protestantisch geprägten Regionen sowie in den ostdeutschen Bundesländern befindet sich die Caritas unverändert in einer Diasporasituation. Dass dies keineswegs eine marginalisierte Rolle katholischer Trägerschaften bedeuten muss, sondern geradezu neue Herausforderungen für katholische Dienstleistungen in der sozialen Arbeit begründet, zeigen die Rechtsträgerschaften in den Diözesan-Caritasverbänden Dresden-Meißen, Magdeburg, Görlitz, Erfurt und Berlin.

Die meisten karitativen Einrichtungen befinden sich in der Trägerschaft der DiCV bzw. in den jeweils bestehenden örtlichen Untergliederungen. Je nach organisatorischer Anbindung sind die jeweiligen Verbandsvorstände für das operative Geschäft, also den Betrieb sozialer Dienste verantwortlich. Und wie schon an anderer Stelle betont, zeigt sich auch hier unter dem Dach äußerer Geschlossenheit die Heterogenität sehr unterschiedlicher Organisationsverfassungen. Denn die örtlichen Caritasverbände bestehen je nach Diözesanregelung als rechtlich selbstständige Organisationsteile oder als rechtlich unselbstständige Untergliederung des DiCV, z. T. bestehen auch Mischformen. Je nach gegebenen Regelungen gestalten sich Finanzautonomie und Entscheidungsfreiheiten dieser örtlichen Verbände sehr unterschiedlich aus. Das (Abhängigkeits-)Verhältnis zu den Bistümern ist hierbei entscheidend durch die Form und das Ausmaß der mittelbaren oder unmittelbaren Finanzzuweisungen und der damit verbundenen Haushaltsaufsicht bestimmt. Hinsichtlich der Betriebs- und Leistungsdaten sowie der Managementstrukturen sind diese örtlichen Caritasunternehmen durchaus mit Mittel- und Großunternehmen vergleichbar. In Großstädten wie beispielsweise Köln und Düsseldorf beschäftigen sie jeweils bis zu 1 500 Mitarbeiter bei einer jährlichen Bilanzsumme von rd. 80 Millionen Euro. Und neben diesen Organisationsvarianten, soziale Dienste in der unmittelbaren Trägerschaft des örtlichen Caritasverbandes oder des DiCV zu realisieren, besteht ebenso die Alternative, hierfür eigenständige und rechtsfähige Caritasbetriebsträgergesellschaften (CBT) zu bilden, deren Gesellschafter die jeweilige Diözese mit ihrem Caritasverband sind. Den Prototyp für diese Strategie bildete die im November 1978 ins Leben gerufene CBT im Erzbistum Köln. Verfasst in der Rechtsform einer gGmbH wurden hierbei zahlreiche Einrichtungen, vor allem im Bereich der Altenhilfe unter einem neuen Unternehmensdach zusammengeführt und einer gemeinsamen GmbH-Geschäftsführung unterstellt.[168] Das Kölner Beispiel machte Schule; inzwischen bestehen in vielen Diözesan-Caritasverbänden ähnliche Betriebsträgergesellschaften.

Neben diesen Betriebsträgergesellschaften realisierten sich in den vergangenen Jahren weitere Restrukturierungsprozesse innerhalb von großen, rechtlich eigenständigen Einrichtungsträgern in den Bereichen der Behinderten-, Alten- und Gesundheitshilfe. Die in der Übersicht 7 aufgeführten Beispiele sollen das Spektrum dieser zu Sozialkonzernen mutierten Organisationen zumindest illustrieren.

---

168 Vgl.: Caritas-Betriebsführungs- und Trägergesellschaft mbH (Hrsg.) (1994): Grundsätze unseres Dienstes. Der Weg der CBT ist der Mensch. Köln.

Übersicht 7: Beispiele katholischer Sozialunternehmen – Leistungsdaten 2011

Träger	Geschäftsbereiche	Angeschlossene Betriebe/ Plätze	Beschäftigte rd.	Regionale Präsenz	Umsatz 2011 rd.
Katholische Hospitalgesellschaft Südwestfalen ggbmH mit Sitz in Olpe	Krankenhäuser, Senioren- und Pflegeeinrichtungen, Medizinische Versorgungszentren	14 Einrichtungen mit rd. 572 Betten; 210 Plätze	1 500	Südwestfalen/NRW	91 Mio.
Stiftung Haus Lindenhof – kirchliche Stiftung	Wohnen für Menschen mit Behinderung; Arbeit und Integration; Schule für Geistig Behinderte; Wohnen und Pflege im Alter; Verw./Dienstleistungszentrum	78 Einrichtungen; 1 800 Plätze	1 400	Diözese Rottenburg-Stuttgart	430 Mio.
Caritas-Betriebsführungs- und Trägergesellschaft – CBT	Altenwohneinrichtungen, Wohngemeinschaften für ältere Menschen, Wohnen und Assistenz für Menschen mit Behinderung, Mütter-Kind-Klinik, Mehrgenerationenhaus	33 Einrichtungen; rd. 2 300 Plätze an 16 Standorten	1 981	Erzbistum Köln, eine Einrichtung in Borkum	74,7 Mio.
Stiftung der Cellitinnen zur hl. Maria	Krankenhäuser und Senioreneinrichtungen	66 Einrichtungen; > 3 700 Betten/Plätze	6 600	Köln und Rheinland	428 Mio.
Paul Wilhelm von Keppler-Stiftung	Altenhilfe, betreutes Wohnen, Hospiz, ambulante Dienste	25 Einrichtungen; > 1 900 Pflegeplätze	1 800	Diözese Rottenburg-Stuttgart	ca. 80 Mio.
Deutscher Orden	Altenhilfe, Behindertenhilfe, Suchthilfe	70 Einrichtungen	2 100	In mehreren Bundesländern	k. A.
Stiftung Liebenau	Alten-, Behindertenhilfe, Gesundheitsdienste, Kinder- und Jugendhilfe	269 Einrichtungen an 90 Standorten; > 15 000 Plätze	6 000	Dtschld., Österreich, Schweiz	257 Mio.
Barmherzige Brüder Ordensprovinz Bayern, KdöR	Krankenhäuser, Hospize, Altenheime, Behindertenhilfe, heilpädagogisches Kinderheim, Kurkliniken, Straßenambulanz für obdachlose Menschen	in der BRD 17 Einrichtungen an 12 Standorten; > 3 500 Plätze; weltweit über > 300 Einrichtungen	7 000	Bayern	k. A.
Sozialwerk St. Georg	Angebote für Menschen mit Assistenzbedarf	53 stationäre Einrichungen, 32 ambulante Dienste	2 500	NRW	129 Mio.

Daten aus Geschäftsberichten 2011 sowie der im Oktober/November 2012 durchgeführten Onlinerecherche.

Zusammenfassend und unabhängig von der jeweils gewählten Organisationsstruktur ist damit zu sehen, dass verglichen mit den anderen Spitzenverbänden der Deutsche Caritasverband mit seinen Einrichtungen insgesamt die größte einzelne Wohlfahrtsorganisation ist. Mehr als 36% aller Berufstätigen in der Freien Wohlfahrtspflege arbeiten in Einrichtungen der Caritas und knapp über 24% aller Einrichtungen und Dienste befinden sich in deren Trägerschaft.

Diese starke Stellung des Caritasverbandes dokumentiert sich auch an dessen fachpublizistischen Aktivitäten, die von Fachverbänden oder der Verbandszentrale direkt vertrieben werden und ein dichtes fachliches Kommunikationsnetz repräsentieren. Zielgruppen sind hierbei keineswegs nur die in jeweiligen Arbeitsbereichen Beschäftigten und ehrenamtlich Mitarbeitenden sondern in der Regel ebenso eine darüber hinausgehende Fachöffentlichkeit.

Übersicht 8: Zeitschriften im DCV

Zeitschrift/Periodika	erscheint	Herausgeber
Berufliche Rehabilitation	zweimonatlich	BAG der Berufsbildungswerke e. V.
BM-online	zweimonatlich	Konferenz für Kirchliche Bahnhofsmission in Deutschland
BVkE-Info. Mitgliederinformation	mehrmals jährlich	Bundesverband kath. Einrichtungen und Dienste der Erziehungshilfen e. V.
Caritas-Kalender	Jährlich	DCV
Caritas-Tages-Abreißkalender	Jährlich	DCV
CBP-Info. Mitgliederinformation	mehrmals jährlich	Caritas Behindertenhilfe und Psychiatrie e. V.
CKD-Direkt. Zeitung für Ehrenamtliche in Gemeinden und Einrichtungen	viermal jährlich	Caritas-Konferenzen Deutschlands e. V.
CKD-Jahresbericht	Jährlich	Caritas-Konferenzen Deutschlands e. V.
gleis eins	halbjährlich	Konferenz für Kirchliche Bahnhofsmission in Deutschland
IN VIA Nachrichten	zweimal monatlich	Katholischer Verband für Mädchen- und Frauensozialarbeit – Deutschland e. V.
Korrespondenzblatt	zweimal jährlich	Sozialdienst katholischer Frauen – Gesamtverein e. V.
KKVD-aktuell. Zeitschrift für katholische Krankenhäuser, Sozialstationen und Rehaeinrichtungen	mehrmals jährlich	Katholischer Krankenhausverband Deutschlands e. V.
KTK-Aktuell. Infoservice	zweimal jährlich	Verband Katholischer Tageseinrichtungen für Kinder – Bundesverband e. V.

Zeitschrift/Periodika	erscheint	Herausgeber
Malteser Magazin	viermal jährlich	Malteser Hilfsdienst e. V. Generalsekretariat
Migrations-Info	mehrmals jährlich	Referat Migration und Integration im DCV e. V.
neue caritas und neue caritas spezial. Zeitschrift für Politik, Praxis, Forschung	14-täglich	DCV
neue caritas-Jahrbuch	Jährlich	DCV
Newsletter KAM-Info-Migration	Onlinedienst nach Bedarf	Katholische Arbeitsgemeinschaft Migration (KAM)
Rundbrief Katholische Bundesarbeitsgemeinschaft Wohnungslosenhilfe	ca. dreimal jährlich	Katholische BAG Wohnungslosenhilfe
Seraphischer Kinderfreund	sechsmal jährlich	Seraphisches Liebeswerk e. V.
Sozialcourage. Das Magazin für neues Handeln	vierteljährlich	DCV
Sozialcourage Spezial. Themenheft	Jährlich	DCV
VKAD-Info. Mitgliederinformation	mehrmals jährlich	Verband Katholischer Altenhilfe in Deutschland e. V.
Weggefährte	sechsmal jährlich	Kreuzbund e. V.
Welt des Kindes. Fachzeitschrift für Kindertageseinrichtungen	sechsmal jährlich	Verband Katholischer Tageseinrichtungen für Kinder (KTK) – Bundesverband e. V.

Zusammenstellung nach: Jahrbuch des Deutschen Caritasverbandes 2012. A. a. O. S. 318–320.

Die Finanzen des Deutschen Caritasverbandes. Als gemeinnütziger Verein unterliegt der Caritasverband keiner Veröffentlichungspflicht seiner Finanzlage. Bis weit in die 1990er Jahre hinein übte sich – ähnlich wie dies bei den anderen Wohlfahrtsverbänden der Fall war – auch die Caritas in vornehmer Zurückhaltung bei konkreten Auskünften über die Herkunft und Verwendung seiner finanziellen Mittel. Dieses intransparente Geschäftsgebaren hat sich in den vergangenen Jahren entscheidend zum Positiven hin verändert, was nicht nur auf eine kritische Publizistik zur Arbeit der Wohlfahrtsverbände[169] sondern ebenso auf einen Einstellungswandel innerhalb der Verbände selbst zurückzuführen ist. Interessant hierbei ist, dass der Caritasverband als einziger bundeszentraler Spitzenverband die Initiative Transparente Zivilgesellschaft unterstützt und sich zur transparenten Veröffentlichung seiner Aktivitäten, Leistungen und Finanzen auch öffentlich verpflichtet

---

169 Besonders pointiert hierzu: Deutscher Institutsverlag (Hrsg.) (2004): Wohlfahrtsverbände in Deutschland. Auf den Schultern der Schwachen. Köln.

hat.[170] Diese finanzielle Transparenz praktiziert der Deutsche Caritasverband übrigens schon seit 2005 durch entsprechende Veröffentlichungen in den Caritas Jahrbüchern. Allerdings beziehen sich die hierbei präsentierten Jahresabschlüsse des Caritasverbandes ausschließlich auf den vereinsrechtlich organisierten Gesamtverband. Die Finanzdaten der mehr als 24 000 caritativen Einrichtungen und Dienste sind hierdurch nicht erfasst, was aufgrund der Dachverbandsstruktur des Gesamtverbandes auch schlechterdings unmöglich wäre. Abgebildet und näher beleuchtet werden kann damit ausschließlich die Finanzsituation des Gesamtverbandes, der zum 31.12. 2010 Erträge in Höhe von rd. 175 Millionen Euro ausweist.[171] Dass auch der Caritasverband hinsichtlich seiner Einnahmequellen wesentlich auf einer Mischung aus öffentlichen Zuschüssen, Spenden, Vermögenserträgen und Verkaufserlösen basiert, zeigt der geringe kirchliche Finanzierungsanteil von gerade einmal 5,4 % der Gesamteinnahmen. Werden die Beiträge der Mitgliedsverbände und angeschlossenen Caritasorganisationen zusätzlich berücksichtigt, steigt dieser kirchliche Finanzierungsanteil auf nicht mehr als 7,8 % aller Einnahmen. In hohem Maße erweist sich damit die Tätigkeit der Gesamtorganisation als abhängig von öffentlichen Zuschüssen und Refinanzierungen aus erbrachten Leistungen. Auch auf der Ebene der Diözesan-Caritasverbände sowie der örtlichen Caritasverbände, also der hauptsächlichen Ebene operativer Dienstleistungen, zeigen sich keine prinzipiell andere Ausgangsituationen. Nur beispielhaft wird auf den Jahresabschluss 2011 des Kölner Caritasverbandes verwiesen. Von den durchschnittlich knapp über 1 500 Beschäftigten waren rund 49 % in der stationären Pflege, 20 % in ambulanten Diensten, jeweils 13 % in Integrations- und Familienhilfen sowie im Geschäftsfeld der Beschäftigungshilfen tätig. Erzielt wurden Gesamteinnahmen von rund 80 Millionen Euro, die zu 80 % aus sozialgesetzlich geregelten Leistungsentgelten stammen; Spenden, öffentliche und kirchliche Zuwendungen belaufen sich zusammen auf knapp 14 Millionen und bleiben damit unter 20 % aller Einnahmen.[172]

---

170 Die Initiative Transparente Zivilgesellschaft wurde von Transparency International Deutschland e. V. im Jahre im Juni 2010 gemeinsam mit anderen Nonprofit-Organisationen gegründet. Die Erklärung zur transparenten Berichterstattung haben bislang 350 gemeinnützige Organisationen unterzeichnet. Die Mitzeichnung des Deutschen Caritasverbandes e. V. erfolgte am 29. 6. 2010.

171 Vgl.: Niko Roth (2011): Die Finanzen des Deutschen Caritasverbandes e. V. 2010. In: Deutscher Caritasverband e. V.: Neue Caritas Jahrbuch 2010. A. a. O. S. 178–188.

172 Vgl.: Caritasverband für die Stadt Köln e. V. (2012): Gelöste Grenzen – Caritas verbindet Menschen. Das Jahr 2011. Jahresbericht 2011 des Caritasverbandes für die Stadt Köln e. V. Köln. S. 20 f.

4.1.5 Resümee und Ausblick

Die Organisationsmerkmale des Deutschen Caritasverbandes vermitteln bei hochgradig differenzierten Binnenstrukturen nur bedingt das Bild eines durch zentrale Führungs- und Leitungsorgane gesteuerten Sozialkonzerns.[173] Dessen operativen Aufgaben realisieren sich vielmehr durch zahlreiche Trägerorganisationen und Einrichtungen, die sich in der Mixtur von Gesamtverein und Verbändeverband sehr unterschiedlich ausprägen. Gleichwohl haben gemeinsame Leit- und Richtlinien einen vergleichsweise hohen Verbindlichkeitsgrad für die Untergliederungen, angeschlossenen Verbände und Mitgliedsorganisationen. Die innerhalb dieses Rahmens bestehenden subsidiären Entscheidungs- und Handlungsmöglichkeiten für sozialpolitische, wohlfahrtliche Aktivitäten, seien sie traditioneller oder innovativer Natur, stehen dabei immer im Spannungsverhältnis mit einer amtskirchlich definierten Politik und Interessensausrichtung. Sich immer stärker durchsetzende fachliche wie ökonomisch-betriebswirtschaftliche Anforderungen an Qualität und Steuerung Sozialer Arbeit bringen hierbei den DCV und seine Einrichtungen zunehmend in eine prekäre Lage. Theologisch hergeleitete Sinnstiftung einerseits und wettbewerbliche Ausrichtung der Einrichtungen bei zu gewährleistender Fachlichkeit andererseits führen nämlich zu gleichzeitigen und sich widersprechenden Legitimationserfordernissen. Diesen mehrfachen Loyalitäten zu entsprechen, gleicht einer Quadratur des Kreises und es ist fraglich, ob die damit verbundenen Intrarollenkonflikte durch aktualisierte Leitbilder und reformierte Satzungen wirklich gelöst werden können. Gleichwohl fehlt es nicht an Versuchen, diesen sich miteinander im Widerstreit befindlichen Optionen Rechnung zu tragen. Programmatisch soll dies u. a. dadurch gelingen, in dem verstärkt anwaltschaftliche Funktionen proklamiert werden und in der Öffentlichkeit das Bild eines engagierten Fürsprechers für benachteiligte Menschen und zivilgesellschaftliche Initiativen präsentiert wird. Strategisch konzentriert sich dies auf die öffentliche Thematisierung von Armut und Benachteiligung[174] sowie auf die Aktivierung

---

173 Unter einem Konzern wird der Zusammenschluss und die Unterordnung mehrerer rechtlich selbständiger Betriebe unter die gemeinsame Leitung und Verwaltung des herrschenden Unternehmens verstanden. Von einer Unterordnung wird bereits dann gesprochen, wenn die Konzernleitung die Geschäftspolitik der einzelnen Unternehmen aufeinander abstimmen und verbindlich bestimmen kann. Vgl. auch: Stefan Willecke (1996): Der barmherzige Konzern. In: Die Zeit. Nr. 1. 28. Dezember 1996. 51. Jahrgang. S. 9 ff.

174 Deutscher Caritasverband (Hrsg.) (1993): R. Hauser; W. Hübinger: Arme unter uns. Teil 1: Ergebnisse und Konsequenzen der Caritas-Armutsuntersuchung. Teil 2: Dokumentation der Erhebungsmethoden und der Instrumente der Caritas-Armutsuntersuchung. Lambertus Verlag. Freiburg i. Br.

freiwilligen Engagements durch die Gründung von Freiwilligen-Zentren.[175] Auch die seit 1996 in veränderter Form neu herausgegebene Zeitschrift „Sozialcourage – Das neue Magazin für soziales Handeln"[176] ist ein Beispiel für diesen sozialpolitischen Profilierungsversuch des Gesamtverbandes. Es bleibt dennoch fraglich, ob diese sozialpolitischen Optionen über eine rhetorische Bedeutung hinauskommen und zu einem engeren Verhältnis zwischen dem Gesamtverband und seinen Untergliederungen sowie den angeschlossenen Trägern und Ordensgemeinschaften führen. Vieles spricht stattdessen dafür, dass sich die Perspektive einer unternehmerischen Caritas weiter durchsetzen wird und zu einer stärkeren funktionalen Trennung zwischen kirchlich eingebundener Caritas und sozialem Dienstleister führt. Diesbezügliche Entwicklungen lassen sich insbesondere in Arbeitsfeldern beobachten, die bislang vor allem durch die Tätigkeit von Ordensgemeinschaften geprägt waren. Existenzbedrohende Nachwuchsprobleme sowie fachliche Überforderungen im Management von Großeinrichtungen haben hier inzwischen zu substanziellen Organisationsveränderungen und einer damit einhergehenden Trennung von Ordensgemeinschaft einerseits und Sozialunternehmen andererseits geführt. Wegweisend für eine solche Entwicklung waren zunächst die Ordensgemeinschaften der Franziskanerinnen von Waldbreitbach und der Armen Dienstmägde Jesu Christi aus Dernbach, die schon Anfang der 90er Jahre ihre sozialen Einrichtungen in eine eigens hierfür gegründete Stiftung auslagerten und betriebswirtschaftlich neu organisierten.[177] Die Umwandlung von sozialen Diensten bzw. Einrichtungen in Un-

---

175 Orientiert an dem Vorbild der in verschiedenen europäischen Nachbarländern bestehenden „voluntary center" startete der DCV am 5.12.96 den „Modellversuch Freiwilligen-Zentren im DCV". Vgl. Presseinformation des DCV vom 20.11.1996. Zu den Ergebnissen des Modellversuchs siehe: Bundesministerium für Familie, Senioren, Frauen und Jugend (2001).

176 „Der Titel ist Programm. Wir machen soziale Themen. Und zwar mit Courage. Das heißt mutig, engagiert und immer auf der Seite der Menschen in Not." So die Selbstcharakterisierung in Heft 1/1996. „Sozialcourage" startete erstmals 1996 mit einer Auflage von 300 000 Exemplaren und löste die bis dahin erschiene „Caritas aktuell" ab. Die anfänglich aus 100 % Gebrauchtfasern gefertigte Hochglanzbroschüre erscheint vierteljährlich in 30 verschiedenen Regional- und Zielgruppenausgaben. Innerverbandlich stieß das Hochglanzlayout auf heftige Kritik und erwies sich als nicht akzeptanzfähig; inzwischen wird die Zeitschrift auf „normalem" Umweltpapier gedruckt.

177 Vgl.: Neue Organisationsstruktur für die Marienhaus GmbH. In: Marienhaus Echo. Zeitung für Schwestern, Mitarbeiter und Freunde der Franziskanerinnen von Waldbreitbach. Nr. 1. März 1992. Schwester M. Irmgard Schmitt, Norbert Hinkel (Hrsg.): Betroffene beteiligen – Prozesse der Organisations- und Kulturentwicklung in den Krankenhäusern der Franziskanerinnen von Waldbreitbach. Teil 1 (Herbst 1993). Ebd.: Teil 2 (März 1995). Schwester M. Engeltraud Bergmann, Walter Müller-Hor-

ternehmen des Gesellschaftsrechtes sowie die Anwendung neuer Managementphilosophien innerhalb des Gesamtverbandes sind inzwischen weit verbreitet und keineswegs mehr nur auf Einzelfälle begrenzt.[178] Und ebenso gilt dies für die DiCV selbst. Die Strategie, eine amtskirchlich kontrollierte Auslagerung sozialer Dienstleistungen in eigens hierfür gegründete Betriebsträgergesellschaften zu betreiben, spiegelt wie am Beispiel Köln zu sehen, eine durchaus schon längere Tradition wieder. Daneben zeigen sich auf der Ebene der örtlichen Caritasverbände durchaus aber auch Entwicklungen einer größeren Autonomie gegenüber den amtskirchlichen Entscheidungsinstanzen. Ein schon älteres, gleichwohl ungewöhnliches Beispiel hierfür, aber durchaus in diesen Kontext passend, ist die Gründung einer eigenen Bestattungs-GmbH durch den CV Herne Mitte der 1990er Jahre.[179] Auch der im Krefelder Josefs-Krankenhaus unternommene Versuch, neue Finanzierungspotentiale nicht durch die Auslagerung von Funktionen (outsourcing), sondern durch die Rückverlagerung und Ausweitung von Dienstleistungen, z.B. die Einrichtung eines Partyservices, zu erschließen, ist in diesem Zusammenhang zu nennen.[180] Es sind dies alles Beispiele der 1990er Jahre, die zeigen, wie durch ein Zusammenwirken von spezifischen infrastrukturellen Voraussetzungen, durch Kostendruck ausgelöste Neuüberlegungen sowie persönlichen Einbindungen, auch Zufällen und weiteren Faktoren, Entwicklungen auf lokaler Ebene begünstigt wurden und die Dienstleistungspalette bisheriger Caritasarbeit veränderten. Aus diesen frühen und zunächst wenig geplanten Organisationsentwicklungen ist inzwischen ein strategisches Konzept geworden, das fast alle DiCV in ihrer wettbewerblichen Ausrichtung prägt und zur Ausbildung einer unternehmerischen Caritas führt, bei der zunehmend auch die Frage innerverbandlicher Fusio-

---

bach (Hrsg.): Betroffene beteiligen – Prozesse der Organisations- und Kulturentwicklung im Heilpädagogischen Zentrum Haus Mutter Rosa in Wadgassen. Teil 3 (Februar 1996). Zum Zeitpunkt der damaligen Berichterstattungen umfasste die Elisabeth Stiftung 29 Krankenhäuser, 22 Alten- und 3 Kinderheime; beschäftigt werden rd. 13 000 Personen.

178 Vgl.: Helmut Schillinger (2004): Kirchliche Krankenhäuser machen sich stark. In: neue caritas. Heft 12. S. 9 ff.

179 Interview am 13. Dezember 1995 mit dem Geschäftsführer des CV Herne. Aufzufinden in: Forschungsstelle Wohlfahrtsverbände/3. Sektor-Organisationen. Prof. Dr. Boeßenecker. FH Düsseldorf.

180 Siehe hierzu: Jobst Rüthers (1996): Patient und Kunde. Krefelder Klinik entwickelt unter Spardruck neue Einnahmequellen. In: Caritas in NRW. Zeitschrift der Diözesan-Caritas-Verbände Aachen, Essen, Köln, Münster, Paderborn. Heft 2. S. 6 ff.

nierungen bedeutsam wird.[181] Angesichts zurückgehender Kirchensteuereinnahmen sowie wegbrechender öffentlicher Zuschüsse ist innerhalb der Amtskirche auch eine Entwicklung zu erkennen, sich auf das eigentliche Kerngeschäft „katholischer Dienstleistungen" zurückziehen zu wollen, wobei gleichzeitig die Option der „GmbH-isierung" als betriebswirtschaftliches Rationalisierungs- und Steuerungskonzept immer stärker in den Blick gerät.[182] Verbunden ist dies zugleich mit einer stärker gewordenen Haftungs- und Risikoabsicherung, die angesichts rechtlicher Rahmenbedingungen und mit Blick auf mögliche Insolvenzen notwendig wurde. Im Rahmen solcher Modernisierungsprozesse lösen sich die Caritasverbände als Sozialunternehmen zwar einerseits immer stärker von der „kurzen Leine" einer traditionell kirchlich-klerikal begründeten Steuerungsphilosophie, unterliegen jedoch andererseits gerade umso stärker Anforderungen, soziale Dienstleistungen konzentriert auf den eigentlichen katholischen Gehalt betriebswirtschaftlich und wettbewerblich ausgerichtet zu erbringen. Was sich als neue strategische Unternehmensphilosophie andeutet, ist das Konzept eines „erfolgsorientierten Pragmatismus", der sich moderner Managementmethoden bedient und gleichwohl keinen Zweifel an der katholischen Ausrichtung der betriebenen sozialen Einrichtungen zulässt. Am Gängelband dieser anders gefassten Leine sind durchaus weitere Ausdifferenzierungen karitativer Dienstleistungen zu erwarten, die sich je nach Finanzierung und Klientel im Spektrum zwischen nachfrageorientierten Angeboten (z. B. Wellnesswochen im Kloster) und auf katholischen Glaubensüberzeugungen basierenden Dienstleistungen (Schwangerschaftsberatung, Kindergärten) neu justieren. Auch wenn hierbei eine allmähliche interkulturelle Öffnung der Dienste und Einrichtungen der verbandlichen Caritas zu beobachten ist[183], so werden der

---

181 Vgl. beispielhaft: Themenschwerpunkt Fusionen. Neue caritas. Heft 12. 1. Juli 2004. Newsletter zur Fusion der verbandlichen Caritas im Erzbistum Berlin. Ausgabe 1/04.

182 Beispielhaft hierzu ist das Projekt „Zukunft heute" der Erzdiözese Köln. Weltweit zu den reichsten Bistümern zählend, verfügt das Bistum über ein jährliches Haushaltsvolumen von ca. 680 Mio. Euro. Vor allem auf Grund demografischer Veränderungen wird ein Finanzierungskollaps prognostiziert, der nur durch radikale Sparbeschlüsse verhindert werden könne. Beschlossen wurde deshalb, die jährlichen Bistumsausgaben um 90 Mio. Euro zu reduzieren. Neben den seelsorgerischen Bereichen sind vor allem auch die Bildungs- und Sozialeinrichtungen des Bistums teilweise existenziell betroffen. Vgl.: Erzbistum Köln: Hirtenschreiben des Erzbischofs von Köln zum Projekt „Zukunft heute" vom 1. Oktober 2004. Vergleichbare, ähnlich dramatische Entwicklungen prägen ebenso die Organisationsentwicklungen in den Diözesen Berlin und Aachen.

183 Vgl. u. a.: Antonelle Serio (2004): Vielfalt – unser Alltagsgeschäft. In: neue caritas. Heft 8. S. 9 ff.

Deutsche Caritasverband und seine Mitglieder hierbei auch weiterhin als Glied der Kirche agieren und sozialpolitische Reformprozesse nur in dem Maße unterstützen, wie diese den organischen Zusammenhang zur Amtskirche nicht gefährden, weiter auflösen oder gar in Frage stellen. Dies erfordert zugleich interreligiöse Öffnungen, wie u. a. die seit 2006 stattfindende interne Debatte zur Beschäftigung nichtchristlicher Mitarbeiter in der Caritas zeigt. Noch sind die damit verbundenen Arbeitshilfen und Vorschläge nicht verabschiedet und öffentlich zugänglich. Aber eine Verständigung scheint sich in den Leitungsspitzen der Caritas abzuzeichnen, in einer pluraler gewordenen Gesellschaft sich zukünftig auch nicht-christlichen Mitarbeitenden und Zielgruppen öffnen zu müssen.[184] Und in diesem Gesamtkontext kommt durchaus, wenn auch langsam Bewegung in ein anachronistisches und dogmatisch verfestigtes katholisch-kirchliches Arbeitsrecht, das zukünftig auch die Beschäftigung geschiedener Katholiken nicht mehr gänzlich unmöglich macht.[185]

4.2 Diakonie Deutschland – Evangelischer Bundesverband

4.2.1 Entstehung des Verbandes

Im Vergleich zur katholischen Caritas sind die verbandlichen Organisierungsbestrebungen innerhalb der sozial-diakonischen Arbeit älteren Datums. Diakonisches Handeln hat es auch im evangelischen Umfeld schon lange vor der Entstehung des Diakonischen Werkes gegeben: Orden und Gemeinden sowie Einzelpersonen, die punktuelle, meist isoliert stattfindende Fürsorgeaktivitäten mit zumeist philanthropischem Charakter organisierten.[186] Zu einer deutlichen Ausweitung solcher Gründungsaktivitäten kam es jedoch erst im Zuge der beginnenden Industrialisierung und der Verelendung weiter Bevölkerungsteile (Pauperismus). Besondere Bedeutung hatten hierbei die Theologen Johannes Hinrich Wichern und Theodor Fliedner. Deren praktische Arbeitsansätze und Zielgruppen waren durchaus unterschiedlich. Das von Wichern 1833 gegründete „Rauhe Haus" in Horn bei Hamburg verstand sich als Rettungsanstalt für verwahrloste Kinder und wollte einen praktisch-christlichen Beitrag zur Bekämpfung des Kinder-

---

184 Vgl.: Peter Neher (2011): Interreligiöse Öffnung und ihre Bedeutung für die Caritas. In: Deutscher Caritasverband e. V.: Caritas Jahrbuch 2012. S. 68–63.

185 Vgl.: Matthias Drobinski (2012): Erleichterungen für Wiederverheiratete. Kirche geht auf geschiedene Katholiken zu. In: Süddeutsche Zeitung vom 17. 9. 2012.

186 Zu denken ist beispielsweise an die von August Hermann Francke bereits 1698 gegründeten Franckeschen Stiftungen in Halle (Saale).

elends der damaligen Zeit leisten.[187] Theodor und seine erste Frau Friederike Fliedner hingegen konzentrierten sich mit ihrem 1836 gegründeten Diakonissenhaus in Kaiserswerth bei Düsseldorf zunächst auf die Arbeit mit weiblichen Strafgefangenen sowie die Arbeit in der Krankenpflege und kirchlichen Gemeindearbeit. Zugleich verfolgte Fliedner damit das Ziel, für nicht verheiratete evangelische Frauen eine sinnstiftende und durch die Einbindung in eine religiöse Gemeinschaft sozial abgesicherte Berufstätigkeit zu schaffen. Die Idee des Mutterhauses nahm praktische Gestalt an.[188] Die von Wichern und Fliedner – beide Personen stehen wegen ihrer herausragenden Bedeutung beispielhaft für viele andere diakonische Initiativen[189] – ergriffenen Aktivitäten erforderten schon nach kurzer Zeit besondere Qualifizierungsmaßnahmen. Bezogen auf das „Rauhe Haus" bedeutete dies den Aufbau einer Diakonenanstalt, deren Absolventen sowohl handwerklich-praktisch wie theologisch-pädagogisch geschult sein sollten. Die Kaiserswerther Diakonissenanstalt konzentrierte sich ebenso gleichermaßen lebenspraktisch und religiös orientiert auf die Professionalisierung von Diakonissen. Darüber hinaus zielten die von Wichern und Fliedner gesetzten Impulse auf eine stärkere Koordination und Bündelung missionarisch-helfender Aktivitäten, die sich bislang häufig isoliert und unabhängig voneinander zum Beispiel in eigenständigen Vereinen innerhalb und neben den evangelischen Gemeinden vollzogen. Im Kern ging es also nicht um eine bloße Ausweitung bisheriger Aktivitäten, sondern ebenso um die Organisation bestehender Strukturen. Mit der Bildung des „Centralausschusses für die Innere Mission" entstand 1849 erstmals ein solcher organisatorischer Zusammenschluss für den Bereich der evangelischen Kirchen. Ziel war es, durch christliche Fürsorgearbeit und volksmissionarische Tätigkeit das soziale Elend des 19. Jahrhunderts zu mildern und im christlichen Sinne zu lösen. Die Orte des Handelns bildeten die Kirchengemeinden sowie eigens gegründete Vereine, Anstalten und Einrichtungen für besondere Zielgruppen. So zum Beispiel entstand schon 1867 die Anstalt für Epileptiker, deren Leitung 1872 von Pastor Friedrich von Bodelschwingh dem Älteren übernom-

---

187 Vgl.: Martin Gerhardt, Volker Herrmann (2002): Johann Hinrich Wichern und die Innere Mission: Studien zur Diakoniegeschichte. Verlag Winter, Heidelberg; Ingeborg Grolle (1998): Rettungsanstalt Rauhes Haus. Herausgeber: Freie und Hansestadt Hamburg, Amt für Schule, Hamburg; Helga Lemke (1964): Wicherns Bedeutung für die Bekämpfung der Jugendverwahrlosung. Verlag Wittig, Hamburg.

188 Vgl.: Klaus D. Hildemann, Uwe Kaminsky, Ferdinand Magen (1994): Pastoralgehilfenanstalt – Diakonissenanstalt – Theodor-Fliedner-Werk: 150 Jahre Diakoniegeschichte. Rheinland Verlag Habelt, Köln; Dietmar Kruczek (1999): Theodor Fliedner: mein Leben – für das Leben. Aussaat-Verlag, Neukirchen-Vluyn.

189 Beispielsweise fallen in die gleiche Periode der Neukirchener Erziehungsverein, den Pfarrer Andreas Bräm mit anderen 1845 in Neukirchen-Vluyn gründete.

men wurde, der sie ausgebaut und unter dem Namen „Bethel" zum größten Hilfswerk der Inneren Mission ausgestaltet hat.[190]

In der Folge des Ersten Weltkrieges mussten bis dahin unbekannte Dimensionen von Not und Elend bewältigt werden. Der schiere Umfang der Aufgaben machte eine enge Kooperation und Koordination der Aktivitäten der noch jungen Weimarer Republik mit den Verbänden erforderlich und ließ Ängste einer Übernahme kirchlicher Aktivitäten durch den Staat schnell schwinden. Vielmehr bedurfte es eines abgestimmten Vorgehens des Staates mit den bereits existierenden Wohlfahrtseinrichtungen. Dies führte zu einer bis dahin beispiellosen Ausweitung sozialer Aktivitäten und einer zunehmend wachsenden staatlichen Finanzierung von Einrichtungen und deren Träger. Nicht unwesentlich prägten sie die Ausformung eines ersten deutschen Sozialstaates. Auch die Innere Mission wuchs in diesen Jahren beträchtlich und wurde so zu einer wichtigen Säule des Sozialsystems. Ende 1924 kommt es vor diesem Hintergrund und unter maßgeblicher Beteiligung von Caritas und Innerer Mission zur Gründung der „Deutschen Liga der freien Wohlfahrtspflege", die als Gesprächspartner und Interessenverband der angeschlossenen Verbände gegenüber dem Staat auftrat.

Die Innere Mission wurde während des Nationalsozialismus ebenso wie Caritas und Rotes Kreuz nicht aufgelöst. Ihre Rolle während dieser Zeit ist allerdings auch ähnlich ambivalent. Sie reicht von Widerstand über Duldung bis hin zur Unterstützung der nationalsozialistischen Ideologie und ihrer rassisch und eugenisch motivierten Diskriminierungs- und Vernichtungsprogramme, denen auch Tausende von Menschen aus evangelischen Einrichtungen zum Opfer fielen.[191]

Vielfältige diakonische Aktivitäten entwickelten sich im Laufe der Zeit, wobei sich deren organisatorische und programmatische Ausgestaltung innerhalb der jeweiligen Landeskirchen bzw. Kirchengemeinden autonom vollzog. Ein weiterer evangelischer Wohlfahrtsverband entstand mit dem 1945 gegründeten „Hilfswerk der Evangelischen Kirche in Deutschland".[192] Gründungsanlass waren die durch den Zweiten Weltkrieg ausgelösten exis-

---

190 Vgl.: Matthias Benad, Ulrich Althöfer (1997): Friedrich v. Bodelschwingh d. J. und die Betheler Anstalten: Frömmigkeit und Weltgestaltung. Kohlhammer Verlag. Stuttgart/Berlin/Köln.

191 Vgl. Peter Hammerschmidt (1999): Die Wohlfahrtsverbände im NS-Staat: Die NSV und die konfessionellen Verbände Caritas und Innere Mission im Gefüge der Wohlfahrtspflege des Nationalsozialismus. Leske + Budrich. Opladen.

192 Vgl.: Johannes Michael Wischnath (1986): Kirche in Aktion. Das Evangelische Hilfswerk 1945–1957 und sein Verhältnis zu Kirche und Innerer Mission. Göttingen sowie Hilfswerk der Evangelischen Kirche in Deutschland (Hrsg.) (1955): Dank und Verpflichtung. 10 Jahre Hilfswerk der Evangelischen Kirche in Deutschland. Evangelisches Verlagswerk. Stuttgart.

tenziellen Probleme in der Bevölerung. Die Bewältigung einer massenhaften Hungers- und Wohnungsnot, von Flucht und Vertreibung, die Zusammenführung von zerrissenen Familien und die Eindämmung einer drohenden Jugendverwahrlosung usw. waren mit den bisherigen, lose miteinander verbundenen Koordinationsstrukturen einer Inneren Mission nicht mehr zu bewältigen. Hierzu bedurfte es einer neuen, überregional operierenden Organisation, die ihre Aktivitäten pragmatischer und zielgerichteter, dafür weniger volksmissionarisch fokussierte. „Innere Mission" und „Hilfswerk" bestanden zunächst parallel nebeneinander.[193] Ab 1957 schlossen sich beide Organisationen in landeskirchlichen Werken zusammen und wurden schließlich 1975 im Diakonische Werk der Evangelischen Kirche in Deutschland e. V. mit Sitz in Stuttgart vereint. Gründungen und Entwicklungen der evangelischen Wohlfahrtsverbände sind damit von Beginn an durch ein gesellschaftlich intervenierendes Missionsverständnis geprägt, das sich innerhalb weitgehend autonomer und dezentraler Organisationsstrukturen ausbildet. Dieses Muster prägt die generelle Organisationsentwicklung der Diakonie bis zum heutigen Tage. In der Phase nach dem Zweiten Weltkrieg und mit Beginn der deutschen Teilung kommt es hierbei unter den Dächern der jeweiligen ostdeutschen bzw. westdeutschen Landeskirchen zu einer sehr unterschiedlichen Entfaltung der diakonischen Wohlfahrtspflege. Innerhalb der früheren Bundesrepublik entwickelt sich dabei das DW der EKD zu einem der zwei führenden Wohlfahrtsverbände. In der ehemaligen säkularisierten DDR hingegen kommen diakonische Aktivitäten nicht über eine randständige Bedeutung hinaus. Auch die Diakonie trägt hierbei – wenn auch weniger stark ausgeprägt als bei der katholischen Caritas – alle Merkmale einer Diasporasituation. Nach dem deutschen Einigungsprozess sind die früheren in der DDR bestehenden Diakonischen Werke 1991 dem Diakonischen Werk der EKD beigetreten. Dessen zentrale Aufgabe, die zahlreichen und sich in hoher Autonomie vollziehenden Aktivitäten innerhalb eines lockeren Gesamtverbandes einerseits zu koordinieren und andererseits auf eine gesellschaftspolitische Interessenvertretung gegenüber politischen Instanzen hin zu aggregieren, ist damit keineswegs einfacher geworden. Vor dem Hintergrund einer sich rasant verändernden sozialpolitischen Förderlandschaft wie der Einführung prospektiver Zahlungsmodalitäten seit Mitte der 1990er-Jahre, der Ausweitung von finanziellen und allgemeinen Haftungsrisiken sowie rückläufigen Kirchenmitgliedschaften ist es in vielen Verbänden und Einrichtungen der Diakonie zu einer Erosion der Finanz-

---

193 Vgl.: Friedrich Merzyn (1954): Die Ordnung von Hilfswerk und Innerer Mission im Bereich der Evangelischen Kirche in Deutschland und ihrer Gliedkirchen. Verlag Amtblatt der Evangelischen Kirche in Deutschland. Hannover.

kraft gekommen. Die Diakonie begegnet diesem Phänomen seit einigen Jahren mit der Suche nach Einspar- und Entwicklungspotenzialen, die zu neuen Kooperationsformen und Fusionen führen. Vor diesem Hintergrund schließt sich neben zahlreichen Landesverbänden auch der Bundesverband des DW der EKD 2012 mit dem Evangelischen Entwicklungsdienst zum „Evangelischen Werk für Diakonie und Entwicklung" (EWDE) zusammen, das seinen Sitz in Berlin hat. Die langjährige Geschäftsstelle des DW in Stuttgart sowie die des EED in Bonn wurden in der Folge geschlossen.

4.2.2 Selbstverständnis des Verbandes

Wenn in öffentlichen Debatten über *„Diakonie"* gesprochen wird, ist damit keineswegs klar, was gemeint ist. Der Begriff wird in unterschiedlichen Kontexten genutzt und bekommt dabei einen jeweils veränderten inhaltlichen Bezug. So kann *Diakonie* stehen für:[194]

- einen programmatischen Begriff für kirchliche Sozialarbeit bzw. christliche Liebestätigkeit,
- ein hermeneutisches Prinzip der theologischen Reflexion,
- einen Akteur der Freien Wohlfahrtspflege,
- eine Bezeichnung von Einrichtungsträgern,
- eine Bezeichnung für soziale Aktivität der Kirchengemeinde oder
- eine Werteorientierung und Kultur.

Übersetzt wird der griechische Begriff *„diakonía"* allgemein mit „Dienst"[195] und geht ursprünglich vermutlich aus dem profangriechischen Verb *„diakonéo"* für „bei Tisch aufwarten" hervor.[196] Doch geht die Bedeutung des

---

194 Vgl. Martin Horstmann (2011): Das Diakonische entdecken. Didaktische Zugänge zur Diakonie. VDWI Bd. 46. Heidelberg. Universitätsverlag Winter. Heidelberg, S. 36 f.

195 Diese auf die Arbeiten von Wilhelm Brandt und Hermann Wolfgang Beyer zurückzuführende Begriffsbestimmung ist jedoch nicht unumstritten. So deuten die Untersuchungen des australischen Theologen John N. Collins an, dass die Interpretation stark durch die Vorstellungen und Bezüge christlichen Handelns im frühen 20. Jahrhundert geprägt wurde. Vgl. dazu Stefan Dietzel (2007): Zur Entstehung des Diakonats im Urchristentum. Eine Auseinandersetzung mit den Positionen von Wilhelm Brandt, Hermann Wolfgang Beyer und John N. Collins. In: Volker Herrmann, Heinz Schmidt (Hrsg.): Diakonische Konturen im Neuen Testament (DWI-Info Sonderausgabe 9). Heidelberg. S. 136–170.

196 Zur Begriffsbestimmung von „Diakonie" und zur Abgrenzung von „Caritas" vgl. Herbert Haslinger (2009): Diakonie. Grundlagen für die soziale Arbeit der Kirche. Schöningh UTB. Paderborn et al., S. 15 ff.

Begriffes schon früh über diesen engen Bezug hinaus. Vielmehr entwickelte sich ein allgemeines Verständnis im Sinne einer Tätigkeit zugunsten der Lebensbedürfnisse anderer und in Abgrenzung zum Sklavendienst, dem Dienst am Kult und der öffentlichen Pflicht.[197] Beide Bedeutungen lassen sich im Neuen Testament nachweisen, wobei in den überwiegenden Fällen jedoch eine sorgende, wohltätige, helfende Leistungen für andere gemeint ist: „Diakonie ist das christliche Hilfehandeln zugunsten notleidender Menschen."[198]

In der frühen christlichen Kirche war mit „Diakon" die Tätigkeit des Armen- und Krankenpflegers in der Gemeinde benannt. Heute umfasst das Amt des Diakons die Tätigkeit von kirchlichen Mitarbeitern mit einer doppelten Qualifikation.[199] Hingegen ist die Bezeichnung „Diakonie" weiter gefasst. Gemeint sind hiermit die von den Evangelischen Kirchen und ihren Diakonischen Werken in organisierter Form durchgeführten Aktivitäten auf dem Gebiet der Wohlfahrtspflege.

Was den legitimatorischen Kern der diakonischen Arbeit angeht, so gibt es zunächst keinen prinzipiellen Unterschied zur katholischen Caritas. Auch „Diakonie" zeigt sich als eine Äußerungsform eines kirchlichen Verkündigungs- und Evangelisierungsauftrages.[200] So heißt es in der Präambel zur Satzung des DW:

„Die Kirche hat den Auftrag, Gottes Liebe zur Welt in Jesus Christus allen Menschen zu bezeugen. Diakonie ist eine Gestalt dieses Zeugnisses und nimmt sich besonders der Menschen in leiblicher Not, in seelischer Bedrängnis und in sozial ungerechten Verhältnissen an. Sie sucht auch die Ursachen dieser Nöte zu beheben. Sie richtet sich in ökumenischer Weite an einzelne und Gruppen, an Nahe und Ferne, an Christen und Nichtchristen. Da die Entfremdung von Gott die tiefste Not des Menschen ist und sein Heil und Wohl untrennbar zusammengehören, vollzieht sich Diakonie in Wort und Tat als ganzheitlicher Dienst am Menschen."[201]

Obgleich die diakonische Arbeit ebenso wie die Arbeit des Caritasverbandes theologisch begründet und inspiriert ist, bestehen dennoch gewichtige und

---

197 Vgl. ebd., S. 17.

198 Ebd., S. 19.

199 Mittlerweile gehört auch eine staatliche Ausbildung in einem Sozial-, Heil oder Erziehungsberuf zu den Voraussetzungen als Diakon tätig werden zu können.

200 Vgl. hierzu u. a.: Tobias Brenner (1995): Diakonie im Sozialstaat. Staatskirchenrecht und Evangelische Kirche. Universitas Verlag. Tübingen.

201 Präambel der Satzung des Diakonischen Werkes der Evangelischen Kirche in Deutschland vom 13. Oktober 2004 in der Neufassung vom 18. Oktober 2007. In: DW der EKD (Hrsg.) (2009): Satzung und andere Rechtsgrundlagen. S. 4.

folgenreiche Unterschiede zwischen beiden konfessionellen Verbänden. Zurückzuführen sind diese Differenzen auf prinzipiell andere theologische Ausgangsprämissen. Während die katholische Schwesterorganisation nämlich unmittelbarer Teil einer sich universalistisch verstehenden und zentralistisch verfassten Weltkirche ist, realisiert sich Diakonie innerhalb selbständiger Landes- und Gliedkirchen der Evangelischen Kirche in Deutschland (EKD), der ein theologisches Entscheidungszentrum wesensfremd ist. Diese föderative Struktur mit ihren dezentral operierenden diakonischen Organisationen entspricht damit einer spezifisch protestantischen Haltung. Was zum Ausdruck kommt ist die organisationsstrukturelle Transformation einer evangelischen Theologie, die in Abgrenzung zur katholischen Glaubenslehre kein Papsttum anerkennt und deshalb eine wie auch immer sich legitimierende theologische Zentralinstanz ablehnt. Entwickelt und ausgeformt wurde dieses protestantische Kirchenverständnis in reformatorischer Auseinandersetzung mit dem zentralen Deutungs- und Machtanspruch der katholischen Kirche während der ersten Hälfte des 16. Jahrhunderts. Im Kern steht die Überzeugung, dass sich protestantischer Glaube als eine unmittelbare Beziehung zwischen dem Menschen und Gott konstituiert und damit prinzipiell gesehen keiner Vermittelbarkeit mehr bedarf. Exegese, also Deutung und Auslegung der Schrift, sind damit nicht mehr eine prinzipielle Vorherrschaft der Theologie und einer sich hierauf gründenden amtskirchlichen Autorität, sondern realisieren sich in der egalitären Gemeinschaft der Gläubigen und innerhalb der von ihnen gesetzten Regeln. Theologisch hergeleitete Zentralinstanzen als auch eine hierarchische Trennung zwischen Laien einerseits und ordinierten Priestern andererseits haben in einem solchen Glaubensverständnis keinen Platz. In der nachreformatorischen Entwicklung der protestantischen Abspaltungen aus einer ehemals gemeinsamen (katholischen) Kirche bildeten sich deshalb konsequenterweise andere Ordnungsprinzipien heraus. Diese wurden beispielsweise[202] für den reformierten Bereich des Protestantismus auf der Emdener Synode von 1571 beschlossen und kirchenrechtlich verankert.[203] Gemeindedemokratie inner-

---

202 Die Nennung der reformierten Tradition ist nicht verallgemeinernd zu verstehen. Vielmehr gibt es daneben eine Reihe weiterer Traditions- und Begründungslinien wie sie sich beispielsweise in der lutherische Ausprägung des Protestantismus manifestieren.

203 Norddeutsche und niederländische Protestanten beschlossen 1571 auf der Synode von Emden, dass Fragen, die auf der Ebene der Kirchengemeinde entschieden sind, nicht mehr der Synode unterbreitet werden sollen. Damit wurde nicht nur eine programmatische und entscheidungsstrukturelle Abgrenzung gegenüber dem römisch-katholischen Zentralismus und dem damit verbundenen Primat der Priesterschaft vorgenommen, sondern ebenfalls eine gemeindedemokratische Position in der Kirchenverfassung verankert. Diese ist bis heute eine wesentliche Grundlage kirchlicher

halb eigenständiger gliedkirchlicher Zusammenschlüsse ist hier seit dem eine tragende Säule.

Die EKD ist keine in sich geschlossene und einheitliche Kirche, sondern ein Bund. Als Föderation repräsentiert sie 20 lutherische, reformierte und unierte Landeskirchen, die inhaltlich sehr verschieden und rechtlich eigenständige Kirchen sind.[204] Auf deren Politik sowie die sich jeweils stellenden Fragen nach der theologischen Lehre, Liturgie und Ausgestaltung des jeweiligen innerkirchlichen Lebens hat die EKD keinen formal abgesicherten Einfluss. Über hierzu notwendige Interventionsrechte, Machtmittel oder Drohinstrumente verfügt sie nicht, was im Übrigen auch ihrem Grundverständnis widersprechen würde.

Übersicht 9: Landes- und Gliedkirchen der EKD (2012)

Evangelische Landeskirche Anhalts
Evangelische Landeskirche in Baden
Evangelisch-Lutherische Kirche in Bayern
Evangelische Kirche Berlin-Brandenburg-schlesische Oberlausitz
Evangelisch-lutherische Landeskirche in Braunschweig
Bremische Evangelische Kirche
Evangelisch-lutherische Landeskirche Hannovers
Evangelische Kirche in Hessen und Nassau
Evangelische Kirche von Kurhessen-Waldeck
Lippische Landeskirche
Evangelische Kirche in Mitteldeutschland
Evangelisch-Lutherische Kirche in Norddeutschland (Nordkirche)
Evangelisch-Lutherische Kirche in Oldenburg
Evangelische Kirche der Pfalz
Evangelisch-reformierte Kirche
Evangelische Kirche im Rheinland
Evangelisch-Lutherische Landeskirche Sachsens
Evangelisch-Lutherische Landeskirche Schaumburg-Lippe
Evangelische Kirche von Westfalen
Evangelische Landeskirche in Württemberg

Subsidiäre und föderative Prinzipien und die daraus resultierende Heterogenität prägen aber nicht nur die EKD als gliedkirchliche Gesamtorganisa-

---

Verfasstheit vor allem in der Evangelisch-reformierten Kirche Nordwestdeutschlands.

204 Nichtamtliche Fassung der durch In-Kraft-Treten des Kirchengesetzes zur Änderung der Grundordnung der EKD vom 10. November 2005 zum 1. Januar 2007 geänderten Neufassung der Grundordnung vom 20. November 2003.

tion, sondern ebenso auch ihr Diakonisches Werk. Sowohl die enge An-kopplung an die EKD als auch die Vielfalt der Mitglieder findet sich in den vorherigen Satzungen und wird mit der neuen Fusionssatzung des Evangelischen Werkes für Diakonie und Entwicklung (EWDE) unter Verweis auf die Tradition des bisherigen Werkes fortgeführt:

„Diakonie ist Wesens- und Lebensäußerung der Kirche. Dazu bekennen sich:

- Die Evangelische Kirche in Deutschland
- Die Arbeitsgemeinschaft Mennonitischer Gemeinden in Deutschland
- Der Bund Evangelisch-Freikirchlicher Gemeinden in Deutschland
- Der Bund Freier evangelischer Gemeinden in Deutschland
- Die Heilsarmee in Deutschland
- Die Evangelische Brüder-Unität Herrnhuter Brüdergemeine
- Die Evangelisch-methodistische Kirche
- Das Katholische Bistum der Alt-Katholiken in Deutschland
- Die Selbständige Evangelisch-Lutherische Kirche
- Die Evangelisch-altreformierte Kirche in Niedersachsen."[205]

Und weiter: „Der Verein wird von der Evangelischen Kirche in Deutschland, den Gliedkirchen der EKD, den Freikirchen sowie den anderen Kirchen, die Mitglieder des Vereins sind, gemeinsam in Anerkennung ihres jeweiligen kirchlichen Selbstbestimmungsrechts getragen"[206]

In gleicher Weise sind diese subsidiären Prinzipien auf der gliedkirchlichen Ebene für die hier bestehenden Diakonischen Werke konstitutiv. Die Pluralität und föderale Struktur wird im Zusammenhang mit den fehlenden Eingriffsrechten des Bundesverbandes des DW besonders deutlich. Im Grunde gestalten die Mitglieder ihre Arbeit selbständig. Das Werk ‚Diakonie Deutschland – Evangelischer Bundesverband' soll lediglich „[…] durch Empfehlungen die notwendige Koordinierung der Arbeit der Landesverbände, Fachverbände und mittelbaren Mitglieder unterstützen […]"[207] Ausnahmen bilden jedoch die vom Bundesverband erlassenen Rahmenbestimmungen, die sich insbesondere auf folgende Gebiete beziehen: gegenseitige Informationen, Mindesterfordernisse für die Rechtsform und Satzung von

---

205 § 1 (2) Satzung des Diakonischen Werkes der Evangelischen Kirche in Deutschland vom 13. Oktober 2004 in der Neufassung vom 18. Oktober 2007. Vgl. dazu auch die Präambel aus der Fusionssatzung des evangelischen Werkes für Diakonie und Entwicklung vom 14.06.2012.
206 § 5 (1) Satzung des EWDE.
207 § 6 (4) Satzung des EWDE.

diakonischen Einrichtungen, Arbeitsrecht und Mitarbeitervertretungsrecht, Wirtschaftsführung, insbesondere Rechnungswesen und Rechnungsprüfung, Statistik.[208] „Die Landesverbände und Fachverbände sind verpflichtet, die Rahmenbestimmungen zu beachten und in ihrem Bereich auf die Beachtung durch die mittelbar angeschlossenen Werke, Verbände und Einrichtungen hinzuwirken [...]"[209]

Größe, Aufgaben und Strukturen der Mitgliedsorganisationen sind jedoch alles andere als homogen. Unterschiedliche Landeszuständigkeiten und regionale Entwicklungen erschweren einheitliche Standards zusätzlich. Für viele Probleme gibt es lokale Lösungsstrategien, bevor diese auf der Bundesebene zu einem Standard zusammengefasst werden können. Zusammen mit der demokratischen Grundstruktur und den fehlenden Sanktionsmöglichkeiten bleibt das Durchgriffspotenzial solcher Rahmenregelungen somit letztlich schwach ausgeprägt.[210] Zu den Aufgaben des Diakonischen Werks gehören:

a) Diakonische und volksmissionarische Aufgaben
   „Als Werk der evangelischen Kirche nimmt der Verein im Sinne der Grundordnung der Evangelischen Kirche in Deutschland diakonische und volksmissionarische Aufgaben sowie Aufgaben des Entwicklungsdienstes und der humanitären Hilfe wahr."[211]
b) Aufgaben als Mitgliederverband
   „Die Diakonie Deutschland – Evangelischer Bundesverband fördert die Landesverbände und Fachverbände sowie die mittelbaren Mitglieder. Es dient ihrer Zusammenarbeit und unterstützt die gemeinsame Planung von Aufgaben, die in ihrer Bedeutung über den Bereich eines Landesverbands hinausgehen. Es unterstützt die Zusammenarbeit und gemeinsame Planung [...]"[212]
c) Koordination übergeordneter Aufgaben und Interessenvertretung
   „Im Verhältnis zu den Landesverbänden, Fachverbänden und mittelbaren Mitgliedern erfüllt das Werk [...] die Aufgaben, die einer einheitlichen Wahrnehmung und Vertretung bedürfen, wie die der Grundsatzfragen, der Sozialpolitik, der Mitwirkung bei der nationalen und europäischen

---

208 Vgl. § 6 (5) Satzung des EWDE.
209 § 6 (5) Satzung des EWDE.
210 Im Sinne einer *ultima ratio* existiert zwar ein Ausschlussrecht aus dem DW für den Fall grundsätzlicher Differenzen. Dies ist als Instrument der Verbandssteuerung jedoch aus offensichtlichen Gründen nur begrenzt geeignet.
211 § 5 (3) Satzung des EWDE vom 14.06.2012 bezieht sich zwar auf das neu entstandene Gesamtwerk, hat somit jedoch für beider Teilwerke Bedeutung.
212 § 6 (2) Satzung des EWDE vom 14.06.2012.

Normsetzung, der für die Gesamtarbeit des Werkes erforderlichen Grundlagenforschung und der zentralen Fort- und Weiterbildung der Mitarbeitenden."[213]

d) Aufgaben als Spitzenverband der Freien Wohlfahrtspflege

„In dieser Funktion arbeitet das Werk [...] mit anderen Spitzenverbänden der Freien Wohlfahrtspflege zusammen und vertritt die Diakonie der Evangelischen Kirche in Deutschland und der Freikirchen sowie der anderen Kirchen, die Mitglieder des Vereins sind, gegenüber der Bundesrepublik Deutschland, sonstigen in- und ausländischen zentralen Organisationen und in Kirche und Öffentlichkeit."[214]

Der konkrete Gegenstandsbereich diakonischer Praxis (in Organisationen) ähnelt oberflächlich betrachtet weitgehend dem Handlungsfeld Sozialer Arbeit. Ein Unterschied zwischen diakonischer Praxis und sozialstaatlich begründeter Sozialarbeit liegt jedoch vor allem in der Legitimation diakonischen Handelns, nämlich im „biblischen Auftrag und dem Rückbezug zur Gemeinde [...] und manifestiert sich in der christlich-diakonischen Motivation der Mitarbeitenden"[215] sowie dem ebenso verankerten volksmissionarischen Anspruch. Damit zeigt sich ein Spannungsfeld zwischen sozialgesetzlichem Auftrag und fachlichen Standards einerseits sowie biblischem Auftrag und christlich-diakonischer Motivation andererseits. Als neue Rahmenbedingungen müssen vermehrt auch ökonomische Sachzwänge und Handlungslogiken berücksichtigt werden.[216] Die Integration und Koordination dieser drei Handlungslogiken kann als eine der herausragenden Leitungsaufgaben diakonischer Einrichtungen verstanden werden.

Wie deutlich wird, ist die Diakonie keinesfalls weniger christlich als die Caritas, sondern eben nur anders christlich. Und so bestehen hinsichtlich der arbeitsvertraglichen Regelungen durchaus Parallelen zum Arbeitsvertragsrecht der katholischen Kirche. Auch die Diakonie negiert in ihrem Organisationsbereich die Existenz unterschiedlicher Arbeiternehmer- und

---

213 § 6 (3) Satzung des EWDE vom 14.06.2012
214 § 6 (1) Satzung des EWDE.
215 Albert Mühlum, Joachim Walter (1998): Diakonale Forschungs- und Bildungsaufgaben. Diakoniewissenschaft zwischen Theologie und Sozialarbeit. Anstöße zur Neuorientierung. In: Arnd Götzelmann, Volker Herrmann, Jürgen Stein (Hrsg.): Diakonie der Versöhnung. Ethische Reflexion und soziale Arbeit in ökumenischer Verantwortung. Festschrift für Theodor Strohm. Quell-Verlag, S. 277–289, S. 283.
216 Vgl. Werner Schwartz (2010): Diakonie und Führung. Herausforderungen des Marktes. Wege in die Zukunft. In: Volker Herrmann, Heinz Schmidt (Hrsg.): Diakonisch führen im Wettbewerb. Herausforderungen und Aufgaben. Veröffentlichungen des Diakoniewissenschaftlichen Instituts, Bd. 41. Universitätsverlag Winter. Heidelberg, S. 22–36.

Arbeitgeberfunktionen und damit verbundener Interessen. Die aus einem solchen Spannungsverhältnis resultierenden Konfliktregelungen eines allgemeinen gültigen Arbeitsrechts werden deshalb abgelehnt. Unter Berufung auf die verfassungsrechtlich verbriefte Selbstständigkeit und Selbstverwaltung kirchlicher Organisationen[217] und dem damit verbundenen Eigensinn wird stattdessen das zwar theologisch begründete, aber keineswegs ausdifferenzierte Konzept der „Dienstgemeinschaft" praktiziert,[218] das immer wieder Auslöser kritischer Debatten ist:[219]

„Kirchlicher Dienst ist durch den Auftrag der Verkündigung des Evangeliums in Wort und Tat bestimmt. Dieser Auftrag erfordert in der Gestaltung des kirchlichen Arbeitsrechts eine partnerschaftliche, vertrauensvolle Zusammenarbeit von Leitungsorganen und Mitarbeitern."[220]

„Die Beschlüsse der Arbeitsrechtlichen Kommission nach § 2, Absatz 2 sind verbindlich. Es dürfen nur Arbeitsverträge abgeschlossen werden, die den auf diesen Beschlüssen und Entscheidungen beruhenden Regelungen entsprechen."[221]

Verlauf und Ergebnisse der Diakonischen Konferenzen zeigen, dass dieses normative Konzept der „Dienstgemeinschaft" als das „Miteinanderarbeiten im Dienste Gottes" nach wie vor ein unveränderliches Charakteristikum diakonischer Arbeit darstellt. Alle Versuche, dem kollektiven Arbeits- und Arbeitsvertragsrecht innerhalb der Diakonie größere Geltung zu verschaffen, blieben bislang ohne nachhaltigen Erfolg. Auch das im November 2012 dazu ergangene Urteil des Bundesarbeitsgerichts, vorläufiger Höhepunkt der ar-

---

217 Vgl.: Tobias Brenner (1995): Diakonie im Sozialstaat. Staatskirchenrecht und Evangelische Kirche. Universitas Verlag. Tübingen.
218 Vgl.: Heinrich Beyer, Hans G. Nutzinger (1991): Erwerbsarbeit und Dienstgemeinschaft. Arbeitsbeziehungen in kirchlichen Einrichtungen. Eine empirische Untersuchung. SWI-Verlag. Bochum.
219 Zur kritischen Auseinandersetzung mit der christlichen Dienstgemeinschaft vgl. Burkhard Schops (2010): Tradition und Kultur der Dienstgemeinschaft im Kontext ausgewählter Managementkonzepte. In: Volker Herrmann, Heinz Schmidt (Hrsg.): Diakonisch führen im Wettbewerb. Herausforderungen und Aufgaben. Veröffentlichungen des Diakoniewissenschaftlichen Instituts, Bd. 41, Universtätsverlag Winter, Heidelberg, S. 101–162. Heinz-Jürgen Dahme, Gertrud Kühnlein, Norbert Wohlfahrt (2005): Zwischen Wettbewerb und Subsidiarität. Wohlfahrtsverbände unterwegs in die Sozialwirtschaft. Unter Mitarbeit von Monika Burmester. Reihe: Forschung aus der Hans-Böckler-Stiftung – 61. edition sigma. Berlin.
220 Arbeitsrechtsregelungsgesetz der Evangelischen Kirche in Deutschland (ARRG – EKD) vom 10. Nov. 1988. § 1 Grundsatz.
221 Ebd. § 3 – Verbindlichkeit der arbeitsrechtlichen Regelungen.

beitsrechtlichen Auseinandersetzungen zwischen Kirchen und Gewerkschaften, bestätigte mit Verweis auf Artikel 140 GG den „Dritten Weg" als arbeitsrechtlichen Sonderweg kirchlicher Einrichtungen. Dies allerdings mit der Einschränkung, dass die Beteiligung der Gewerkschaften an zu treffenden arbeitsrechtlichen Regelungen, insbesondere beim Abschluss von Tarifverträgen zu gewährleisten sei.[222]

Mit Blick auf die Tarifstrukturen zeigt sich jedoch eine zunehmende Ausdifferenzierung der Landschaft. Es lässt sich festhalten, dass im Jahr 2008 39,2 % der Tarifverträge nach BAT oder vergleichbaren Tarifwerken abgeschlossen wurden. Dies gilt in besonderer Weise für die neuen Bundesländer. 23,1 % unterlagen einem regionalen AVR, 22,1 % dem AVR DW EKD und immerhin 15,6 % sonstigen Tarifregelungen (z. B. Haustarifverträgen).[223]

Gleichwohl wird die Umsetzung dieser „Dienstgemeinschaft" wesentlich flexibler und „offener" praktiziert, als dies bei der römisch-katholischen Kirche der Fall ist. Die Beschäftigungsverhältnisse in den stationären und teilstationären Einrichtungen zeigen nämlich, dass eine berufliche Tätigkeit innerhalb der Diakonie keinesfalls immer und in jedem Fall ein protestantisches oder anderes christliches Bekenntnis bedingen muss. So ist der Anteil katholischer Beschäftigter in vielen Landesverbänden hoch. Im Saarland[224] sind gar 53,4 % der Beschäftigten katholisch und in Bayern immerhin 48,7 %. In beiden Verbänden ist unter Berücksichtigung sonstiger Konfessionen und konfessionsloser Mitarbeitenden damit der Anteil katholischer Mitarbeitender höher als der evangelischer. Besonders die prekären Ausgangsbedingungen in den neuen Bundesländern führen zu einer Erosion der Entscheidungspraxis, die die formale Kirchenzugehörigkeit im Rahmen der sogenannten ACK-Klausel[225] als dogmatische Anstellungsbedingung immer

222 Vgl.: Bundesarbeitsgericht: Pressemitteilung Nr. 81/12. Arbeitskampf in kirchlichen Einrichtungen. Dritter Weg. Urteil vom 20. November 2012 – 1 AZR 179/11.
223 Vgl. Diakonisches Werk der EKD (Hrsg.) (2011): Mitarbeitendenstatistik zum 1. September 2008. Stuttgart, S. 30.
224 Das Saarland hat kein eigenständiges Diakonisches Werk, sondern im Rahmen einer Verbindungsstelle an die Diakonie Rheinland-Westfalen-Lippe angeschlossen.
225 „ACK" ist die Arbeitsgemeinschaft Christlicher Kirchen zu der unter anderem neben den evangelischen Kirchen auch die römisch-katholische Kirche gehört. Viele kirchliche Anstellungsträger im Bereich der Mitgliedskirchen der ACK, einschließlich Diakonie und Caritas, legen deshalb in Anstellungsfragen beim Einstellungskriterium der Kirchenzugehörigkeit die sogenannte ACK-Klausel zu Grunde. Das heißt, bei diesen kirchlichen Anstellungsträgern kann angestellt werden, wer Mitglied einer kirchlichen Gemeinschaft oder Kirche der Arbeitsgemeinschaft ist.

weniger voraussetzt.[226] So sind beispielsweise in Brandenburg 67 % der Mitarbeitenden konfessionslos, in Mecklenburg-Vorpommern 57 %.[227]

Ähnlich wie andere Wohlfahrtsverbände ringt auch die Diakonie vor diesem Hintergrund um ein zeitgemäßes Selbstverständnis. Die hierzu in den Jahren von 1994 bis 1997 geführte Leitbilddiskussion war sowohl durch organisationsinterne als auch organisationsexterne Faktoren ausgelöst. Als externer Faktor wirkte die öffentliche und medienwirksame Kritik an der Arbeit der Wohlfahrtsverbände, denen insgesamt der Vorwurf struktureller Intransparenz, Ineffizienz und Misswirtschaft gemacht wurde. Intern erforderten die sich neu abzeichnenden wettbewerblichen Rahmenbedingungen einen Prozess der Selbstvergewisserung über den unterscheidbaren Sinn des eigenen Tuns. Die innerverbandlich breit angelegte Debatte konzentrierte sich wesentlich auf die Frage nach dem diakonischen Gehalt sozialer Dienste und eines hierfür zu entwickelnden gemeinsamen Leitbildes. Auf dieser Basis beschloss die Diakonische Konferenz im Oktober 1997, den Gesamtverband zukünftig in Richtung einer unternehmerischen Diakonie auszurichten.[228] Und die Debatten führten sehr schnell ebenso zu der Frage nach der Operationalisierung und Prüfbarkeit solcher Profile mittels eines gemeinsamen Qualitätsmanagements. Eigens hierfür gegründet wurde 1999 das Diakonische Institut für Qualitätsmanagement und Forschung gGmbH (DQF), das 2004 in Diakonisches Institut für Qualitätsentwicklung (DQE) umbenannt und in das Diakonische Werk der EKD eingegliedert wurde. Seitdem wurden insbesondere die an den verbreiteten Modellen DIN EN ISO 9000ff. sowie Total Quality Management (TQM) angelehnten Qualitätsmanagementsysteme „Diakonie-Siegel Pflege" und „Diakonie-Siegel KiTa/ Evangelisches Gütesiegel BETA" sowie weitere fachspezifische Bundesrahmenhandbücher entwickelt.[229]

Der 1997 erfolgte Leitbildbeschluss markiert hierbei für die Diakonie eine neue verbandspolitische Aufbruchsstimmung, die sich risikobereit auf veränderte wettbewerbliche Rahmenbedingungen einlässt und hierbei gleichzeitig fest in den diakonischen Auftrag eingebunden bleibt. Wie existenz-

---

226 Vgl.: Wolfgang Helbig (1995): Trägerwechsel und Zielleitlinien. Wie kann „Unternehmensphilosophie" diakonischen Einrichtungen helfen, die bislang nichtkirchliche Trägerschaften hatten? In: DW der EKOD. Diakonie-Jahrbuch '94. S. 58ff.

227 Vgl. Diakonisches Werk der EKD (Hrsg.) (2011): Mitarbeitendenstatistik zum 1. September 2008, S. 20.

228 Diakonisches Werk der EKD: Diakonische Dokumentation 01/01: Diakonische Profile in der sozialen Arbeit. Stuttgart 2001.

229 Dazu zählen die Bundesrahmenhandbücher „Diakonie-Siegel Vorsorge und Rehabilitation für Mütter/Mutter-Kind", „Diakonie-Siegel medizinische Rehabilitation" und „Diakonie-Siegel Fachstelle Sucht". Die Umsetzung der Diakonie-Siegel erfolgte inzwischen in vielen Hundert Einrichtungen.

wichtig dieses insbesondere nach außen zu vermittelnde Leitbild für den Verband ist, zeigte das für die Diakonie ernüchternde und wenig erfreuliche Ergebnis einer im Jahre 2001 durchgeführten Imagestudie, nach der nur 8 % der Deutschen den zweitgrößten Wohlfahrtsverband in der Bundesrepublik überhaupt kannten.[230] Dagegen ist der Bekanntheitsgrad einzelner diakonischer Träger wie beispielsweise der der von Bodelschwinghschen Stiftungen Bethel erheblich höher.

Vor diesem Hintergrund begannen die Landesverbände gemeinsam mit dem Bundesverband ihre Aktivitäten in der Öffentlichkeitsarbeit stärker zu vernetzen. Die föderative Struktur und die großen, recht unabhängig operierenden Einrichtungen und Träger stellen dabei jedoch bis heute ein besonderes Problem bei der Umsetzung einer wahrnehmbaren Corporate Identity dar. Diakonisches Handeln drückt sich letztlich in vielfältiger Form aus und geht weit über die bekannten diakonischen „Großunternehmen" hinaus: „Diakonie lebt in vielfältigen Organisations- und Unternehmensformen: als alltägliche Diakonie, als Dimension von Kirche und Gemeinde, als Familienbetrieb, als freier Verein, als Initiative auf Zeit oder auch als großes Unternehmen mit immenser Personal- und Finanzausstattung."[231] Die Bildung eines wahrnehmbaren Profils ist angesichts schrumpfender kirchlicher Milieus und der damit verbundenen Verständigungs- und Übersetzungsproblematik bei der Kommunikation diakonischer Anliegen gegenüber nicht kirchlich sozialisierten Mitarbeitenden, Freiwilligen und Teilöffentlichkeiten dringend erforderlich. Sie ist jedoch in einer derart vielgestaltigen Organisationsstruktur und hohen Ausdifferenzierung, wie sie sich symbolisch durch die Heterogenität der Logos diakonischer Einrichtungen andeutet, kein banales Unterfangen (Abb. 8).

230 Vgl.: Michael Handrick (2003): Flexibel dank Planung. Die Kommunikationslinie Werte und die Vision der Nachhaltigkeit. In: Jürgen Gohde (Hrsg.): Das Diakonie Jahrbuch 2003. Stuttgart. S. 207. Christian Oelschlägel (2008): Diakonie: Handlungsfelder – Image – Finanzierung. In: Jan Hermelink, Thorsten Latzel (Hrsg.): Kirche empirisch. Ein Werkbuch. Gütersloh. S. 239–260.
231 Michael Schibilsky, Renate Zitt (Hrsg.) (2004): Theologie und Diakonie. Gütersloh. S. 11.

Abbildung 8: Träger- und Logovielfalt im DW

Ein erster Schritt zu einer öffentlich erkennbaren verbandlichen Corporate Identity und Kampagnenfähigkeit wurde jedoch getan, indem sich die Beteiligten auf die gemeinsame Durchführung von Zwei-Jahres-Kampagnen einigten, die seit 2000 regelmäßig umgesetzt werden konnten:

Titel der gemeinsamen PR-Kampagnen seit 2000:[232]
2012–2013: „In der Nächsten Nähe"
2009–2010: „Menschlichkeit braucht Unterstützung"
2007–2008: „Mitten im Leben"
2005–2006: „Wenn das Leben Mauern baut"
2003–2004: „Kommunikationslinie Werte"
2001–2002: „Handeln – Ehrensache!"
2000–2001: „mission-possible.de"

---

232 Nach Angaben des DW der EKD. Quelle: http://www.diakonie.de/jahreskampagnen-1333.htm (Sichtung: 18.09.2012).

Dabei geht es auch zwölf Jahre nach Beginn dieser Kampagnen trotz moderater Erhöhung der Bekanntheit des Verbandes nicht etwa um die Kommunikation komplexer Botschaften missionarischen oder sozialpolitischen Inhalts, sondern immer noch um die bloße Erhöhung des Bekanntheitsgrades der Organisation und ihrer Aufgaben und Ziele: „Zwei Botschaften sind mit den neuen Motiven verbunden: Erstens die konkrete und nach wie vor in der Öffentlichkeit zu wenig verbreitete Information ‚Was macht eigentlich die Diakonie?' und zweitens das klare Bekenntnis von Anwaltschaftlichkeit gegenüber Menschen, die von gesellschaftlicher Ausgrenzung betroffen sind."[233]

Mit der Problematik bei sehr heterogenen Aufgabenfeldern ein eigenes Profil zu generieren, steht die Diakonie allerdings nicht alleine. Daraus ergibt sich auch in Fragen der Kommunikation eine Tendenz zur Isomorphie bei den Wohlfahrtsverbänden insgesamt, die eine wirksame Differenzierung in der Öffentlichkeit deutlich erschwert, wie eine Gegenüberstellung von Kampagnenmotiven zum Themenfeld „Altenhilfe" deutlich macht(Abb. 9).

Eine gelingende Öffentlichkeitsarbeit jedoch ist kein Selbstzweck. Sie wirkt vielmehr grundlegend auf die Möglichkeiten und Intensitäten der Interessenvertretung im gesellschaftspolitischen Raum und ist darüber hinaus auch eine essentielle Grundlage für erfolgreiche Spendeneinwerbung. Dass diese für das Diakonische Werk von großer Bedeutung ist, zeigt ein Blick in die Geschäftsberichte. Mit einem Gesamtvolumen von 83,5 Millionen Euro hatten Spenden in 2011 einen Anteil von rund 60 % an den Gesamteinnahmen des Werkes.[234] Angesichts eines zunehmenden Wettbewerbsdrucks auf dem bundesdeutschen Spendenmarkt[235] spielt die Professionalisierung des Fundraisings damit eine immer wichtigere Rolle. Die Diakonie reagiert auf verschiedenen Ebenen auf diese Herausforderung wie beispielsweise Erhöhung der Transparenzanforderungen an die eigene Organisation, regelmäßige Erlangung des DZI-Spendensiegels, aber auch Einführung eines professionellen „Donor-Relationship-Management-Systems".

---

233 Eigenaussage des DW der EKD zu den Zielen der Kommunikationskampagne 2007–2008. Quelle: http://www.diakonie.de/2007-2008-mitten-im-leben-2844.htm (Gesichtet: 18.09.2012).
234 Vgl. Diakonisches Werk der EKD (2012): Geschäftsbericht 2012. Stuttgart. S. 45ff.
235 Vgl. Michael Vilain (2006): Zwischen Auftrag und ökonomischer Notwendigkeit. Eine Finanzierungslehre für Nonprofit-Organisationen. VS Verlag. Wiesbaden.

Abbildung 9: Wessen Kampagne?

Kampagnenmotive nach Entfernung der Organisationslogos aus: „Experten fürs Leben" des Deutschen Caritasverbandes (2010), „Für Menschlichkeit in der Altenpflege" der Diakonie (2005) sowie „Aus Liebe zum Menschen" des Deutschen Roten Kreuzes (2012).

Leitbilddiskussionen, Marketing, Fundraising, Qualitätsmanagement und wettbewerbliche Neuorientierungen in Verbindung mit Profilbildung und Restrukturierungen sind damit unterschiedliche Facetten eines Modernisierungsprozesses, dem auch die verbandliche Diakonie seit mehreren Jahren ausgesetzt ist. Substanziell betroffen sind keinesfalls nur das DW der EKD und die gliedkirchlichen Diakonischen Werke, sondern ebenfalls die rechtlich selbstständig operierenden evangelischen Stiftungen und Anstalten sowie die bundesweit tätigen Fachverbände. Im Kern zielt dieser Veränderungsprozess auf eine Neujustierung des Verhältnisses zwischen dem Gesamtverband und seinen einzelnen Organisationsteilen sowie zwischen den Evangelischen Landeskirchen und „ihren" jeweiligen Diakonischen Werken. Mit den Beschlüssen der im Oktober 2004 in Hannover stattgefundenen Diakonischen Konferenz wurde eine neue Ausgangsbasis für die weitere Entwicklung und Profilbildung des Verbandes gelegt. Als zentrale programmatische Frage ist hierbei die Frage nach der gesellschaftlichen Gerechtigkeit und Armutsbewältigung aufgeworfen, und mit dem einstimmig verabschiedeten Wort „Gerechtigkeit erhöht ein Volk" erfolgte eine entsprechende Akzentuierung.[236] Strategisch-operativ wurde mit der 2004 beschlossenen Satzung eine neue Phase der Organisationsentwicklung eingeleitet.[237] Diese zielte auf eine erhebliche Veränderung und Verkleinerung bisheriger Entscheidungsorgane, eine Tendenz, die mit der 2012 vollzogenen Fusion einen vorläufigen Höhepunkt erreicht.

Zusammenfassend lässt sich feststellen: Ungeachtet dieser stattfindenden Modernisierungsprozesse innerhalb des DW ist auch die verbandliche Diakonie ein kirchliches Werk und wesentlich in dieser Funktion zu verstehen. Das Werk und seine Einrichtungen nehmen seine Aufgaben wahr im Kontext jeweiliger evangelischer Überzeugungen und Sichtweisen, die den eigentlichen Sinnbezug diakonischen Handelns ausmachen (sollen). Dass es an einer kirchlichen Zentralautorität und damit verbundenen Eingriffsrechten gegenüber den gliedkirchlichen Werken sowie den angeschlossenen Verbänden und Einrichtungen fehlt, sollte nicht über diese eigentliche Basis diakonischen Handelns hinwegtäuschen. Protestantische Wohlfahrtspflege ist damit zwar nicht unmittelbar und top-down durch Kirche präjudiziert, sie formt sich aber gleichwohl in den jeweils bestehenden theologischen Diskussionskulturen innerhalb des Verbandes durchaus unterschiedlich aus. Dies ist der eigentliche Grund dafür, dass die Praxis Sozialer Arbeit mit größeren Gestaltungsräumen und vielfältigeren Entwicklungen verbunden ist, als dies innerhalb der katholischen Caritas der Fall sein kann. Wie schon an anderer Stelle betont, versteht sich hierbei das DW zunehmend auch als Mahner und Verteidiger eines Sozialstaatskonzeptes, wie es sich in der Geschichte der Bundesrepublik konflikthaft herausgebildet hat.[238] Als ‚Option für die Schwachen' wird hierbei ein theologisch begründeter Einmischungsauftrag formuliert, der sich gleichermaßen mit sozialpolitischen Gestaltungsfunktionen verbindet und sich in sehr unterschiedlichen, zum Teil auch gegensätzlichen Handlungsansätzen realisiert, die dem jeweiligen Eigensinn der Gemeinde, der Landeskirche und ihrer angeschlossenen Werke bzw. Einrichtungen entsprechen.

---

236 Vgl.: Wort der Diakonisches Konferenz Hannover, 14. Oktober 2004 „Gerechtigkeit erhöht ein Volk".

237 Vgl.: Satzung des Diakonischen Werkes der Evangelischen Kirche in Deutschland in der Neufassung vom 13. Oktober 2004.

238 Vgl. hierzu die Grundsatzbeiträge in: danken & dienen. Arbeitshilfen für Verkündigung, Gemeindearbeit und Unterricht 1995. Thema: Reform und Konsolidierung des Sozialstaats. Hrsg.: Diakonisches Werk der EKD. Stuttgart 1995. S. 7–112. Kapitel „Zur Anwaltschaft herausgefordert – die diakonische Positionen zu sozialpolitischen Veränderungen in Deutschland und Europa." In: Rechenschaftsbericht des Diakonischen Werkes der EKD 1996. In: Diakonie Korrespondenz 10/96. S. 1 ff.; Diakonie Korrespondenz 04/03: Pflicht zum Risiko? Bericht des Präsidenten vor der Diakonischen Konferenz vom 14. bis 16. Oktober 2003 in Speyer. Stuttgart Oktober 2003.

4.2.3 Organisationsaufbau und Verbandsgliederung

Mitglieder des neu gegründeten „Evangelischen Werkes für Diakonie und Entwicklung" sind die Evangelische Kirche in Deutschland mit ihren Gliedkirchen, die im Diakonischen Werk mitarbeitenden Freikirchen, die freikirchlichen Diakonischen Werke, die 23 Landesverbände und die rund 70 Fachverbände.[239] Die Landesverbände sind wie das Diakonische Werk selbst ausnahmslos in der Rechtsform des „eingetragenen Vereins" verfasst und lassen ebenfalls nur juristische Personen als Mitglieder zu.

A) Die Landesverbände. Landesverbände sind im DW der EKD die gliedkirchlich-diakonischen Werke einer oder mehrerer Landeskirchen, deren Zuständigkeit räumlich voneinander abgegrenzt ist. Die geografischen Handlungsräume der Diakonischen Landesverbände entsprechen traditionell den jeweiligen gliedkirchlichen Gebietskörperschaften, wie sie sich kirchengeschichtlich herausgebildet haben. Damit reflektieren die heutigen Gebiete der Landesverbände Strukturen aus den Zeiten des Wiener Kongresses nach 1815, aus der Weimarer Republik und der Nachkriegszeit sowie aus den Konsequenzen der Wiedervereinigung. Mit der staatlichen Ländergliederung der Bundesrepublik stimmten diese Bezirke demnach bisher allenfalls zufällig überein (vgl. Abbildung 10) und erwiesen sich damit nicht zuletzt mit Blick auf die politische Interessenvertretung und die sich überschneidenden juristischen Zuständigkeiten der Ländergesetze als sperrig. So galten und gelten beispielsweise noch für den Betrieb von Kindertagesstätten in manchen Landesverbänden bis zu drei unterschiedlichen landesrechtlichen Regelungen.

Zurzeit bestehen folgende eigenständige Diakonische Werke:
- DW der Ev. Landeskirche in Baden e. V.
- DW der Ev.-Luth. Kirche in Bayern e. V.
- DW Berlin-Brandenburg-schlesische Oberlausitz e. V.
- DW – Innere Mission und Hilfswerk der Ev.-luth. Landeskirche in Braunschweig e. V.
- DW Bremen e. V.
- DW Hamburg – Landesverband der Inneren Mission e. V.
- DW der Ev.-luth. Landeskirche Hannover e. V.
- DW in Hessen und Nassau e. V.
- DW in Kurhessen-Waldeck e. V.

---

239 Das Mitgliedsverzeichnis zum Zeitpunkt der Verschmelzung der beiden Werke zur EWDE ist als Anlage zur Satzung des EWDE vom 14.06.2012 zu finden.

Abbildung 10: Geografische Struktur diakonischer Landesverbände

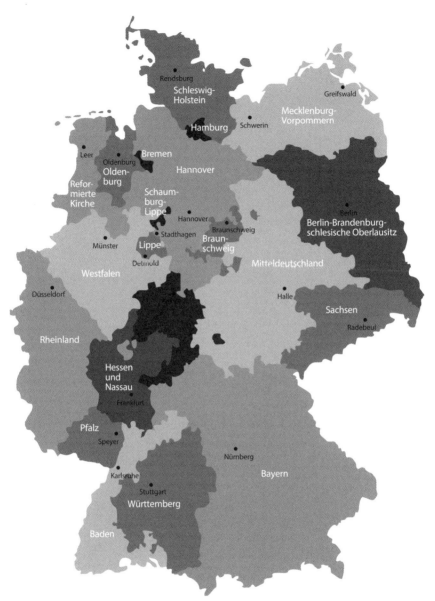

Quelle: DW der EKD (2012): Landesverbände der Diakonie. Fundstelle:
http://www.diakonie.de/landesverbaende-9286.html (Sichtung: 15. 11. 2012)

- DW Mecklenburg-Vorpommern e. V.
- DW Evangelischer Kirchen in Mitteldeutschland e. V.
- DW der Ev.-ref. Kirche
- DW der Ev.-Luth. Kirche in Oldenburg e. V.
- DW der Ev. Kirche der Pfalz
- DW der Ev. Kirche im Rheinland e. V.
- DW der Ev. Kirche von Westfalen
- DW der Lippischen Landeskirche e. V.
- DW der Ev.-Luth. Landeskirche Sachsens e. V.
- DW der Ev.-Luth. Landeskirche Schaumburg-Lippe e. V.
- DW Schleswig-Holstein – Landesverband der Inneren Mission e. V.
- DW der evangelischen Kirche in Württemberg e. V.

Nicht eigenständige Diakonische Werke sind:
- Diakonie Rheinland-Westfalen-Lippe e. V. mit der Verbindungsstelle Saarland
- Arbeitsgemeinschaft Diakonie in Rheinland-Pfalz

Die sich aus der fehlenden geografischen Übereinstimmung der politischen und gliedkirchlichen Einteilung der Zuständigkeiten ergebenden Abstimmungsprobleme sowie die ebenfalls aus Kleinteiligkeit resultierenden betriebswirtschaftlichen Probleme, haben zu einer intensiven verbandsinternen Debatte geführt, an deren Ende neue Kooperationsbemühungen und verstärkte Fusionsprozesse standen. Diese verfolgten im Wesentlichen das Ziel, das diakonische Profil und die einheitliche Wahrnehmung zu stärken, den politischen Einfluss sowie Abstimmungsprozesse durch klarere Zuständigkeiten zu erhöhen sowie ökonomische Synergien zu realisieren und die Mittelbeschaffung abzusichern. Gab es 2005 noch 25 eigenständige Diakonische Werke, so sind dies aktuell noch 23 und derzeit laufen weitere Fusionsbestrebungen, so zwischen dem DW Hessen und Nassau e. V. und dem kleineren DW in Kurhessen-Waldeck e. V., die voraussichtlich 2013 abgeschlossen sein werden. Die Unterschiedlichkeit der sozialen und ökonomischen Realitäten sowie die verschiedenartige theologische Rahmung durch die jeweiligen Gliedkirchen sowie divergierende tarifliche und arbeitsrechtliche Voraussetzungen haben unterschiedliche Kooperationsprozesse und -ergebnisse hervorgebracht. So haben beispielsweise die Diakonischen Werke Anhalt und Thüringen sowie die Kirchenprovinz Sachsen im Rahmen einer Fusion ihre rechtliche Selbständigkeit aufgegeben und sind im neuen DW Mitteldeutschland aufgegangen. Demgegenüber haben die Diakonischen Werke Rheinland und Westfalen sowie das DW der Lippischen Landeskirche einen gemeinsamen Verein „Diakonie Rheinland-Westfalen-Lippe e. V." gegründet. Auch diese Kooperationsbeziehung wurde primär durch die finanzielle Not und bessere Interessenvertretung begründet.[240] Vor diesem Hintergrund verwundert es nicht, dass ein wesentlicher „Zweck des Vereins [...] die Beschaffung von Mitteln zur Förderung aller Gebiete der Diakonie als Religionsausübung der evangelischen Kirche [ist ...]".[241] Im Ergebnis zeigt sich eine zunehmende Anpassung der geografischen Struktur des DW an die Grenzen der Bundesländer.

Unterhalb der Landesverbände gibt es schließlich eine regionale Struktur. Hier agieren teils als Vereine verfasste, rechtlich selbständige, teils als Untergliederung eines Landesverbandes organisierte, unselbständige regionale Diakonische Werke. Sie sind die operative Ebene der Diakonie. So ist beispielsweise das DW in Hessen und Nassau mit 19 regionalen Diakonischen Werken (rDW) an über 40 Standorten aktiv. Hier sind rund 1 100 Mitarbeitende, unter anderem in den Aufgabenfeldern Jugend-, Ehe- und Familienberatung, Hilfen für Suchtkranke, Angebote für seelisch Kranke, für Menschen mit Behinderungen, Wohnungslose und alte Menschen, außerdem Mobile Soziale Dienste, Schuldnerberatung beschäftigt.[242]

B. Die Fachverbände. Neben dem gliedkirchlichen Aufbau der Diakonischen Werke in Deutschland existieren 2012 71 überregional agierende rechtlich selbständige Fachverbände, deren Tätigkeiten sich auf unterschiedliche sozialpolitische Bereiche, zum Teil auch mit berufspolitischem Bezug erstrecken. Unter Fachverbänden werden in der Diakonie Zusammenschlüsse von Personen, Werken oder Einrichtungen in selbstständiger Trägerschaft verstanden, die fachlich oder in sonstigen verbandlichen Geschäftsbereichen diakonisch-missionarisch tätig sind. Um als Fachverband auf Bundesebene zugelassen werden zu können, muss die Aktivität des Verbandes über die Grenzen eines Landesverbandes hinausgehen. Die Übersicht 10 ist Aus-

---

240 Vgl. Diakonie Rheinland-Westfalen-Lippe (Hrsg.) (2008): Der Verein Diakonie Rheinland-Westfalen-Lippe e. V. Seine mitgliedschaftlichen, rechtstheologischen und wettbewerblichen Grundlagen. Hier eine gekürzte Fassung des Beitrags von Moritz Linzbach. In: „Kirche und Recht", Ausgabe 2. S. 155–183. Düsseldorf, S. 4 f.

241 § 2 (1), S. 1 der Satzung des Diakonie Rheinland-Westfalen-Lippe e. V. vom 10. 10. 2007 in der Fassung des Vorstandsbeschlusses vom 21. 04. 2008 und des Umlaufbeschlusses der Mitglieder.

242 Zu den regionalen Diakonischen Werken gehören: Bergstraße, Biedenkopf-Gladenbach, Darmstadt-Dieburg, Dillenburg-Herborn, Gießen, Groß-Gerau/Rüsselsheim, Hochtaunus, Westerwaldkreis, Limburg-Weilburg, Main-Taunus, Mainz-Bingen, Odenwald, Offenbach-Dreieich-Rodgau, Rhein-Lahn, Rheingau-Taunus, Vogelsberg, Wetterau, Wiesbaden, Worms-Alzey. Vgl. Diakonisches Werk Hessen und Nassau e. V. (2012): Regionale Diakonische Werke. Fundstelle: http://diakonie-hessen-nassau.de/organisation/regionale-diakonische-werke.html (Sichtung: 16. 11. 2012).

druck der Vielfalt fachlich-inhaltlicher und lebensweltlicher Aspekte evangelischen Lebens in Deutschland.

Das Verhältnis zwischen Fach- und Landesverbänden ist durch eine gewisse Vorrang- und zugleich Servicestellungstellung der Landesverbände geprägt: „Es gehört zu den Aufgaben der Landesverbände, sich über das diakonisch-missionarische Wirken in ihrem Bereich zu unterrichten und die angeschlossenen Verbände und Einrichtungen in fachlichen, rechtlichen und wirtschaftlichen Fragen zu beraten und zu fördern. Im Rahmen ihrer Satzungen tragen sie die Gesamtverantwortung für die Wahrnehmung der diakonisch-missionarischen Aufgaben in ihrem jeweiligen Bereich."[243]

Neben den Landes- und Fachverbänden organisiert sich in der „Diakonischen Arbeitsgemeinschaft" eine dritte Mitgliedergruppe. Sie stellt das Verbindungsgremium zwischen dem Diakonischen Werk der EKD und den Freikirchen dar. Ihre Aufgabe ist es, bei gemeinsamen Aufgaben eine Abstimmung und Koordination zu ermöglichen. Die in der Hauptverwaltung des DW angesiedelte Geschäftsstelle der Diakonischen Arbeitsgemeinschaft bündelt die Aktivitäten der folgenden Mitglieder, die alle den Status einer Körperschaft des öffentlichen Rechts (K. d. ö. R.) besitzen:

C) Diakonische Arbeitsgemeinschaft – Mitglieder

- Arbeitsgemeinschaft Mennonitischer Gemeinden in Deutschland
- Bund Evangelisch-Freikirchlicher Gemeinden in Deutschland
- Bund Freier evangelischer Gemeinden in Deutschland
- Evangelisch-altreformierte Kirche in Niedersachsen
- Evangelische Brüder-Unität, Herrnhuter Brüdergemeine
- Evangelisch-methodistische Kirche in Deutschland
- Die Heilsarmee in Deutschland, Religionsgemeinschaft
- Katholisches Bistum der Alt-Katholiken in Deutschland
- Selbständige Evangelisch-Lutherische Kirche

sowie
- Verband freikirchlicher Diakoniewerke
- Vereinigung evangelischer Freikirchen

und das
- Evangelisches Werk für Diakonie und Entwicklung selbst.

---

[243] § 10 (1) Ordnung für die Zugehörigkeit von Mitgliedern zum Diakonischen Werk der EKD und ihr Zusammenwirken (MitgliedschaftsO-DW) vom 13. Oktober 2004.

Übersicht 10: Fachverbandliche Diakonie in Deutschland 2012

Fachgruppe I: Bundesverbände der Träger und Einrichtungen	Fachgruppe II: Gemeinde- und integrationsorientierte Fachverbände	Fachgruppe III: Volksmissionarische und seelsorgerische Fachverbände	Fachgruppe IV: Personenverbände
– Arbeitsgemeinschaft Ev. Schulbünde – Bundesverband diakonischer Einrichtungsträger gGmbH (V3D) – Bundesverband evangelische Behindertenhilfe – Christliches Jugenddorfwerk Deutschlands e. V. (CJD) – Deutscher Evangelischer Krankenhausverband e. V. – Deutscher Evangelischer Verband für Altenarbeit und Pflege (DEVAP) e. V. – Ev. Erziehungsverband e. V. (EREV) – Ev. Fachverband für Arbeit und Soziale Integration e. V. (EFAS) – Ev. Fachverband für Frauengesundheit e. V. (EVA) – Gesamtverband der Suchtkrankenhilfe im DW EKD	– Aktion Sühnezeichen Friedensdienste e. V. – Aktionsgemeinschaft Dienst für den Frieden e. V. – Bundesarbeitsgemeinschaft Ev. Jugendsozialarbeit e. V. – Bundesverband ev. Ausbildungsstätten für Sozialpädagogik – Bundesvereinigung Ev. Tageseinrichtungen für Kinder e. V. (BETA) – Ev. Arbeitsgemeinschaft für Soldatenbetreuung in der Bundesrepublik Deutschland e. V. – Ev. Konferenz für Familien- u. Lebensberatung e. V. Fachverband für Psychologische Beratung und Supervision (EKFuL) – Ev. Konferenz für Gefängnisseelsorge in Deutschland – Ev. Konferenz für Straffälligenhilfe – Ev. Obdachlosenhilfe in Deutschland e. V. – Evangelische Frauen in Deutschland e. V. – Internationale Gesellschaft für Mobile Jugendarbeit e. V. (ISMO)	– Arbeitsgemeinschaft ev. Stadtmissionen Deutschland – Arbeitsgemeinschaft für ev. Schwerhörigenseelsorge e. V. (AFESS) – Arbeitsgemeinschaft Missionarische Dienste im DW EKD – Bibellesebund e. V. – Blaues Kreuz in der Ev. Kirche – Bundesverband e. V. (BKE) – Blaues Kreuz in Deutschland e. V. – Christoffel-Blindenmission e. V. – CVJM – Gesamtverband in Deutschland e. V. – Deutsche Arbeitsgemeinschaft für ev. Gehörlosenseelsorge – Deutsche Bibelgesellschaft – Deutsche Seemannsmission e. V. – Deutscher Evangelischer Kirchentag – Deutscher Jugendverband „Entschieden für Christus" (EC) e. V. – Ev. Gnadauer Gemeinschaftsverband e. V. – Ev. Konferenz für Telefonseelsorge und Offene Tür e. V.	– Arbeitsgemeinschaft Ev. Krankenhaushilfe (EKH) – Arbeitsgemeinschaft für Ev. Einkehrtage in der EKD – Bund Deutscher Gemeinschafts-Diakonissen-Mutterhäuser – Bundesverband Ev. Arbeitnehmerorganisationen e. V. (BVEA) – Der Johanniterorden – Deutscher Ev. Frauenbund e. V. – Deutscher Gemeinschafts-Diakonieverband e. V. – Ev. Diakonieverein Berlin-Zehlendorf e. V. – Ev. Fach- und Berufsverband für Pflege und Gesundheit e. V. – Internationale Konferenz theol. Mitarbeiterinnen und Mitarbeiter in der Diakonie – Johanniter Schwesternschaft e. V. – Johanniter-Unfall-Hilfe e. V. – Kaiserswerther Verband deutscher Diakonissen-Mutterhäuser e. V.

Fachgruppe I: Bundesverbände der Träger und Einrichtungen	Fachgruppe II: Gemeinde- und integrationsorientierte Fachverbände	Fachgruppe III: Volksmissionarische und seelsorgerische Fachverbände	Fachgruppe IV: Personenverbände
	– Verband Christlicher Pfadfinderinnen und Pfadfinder (VCP) – Verband der Deutschen Ev. Bahnhofsmissionen e. V. – Verein für internationale Jugendarbeit, Arbeitsgemeinschaft Christlicher Frauen, Bundesverein e. V. (vij)	– Ev. Seniorenwerk – Bundesverband für Frauen und Männer im Ruhestand e. V. (ESW) – Evangelische Schwerhörigenseelsorge in Deutschland e. V. (ESiD) – Initiative für evangelische Verantwortung in der Wirtschaft Mittel- und Osteuropas e. V. – Kirchliche Dienste im Gastgewerbe/Missionarischer Dienst im Hotel- und Gaststättengewerbe e. V. – MBK – Evangelisches Jugend- und Missionswerk e. V. – Offensive junger Christen (OJC) e. V. – Ring Missionarischer Jugendbewegungen e. V. (RMJ) – Studentenmission in Deutschland e. V. (SMD) – Taubblindendienst e. V. – Fachverband für Taubblinde und mehrfachbehinderte Blinde – VCH-Hotels Deutschland – Verband Christlicher Hoteliers e. V. – Verband der ev. Binnenschiffergemeinden in Deutschland – Weißes Kreuz e. V.	– Konferenz der Rektoren und Präsidenten Evang. Fachhochschulen in der Bundesrepublik Deutschland (REF) – Mathilde-Zimmer-Stiftung e. V. – Verband ev. Diakonen-, Diakoninnen- u. Diakonatsgemeinschaften in Deutschland e. V. (VEDD) – Verband Freikirchlicher Diakoniewerke – Zehlendorfer Verband für ev. Diakonie

Eigene Zusammenstellung nach Angaben gemäß DW der EKD (2012a): Fachverbände. Fundstelle: http://www.diakonie.de/fachverbaende-1324.htm (Sichtung: 17. 09. 12).

Abbildung 11: Leitungsebene des Evangelischen Werkes für Diakonie und Entwicklung

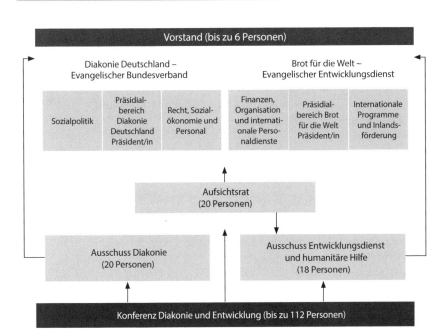

Quelle: DW der EKD (2012d): http://www.diakonie.de/evangelisches-werk-fuer-diakonie-und-entwicklung-9238-das-neue-evangelische-wort-9235.htm (Sichtung 21. 10. 2012)

Wie seine Landesverbände ist auch die Diakonie Deutschland als „eingetragener Verein" konstituiert. Die nach dem BGB notwendigen Vereinsorgane sind hinsichtlich ihrer Zusammensetzung und Aufgabenbeschreibung satzungsrechtlich so beschrieben, dass sie den Prinzipien eines föderativen Zusammenschlusses rechtlich eigenständiger Mitgliedsverbände entsprechen. Mit der Verschmelzung des Diakonischen Werkes der EKD (inklusive der Aktion Brot für die Welt) mit dem Evangelischen Entwicklungsdienst (EED) entstand 2012 das Evangelische Werk für Diakonie und Entwicklung e.V. (EWDE). Damit änderten sich auch die Aufbauorganisation sowie die Entscheidungsstruktur noch einmal weitreichend (vgl. Abbildung 11). Die neue Organisation besteht nunmehr aus zwei Teilwerken, die weiterhin zuständig für ihre jeweiligen Aufgabenbereiche sein werden (vgl. §§ 6 und 7 der Satzung vom 14. 06. 2012):

1. Diakonie Deutschland – Evangelischer Bundesverband
2. Brot für die Welt – Evangelischer Entwicklungsdienst.

Aufbau und Entscheidungsstrukturen reflektieren einerseits die für Vereine mit föderalen und dezentralen Strukturen typischen Merkmale, weisen jedoch durchaus auch eine Reihe von Besonderheiten auf. Mit dem hauptamtlichen Vorstand, dem Aufsichtsrat, welches als Kontrollgremium der Mitglieder fungiert, und der Konferenz als Mitgliederversammlung wird zwar grundsätzlich die demokratische Struktur eines Vereins abgebildet, die Ausformung nähert sich jedoch deutlich den Strukturen großer Kapitalgesellschaften an und kann als Ausdruck einer stärkeren Handlungs- und Steuerungsorientierung verstanden werden.

Zentrale Organe des EWDE sind
1. die Konferenz Diakonie und Entwicklung (Konferenz),
2. der Aufsichtsrat und
3. der Vorstand.

1. Die Konferenz Diakonie und Entwicklung. Die Konferenz kann mit Blick auf den Vereinsstatus des Evangelischen Werkes für Diakonie und Entwicklung als Mitglieder- bzw. genauer gesagt als Delegiertenversammlung bezeichnet werden. Hier treffen sich die maximal 112 Vertreter der Mitgliedsorganisationen, um Grundsatzfragen des Werkes zu beschließen. Bereits die Zusammensetzung und der Delegiertenschlüssel der Konferenz lassen auf die Komplexität der Entscheidungsfindung rückschließen. Sie setzt sich zusammen aus[244]

- 20 Vertretern der Gliedkirchen der EKD,
- 8 Vertretern der EKD-Synode,
- 5 Vertretern der Kirchenkonferenz der EKD,
- 2 Vertretern des Rates der EKD, 10 Vertretern der Freikirchen,
- 23 Vertretern der.Landesverbände,
- 23 Vertretern der Fachverbände,
- 10 Fachpersonen vom Aufsichtsrat auf Vorschlag des Ausschusses Diakonie berufen,
- 10 Fachpersonen vom Aufsichtsrat auf Vorschlag des Ausschusses Entwicklungsdienst berufen sowie
- 1 Vertreter des Evangelischen Missionswerks.

---

244 Vgl. § 9 (1) der Satzung des EWDE vom 14.06.2012.

Gewählt werden vorgenannte Vertretungen für die Dauer von sechs Jahren. Die Konferenz muss mindestens einmal im Jahr einberufen werden, was angesichts des umfangreichen formal zugewiesenen Aufgabenkatalogs nicht sehr viel ist. Vorgesehen sind neben der Bestätigung der Vorstandsvorsitzenden und deren Stellvertretern, der Wahl der Mitglieder des Aufsichtsrates und der beiden Ausschüsse vor allem grundlegende Beschlüsse sowie die Verabschiedung der oben erwähnten Rahmenbestimmungen.[245]

2. Der Aufsichtsrat. Der Kern der Aufsichtsratstätigkeit ist die Bestellung der Vorstandsmitglieder sowie die Überwachung ihrer Amtsführung, insbesondere die Umsetzung der Beschlüsse der Konferenz. Den 20 Mitgliedern des Aufsichtsrates gehören acht entsendete Mitglieder an:

- 1 Vertreter des Rates der EKD,
- 6 Vertreter der Kirchenkonferenz (darunter mindestens vier leitende Geistliche oder Juristen),
- 1 Vertreter der Evangelischen Zentralstelle für Entwicklungshilfe e. V. (der Vorsitzende).

Daneben werden weitere zwölf Mitglieder aus der Mitte der Konferenz gewählt. Diese umfassen:

- 1 Vertreter der Freikirchen oder anderer Kirchen, die Mitglied sind,
- 1 Vertreter einer diakonischen Einrichtung einer Freikirche oder anderen Kirche, die Mitglied ist,
- 4 Vertreter der Landesverbände,
- 4 Vertreter der Fachverbände,
- 1 Fachvertreter für diakonische Arbeit sowie
- 1 Fachvertreter für entwicklungspolitische Arbeit.

Die Amtszeit des Aufsichtsrats ist deckungsgleich mit der der Konferenz und beträgt somit ebenfalls sechs Jahre. Unter Vorsitz eines leitenden Geistlichen sollen vier Sitzungen pro Jahr stattfinden, in denen der Aufsichtsrat die in der Satzung genannten Aufgaben behandelt. Diese bestehen im Wesentlichen nicht nur aus Kontroll- und Überwachungsrechten gegenüber dem Vorstand, sondern ebenfalls in personalen Beschlusskompetenzen bei der Besetzung von Leitungsgremien.[246]

---

245 Vgl. § 10 (1) Satzung des EWDE vom 14.06.2012.
246 Vgl. § 15 (1) Satzung des EWDE vom 14.06.2012.

3. Der Vorstand. Das Gesamtwerk wird durch einen derzeit sechsköpfigen hauptamtlichen Vorstand geleitet, der für seine Tätigkeit vergütet wird. Die sechs Vorstandsbereiche untergliedern sich weiter in 18 Abteilungen und Zentren. Als Kollegialorgan werden Entscheidungen gemeinsam getroffen, wobei jedem Vorstandsmitglied ein eigener Verantwortungsbereich zufällt. Die Amtszeit beträgt sechs Jahre. Wesentliche Aufgabe des Gesamtvorstands ist die Umsetzung der Beschlüsse der Konferenz, sofern sie nicht in den Zuständigkeitsbereich der Teilwerke „Diakonie Deutschland – Evangelischer Bundesverband" oder „Brot für die Welt – Evangelischer Entwicklungsdienst" fallen. Ferner gehören dazu vor allem die Entscheidung unternehmenspolitischer Fragen des Vereins, die strategische Planung der gemeinsamen Themen beider Werke, die Vorbereitung der Sitzungen der Konferenz sowie des Aufsichtsrates und die Aufstellung des Jahresabschlusses und des Wirtschaftsplans.[247]

Jedes der beiden Teilwerke wird derzeit durch drei Vorstandsmitglieder des Gesamtvorstands vertreten.[248] Diese übernehmen die Geschäfte der Teilwerke auf der Grundlage einer dazu erlassenen Geschäftsordnung sowie die Geschäftsführung im zugehörigen Ausschuss „Diakonie" und analog „Entwicklungsdienst und humanitäre Hilfe".

Die Konferenz setzt aus ihren Reihen jeweils einen Ausschuss „Diakonie" sowie „Entwicklungsdienst und humanitäre Hilfe" ein. Der für den wohlfahrtsverbandlichen Bereich relevante Ausschuss „Diakonie" besteht aus zwölf Mitgliedern der Landes- und Fachverbände, der EKD und Freikirchen, des Aufsichtsrates sowie Fachleuten für diakonische Arbeit. Wesentliche Aufgabe des Ausschusses ist die Beratung der Leitung des Diakonischen Teilwerkes in theologischen, konzeptionellen, strategischen und politischen Grundsatzfragen.[249] Darüber hinaus begleitet er bereichsübergreifende Projekte von bundesweiter diakonischer Bedeutung und erfüllt verschiedene Funktionen im Rahmen der Gremienarbeit zwischen Aufsichtsrat und Konferenz.[250]

Um die Arbeit des Gesamtverbandes und seiner Mitgliedsorganisationen zu koordinieren, zu begleiten und zu beraten sowie eine Interessenvertretung gegenüber Staat und Gesellschaft zu ermöglichen, unterhielt das Diakonische Werk der EKD lange eine Hauptgeschäftsstelle mit Sitz in Stuttgart und Berlin.

---

247 Vgl. § 17 (6) Satzung des EWDE vom 14.06.2012.
248 Vgl. §§ 19 und 20 Satzung des EWDE vom 14.06.2012.
249 Vgl. § 12 (3) Satzung des EWDE vom 14.06.2012.
250 Zu denken ist dabei beispielsweise an die Benennung von Fachleuten nach § 12 (3) Nr. 5 Satzung des EWDE vom 14.06.2012, die dann durch den Aufsichtsrat in die Konferenz gewählt werden.

Abbildung 12: Hauptgeschäftsstelle des Evangelischen Werkes für Diakonie und Entwicklung

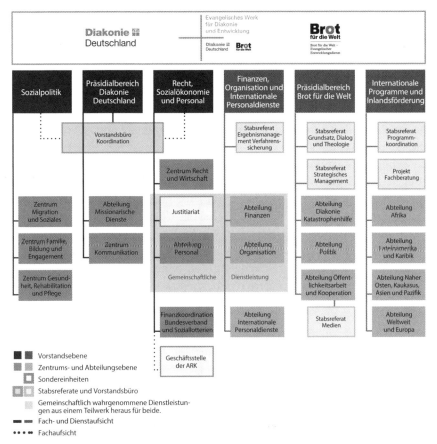

EWDE (2012a): Struktur der Hauptgeschäftsstelle. Fundort: http://www.diakonie.de/ verbandsstruktur-9134.html (Sichtung: 20.12.2012).

Ähnlich wie andere Verwaltungs- und Verbandsbürokratien durchläuft auch die Hauptgeschäftsstelle der Diakonie Deutschland seit einigen Jahren einen Reformprozess, der die bisherigen Arbeits- und Zuständigkeitsstrukturen radikal verändert hat. In einer ersten Etappe ging es im Rahmen der Neuorganisation um die Unterscheidung von permanenten bzw. Regelaufgaben und Projektarbeit; Wahrnehmung der Regelaufgaben in der Hauptgeschäftsstelle, Verlagerung der Projektarbeit in flexible Strukturen neu zu bildende sozialpolitische Zentren; Leitung der Hauptgeschäftsstelle durch einen hauptamtlichen Vorstand; Koordination und Steuerung der Zentren durch jeweilige Lenkungsausschüsse; Verlagerung und Zusammenfassung der bis-

151

herigen Handlungsfelder „Integration und Seelsorge", „Frauen, Jugend und Familie", „Migration" in die Zentren „Gesundheit, Rehabilitation und Pflege" sowie „Familie, Bildung und Engagement" und „Migration und Soziales", Integration bisheriger Querschnittsabteilungen in die Arbeit der jeweiligen Zentren. Diese Maßnahmen dienten überwiegend einer stärkeren Einbindung und Beteiligung von Landes- und Fachverbänden an den Prozessen im Bundesverband. Dies sollte insbesondere durch eine hauptsächlich in den Zentren verstärkt geübte Projektarbeit unterstützt werden. Nach einem einjährigen innerverbandlichen Diskussions- und Abstimmungsprozess wurden mit den Beschlüssen der Diakonischen Konferenz vom Oktober 2004 die satzungsrechtlichen Grundlagen geschaffen, um diese präferierten Veränderungen organisationsstrukturell zu verankern. Zentrale Herausforderungen der Gegenwart ergeben sich insbesondere aus der zunehmenden Ressourcenverknappung. Angesichts zum Teil geringer Steuerungspotenziale und den generellen Schwierigkeiten bei der Umsetzung von Kostenreduktions- und Konsolidierungsstrategien wie Entlassungen oder Betriebsschließungen werden in der Diakonie Zusammenschlüsse als strategisches Mittel einer Neuausrichtung, zur Erzeugung von Synergien und damit letztlich auch Kostenreduktionen präferiert. Vor diesem Hintergrund gab es in den vergangenen Jahren wie bereits ausgeführt eine ganze Reihe von Fusionen und kooperativen Zusammenschlüssen auf der Ebene der Landesverbände sowie des Bundesverbandes. Synergien sollen sich insbesondere aus einer engeren Verzahnung der dem DW angeschlossenen Aktion Brot für die Welt mit dem Evangelischen Entwicklungsdienst ergeben. Weitere Einsparungen folgen aus der Schließung der bisherigen Hauptgeschäftsstelle des DW der EKD in Stuttgart sowie der Zentrale des eed in Bonn. Die offiziellen Verlautbarungen rücken demgegenüber inhaltliche Aspekte stärker in den Mittelpunkt: „Das Diakonische Werk der EKD und der Evangelische Entwicklungsdienst versprechen sich durch die Bündelung der Kräfte und Instrumente neue Impulse und eine stärkere, gemeinsame Stimme in der Öffentlichkeit. Die enge Zusammenarbeit der bisherigen beiden Werke wird Menschen im In- und Ausland, die unter Armut und Ungerechtigkeit leiden, zugutekommen".[251] Neben den erwähnten Synergien dürften allerdings ein erweiterter Finanzierungsmix und sich ergänzende Kompetenzen gewichtige Beweggründe für die Fusion gewesen sein.[252] Zum 1.10.2012 hat

---

251 EWDE (2012b): Fusion. Fundstelle: http://www.diakonie.de/evangelisches-werk-fuer-diakonie-und-entwicklung-9238-fragen-und-antworten-zu-fusion-und-umzug-9249.htm (Sichtung: 20.09.2012).
252 Mittelfristig geht das DW von Mitteleinsparungen in Höhe von 3,6 Mio. Euro jährlich aus. Vgl. ebd.

die Organisation ihre Arbeit in den neuen Räumlichkeiten in Berlin aufgenommen.

Nach jetzigem Zuschnitt sind drei Vorstandsmitglieder für die Leitung des Teilwerkes Diakonie Deutschland zuständig. Ihnen fallen dabei unterschiedliche Positionen und Aufgaben zu:

1. Präsidialbereich mit dem Präsidialbüro, der Abteilung Missionarischen Dienste, dem Zentrum Kommunikation und dem Vorstandsbüro.
2. Vorstandsbereich Sozialpolitik mit dem Vorstandsbüro und den Zentren Familie, Bildung und Engagement, Gesundheit, Rehabilitation und Pflege und Migration und Soziales.
3. Vorstandsbereich Recht, Sozialökonomie und Personal. Neben dem Vorstandsbüro gehören dazu das Zentrum Recht und Wirtschaft, das Justitiariat, die Abteilungen Personal sowie Finanzkoordination und Soziallotterien. Zugeordnet ist auch die Geschäftsstelle der Arbeitsrechtlichen Kommission der Diakonie.[253]

4.2.4 Aufgabenbereiche und Mitarbeiter

Das Diakonische Werk der EKD nimmt neben seiner lobbyistischen Aufgabe auf der Bundesebene überwiegend koordinierende, beratende und unterstützende Aufgaben für seine Mitgliedsorganisationen wahr. Die operativen Geschäftsfelder werden hauptsächlich von den jeweiligen Landesverbänden und ihren Mitgliedseinrichtungen sowie von den kooperativ angeschlossenen Verbänden, Stiftungen und Werken realisiert. Insgesamt gesehen beziehen sich diese diakonischen Aktivitäten auf die in Übersicht 11 aufgelisteten Handlungsfelder bzw. Aufgabenbereiche.

---

253 Vgl. EWDE (2012c): http://www.diakonie.de/diakonie-bundesverband-9133.html (Sichtung 14. 12. 2012).

Übersicht 11: Arbeitsbereiche und exemplarische Einrichtungen
in der Diakonie

Krankenhilfe	**Allgemeine und spezialisierte Krankenhäuser** sowie Rehabilitationskliniken, Allgemeine Tageskliniken und Tages- und Nachtkliniken für Psychiatrie und Sucht, Medizinische Versorgungszentren und Psychiatrische Institutsambulanz, Fachschulen für Krankenpflege und Physiotherapie
Kinder- und Jugendhilfe	**Kindertageseinrichtungen, -krippen und Krabbelgruppen,** Wohnheime für Kinder und Jugendliche, Außenwohngruppen, Wohngemeinschaften, Heime für Mütter/Väter mit Kind, Sonder- und Förderschulen, Ausbildungs- und Qualifizierungseinrichtungen, Lehrwerkstätten, Jugendberatungsstellen, Tagesfreizeitstätten, Schul- und Jugendsozialarbeit, Einsatzstellen der sozialpädagogischen Familienhilfe, Flexible Betreuung, Fachschulen für Sozialpädagogik und Kinderpflege, Hausaufgabenhilfegruppen, Klubs und andere Gruppen für Kinder und Jugendliche, Jugendzentren
Familienhilfe	**Diakonie Sozialstationen** (gebündelte ambulante sozialpflegerische Dienste), Hospize, Freizeit-, Erholungs- und Kurheime, Frauen- und Kinderschutzhäuser, ·Familienbildungsstätten, Beratungsstellen für Ehe-, Familien-, Erziehungs- und Lebensfragen, Beratungsstellen für verschiedene Krankheitsbilder, Hilfen zur Erziehung, Schwangerschaftskonfliktberatung, Ambulante Hospizdienste, Nachbarschafts- und Bürgerhilfe, Diverse Selbsthilfegruppen
Altenhilfe	**Vollstationäre Einrichtungen (Seniorenheime),** Kurzzeitpflegeinrichtungen, Altenwohnungen, Seniorenwohnungen und betreutes Wohnen, geriatrische Tageskliniken, Tages- und Nachtpflegeeinrichtungen, Beratungsstellen für Senioren, Mahlzeitendienste, Ambulant betreutes Wohnen, Seniorenbildungsstätten, Begegnungs- und Tagesstätten, Initiativen, Selbsthilfegruppen, Klubs
Behinderten-hilfe	**Wohnheime für Menschen mit Behinderung,** Spezialwohnheime, Kurzzeitpflege, Außenwohngruppen, Betreutes Wohnen, Werkstätten für Menschen mit Behinderung, Sonderschulen und -kindergärten, Tagesstätten, ambulant betreutes Wohnen, Beratungsstellen, Frühförderstellen, Integrationsfachdienste, Fachschulen für Heilpädagogik, Heilerziehungspflege, Ergotherapie etc., Selbsthilfe- und Kontaktgruppen, Initiativen und Klubs
Hilfen für Personen in besonderen sozialen Situationen	**Beschäftigungs- und Qualifizierungsangebote für erwachsene Arbeitslose,** Werkstätten und Beschäftigungseinrichtungen, Wohnheime für Wohnungslose, Flüchtlinge, Aussiedler, Suchtkranke, Wohngruppen für Wohnungslose, Heime der Seemannsmission, Übernachtungsstellen für Wohnungslose, Tagesstätten, Psychosoziale Beratungsstellen für Suchtkranke und Angehörige, Beratungsstellen für Wohnungslose, Telefonseelsorge, Schuldnerberatungsstellen, Mahlzeitendienste, Kleider- und Möbellager, Betreuungsstellen Bahnhofsmission, Migrationsfachdienst, Selbsthilfe- und Kontaktgruppen Suchtkranker, Initiativen
Sonstige Hilfen	**Rettungs- und Transportdienste der Johanniter Unfallhilfe,** Allgemeine und berufsbildende Schulen, Tagungs- und Bildungsstätten, Wohnheime für Studierende, Berufstätige, Hotels und Hospize, Betreuungsvereine, Allgemeine Sozialberatung, Berufsvorbereitende und -qualifizierende Einrichtungen, Fach- und Fachhochschulen, Bibel- und Missionsschulen

Hervorgehoben sind die nach Beschäftigtenzahl zentralen Einrichtungen des jeweiligen Arbeitsfeldes

Eigene Darstellung auf der Grundlage von: Diakonisches Werk der Evangelischen Kirche in Deutschland e. V. (Hrsg.) (2011): Einrichtungsstatistik zum 01. Januar 2010. Stuttgart.

Wahrgenommen werden diese Aufgaben in 27 083 Einrichtungen, in denen bis zu 452 592 Mitarbeitende haüptberuflich tätig sind.[254] Ein Blick auf die Struktur der Mitarbeitenden zeigt einige für das Sozial- und Gesundheitswesen durchaus typische Eigenarten. So ist die typische Mitarbeitende weiblich, etwa 40 Jahre alt, evangelisch und arbeitet schon neun Jahre bei einem diakonischen Träger. Sie arbeitet Teilzeit in der Entgeltgruppe zwischen 5 bis 8 nach TVöD.[255] Genauer aufgeschlüsselt zeigt sich, dass 78,5% der Mitarbeitenden der Diakonie weiblich und lediglich 21,5% männlich sind. Dabei steigt der Männeranteil in den oberen Vergütungsgruppen überproportional an, was auch ein Indiz für die stärkere Präsenz der männlichen Mitarbeitenden in den Führungspositionen ist.[256]

Insgesamt wird deutlich, dass die einzelnen Fachbereiche, Einrichtungsarten und die hierin beschäftigten Mitarbeiter im Gesamtspektrum der diakonischen Arbeit ein sehr unterschiedliches Gewicht haben(Tab. 12).

Wie zu sehen, sind die meisten Arbeitnehmer im DW in Einrichtungen der Krankenhilfe, der Jugendhilfe und der Altenhilfe mit nahezu gleichstarkem Gewicht beschäftigt. Ihr Anteil an allen Hauptberuflichen beträgt 2010 in diesen Arbeitsfeldern knapp 23,9%, 23,7% und 22,5%. Mit größerem Abstand folgt die Behindertenhilfe mit 17,1% der Beschäftigten. Die Familienhilfe nimmt mit 7,2% ebenso wie die Hilfen für Personen in besonderen sozialen Lagen mit 2,9% und Sonstige Hilfen mit 2,7% der in der Diakonie Beschäftigten einen unverändert bescheidenen Rang ein. Im Vergleich zu den 2000 erhobenen Daten fällt die gewachsene Bedeutung der Altenhilfe als diakonischer Beschäftigungsbereich auf und verweist auf die sich ändernden demographischen Rahmenbedingungen. Eine hohe Beschäftigungsdynamik ist auch in der Behinderten- und Jugendhilfe zu verzeichnen (vgl. Tabelle 13). Im Gegensatz dazu stagniert die Krankenhilfe regelrecht und kündet damit von den in diesem Arbeitsbereich erheblichen ökonomischen Problemen der letzten Jahre.

---

254 Vgl.: Diakonisches Werk der Evangelischen Kirche in Deutschland e. V. (2011): Einrichtungsstatistik zum 1. Januar 2010. Stuttgart, S. 3.
255 Vgl. Diakonisches Werk der Evangelischen Kirche in Deutschland e. V. (2008): Mitarbeitendenstatistik zum 1. September 2008. Stuttgart, S. 4.
256 Vgl. ebd., S. 40.

Tabelle 12: Einrichtungen und Beschäftigte im DW 2010

	Mitarbeitende			Einrichtungen
	Vollzeit	Teilzeit	Gesamt	
1. Krankenhilfe				
1.1 Stationäre Einrichtungen der Krankenhilfe und Hospize	62 909	43 316	106 225	345
1.2 Tages- und teilstationäre Einrichtungen der Krankenhilfe	305	413	718	72
1.3 Ambulante Dienste in der Krankenhilfe und Palliative Care	161	148	309	34
1.4 Fachschulen für Gesundheits- und Krankenpflege	456	400	856	128
1.5 Selbsthilfegruppen und Organisationen freiwilligen Engagements	1	2	3	708
Gesamtsumme	63 832	44 279	108 111	1 287
2. Kinder- und Jugendhilfe				
2.1 Wohnheime und andere stationäre Einrichtungen der Kinder- und Jugendhilfe	10 305	7 271	17 576	1 044
2.2 Tageseinrichtungen der Jugendhilfe und Jugendberufshilfe	31 567	53 280	84 847	8 707
2.3 Beratungsstellen sowie ambulante Dienste	1 534	2 527	4 061	870
2.4 Fachschulen der Jugendhilfe	306	519	825	56
2.5 Selbsthilfegruppen und Organisationen freiwilligen Engagements	43	128	171	70
Gesamtsumme	43 755	63 725	107 480	10 747
3. Familienhilfe				
3.1 Wohnheime und andere stationäre Einrichtungen	863	1 041	1 904	244
3.2 Tageseinrichtungen der Familienhilfe	122	575	697	83
3.3 Beratungsstellen sowie ambulante Dienste	5 584	24 318	29 902	2 045
3.4 Fachschulen der Familienhilfe	4	28	32	3
3.5 Selbsthilfegruppen und Organisationen freiwilligen Engagements	27	87	114	64
Gesamtsumme	6 600	26 049	32 649	2 439
4. Altenhilfe				
4.1 Wohnheime und vollstationäre Einrichtungen mit Versorgungsvertrag nach § 72 SGB XI	36 574	62 187	98 761	2 352
4.2 Teilstationäre Einrichtungen mit Versorgungsvertrag nach § 72 SGB XI	215	784	999	261
4.3 Beratungsstellen sowie ambulante Dienste	214	677	891	262
4.4 Fachschulen der Altenhilfe	307	450	757	106
4.5 Selbsthilfegruppen und Organisationen freiwilligen Engagements sowie offene, gemeinwesenorientierte Altenarbeit	145	288	433	154
Gesamtsumme	37 455	64 386	101 841	3 135

	Mitarbeitende			Einrichtungen
	Vollzeit	Teilzeit	Gesamt	
5. Behindertenhilfe				
5.1 Wohnheime und andere stationäre Einrichtungen für Menschen mit Behinderung und/oder psychischer Erkrankung	19 586	26 738	46 324	1 413
5.2 Teilstationäre Einrichtungen für Menschen mit Behinderung und/oder psychischer Erkrankung	16 519	9 100	25 619	1 002
5.3 Beratungsstellen und ambulante Dienste für Menschen mit Behinderung und/oder psychischer Erkrankung	1 471	3 395	4 866	788
5.4 Fachschulen der Behindertenhilfe	128	317	445	59
5.5 Selbsthilfegruppen und Organisationen freiwilligen Engagements	9	24	33	54
Gesamtsumme	37 713	39 574	77 287	3 316
6. Hilfen für Personen in besonderen sozialen Situationen				
6.1 Wohnheime und andere Einrichtungen der Hilfen für Personen in besonderen sozialen Situationen	1 798	1 694	3 492	382
6.2 Tageseinrichtungen für Personen in besonderen sozialen Situationen	2 908	1 299	4 207	422
6.3 Beratungsstellen sowie ambulante Dienste	2 125	3 180	5 305	1 733
6.5 Selbsthilfegruppen und Organisationen freiwilligen Engagements	34	36	70	2 348
Gesamtsumme	6 865	6 209	13 074	4 885
7. Sonstige Hilfen				
7.1 Sonstige Wohnheime und andere stationäre Einrichtungen	109	199	308	106
7.2 Sonstige Tageseinrichtungen	1 625	1 446	3 071	145
7.3 Sonstige Beratungsstellen sowie ambulante Dienste	3 813	4 004	7 817	918
7.4 Sonstige Aus-, Fort- und Weiterbildungsstätten für soziale und pflegerische Berufe	519	435	954	105
Gesamtsumme	6 066	6 084	12 150	1 274
Summe über alle Arbeitsbereiche	202 286	250 306	452 592	27 083

Eigene Zusammenstellung in Anlehnung an: Diakonisches Werk der Evangelischen Kirche Deutschlands (Hrsg.) (2011): Einrichtungsstatistik zum 01. Januar 2010. Stuttgart, S. 57 ff.

Tabelle 13: Beschäftigungswachstum in der Diakonie nach Arbeitsbereichen

Arbeitsbereiche	Beschäftigungswachstum von 2000 bis 2010
Krankenhilfe	+0,1
Jugendhilfe	+16,7
Familienhilfe	+3,8
Altenhilfe	+24,3
Behindertenhilfe	+21,4
Hilfe in besonderen Situationen	+2,2
Sonstige Hilfen	+15,7
Gesamt	+13,1

Eigene Darstellung nach Zahlen der Einrichtungsstatistik 2000 und 2010 aus: Diakonisches Werk der Evangelischen Kirche Deutschlands (Hrsg.) (2001): Einrichtungsstatistik zum Januar 2000. Stuttgart; und Diakonisches Werk der Evangelischen Kirche Deutschlands (Hrsg.) (2011): Einrichtungsstatistik zum 01. Januar 2010. Stuttgart.

Weitere Binnendifferenzierungen werden bei der Frage erkennbar, welche Einrichtungsarten die diakonischen Dienstleistungen prägen. Hier wird in besonderer Weise ein stattgefundener Wandel der sozialen Infrastruktur deutlich. Lässt man die Aus- und Fortbildungseinrichtungen sowie die Selbsthilfe- und Helfergruppen unberücksichtigt, so überwiegen mit 46,1 % Teilstationäre und Tageseinrichtungen[257] und nimmt man die Beratungsstellen und ambulanten Dienste hinzu, so sind sie zusammen mit knapp unter 75 % die in der Diakonie dominierenden Einrichtungstypen. Hingegen beträgt der Anteil der stationären Dienste nur noch knapp 25 %. Im Vergleich zu 2001 zeigt sich damit eine weitere Verstärkung der Tendenz zu dezentralen und teilstationären Einrichtungen, die sicherlich auch Ergebnis eines veränderten Betreuungs- und Versorgungsparadigmas nicht nur in der Behindertenpolitik ist, das ambulante Versorgung einer stationären vorzieht.

---

257 Von großem Gewicht sind dabei vor allem die Kindertageseinrichtungen und Kindergärten.

Tabelle 14: Einrichtungen und Mitarbeiter in der Diakonie nach Bundesländern 2010

Bundesland/Region	Angebote	Beschäftigte		
		Vollzeit	Teilzeit	Insgesamt
Baden-Württemberg	2 463	18 550	23 368	41 918
Bayern	973	8 923	10 359	19 282
Berlin	358	10 475	5 479	15 954
Brandenburg	199	5 288	1 591	6 879
Bremen	174	1 083	2 073	3 156
Hamburg	838	4 609	5 737	10 346
Hessen	965	9 913	13 418	23 331
Mecklenburg-Vorpommern	654	3 723	5 346	9 069
Niedersachsen	1 370	14 185	16 876	31 061
Nordrhein-Westfalen	3 356	48 860	51 331	100 191
Rheinland-Pfalz	534	7 409	10 331	17 740
Saarland	62	589	406	995
Sachsen	1 178	3 848	9 935	13 783
Sachsen-Anhalt	480	4 733	5 220	9 953
Schleswig-Holstein	775	5 537	7 536	13 073
Thüringen	609	3 867	6 438	10 305
Ausland	3	7	1	8
Ev. Krankenhaushilfe	706	1	2	3
Kindertagesstätten	8 212	24 303	47 329	71 632
Qualifizierungseinrichtungen für Arbeitslose	255	2 116	834	2 950
Arbeitslosentreffs mit sozialpäd. Betreuung	58	51	43	94
Telefonseelsorgestellen	105	166	94	260
Betreuungsstellen der Bahnhofsmission	101	47	72	119
Bürgerhilfe für Suchtkranke	837	1	2	3
Selbsthilfekontaktgruppen für Suchtkranke	1 500	18	8	26
Rettungsdienste der Johanniter-Unfallhilfe	316	2 706	2 317	5 023
Einrichtungsübergreifend oder zentrale Dienste	–	21 278	24 160	45 438
Gesamt	27 083	202 286	250 306	452 592

Zusammenstellung nach: DW der EKD (2011): Einrichtungsstatistik – Regional zum 01. 01. 2010. Stuttgart. S. 64.

Diakonische Dienstleistungen sind jedoch nicht nur hinsichtlich der Aufgabenfelder und Einrichtungsarten unterschiedlich relevant, sondern zeigen auch eine durchaus verschieden stark ausgeprägte regionale Präsenz. Die hierzu vom Diakonischen Werk der EKD vorgelegten Daten erfassen die diakonischen Einrichtungen sowohl nach politischen Gebietskörperschaften, als nach Bundesländern und nach landeskirchlichen Zuständigkeiten.[258] Hinsichtlich der regionalen Verankerung diakonischer Sozialdienste wird erkennbar, dass die Diakonie in den Bundesländern Nordrhein-Westfalen, Baden-Württemberg und Niedersachsen als Dienstleister sehr viel stärker als in den übrigen Bundesländern vertreten ist(Tab. 14).

Darüber hinaus belegen die Daten die große Relevanz von rechtlich eigenständigen Mitgliedsorganisationen und Fachverbänden bei der Erbringung sozialer Dienstleistungen. Erhebliche Teile aller diakonischen Einrichtungen befinden sich nämlich nicht in der unmittelbaren Trägerschaft der Diakonischen Werke, sondern werden von selbstständigen Mitgliedsorganisationen verantwortet. Neben großen Stiftungen und kirchlichen Anstalten, viele von ihnen haben sich dem Verband diakonischer Dienstgeber (VdDD) angeschlossen, sind hierbei vor allem die Kirchengemeinden als Träger von Kindertagesstätten bedeutsam. Bezogen auf die Zahl der beschäftigten Arbeitnehmer haben diese Träger allerdings eine geringere Bedeutung.

Nach dem starken Wachstum der Beschäftigtenzahlen in den 90er Jahren waren auch die ersten zehn Jahre des neuen Jahrtausends – abgesehen von einer kurzen Unterbrechung zwischen 2002 und 2004 – durch einen steten Zuwachs der Beschäftigtenzahlen gekennzeichnet (vgl. Abb. 13). Der Stellenzuwachs belief sich für die Zeit von 2000 bis 2010 auf rund 13 %. Im gleichen Zeitraum sank die Zahl der Vollzeitstellen jedoch um 11 %. Waren in 2000 noch 56,8 % der Beschäftigten in Vollzeitstellen beschäftigt, sank ihr Anteil in 2010 kontinuierlich auf 44,7 %. Damit zeigt sich eine signifikante Tendenz zur „Verteilzeitlichung" der Beschäftigungsverhältnisse, wobei die Ursachen dafür vielschichtig sein dürften. In besonderer Wiese zeigen sich die Arbeitsfelder der Alten- und Familienhilfe durch Teilzeitbeschäftigte geprägt.

258 Vgl. Diakonisches Werk der Evangelischen Kirche Deutschlands (Hrsg.) (2011): Einrichtungsstatistik zum 01. Januar 2010. Stuttgart. S. 64 und 129.

Abbildung 13: Entwicklung der Beschäftigtenzahl und Vollzeitstellen

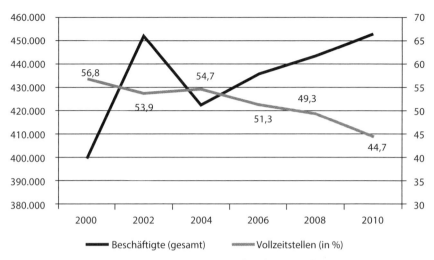

Eigene Darstellung mit Daten der Einrichtungsstatistiken der Jahre 2000 bis 2010.

Diakonie realisiert sich vor allem innerhalb der regional und lokal ausgerichteten Landesverbände und Kirchenkreise. Hier zeigen sich in den vergangenen Jahren immer stärker Tendenzen einer betriebswirtschaftlichen
Ausrichtung und Neuformierung der sozialen Dienstleistungsbereiche, die
zwar Ähnlichkeiten zu OE-Prozessen der nicht-konfessionellen Wohlfahrtsverbände aufweisen, ohne jedoch mit diesen gänzlich überein zu stimmen.
Gemeinsam ist die Tendenz, soziale Dienste als Unternehmen zu managen
und neben der Einführung entsprechender Entscheidungs- und Control-
ling-Verfahren zunehmend die Rechtsform der „gemeinnützigen GmbH"
anzustreben. Abweichend von diesem generellen Trend zeigen sich zudem
innerhalb der Diakonie verstärkt Bestrebungen, die bislang eigenständigen
Werke zu vernetzen und in neuen Kooperationsformen miteinander zu verbinden. Gleichwohl bleibt die Frage ungelöst, ob die beabsichtigte Verknüpfung der unternehmerischen Betriebsteile mit dem kirchlich-diakonischen
Gemeindeleben samt den induzierten Impulsen in das soziale Gemeinwesen
wirklich gelingen kann. Denn die von Kirchengemeinden angebotenen
Dienstleistungen dürften aus der Nutzerperspektive vielerorts weniger aus
religiösen Motiven gewählt werden, als vielmehr aus praktischen Erwägun-
gen und fehlender sonstiger Angebote. Auch bleibt unklar, wie abseits konzeptioneller Wunschvorstellungen ausgelagerte Sozialbetriebe in ihrem operativen Geschäftsverhalten auf das in den Gemeinden tatsächliche oder ver-
meintlich vorhandene Handlungspotenzial zurückgreifen könnten. So wäre
beispielsweise an die enge Anbindung der Gemeindearbeit an die Aktivitäten

eines ausgegliederten Seniorenheims jenseits der Gestaltung bunter Nachmittage zu denken. Eine solche enge Verbindung könnte nicht nur synergetisch, sondern auch profilschärfend für Gemeinde und Sozialbetrieb wirken.

Die vorgenommene Gesamtschau zur Diakonie bedarf einer weiteren Differenzierung. Denn wie schon erläutert, realisieren sich die von der Diakonie erbrachten Dienstleistungen keineswegs innerhalb einheitlicher Verbands- und Organisationsstrukturen. Ähnlich wie für die katholische Caritas gilt auch für die Diakonie, dass neben dem wohlfahrtsverbandlichen Spitzenverband zahlreiche rechtlich eigenständige Träger bestehen, die dem Diakonischen Werk zwar mitgliedschaftlich angehören, jedoch weitgehend unabhängig und autonom agieren und als Stiftungen, Anstalten o. a. bezeichnet werden. Ihre Geschichte reicht teilweise bis weit hinter das 19. Jahrhundert zurück. Innerhalb der Diakonie bildeten diese Werke lange Zeit einen eigenen Mikrokosmos. Ausgelöst durch existenzielle Finanzierungs- und Rekrutierungsprobleme sowie Skandale und Missbrauchsfälle haben in den vergangenen 20 Jahren in vielen dieser Einrichtungen zudem Modernisierungsprozesse stattgefunden und zu neuen Entwicklungen geführt, die als „unternehmerische Diakonie" beschreibbar sind. Wie Abbildung 14 am Beispiel der von Bodelschwinghschen Stiftungen illustriert, sind in diesem Kontext moderne Sozialunternehmen entstanden, die sich hinsichtlich ihrer Leistungsbilanzen und Geschäftsdaten kaum von anderen Großunternehmen im Sozialbereich unterscheiden. Und ebenso ähnlich ist das Muster der hier stattfindenden Organisationsentwicklungen, die in einer systematischen Trennung von Orden, Stiftung, Mitgliederverein einerseits und operativen Geschäftsbetrieben andererseits bestehen. Letztere werden aus dem engeren kirchlichen Organisationsmilieu herausgelöst und in wirtschaftlich eigenständige, wettbewerblich operierende Unternehmen überführt, die freilich im Eigentum und unter Aufsicht des kirchlichen Trägers verbleiben. Die bereits erwähnten Fusionierungswellen von Einrichtungen und Aufgabenfeldern verstärkt zudem in den neu entstandenen Großeinheiten eine Tendenz zur Konzernbildung. Diese sind wie Abbildung 14 zeigt, durch ein Neben- und Übereinander unterschiedlicher Rechtsformen und Beteiligungsstrukturen gekennzeichnet, die zusehends auch in den eigenen Reihen als „Unternehmen" bezeichnet werden und nach betriebswirtschaftlichen Gesichtspunkten gesteuert werden.

Abbildung 14: Organisationsstruktur von Bodelschwingsche Stiftungen Bethel

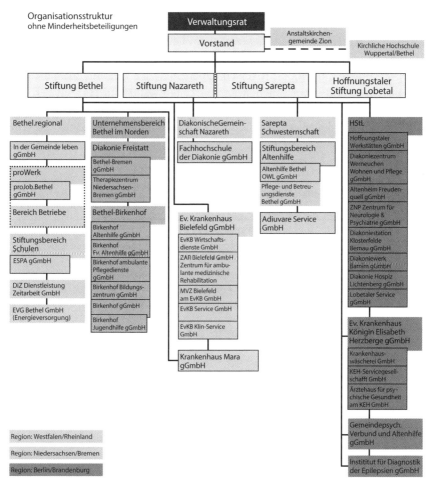

Quelle: Bethel (2012): Jahresbericht. Fundstelle: http://www.bethel.de/fileadmin/Bethel/
downloads/jahresbericht/Jahresbericht_2011_12/Organigram_Jahresbericht_2011-2012.pdf
(Sichtung: 19. 11. 2012).

Die damit verbundenen Vorteile können durch geschickte Ausnutzung von Skaleneffekten, z. B. bei der Beschaffung, kaufmännischen Administration und Immobilienverwaltung und Synergien durch Kooperationen der Einrichtungen untereinander nutzbar gemacht werden. Sie sind jedoch keineswegs selbstverständlich und treten nicht automatisch ein, sodass die ausbleibenden Erfolge mancher Fusion in den nächsten Jahren deutlich werden könnten. Schließlich sind aus der Wirtschaft die negativen Begleitumstände solcher Agglomerationen wie schleichender Identitätsverlust, hohe Zentrifugalkräfte in den Tochterunternehmen oder hohe Intransparenz gegenüber der Öffentlichkeit hinlänglich bekannt. Dazu können kulturelle Unterschiede in den Einrichtungen treten, die Synergien aufgrund unterschiedlicher Sicht- und Arbeitsweisen zunichtemachen. Letzteres ist in der gewerblichen Wirtschaft einer der häufigsten Gründe für das Scheitern von sogenannten Mergers-and-Acquisitions-Prozessen. Doch auch der Weg hin zu manch einer Fusion ist mit beträchtlichen Ressourcenaufwand und Hürden verbunden, wie die zusammenfassende Darstellung wichtiger Etappen des Fusionsprozesses der Evangelischen Kirche und ihrer Diakonie in Mitteldeutschland (EKM) verdeutlicht:

Übersicht 12: Etappen des Fusionsprozesses der Diakonie Mitteldeutschlands

17. Dezember 1997	1. Sondierungsgespräch zwischen beiden Kirchen in Erfurt
November 1998	Einholung eines Gutachtens zur Frage einer möglichen Föderation bzw. Fusion beider Kirchen (fertiggestellt Aug. 99)
Oktober/November 1999	Synoden der Thüringer Landeskirche und der Kirchenprovinz Sachsen beschließen Verhandlungsaufnahme über die Zusammenarbeit „im Rahmen einer verbindlich strukturierten Kooperation mit dem Ziel der Föderation"
November 2000	Zustimmung der beiden Synoden zum „Vertrag über die verbindlich strukturierte Kooperation mit dem Ziel der Föderation" (Kooperationsvertrag)
5. Dezember 2000	„Vertrag über die verbindlich strukturierte Kooperation mit dem Ziel der Föderation" (Kooperationsvertrag) wird unterzeichnet
1. Januar 2001	Inkrafttreten des Vertrages über die verbindliche Kooperation
2002	Einigung über Zusammenschluss der Diakonischen Werke beider Landeskirchen und der Anhaltischen Landeskirche
2002	Sondierungsgespräche mit der Evangelischen Landeskirche Anhalts über den Beitritt zum Kooperationsvertrag
August/September 2002	Verständigung im Kooperationsrat über die Ziele und die Bildung einer Föderation zwischen der ELKTh und der EKKPS in zwei Phasen
16. November 2002	Synode der Evang. Landeskirche Anhalts lehnt Beitritt ab
April 2003	Synoden erteilen Auftrag zur Ausarbeitung eines Architekturplans für Föderation
3./4. Juli 2003	Gemeinsame Tagung der Synoden in Halle: „Brief aus Halle"
November 2003	Vorstellung des Architekturplans bei der Herbsttagung der Synode
27. März 2004	Beschlussfassung zur Föderation in beiden Synoden
18. Mai 2004	Unterzeichnung des Vertrages über die Bildung der Föderation Evangelischer Kirchen in Mitteldeutschland (EKM)
1. Juli 2004	Inkrafttreten des Föderationsvertrages
1. Oktober 2004	Start des gemeinsamen Kirchenamtes und Konstituierung des Kollegiums
19. November 2004	Konstituierung der Föderationssynode im Augustinerkloster in Erfurt

4. Dezember 2004	Konstituierung der Föderationskirchenleitung
25. Mai 2005	Fusion der Diakonischen Werke der Thüringer Landeskirche, der Kirchenprovinz Sachsen und der Landeskirche Anhalts zum „Diakonischen Werk Evangelischer Kirchen in Mitteldeutschland e. V."
20. Januar 2006	Bildung einer Verfassungskommission
6. März 2006	Eröffnung des Zentrums für Kirchenmusik der EKM in Erfurt
1. September 2006	Beginn der gemeinsamen Vikarsausbildung
15.–17. März 2007	Föderationssynode: Vorlage des Verfassungsentwurfs für Vereinigung und alternativ für verdichtete Föderation
21. April 2007	Thüringer Landessynode entscheidet sich für die Vereinigung der beiden Landeskirchen
Frühjahr bis Herbst 2007	Stellungnahmeverfahren zum Vorentwurf der gemeinsamen EKM-Verfassung
16. November 2007	Landessynode der Kirchenprovinz Sachsen entscheidet sich für die Vereinigung der beiden Landeskirchen
1. Dezember 2007– 31. März 2008	Stellungnahmeverfahren zum Verfassungsentwurf: 168 Stellungnahmen
15. Februar 2008	Unterzeichnung des Vereinigungsvertrages zw. den beiden Landeskirchen
19.–22. Juni 2008	Föderationssynode: Vorlage des Verfassungsentwurfes
3. Juli 2008	Föderationssynode beschließt Verfassung der EKM
5. Juli 2008	Die Synoden der beiden Landeskirchen stimmen der Verfassung jeweils mit den erforderlichen Zweidrittelmehrheit zu.
1. Januar 2009	Inkrafttreten der EKM-Verfassung und des Vereinigungsvertrages
23. Januar 2009	Konstituierung der Landessynode
20./21. März 2009	Wahl des Landesbischofs/der Landesbischöfin
1. Juni 2009	Verabschiedung Landesbischof Christoph Kähler
7. Juni 2009	Verabschiedung Bischof Axel Noack
29. August 2009	Amtseinführung neue Landesbischöfin

In Anlehnung an: Evangelische Kirche in Mitteldeutschland (2012): Geschichte der Fusion. Fundstelle: http://www.ekmd.de/geschichte/geschichteekm/geschichtefusion/6230.html (Sichtung: 20. 10. 2012)

Fusionen spielen mithin in der Diakonie als strategische Reaktion auf die anstehenden Herausforderungen eine bedeutende Rolle. Damit unterscheidet sich diese Stoßrichtung wesentlich von den Reaktionsweisen der anderen nicht-kirchlichen Wohlfahrtsverbände.

Eine weitere Tendenz der strategischen Neuausrichtung ist das Outsourcing. Ausgegliedert werden vor allem wirtschaftliche Dienstleistungen, Kantinen, Wäschereibetriebe oder das Gebäudemanagement. Wesentliche Motive dafür sind die Ausnutzung von tariflichen Unterschieden bedingt durch unterschiedliche Größenstrukturen der Betriebe oder Branchenzugehörigkeiten vor und nach der Ausgliederung sowie haftungsrechtliche Gründe.

Daneben kann auch eine verbandspolitische Perspektive wirksam werden, die die wirtschaftlichen Geschäftsbetriebe vom Idealverein loslösen will, um so die Steuerung zu erleichtern.

Das Diakonische Werk der EKD e. V. legt seine Finanzdaten im Rahmen eines jährlichen Geschäftsberichts öffentlich vor.[259] Ähnlich wie beim Caritasverband beziehen sich diese Daten jedoch ausschließlich auf die Bundesebene und enthalten keine Angaben zu den rund 27 000 selbständigen Einrichtungen, den Fach- oder Landesverbänden. Die Einnahmesituation ist demnach stark durch Spenden geprägt, die jedoch ganz überwiegend im Bereich der Ökumenischen Diakonie (Brot für die Welt/Diakonie Katastrophenhilfe) erzielt werden. An den rund 141 Millionen Euro Gesamteinnahmen haben Spenden mit etwa 84 Millionen Euro einen Anteil von rund 60 %.[260] Sieht man von diesen Erträgen ab, die auch zu einem beträchtlichen Teil wieder in die Auslandsarbeit fließen, so finanziert sich der Diakonie Bundesverband als spitzenverbandliche Funktionseinheit des Diakonischen Werkes überwiegend aus projektbezogenen Zuwendungen und Zuschüssen des Bundes und der EKD (insgesamt rund 36 Millionen Euro). Daneben spielen Beitragseinnahmen mit etwa 1,4 Millionen Euro nur eine untergeordnete Rolle.[261] Die Aufwandsseite wird durch projektgebundene Mittelverwendung (rd. 91 Millionen Euro) und Personalaufwand (22,9 Millionen Euro) dominiert. Die vorhandenen Mittel reichen insgesamt nicht aus, diese Arbeit vollständig zu finanzieren und führen zu einem strukturellen Defizit in diesem Teilbereich des DW der EKD.[262] Die durchgeführte Fusion in Verbindung mit dem Immobilienerwerb sowie der Ausstieg aus der Versorgungsanstalt des Bundes und der Länder und die zunehmenden Professionalisierungserfordernisse beeinträchtigen das Geschäftsergebnis zusätzlich, sodass im Berichtszeitraum das Vereinskapital durch einen Jahresfehlbetrag von rd. 7,5 Millionen Euro zu über 95 % aufgezehrt wurde.[263] Trotz relativ hoher Vermögenswerte, zeigt sich ein operativer Handlungsbedarf, der sicherlich auch künftig zu einer weiter steigenden Effizienz- und Kostenorientierung beitragen wird.

---

259 Geschäftsberichte des Evangelischen Werkes für Diakonie und Entwicklung und des Teilwerks Diakonie Deutschland lagen zum Zeitpunkt der Drucklegung noch nicht vor. Alle Angaben beziehen sich demnach auf die Zeit vor der Fusion.
260 Vgl. Diakonisches Werk der EKD (Hrsg.) (2012): Geschäftsbericht 2012. Stuttgart, S. 45 ff.
261 Vgl. ebd., a. a. O.
262 Vgl. ebd., S. 51.
263 Vgl. ebd., S. 51.

4.2.5 Resümee und Ausblick

Die genannten Organisationsmerkmale des Diakonischen Werkes vermitteln eingeschränkt das Bild einer Holdinggesellschaft[264] mit regional weitgehend eigenständig agierenden Zweigstellen, Einzelunternehmen und Betriebsteilen. Zusammengehalten wird das ‚Unternehmen' Diakonie nicht durch zentralistische Entscheidungsbefugnisse, sondern wesentlich durch den Bezug auf einen christlichen Verkündigungsauftrag, der sich auf der Basis gemeinsamer Leitziele, Richtlinien und Satzungsbestimmungen subsidiär sehr unterschiedlich ausformt. Dazu kommt ein fortwährendes Spannungsfeld zwischen der verfassten, theologisch geführten und durch Kirchensteuern finanzierten Kirche und „ihren" Diakonischen Werken, die sich zusehends als Unternehmen mit marktlicher Steuerungslogik präsentieren (müssen). Da weder eine theologische Zentralinstanz besteht, noch eine Geschäftspolitik *top-down* beschlossen und in den sehr unterschiedlichen Mitgliedseinrichtungen implementiert werden kann, haben Beschlüsse insgesamt einen „weichen" Verbindlichkeitsgrad. Ob und in welchem Ausmaße diese wirklich relevant sind, von den jeweiligen Beschlussgremien adaptiert und in den Organisationen umgesetzt werden, ist deshalb weniger vom formalen Charakter der vom Dachverband vorgenommenen Weichenstellungen abhängig, als vielmehr von der Umsetzungsbereitschaft der einzelnen gliedkirchlichen Werke, der Fachverbände und selbstständigen Trägerorganisationen. Hierbei dürfte nun entscheidend sein, wie stark oder schwach sich die Identifikation mit dem Gesamtverband samt seiner strategisch und operativ ergriffenen Maßnahmen überhaupt ausprägt. Und neben dieser Corporate Identity wird gleichfalls die Frage bedeutsam sein, welchen praktischen Nutzen der Dachverband für die einzelnen Mitglieder tatsächlich hat bzw. haben könnte. Hier nun zeigen sich sehr unterschiedliche Interessenlagen zwischen großen diakonischen Unternehmen einerseits und gliedkirchlichen Werken sowie kleineren angeschlossenen Trägerorganisationen andererseits. Wie zu sehen streben erstere eher nach einer noch größeren Unabhängigkeit vom diakonischen Dachverband und entwickeln vermehrt Formen einer eigenständigen Interessenvertretung. Vor diesem Hintergrund ist auch der sogenannte „Brüsseler Kreis" zu sehen, der im Jahr 2000 als ökumenischer Zusammenschluss von gemeinnützigen sozial- und gesundheitswirtschaftlichen Unternehmen gegründet wurde, um die Interessen ih-

---

264 Eine Holdinggesellschaft (Dachgesellschaft) besteht aus mehreren selbständigen Unternehmen, wobei die Leistungserstellung und Leistungsabgabe bei den jeweiligen Unternehmen verbleibt. Lediglich die Verwaltung sowie koordinierende Aufgaben der angeschlossenen Unternehmen werden der Dachgesellschaft übertragen.

rer Mitglieder auf nationaler und europäischer Ebene zu fördern.[265] Sie vertreten nach eigenen Angaben 47 000 Mitarbeiter und einen Jahresumsatz von 2 Mrd. Euro.[266]

Demgegenüber formulieren insbesondere kleinere Trägerorganisationen aber auch die gliedkirchlichen Diakonischen Werke vermehrt Anforderungen an effizientere und effektivere Formen der innerverbandlichen Koordinierung und politischen Interessenvertretung durch den Dachverband. Gerade aber in diesem Spannungsverhältnis liegt die Möglichkeit und Schwierigkeit zugleich, den übergreifenden und sich nicht auf einzelne Einrichtungen oder Träger begrenzenden diakonischen Charakter Sozialer Arbeit nachvollziehbar zu machen und abseits aufgesetzter theologischer Legitimationen auszuweisen. Nicht von ungefähr ist innerhalb der Diakonie erneut die Frage nach dem evangelischen Profil sozialer Einrichtungen aufgeworfen worden. Die damit verbundenen Antworten sind recht unterschiedlich, im Kern jedoch darin einig, dass eine solche Profilierung weder nur über das Kriterium einer fachwissenschaftlich begründeten Leistungserbringung, noch über eine ausschließlich bzw. vorwiegend stärkere betriebswirtschaftliche Ausrichtung sozialer Dienstleistungen erfolgen kann.[267] Anders als in der katholischen Caritas vollzieht sich dieser Selbstverständnisprozess jedoch nicht in Form einer organisierten und auf verbindliche Beschlussfassungen zielenden Leitbilddiskussion und strategischer Steuerungsversuche, sondern stärker im Rahmen eines offenen Diskurses.[268] Diese Auseinandersetzungen werden allerdings zunehmend überlagert durch ökonomische „Sachzwänge" bei der Ausgestaltung und Finanzierung sozialer Dienstleistungen. Auch die Diakonie ist diesen in der Sozialen Arbeit sich stellenden Anforderungen ausgesetzt. Auch sie ist genötigt, ihr spezifisches Dienstleistungsangebot zu überdenken und nach der unterscheidbaren Qualität gegenüber dem Leis-

---

265 Dieser Gruppe gehören aktuell 13 Unternehmen an. Dazu zählen aus dem Diakonischen Bereich: die Gruppe Norddeutsche Gesellschaft für Diakonie, die Evangelische Stiftung Alsterdorf, die Evangelische Stiftung Hephata, der Pommersche Diakonieverein e. V., Die Rummelsberger Dienste für Menschen gGmbH, die Evangelische Johannesstift SbR, die Diakonie Stetten e. V.

266 Vgl. Brüsseler Kreis (2012): Übersicht: http://www.bruesseler-kreis.de/index.php (Sichtung 17. 12. 2012).

267 Vgl. hierzu: Gretel Wildt (1996): Was ist das evangelische Profil eines Kindergartens? In: Diakonie-Jahrbuch '95. S. 41 ff.; Horst Exner (1996): Auf der Suche nach dem diakonischen Profil. Herausforderungen an die kirchliche Sozialarbeit. In: Diakonie-Jahrbuch '95. S. 15 ff. Wolfgang Helbig (1996): Unternehmenstheologie: Neue Entwicklungen in der Diakonie – Überlegungen und Versuche. In: Ebd. S. 20 ff.

268 Vgl.: Otto Haußecker (1996): Leitbildentwicklungen in diakonischen Einrichtungen. In: Diakonie-Jahrbuch '95. S. 26 ff. Rechenschaftsbericht des Diakonischen Werkes der EKD 1996. A. a. O. S. 34 f.

tungsspektrum anderer Anbieter zu fragen. Die Folgen sind Organisations-veränderungen in Richtung auf eine „unternehmerische Diakonie", die aus christlicher Verantwortung mit betriebswirtschaftlichem „Know-how" Hilfe realisiert und auf gesellschaftliche Notstände reagiert.[269] Dabei bleibt unge-wiss, ob auch weiterhin in gleichem Maße sozialpolitisch innovative Ent-wicklungen innerhalb der Diakonie ihren Platz haben, wie dies beispielswei-se bei der vergleichsweise frühen infrastrukturellen Unterstützung von Ar-beitsloseninitiativen schon in den 1970er Jahren und zwei Jahrzehnte später beim Aufgreifen ökologischer Themen der Fall gewesen war.[270] Bei allen Modernisierungsprozessen repräsentiert die Diakonie Deutschland als evangelischer Wohlfahrtsverband sowohl in sozialpolitisch konzeptioneller Hinsicht als auch in handlungspraktischer Ausrichtung (noch) die breite Pa-lette von Diskussionsströmungen und Initiativen, wie sie für den Protestan-tismus nun einmal prägend sind. Das relativ unverbundene Nebeneinander von Pietismus[271], engagierter Sozialpolitik, klerikaler Innerlichkeit und welt-zugewandtem Engagement für demokratische Teilhaberechte dürfte für den Gesamtverband zumindest für die nächsten Jahre auch weiterhin charakte-ristisch bleiben. Die Austrocknung dieses sehr eigenen „evangelischen Bio-tops" mit Verweis auf Effizienzgewinne könnte sich allerdings letztlich als ineffektiv erweisen, falls sich die Diakonie in ihrer weiteren Organisations-entwicklung ausschließlich als wettbewerblich agierender und am Markt orientierter Dienstleister positioniert und sich den in diesem Kontext juris-

---

269 Vgl.: Markus Rückert (1995): Standardsicherung in schwieriger Zeit. In: Diakonie-Jahrbuch '94. S. 22 ff.; Herbert Wohlhüter (1996): Diakonie soll unternehmerisch sein. In Diakonie-Jahrbuch '95. S. 79 ff. Sowie: Paul Lempp Stiftung (Hrsg.) (1996): Dokumentation des 2. Fachkongresses: Soziale Unternehmen im Umbruch. Kun-denorientierung in sozialen Unternehmen. Perspektiven und Visionen. Dr. Josef Raabe Verlags-GmbH. Stuttgart. Rechenschaftsbericht des Diakonischen Werkes der EKD. A. a. O. S. 60 ff. Abschied vom barmherzigen Samariter. Soziale Arbeit auf der Suche nach einem neuen Selbstverständnis. Eine Kooperationstagung von Augusti-num und Diakonie Neuendettelsau. 20. und 21. September 2004. Evangelische Aka-demie Tutzing.

270 So entstanden entgegen des aktuellen *Mainstreams* schon Anfang der 1970er Jahre innerhalb der Evang. Kirche, initiiert durch die KDA, erste Arbeitsloseninitiativen, die mit Beginn der 1980er Jahre in diakonische Trägerschaften überführt wurden. Auch wurde innerhalb der Evangelischen Akademien das Thema Ökologie frühzei-tig und handlungspraktisch aufgegriffen. Vgl. u. a.: Energisch Energie Sparen. Per-spektiven der CO_2-Reduktion im Bereich der Evangelischen Kirche in Deutschland. Ein Projekt der Evangelischen Akademien in Deutschland e. V. (EAD). In: epd-Ent-wicklungspolitik 17/95 (September 95).

271 Pietismus (lat. pietas: „Frömmigkeit"). Der Pietismus ist eine im 17. Jahrhundert entstandene religiöse Bewegung im Protestantismus, die auf eine Erneuerung des frommen Lebens und entsprechende Reform der Kirche zielt.

tisch und betriebswirtschaftlich stellenden Erfordernissen unkritisch unterwirft. Bisherige Eigenständigkeiten könnten hierbei ebenso verloren gehen wie die Bedeutung des evangelischen Hintergrunds. Das Kronenkreuz für eine überregional organisierte und operierende „Diakonieholding" verkäme dann zu einem Markenzeichen, das sich von Angeboten anderer Dienstleister faktisch kaum noch abgrenzen könnte.

4.3 Arbeiterwohlfahrt – Bundesverband e. V.

4.3.1 Entstehung des Verbandes

Anders als die übrigen Spitzenverbände der Freien Wohlfahrtspflege zielte die im Dezember 1919 gegründete AWO nicht auf den Aufbau eines eigenständigen Wohlfahrtsverbandes. Die Konstituierung des „Verbandes" erfolgte stattdessen als „Hauptausschuss für Arbeiterwohlfahrt" innerhalb der Sozialdemokratischen Partei Deutschland und damit als organischer Teil der Parteiorganisation.[272] Vorangetrieben wurde dieser Prozess vor allem durch die damals 40-jährige Marie Juchacz (1879–1956), die mit der Leitung des neu gebildeten Hauptausschusses beauftragt wurde. Juchaczs Biographie repräsentiert beispielhaft nicht nur die allgemeine Lebenslage der Arbeiterklasse, sondern in besonderer Weise jene der arbeitenden und allein erziehenden Frauen. Einige Stichworte sollen dies illustrieren: Beginn des Arbeitslebens mit 14 Jahren, Arbeit als Haushaltshilfe, Fabrikarbeiterin und Wärterin in einer Irrenanstalt, späte Ausbildung zur Weißnäherin und Schneiderin, aus wirtschaftlichen Gründen 1906 Umzug nach Berlin. Hier kam es zu ersten Kontakten zur Sozialdemokratie und Frauenbewegung, denen eine beispiellose Funktionärskarriere folgte: Tätigkeit als Frauensekretärin im katholischen Rheinland, Arbeit im Berliner Parteivorstand als Leiterin des Frauenreferats, Wahl in den Parteivorstand, 1919 Wahl als Abgeordnete in die Weimarer Nationalversammlung.[273]

Die vergleichsweise späte Gründung der AWO reflektiert u. a. die innerparteipolitische Auseinandersetzung der SPD um die richtige Strategie zur

---

272 Vgl.: Marie Juchacz (1924): Die Arbeiterwohlfahrt. Voraussetzungen und Entwicklung. Dietz Verlag. Berlin; Arbeiterwohlfahrt Bundesverband e. V. (1992): Helfen und Gestalten. Beiträge und Daten zur Geschichte der Arbeiterwohlfahrt. Bonn.

273 Zur Person von Marie Juchacz siehe u. a.: Arbeiterwohlfahrt Bundesverband e. V. (Hrsg.) (2004): Marie Juchacz 1879–1956 – Leben und Werk der Gründerin der Arbeiterwohlfahrt. Zweite Auflage. Bonn; Lotte Lemke (1987): Die Arbeiterwohlfahrt 1919 bis 1933. In: Heinz Niedrig u. a. S. 19 ff.; Fritzmichael Roehl (1961): Marie Juchacz und die Arbeiterwohlfahrt. Hannover.

Lösung der Arbeiterfrage. Die bipolaren Positionen „Reform versus Revolution" durchziehen als Revisionismusstreit die gesamte Parteigeschichte. Sie konzentrierten sich wesentlich auf die Frage, ob im Rahmen bestehender kapitalistischer Verhältnisse überhaupt Reformen möglich und anzustreben sind oder solche pragmatisch ausgerichteten Aktivitäten wegen ihrer konterrevolutionären Wirkung (Befriedung der Arbeiterklasse durch Systemintegration) abzulehnen seien.[274] Unter den politischen Rahmenbedingungen einer konstitutionellen Monarchie blieb dieser Streit weitgehend akademischer Natur. Erst der für Deutschland verlorene Erste Weltkrieg, die hierdurch ausgelöste Novemberrevolution 1918 und der damit einhergehende Zusammenbruch des Kaiserreichs machten den Weg frei für die Proklamation und den Aufbau eines demokratischen Verfassungsstaates. Mit der Bildung der Weimarer Nationalversammlung im Februar 1919 und der Verabschiedung der Weimarer Verfassung vollzog sich der lang erhoffte politische Systemwechsel. Für die bislang nicht eingelösten sozialen Forderungen nach Gleichheit, Freiheit und sozialer Gerechtigkeit eröffnete sich erstmals ein gesetzlich auszugestaltender Handlungsrahmen. Dieser sollte nunmehr durch den „Hauptausschuss für Arbeiterwohlfahrt" strategisch und praxisbezogen ausgefüllt werden und sich eben nicht mehr nur auf eine sozialdemokratische Armenfürsorge oder Feuerwehrfunktion reduzieren. Die schon vor 1919 existierenden Aktivitäten einer „Arbeiterwohlfahrt", wie sie sich in den örtlichen Hilfs- und Solidarvereinen in der Zeit des 19. Jahrhunderts, in den Kinderschutzkommissionen (ab 1903) oder in der Durchführung von Kindererholungen und Ferienmaßnahmen im Rahmen der Kriegswohlfahrtspflege während des Ersten Weltkrieges realisierten, bekamen damit eine neue politische Qualität. In der Folgezeit entwickelte sich die AWO-Aktivitäten zu einem sozialpolitischen Promotor und Initiator sozialer Dienste. Bis zu ihrem Verbot durch die Nationalsozialisten war sie in mehr als 2 600 Städten, Kreisen und Gemeinden präsent.

4.3.2 Selbstverständnis des Verbandes

Präventive Sozialpolitik statt karitative Armenfürsorge, Befähigung zur Selbsthilfe und Selbstorganisation statt bevormundender, paternalistischer Betreuung, Demokratisierung der Wohlfahrtspflege und die Durchsetzung

---

274 Vgl. u.a.: Wolfgang Abendroth (1978): Aufstieg und Krise der deutschen Sozialdemokratie. Köln; Heinrich Potthoff (1974): Die Sozialdemokratie von den Anfängen bis 1945. Bonn-Bad Godesberg.

und Verbreitung des demokratischen Sozialstaates sind die konzeptionellen Leitideen dieser neuen Arbeiterwohlfahrt.

Geleitet waren diese Grundsätze von der Überzeugung, dass Wohlfahrtspflege grundsätzlich eine Aufgabe des Staates zu sein habe. Als öffentliche Angelegenheit dürfe sie in Form und Inhalt keinesfalls privaten, karitativen Verbänden überlassen, sondern müsse in staatlicher Zuständigkeit wahrgenommen werden. Eine besondere Bedeutung wurde hierbei dem Prinzip einer solidarischen und unterstützenden Beziehung zwischen dem Einzelnen und der staatlichen Gemeinschaft beigemessen.

„Wohlfahrtspflege ist Aufgabe des Staates bzw. der Gemeinden, dessen Glieder die Menschen sind. Nach seinem Können soll ein jeder verpflichtet sein, zur Erfüllung der sozialen Staatsaufgaben beizutragen, sei es durch geldliche Leistungen oder dadurch, dass der einzelne sich mit seinem Können zur Durchführung der Wohlfahrtspflege zur Verfügung stellt. Diese Anschauung stützt sich auf den demokratischen Grundsatz der kameradschaftlichen Hilfe, die nicht niederdrückt, und setzt einen anderen Geist voraus, den Geist der Solidarität..."[275]

„Der Hauptausschuss für Arbeiterwohlfahrt bezweckt die Mitwirkung der Arbeiterschaft bei der Wohlfahrtspflege, um hierbei die soziale Auffassung der Arbeiterschaft durchzusetzen. Insbesondere will er die gesetzliche Regelung der Wohlfahrtspflege und ihre sachgemäße Durchführung fördern."[276]

In seiner Gründungsphase verfolgte der Hauptausschuss also eine doppelte Zielsetzung: Es galt, eine umfassende staatliche Wohlfahrts- und Sozialpolitik durchzusetzen und sicherzustellen. Konzeptionell und praxisbezogen sollte zugleich die Durchsetzung sozialdemokratischer Vorstellungen zur Sozialpolitik unterstützt und befördert werden. Gewissermaßen doppelstrategisch orientiert, stellten Parlament (Gesetzgebung) und Basisarbeit (Hilfe zur Selbsthilfe, Aktivierung der Arbeiterschaft durch ehrenamtliches Engagement) die Aktionsebenen dar.

Die ordnungspolitischen Optionen, Zielsetzungen und Handlungsprinzipien der Arbeiterwohlfahrt stehen damit in einem deutlichen Kontrast zu jenen der konfessionellen Verbände, aber auch zu den anderen bürgerlichen Wohlfahrtsorganisationen. Zumindest für die Entwicklungsphase der AWO

---

275 Marie Juchacz zitiert nach A. Oel-Monat: Vorläufer der Arbeiterwohlfahrt. In: Heinz Niedrig: A. a. O. S. 18.

276 Aus der Einleitung der „Vorläufigen Richtlinien der Arbeiterwohlfahrt von 1920". Zitiert nach: Heinz Niedrig. A. a. O. S. 24.

während der Weimarer Republik gilt, dass sie diesen Verbänden keinesfalls nacheifern wollte. Beabsichtigt war gerade nicht der Aufbau einer weiteren, von staatlichem Einfluss unabhängigen Wohlfahrtsorganisation, sondern die Durchsetzung einer öffentlichen, demokratisch kontrollierten Wohlfahrtspflege. Eigene wohlfahrtliche Aktivitäten wurden deshalb nur solange als legitim und erforderlich angesehen, als die tatsächliche Ausgestaltung der für erforderlich gehaltenen sozialen Infrastruktur noch nicht erreicht war. Dass eine solche Zielsetzung bei den bestehenden Wohlfahrtsverbänden auf entschiedene Ablehnung stieß, zeigt beispielhaft die Reaktion des Deutschen Vereins für öffentliche und private Fürsorge. Schon 1919 beklagte dieser eine drohende Kommunalisierung („Munizipalsozialismus"), verbunden mit der Erklärung, auch unter den neuen politischen Bedingungen an dem bisherigen Konzept „tätiger Nächstenliebe" festhalten zu wollen.[277]

Es wundert daher nicht, dass die AWO der 1921 gegründeten „Reichsarbeitsgemeinschaft der Freien Wohlfahrtspflege" – ab 1924 „Liga der Spitzenverbände der Freien Wohlfahrtspflege" – weder angehörte noch dieser beizutreten gedachte. Selbstverständnis und Zielsetzungen der AWO standen einer solchen Mitwirkung entgegen. Dies änderte nichts an dem Sachverhalt, dass auch die AWO staatlicherseits als Spitzenverband der Wohlfahrtspflege anerkannt war.[278]

Neben dieser strategischen und organisatorischen Abgrenzung gegenüber den konfessionellen und bürgerlichen Wohlfahrtsverbänden hatte die sozialdemokratische AWO weiterhin mit kommunistischen Organisationen zu konkurrieren. Die sich während des Ersten Weltkrieges manifestierende Spaltung der Arbeiterbewegung in einen sozialdemokratischen und kommunistischen Flügel[279] bedeutete nämlich für den letzteren, neben dem geforderten revolutionären Systemsturz tagespolitisch auf die sich verbreitende Massenarmut und Arbeitslosigkeit reagieren zu müssen. In diesem Kontext entstanden ab Anfang der 1920er Jahre zahlreiche kommunistische Hilfs- und Unterstützungsvereine, die einen außerparlamentarischen Kampf für eine proletarische Sozialpolitik führten.[280] 1927 schlossen sich diese Ver-

---

277 Erklärung des Fachausschusses für private Fürsorge des Deutschen Vereins für öffentliche und private Fürsorge „Die Stellung der privaten Fürsorge im neuen Staat (1919)". In: Jürgen Scheffler (Hrsg.) (1987): Bürger und Bettler. Materialien und Dokumente zur Geschichte der Nichtsesshaftenhilfe in der Diakonie. Band 1 – 1854 bis 1954. Bielefeld. S. 228 f.

278 Vgl. Reichsgesetzblatt 1926. Dritte Verordnung zur Durchführung des Gesetzes über die Ablösung öffentlicher Anleihen. A. a. O.

279 Siehe hierzu u. a.: Wolfgang Abendroth (1978); Arno Klönne (1980); Heinrich Potthoff (1974); Hartmann Wunderer (1980); Wilfried van de Will/Rob Burns (1982).

280 Die wichtigsten hiervon waren: Internationale Arbeiterhilfe (IAH), Internationaler Bund der Opfer von Krieg und Arbeit (IB), Rote Hilfe Deutschlands (RHD), Roter

bände, bei Wahrung ihrer Selbständigkeit, zur Arbeitsgemeinschaft Sozialpolitischer Organisationen (ARSO) zusammen. Die ARSO verstand sich hierbei ausdrücklich als Alternative zur sozialdemokratischen AWO, deren Aktivitäten als „verbürgerlicht" und systemstabilisierend abgelehnt wurden.[281]

Das Bestreben der AWO, die soziale Lage der Arbeiterschaft sowohl individuell als auch kollektiv zu verbessern und hierbei die praktische Mitwirkung der Arbeiterschaft durch Selbsthilfe und Selbstorganisation zu ermöglichen, führte während der Weimarer Republik zu einer ausgedehnten organisatorischen Infrastruktur. Anfang der 1930er Jahre bestanden rd. 1 260 Orts- und Kreisvereine, in denen ca. 135 000 ehrenamtliche Helferinnen tätig waren.[282] Für sich genommen scheint die Zahl der Ehrenamtlichen nicht gerade hoch. Deren wirkliche Bedeutung erschließt sich erst im Kontext des miteinander vernetzten Organisationsmilieus der Sozialdemokratischen Arbeiterbewegung. Deren Intention, im Schoße der bürgerlichen Gesellschaft proletarische Gegenstrukturen durchzusetzen, führte nämlich zur Gründung zahlreicher Organisationen, die lebensphasen- und problemspezifisch – gewissermaßen von der Wiege bis zur Bahre – eine eigene soziale Infrastruktur für die Arbeiterschaft bildeten. In diesem organisatorischen Netzwerk wirkte die AWO als Teilverband in Interdependenz mit anderen sozialdemokratischen Organisationen.[283] Als ein weiteres maßgebliches Aktionsfeld der sozialdemokratischen AWO und ihrer Funktionäre kamen die parlamentarische Arbeit und die Beteiligung beim Aufbau einer öffentlichen Wohlfahrtspflege hinzu. Entsprechende prägende Einflüsse zeigen sich bei der Verabschiedung des RJWG 1922 und bei der Ausgestaltung einer demokratischen Jugendhilfe, die vor allem in Berlin zu beispielhaften Modellen führte.[284]

Frauen- und Mädchen-Bund (RFMB), Kommunistischer Jugendverband Deutschlands (KJVD).

281 Vgl.: Dieter Oehlschlägel (1992): Arbeitsgemeinschaft Sozialpolitischer Organisationen (ARSO). In: Rudolph Bauer (Hrsg.): Lexikon des Sozial- und Gesundheitswesens. München. S. 150 ff.

282 Vgl.: Arbeiterwohlfahrt Bundesverband e. V. (Hrsg.) (1992): Helfen und Gestalten. Beiträge und Daten zur Geschichte der Arbeiterwohlfahrt. Bonn.

283 Vgl.: Hartmut Wunderer (1980): Arbeitervereine und Arbeiterparteien. Kultur- und Massenorganisationen in der Arbeiterbewegung (1890–1933). Frankfurt am Main – New York.

284 Vgl. hierzu: Joachim Wieler, Susanne Zeller (Hrsg.) (1995): Emigrierte Sozialarbeit. Portraits vertriebener SozialarbeiterInnen. Freiburg i. Br. Ilse Reichel-Koß/Ursula Beu (Hrsg.) (1991): Ella Kay und das Jugendamt neuer Prägung. Ein Amt, wo Kinder Recht bekommen. Weinheim und München. Walter A. Friedländer. In: Rudolph Bauer (Hrsg.) (1992). S. 707 ff.

Die Machtergreifung des Nationalsozialismus und die Durchsetzung des NS-Staates ab 1933 beendeten und zerstörten diese Aktivitäten.[285] Die Zerschlagung der Arbeiterbewegung traf ebenso die AWO. Ihre Organisationen wurden verboten, die Funktionäre verfolgt und verhaftet, das noch vorhandene Vermögen konfisziert und der Deutschen Arbeitsfront einverleibt. Offiziell endete die Arbeit des Hauptausschusses für Arbeiterwohlfahrt. Faktisch wurde die Arbeit in der Illegalität und Emigration fortgesetzt, zunächst im französisch besetzten Saarland, nach der Wiedereingliederung des Saarlands in das Deutsche Reiche verlagerten sich die Aktivitäten nach Paris und nach der Besetzung Frankreichs emigrierten viele der noch aktiven Funktionäre in die Vereinigten Staaten von Amerika.[286]

Erst der militärische Zusammenbruch des deutschen Faschismus ermöglichte ab 1945 neue Entwicklungen. Die überlebenden und aus der Emigration zurückkehrenden Funktionäre bemühten sich vorrangig um den Wiederaufbau der alten Organisationsstrukturen. Dies galt auch für den wohlfahrtlichen Zweig der SPD, der sich 1946 als „Hauptausschuss für Arbeiterwohlfahrt" in neuer Form konstituierte. Im Gegensatz zur Weimarer Republik wurde der Ausschuss allerdings nicht mehr als eine organische Gliederung der SPD, sondern als ein formal eigenständiger, gleichwohl der sozialdemokratischen Bewegung verpflichteter Verband gegründet.[287]

Auch das Verhältnis zu den bürgerlichen Wohlfahrtsverbänden veränderte sich. Maßgeblich hierfür waren nicht nur die Erfahrungen der Verbotszeit im Faschismus und die hierdurch begründete Skepsis gegenüber zentralistischen Strukturen. Auch mussten alltagsbezogen und pragmatisch orientiert die Folgen des Krieges bewältigt werden. Die unmittelbare materielle Existenz für Millionen von Menschen alltäglich neu herzustellen und zu sichern, bedeutete für die Wohlfahrtsverbände eine Herausforderung in bislang unbekanntem Ausmaß. Zu realisieren war diese Aufgabe zunächst innerhalb politisch sehr unterschiedlich verfasster Besatzungszonen, ab 1949 dann im verfassungsrechtlichen Rahmen eines föderativen Bundesstaates. In ihrem Zusammenwirken förderten diese Voraussetzungen die Bereitschaft

---

285 Siehe hierzu im Einzelnen: Christoph Sachße, Florian Tennstedt (1992): Der Wohlfahrtsstaat im Nationalsozialismus. Geschichte der Armenfürsorge in Deutschland. Band 3. Stuttgart – Berlin – Köln.

286 Siehe hierzu: Heinz Niedrig (2003): Die Arbeiterwohlfahrt in der Zeit von 1933 bis 1945. Spurensuche, Aufbau, Verfolgung, Verbot, Widerstand, Emigration. Schüren Verlag. Marburg; Lesenswert ebenso die Biografie Walter A. Friedländer. In: Hugo Maier (Hrsg.) (1998): Who is who der Sozialen Arbeit. Lambertus Verlag. Freiburg i. Br.. S. 187 f.

287 Vgl.: Richard Haar (1987): Zur Entwicklung der Arbeiterwohlfahrt nach 1945. In: Heinz Niedrig. A. a. O. S. 37 ff.

zu einer stärkeren Zusammenarbeit der sich reorganisierenden Wohlfahrtsverbände.

Für die AWO bedeutete dies, ihr bisheriges Selbstverständnis sowie ihr Verhältnis gegenüber den bürgerlichen Verbänden Freier Wohlfahrtspflege neu definieren zu müssen. Im Ergebnis führte diese Neubesinnung zu einer aktiven Mitarbeit und Integration der AWO in die schon 1949 wiederbelebte „Liga der Freien Wohlfahrtspflege", die sich 1956 – nunmehr mit aktiver Beteiligung der AWO – als „Bundesarbeitsgemeinschaft der Freien Wohlfahrtspflege" (BAGFW) unter neuem Namen förmlich konstituiert.

Die Integration und Mitwirkung in einem lobbyistischen Dachverband mit durchaus gegensätzlichen Interessen hatten für das proklamierte gesellschaftspolitische Grundverständnis des Verbandes zunächst keine Auswirkungen. Verfasste Richtlinien und das beschlossene Grundsatzprogramm dokumentieren vielmehr eine weitgehend ungebrochene Kontinuitätslinie im Selbstverständnis des Verbandes. So heißt es in den AWO-Richtlinien von 1974:

„Sie (die AWO) ist dem demokratischen Sozialismus verpflichtet, das heißt u. a.:

- sie hält eine freiheitlich-demokratische Grundordnung für die unverzichtbare Voraussetzung ihrer Sozialen Arbeit;
- sie will dazu beitragen, eine Gesellschaft zu entwickeln, in der sich jeder Mensch in Verantwortung für sich und für das Gemeinwesen frei entfalten kann;
- sie tritt ein für mehr Freiheit, Gerechtigkeit und Solidarität;
- sie will dem Entstehen sozialen Unrechts entgegenwirken und sich aktiv an der Lösung sozialer Probleme beteiligen;
- sie achtet das religiöse Bekenntnis des einzelnen; ihre Arbeit wird getragen vom Gedanken der Toleranz und dient den Rat- und Hilfssuchenden aller Bevölkerungsschichten ohne Rücksicht auf deren politische, rassische, nationale und konfessionelle Zugehörigkeit;
- sie vertritt den Vorrang der kommunalen und staatlichen Verantwortung für die Erfüllung des Anspruchs auf soziale Hilfen, Erziehung und Bildung sowie für die Planung und Entwicklung eines zeitgerechten Systems sozialer Leistungen und Einrichtungen."[288]

---

288 Richtlinien der Arbeiterwohlfahrt. Beschlossen von der Bundeskonferenz 1974 in Wiesbaden, zuletzt geändert durch Beschluss der Bundeskonferenz 1991 in Nürnberg. Hrsg. AWO – Bundesverband, o. D.

Und das 1987 verabschiedete Grundsatzprogramm bestätigt erneut diese Positionen:

„Die Arbeiterwohlfahrt ist Teil der Arbeiterbewegung. Sie bekennt sich zu den Grundsätzen des freiheitlichen und demokratischen Sozialismus. Deshalb erstrebt sie eine Gesellschaftsordnung, die von Freiheit, Gerechtigkeit, Solidarität und Gleichheit geprägt ist. (…)
Die Arbeiterwohlfahrt erstrebt die Ausgestaltung und Fortentwicklung des sozialen Rechtsstaates, in dem jeder in Verantwortung für sich und für das Gemeinwesen seine Persönlichkeit frei entfalten und mitverantwortlich für andere leben kann. Kritikfähigkeit, Verantwortungsbewusstsein, Sachkompetenz, Engagement und solidarisches Handeln bestimmen dabei das Menschenbild der Arbeiterwohlfahrt. … In ihrer Arbeit orientiert sich die Arbeiterwohlfahrt an den Bedürfnissen und Fähigkeiten der Betroffenen und Hilfebedürftigen. Sie ist bestimmt von einer ganzheitlichen Sichtweise, die Einzelne und Familien nicht ausschließlich in ihrer persönlichen und privaten Existenz sieht, sondern in ihren sozialen Beziehungen und innerhalb bestehender gesellschaftlicher Rahmenbedingungen. Ihre Soziale Arbeit begnügt sich nicht mit der Bekämpfung von Symptomen gesellschaftlicher Probleme, die Menschen hindern, ihren Bedürfnissen und Fähigkeiten entsprechend zu leben, sondern will ihre Ursachen aufdecken und wirksame Abhilfe schaffen. (…)
Die Arbeiterwohlfahrt unterstützt Aktivitäten praktischer Solidarität, gegenseitiger Hilfe und Selbsthilfe. Sie fördert neue Formen gemeinsamen Lebens, Wohnens und Arbeitens, die helfen, gesellschaftliche Isolation zu überwinden."[289]

Zu substanziellen Veränderungen der verbandlichen „Corporate Identity" kommt es allerdings mit der Anfang der 1990er Jahre begonnenen und 1998 zunächst abgeschlossenen Leitbild- und Qualitätsdebatte. Dieser für die westdeutsche AWO wichtige Entwicklungsprozess führte nach langen Jahren erstmals wieder zu der Frage nach dem eigentlichen und unterscheidbaren Sinn des AWO-Verbandes und seiner Dienstleistungen. Die Ergebnisse dieser Debatten führten zur Konzeptionierung eines eigenen Qualitätskonzeptes mit der Bezeichnung „Tandem QM" und zur Bildung einer Interessengemeinschaft AWO-Qualitätsmanagement.[290] Und ebenso eine Folge war

---

289 Vgl.: AWO – Bundesverband (Hrsg.) (o. D.): Grundsatzprogramm der Arbeiterwohlfahrt, verabschiedet auf der Bundeskonferenz 1987.
290 Siehe hierzu: Rainer Brückers (Hrsg.) (2003): Tandem QM. Das integrierte QM-Konzept in der sozialen Arbeit. Verlag Gesellschaft für Organisationsentwicklung und Sozialplanung mbH. Bonn.

die strategische Neuausrichtung des Bundesverbandes als Service- und Dienstleistungsagentur für seine Mitgliedsorganisationen. Neben anderen Initiativen wurde in den 1990er Jahren mit der Gesellschaft für Organisationsentwicklung und Sozialplanung (GOS), hervorgegangen aus der früheren Victor-Gollancz-Stiftung in Frankfurt, ein AWO-spezifisches Consultingunternehmen für den Gesamtverband gegründet. Das Unternehmenskonzept umfasst inzwischen ein breites Leistungsspektrum von Organisations-, Qualitätsmanagement- und Fachberatungen, Angebote des Krisenmanagements sowie die Bereitstellung unterschiedlichster Arbeitsmaterialien, wie z. B. Grundlagenhandbücher und Praxishilfen. Die aus dem Verband vorliegenden Referenzen und Rückmeldungen belegen nicht nur eine hohe Akzeptanz der GOS im Bereich der Organisationsberatung sowie bei der Implementierung und Zertifizierung eines AWO Qualitätsmanagementsystems. Ebenso deutlich wird die darüber hinausgehende Einbindung der GOS in verbandsstrategische Entwicklungsprozesse. In einem inzwischen erweiterten sozialwirtschaftlichen Verständnis richtet sich das Beratungsangebot der GOS in erster Linie an die AWO-Verbände und deren Einrichtungen, ohne sich auf diese Organisationen exklusiv zu begrenzen.[291]

Hingegen spielten der deutsche Einigungsprozess und der damit einhergehende Neuaufbau von AWO-Verbänden in den neuen Bundesländern weniger eine verbandsprägende Rolle. Zwar hinterließ die Diskreditierung real-sozialistischer Ideen und Organisationskonzepte auch innerhalb der Arbeiterwohlfahrt insofern ihre Spuren, als hierdurch der Begriff des „demokratischen Sozialismus" zusätzlich problematisiert und stellenweise zur Disposition gestellt wurde. Aber unabhängig von diesem Aspekt zeigte die ideengeschichtliche Einbindung in eine sozialdemokratische, sich vom „realen Sozialismus" substanziell unterscheidende Bewegung schon seit längerem Risse. In der innerverbandlichen Selbstverständnisdebatte wurde aus der früheren identitätsstiftenden Verankerung in die Vorstellungen eines „demokratischen Sozialismus" immer mehr ein historisierender Bezug. Dennoch blieben die sozialpolitisch programmatischen und von anderen Wohlfahrtsverbänden unterscheidbaren Grundpositionen der AWO erhalten. Das 1992 verabschiedete Verbandsstatut ersetzte die bis dahin gültigen Richtlinien[292], weiterentwickelt und aktualisiert wurden die programmatischen Grundsätze durch das auf der Sonderkonferenz 1998 beschlossene neue Grundsatzprogramm. Dieses markiert eine deutliche Zäsur gegenüber dem bisherigen verbandlichen Selbstverständnis und nimmt dem neu zu bewältigenden Spagat

---

291 Vgl. www.gos-organisationsberatung.de
292 Arbeiterwohlfahrt – Bundesverband (1992): Verbandsstatut der Arbeiterwohlfahrt. Beschlossen auf der Bundeskonferenz vom 11. bis 13. Nov. 1992 in Berlin. Bonn.

zwischen präventiver Sozialpolitik einerseits und unternehmerischen Tätigkeiten andererseits in den Blick. Neben vielen anderen Aspekten formuliert die Einführung zum Grundsatzprogramm hierbei folgende Herausforderung:

„In Zusammenarbeit mit anderen verantwortungsbewusst arbeitenden Gruppen und Organisationen wird die Arbeiterwohlfahrt notwendige Reformprozesse mitgestalten, um die sozialen Aufgaben auch für die Zukunft tragfähig zu halten. Dabei wird eine Reihe von Fragen geklärt werden müssen, die für die gesellschaftlichen wie für die innerverbandlichen Entscheidungen von grundlegender Bedeutung sind. Dazu gehören die Organisations- und Rechtsstrukturen des Verbandes ebenso wie die effiziente Gestaltung und Abgrenzung der ehren- und hauptamtlichen Arbeit, die Antworten auf die gesellschaftspolitischen Veränderungen und Reformen sowie die Zusammenarbeit mit anderen Partnern in der nationalen und internationalen sozialen Arbeit. Die Freie Wohlfahrtspflege muss sich durch eine nachhaltige Modernisierung ihrer Strukturen als unverwechselbarer, wertgebundener und nicht gewinnorientierter Anbieter kompetenter sozialer Dienstleistungen profilieren."[293]

Im weiteren Text finden sich hinsichtlich des eigenen Selbstverständnisses und der damit verbundenen sozialpolitischen Positionierung dann folgende Grundaussagen zu den Leitsätzen der Arbeiterwohlfahrt, die so oder ähnlich auch von anderen Wohlfahrtsverbänden formuliert sein könnten.

„Die Arbeiterwohlfahrt kämpft mit ehrenamtlichem Engagement und professionellen Dienstleistungen für eine sozial gerechte Gesellschaft. Wir bestimmen – vor unserem geschichtlichen Hintergrund als Teil der Arbeiterbewegung – unser Handeln durch die Werte des freiheitlichdemokratischen Sozialismus: Solidarität, Toleranz, Freiheit, Gleichheit und Gerechtigkeit.
Wir sind ein Mitgliederverband, der für eine sozial gerechte Gesellschaft kämpft und politisch Einfluss nimmt. Dieses Ziel verfolgen wir mit ehrenamtlichem Engagement und professionellen Dienstleistungen.
Wir fördern demokratisches und soziales Denken und Handeln. Wir haben gesellschaftliche Visionen.
Wir unterstützen Menschen, ihr Leben eigenständig und verantwortlich zu gestalten und fördern alternative Lebenskonzepte.

---

293 Arbeiterwohlfahrt Bundesverband e. V. (1999): Grundsatzprogramm der Arbeiterwohlfahrt. Beschlossen auf der Sonderkonferenz Nov. 1998 in Düsseldorf. S. 5. Bonn.

Wir praktizieren Solidarität und stärken die Verantwortung der Menschen für die Gemeinschaft.

Wir bieten soziale Dienstleistungen mit hoher Qualität für alle an.

Wir handeln in sozialer, wirtschaftlicher, ökologischer und internationaler Verantwortung und setzen uns nachhaltig für einen sorgsamen Umgang mit vorhandenen Ressourcen ein.

Wir wahren die Unabhängigkeit und Eigenständigkeit unseres Verbandes; wir gewährleisten Transparenz und Kontrolle unserer Arbeit.

Wir sind fachlich kompetent, innovativ, verlässlich und sichern dies durch unsere ehren- und hauptamtlichen Mitarbeiterinnen und Mitarbeiter."[294]

Auf den ersten Blick scheinen diese vorgenommenen Neupositionierungen weitgehend identisch mit entsprechenden Grundaussagen anderer nichtkonfessioneller Spitzenverbände. Bei näherer Betrachtung allerdings werden deutliche Unterschiede erkennbar, die das programmatische Handeln der AWO in einen durchaus anderen sozialpolitischen Kontext stellen. In dem nämlich die AWO

- einen prinzipiellen Vorrang der öffentlichen Verantwortung für die Wohlfahrtspflege, für Bildung und Erziehung proklamiert,
- wohlfahrtliche Aktivitäten aus dem Spannungsverhältnis zwischen Verfassungsanspruch und Verfassungswirklichkeit begründet und hierbei ein Konzept der präventiven Sozialpolitik verfolgt,
- ihre organisatorische Notwendigkeit/Legitimation durch die defizitäre Ausgestaltung des Sozialstaats begründet und
- dezidiert ein sozialpolitisches Reformprogramm formuliert, das auf eine Überwindung der traditionellen Arbeitsgesellschaft zielt und eine Form der sozialen Grundsicherung favorisiert,

werden programmatische Optionen vorgenommen, die sich in dieser Form bei anderen Verbänden nicht finden. Die der Sonderkonferenz von 1998 folgenden Bundeskonferenzen setzen den begonnenen Weg verbandlicher Reformen fort und zeigen in ihren jeweils vorgenommenen Aktualisierungen und Modifikationen, wie sich der Verband auch hinsichtlich seiner Statuten auf veränderte sozialwirtschaftliche Rahmenbedingungen einstellt.[295] Damit

---

294 Vgl.: Arbeiterwohlfahrt Bundesverband e. V. (1999): Grundsatzprogramm der Arbeiterwohlfahrt. Beschlossen auf der Sonderkonferenz Nov. 1998 in Düsseldorf. Bonn. Abschnitt Unsere Leitsätze.
295 Vgl.: Arbeiterwohlfahrt Bundesverband e. V.: Verbandsstatut der Arbeiterwohlfahrt. Beschlossen durch die Bundeskonferenz 2000 in Würzburg, geändert durch die Sonderkonferenz 2002 in Aachen, geändert durch die Bundeskonferenz 2005 in Hanno-

verbundene Öffnungen und Modernisierungen betreffen nicht nur das Territorialprinzip[296], das Verhältnis von AWO-Gliederungen und AWO-Unternehmen oder Prinzipien der Verbandsführung und Unternehmenssteuerung, sondern ebenso die generelle Rolle der Arbeiterwohlfahrt in einem sich neu konstituierenden Markt der Sozialwirtschaft. Von besonderer Bedeutung sind hierbei die 2007 verabschiedeten Grundsätze und Eckpunkte zur Verbandsentwicklung und Unternehmenspolitik. Unter jeweils sieben Überschriften umfassen sie die dezidierten Neupositionierungen zur Weiterentwicklung des Verbandes, seiner Organisations- und Unternehmensstrukturen.[297]

… zur Verbandsentwicklung
Grundsatz 1 (Wertesicherung und Neupositionierung der AWO)
Grundsatz 2 (Bürgerschaftliches Engagement)
Grundsatz 3 (Sozialpolitischer Auftrag der AWO)
Grundsatz 4 (Mitgliederzuwachs)
Grundsatz 5 (Stärkung des Jugendwerks)
Grundsatz 6 (Steuerung des AWO-Unternehmensmanagements)
Grundsatz 7 (Personelle und finanzielle Ressourcen)

… zur Unternehmenspolitik der AWO
Grundsatz 1 (Die AWO im Markt der Sozialwirtschaft)
Grundsatz 2 (Entflechtung und Neustrukturierung)
Grundsatz 3 (Marktgerechte Unternehmensstrukturen)
Grundsatz 4 (AWO-Qualitätsmanagement-System)
Grundsatz 5 (Eigentumsschutz bei Ausgliederung)
Grundsatz 6 (Eigenverantwortliches Unternehmensmanagement)
Grundsatz 7 (Konkurrenz, Markt und regionale Verankerung)

Mit den beschlossenen Grundsätzen und dem damit verbundenen Bekenntnis sowohl zu einer weiterhin entwicklungsfähigen Mitgliederorganisation als auch zu einer unternehmerischen Arbeiterwohlfahrt findet die strategische Neuausrichtung des Gesamtverbandes ihren vorläufigen Abschluss.

---

ver, geändert durch die Bundeskonferenz 2007 in Magdeburg, geändert durch die Bundeskonferenz 2008 in Berlin.

296 Das in den bisherigen Satzungen verankerte Territorialprinzip erlaubte Aktivitäten der jeweiligen Verbandsgliederungen ausschließlich innerhalb deren Zuständigkeitsgebiet.

297 Vgl.: Arbeiterwohlfahrt Bundesverband e. V. (2007): Grundsätze und Eckpunkte zur Verbandsentwicklung der AWO. AWO-Bundeskonferenz Magdeburg am 22.–23. 6. 2007.

Ob und in wie weit diese Positionierungen nun auch tatsächlich für die verbandliche Weiterentwicklung sowie die Ausgestaltung sozialer Dienste von Bedeutung ist, wird sich letztlich auf operativer Ebene, also dort, wo die AWO als Träger sozialer Dienste wahrnehmbar auftritt, zeigen. Denn hier wirken qualitative Faktoren und Anforderungen, die sich für die AWO nicht grundsätzlich anders stellen wie für andere Wohlfahrtsverbände und Anbieter. Zu sehen ist nämlich ein Normalisierungs- und Angleichungsprozess in der qualitativen und organisatorischen Ausgestaltung sozialer Dienstleistungen, der die inhaltlichen Unterscheidungsmerkmale der Anbieter zunehmend nivelliert und einebnet.

4.3.3 Organisationsaufbau und Gliederung

Ähnlich wie andere Wohlfahrtsverbände ist auch die AWO in ihrem organisatorischen Aufbau durch föderale Strukturen geprägt. Im Jahr 2012 umfasst der Bundesverband 30 Bezirks- und Landesverbände, 480 Kreisverbände und 3 800 Ortsvereine mit insgesamt 382 000 Mitgliedern. Die Zahl der Ehrenamtlichen wird mit 70 000 angegeben; insgesamt sind in allen Verbandsbereichen der AWO bundesweit 173 000 Mitarbeiter hauptamtlich beschäftigt, darunter etwas mehr als 100 in der Berliner Bundesgeschäftsstelle.[298]

Der Verband ist als eingetragener Verein nach den Bestimmungen des BGB verfasst und ermöglicht sowohl Mitgliedschaften von natürlichen und juristischen Personen. Allerdings sind persönliche (natürliche) Mitgliedschaften ausschließlich auf der Ebene des Ortsvereins (OV), dort wo solche nicht existieren auf der Ebene des Kreisverbandes möglich. Kreisverbände, Bezirksverbände, Landesverbände sowie der Bundesverband fassen als juristische Personen die jeweiligen Untergliederungen zusammen. Verbände und Organisationen, die der Arbeiterwohlfahrt nahestehen oder als eigenständige AWO-Gesellschaften geführt werden, können als korporative Mitglieder auf der Ebene der Kreisverbände, Bezirks- bzw. Landesverbände oder der Bundesebene aufgenommen werden. Deren rechtliche Selbstständigkeit bleibt hiervon unberührt.[299] Die nachfolgenden Beispiele illustrieren das breite Spektrum dieser Verbände mit ihren sehr unterschiedlichen Interessen und Facetten von Sozialer Arbeit.

---

298 Vgl.: Arbeiterwohlfahrt Bundesverband e. V. (2012): Die AWO in Zahlen. Stand 1. 12. 2011. Berlin.

299 Vgl.: Arbeiterwohlfahrt Bundesverband e. V.: Verbandsstatut Punkt 3. Dgl.: Grundsätzliche Überlegungen für die Aufnahme korporativer Mitglieder. Beschlossen vom Bundesausschuss am 21. 09. 1996.

Übersicht 13: Korporative Mitglieder – AWO Bundesverband

Institut für Sozialarbeit und Sozialpädagogik e. V., Frankfurt
Gesellschaft für Organisationsentwicklung und Sozialplanung mbH, Berlin
Zukunftsforum Familie e. V., Berlin
NaturFreunde Deutschlands e. V., Berlin
Sozialverband Deutschland e. V., Berlin
Förderverein der Gehörlosen der neuen Bundesländer e. V., Berlin
Initiative Selbsthilfe Multiple-Sklerose-Kranker e. V., Schriesheim
Marie-Schlei-Verein e. V., Hamburg
Zusammenarbeit mit Osteuropa e. V., Hürth
Pädal – pädagogik aktuell e. V., Nennhausen
AWO International e. V., Berlin

Eigene Zusammenstellung nach Angaben des Bundesverbandes.

Als Folge stattgefundener Modernisierungsprozesse ab den 1990er Jahren der Kreis korporativer Mitglied inzwischen nicht mehr nur solche, der AWO nahe stehende Organisationen, sondern ebenso auch vorgenommene Ausgründungen von Einrichtungen aus dem unmittelbaren Mitgliederverband. Ein Beispiel unter vielen anderen ist der Bezirksverband Niederrhein.

Übersicht 14: Korporative Mitglieder – Beispiel Bezirksverband Niederrhein

AWO gemeinnützige Bergische Kooperationsgenossenschaft Remscheid Mettmann mbH
AWO Seniorendienste Niederrhein gGmbH
AWO Sozialstation GmbH
BAF – Betreuung ausländischer Flüchtlinge e. V.
Big Sister e. V.
esCor e. V.
Gesellschaft für Jugendheime e. V.
Jugendheimstätten Niederrhein e. V.
MALZ – Moerser Arbeitslosenzentrum e. V.
Sozialverband Deutschland Landesverband NRW e. V.
Stadtteil e. V.

Eigene Zusammenstellung nach Angaben des Bezirksverbandes Niederrhein.

Vielfalt und Heterogenität der korporativen Mitgliedschaften bestehen ebenso auf der Ebene der Kreisverbände. So existieren Kreisverbände ohne korporative Mitglieder, Kreisverbände mit wenigen angeschlossenen Organisationen und örtliche Gliederungen mit einer Vielzahl korporativer Mitgliedschaften. Weniger Größe und geografische Lage der Kreisverbände scheinen für diese unterschiedliche Spannbreite korporativer Mitgliedschaften maßgeblich zu sein, als vielmehr sozialkulturelle historisch gewachsene AWO-affine Milieus. Zwei Beispiele sollen dies illustrieren.

Übersicht 15: Kooperative Mitgliedschaften auf Kreisverbandsebene – Beispiele

Kreisverband Remscheid	Kreisverband Mülheim a. d.Ruhr
4 Ortsverbände, insgesamt 449 Mitglieder	2 Ortsverbände, insgesamt 700 Mitglieder
Korporative Mitglieder	
• Betreuen Annehmen Fördern – BAF e. V. • Frauenberatung e. V. • Stadtteil e. V. Haus Lindenhof	• Altenverein am Folkenbornshof e. V. • Autismus Mülheim-Duisburg-Wesel e. V. • Hilfen für Frauen e. V. • Initiative Tschernobyl-Kinder e. V. • Mülheimer Nachbarschaft e. V. • Touristenverein „Die Naturfreunde" Orts-gruppe Mülheim a. d. Ruhr • Verein für Bewegungsförderung und Ge-sundheitssport e. V. • Verein zur Förderung der Jugendhilfe e. V. • Verein Qualifizierte Kindertagespflege in Mülheim a. d. Ruhr. e. V.

Eigene Zusammenstellung nach Internetseiten der AWO Kreisverbände Remscheid und Mülheim a. d. Ruhr.

Die Gliederungen der AWO sind in weiten Teilen mit den Grenzen der politischen Gebietskörperschaften identisch. In seiner föderalen und dezentralen Struktur gliedert sich die Gesamtorganisation in Ortsvereine, Kreisverbände, Landes- bzw. Bezirksverbände sowie den Bundesverband. Dieses Grundmuster entspricht im Wesentlichen auch heute der territorialen Gliederung der früheren Mutterorganisation SPD.

Dieser streng nach föderativen Prinzipien geprägte Verbandsaufbau hat zur Folge, dass die Orts- und Kreisverbände in ihrer überwiegenden Zahl finanziell und rechtlich selbständige Vereine sind.[300] Landes- und Bezirks-

---

300 Dieses Prinzip gilt allerdings nicht für alle Orts- und Kreisverbände. Einzelne Bezirks- und Landessatzungen bestimmen nämlich diese Organisationsebenen entweder als rechtlich unselbständige Teile (nicht rechtsfähiger Verein) des jeweiligen Bezirks- oder Landesverbandes („Zentralisten") oder lassen beide Rechtsinstitute zu („zentralistische Föderalisten"). Zentralistische Organisationseinbindungen bestehen in den Bezirks- und Landesverbänden Schleswig-Holstein, Hannover, Westliches Westfalen, Rheinland/Hessen-Nassau, Niederbayern und Saarland. Zentralistisch-föderalistische Organisationsmuster finden sich in Berlin, Weser-Ems, Hessen-Nord, Pfalz, Ober- und Mittelfranken sowie Unterfranken.

verbände bilden sich als organisatorische Zusammenfassung von Orts- und Kreisverbänden, wobei die Wahl von Vertretungs- und Entscheidungsgremien von der kleineren zur größeren Einheit erfolgt. Kontroll- und Einflussmöglichkeiten gegenüber den unteren Verbandsgliederungen haben die jeweils höheren Gliederungen; die damit verbundenen Kompetenzen sind in der Satzung geregelt. Landes- und Bezirksverbände bilden in ihrer organisatorischen Zusammenfassung den Bundesverband, der den Gesamtverband repräsentiert und diesen auf nationaler und internationaler Ebene vertritt. Um im Rahmen einer föderativen Struktur dennoch die Einheitlichkeit des Verbandes zu gewährleisten, gelten für die verschiedenen Verbandsgliederungen gleichlautende Regelungen und Satzungsbestimmungen (Mustersatzungen).[301]

Die formellen Willensbildungs- und Entscheidungsprozesse des Bundesverbandes vollziehen sich in den satzungsmäßig bestimmten Organen Bundeskonferenz, Bundesausschuss und Bundesvorstand.[302]

Das 1998 beschlossene neue Grundsatzprogramm positioniert die Rolle des Bundesverbandes im Kontext veränderter Rahmenbedingungen. Mit Ausnahme der Helene-Simon-Akademie, dem Tagungszentrum Haus Humboldtstein, der Marie-Juchacz-Stiftung sowie der Gesellschaft für Organisationsentwicklung (GOS) betreibt der Bundesverband keine eigenen operativen Geschäftsfelder mehr, sondern konzentriert sich auf Beratungs-, Koordinations- und Servicefunktionen gegenüber seinen Mitgliedern sowie auf eine bundespolitische und europäische Interessenvertretung. Regelungen der Bundessatzung, des Verbandsstatus sowie des Grundsatzprogramms gewährleisten ein Mindestmaß an Einheitlichkeit und Steuerbarkeit für den Gesamtverband, wobei für die auszugestaltenden Beziehungen zwischen der AWO als Mitgliederorganisation einerseits und Unternehmensorganisation durchaus unterschiedliche Optionsmöglichkeiten für die rechtlich selbständigen Verbandsgliederungen bestehen. Das Grundsatzprogramm sieht hierbei zwei prinzipielle Strukturmodelle für die geschäftsführenden Funktionen und Verantwortlichkeiten vor.[303] Ob Einrichtungen und Dienste unmittelbar als Teil des Mitgliedervereins AWO oder als ausgelagerte (g)GmbH-Gesellschaften geführt werden, bleibt damit den Entscheidungsgremien der Landes- bzw. Bezirksverbände oder der Kreisverbände vorbehalten.

---

301 Siehe: Verbandsstatut. Abschnitt „Aufbau". A. a. O.

302 Vgl. § 6 der Satzung der Arbeiterwohlfahrt Bundesverband e. V. Beschlossen durch die Bundeskonferenz 2000 in Würzburg zuletzt geändert durch die Bundeskonferenz 2008 in Berlin.

303 Vgl.: AWO Bundesverband e. V. (1999): Grundsatzprogramm 1998. Bonn. S. 29–35.

Abbildung 15: AWO Bundesverbandes – Organe und Hauptaufgaben

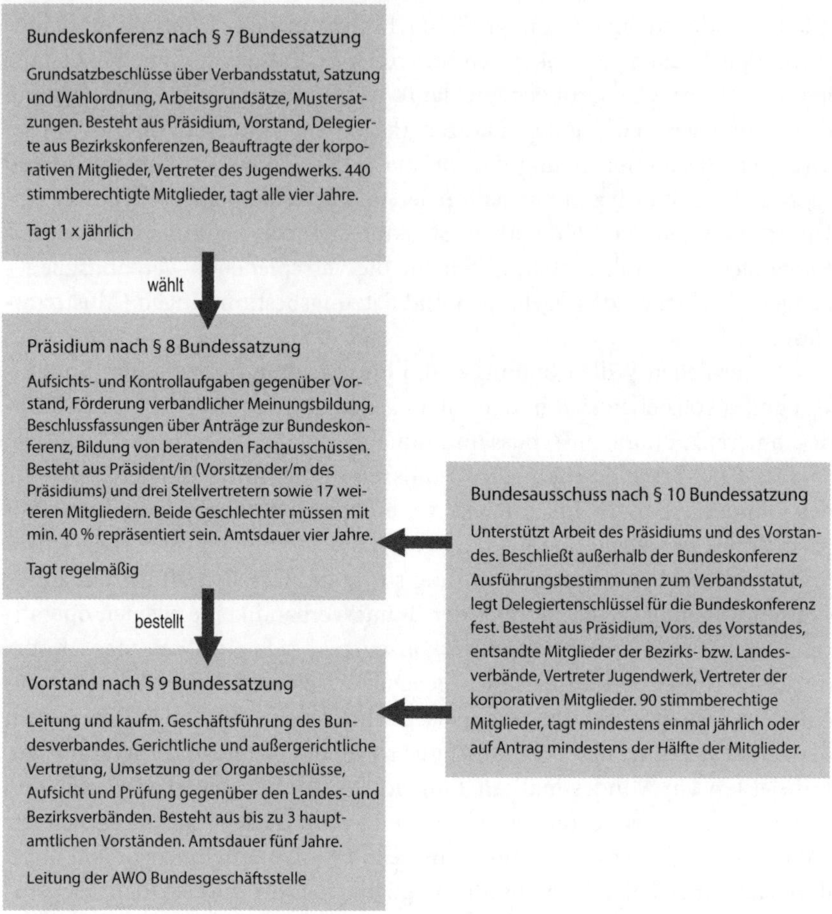

Bundeskonferenz nach § 7 Bundessatzung

Grundsatzbeschlüsse über Verbandsstatut, Satzung und Wahlordnung, Arbeitsgrundsätze, Mustersatzungen. Besteht aus Präsidium, Vorstand, Delegierte aus Bezirkskonferenzen, Beauftragte der korporativen Mitglieder, Vertreter des Jugendwerks. 440 stimmberechtigte Mitglieder, tagt alle vier Jahre.

Tagt 1 x jährlich

wählt

Präsidium nach § 8 Bundessatzung

Aufsichts- und Kontrollaufgaben gegenüber Vorstand, Förderung verbandlicher Meinungsbildung, Beschlussfassungen über Anträge zur Bundeskonferenz, Bildung von beratenden Fachausschüssen. Besteht aus Präsident/in (Vorsitzender/m des Präsidiums) und drei Stellvertretern sowie 17 weiteren Mitgliedern. Beide Geschlechter müssen mit min. 40 % repräsentiert sein. Amtsdauer vier Jahre.

Tagt regelmäßig

bestellt

Bundesausschuss nach § 10 Bundessatzung

Unterstützt Arbeit des Präsidiums und des Vorstandes. Beschließt außerhalb der Bundeskonferenz Ausführungsbestimmunen zum Verbandsstatut, legt Delegiertenschlüssel für die Bundeskonferenz fest. Besteht aus Präsidium, Vors. des Vorstandes, entsandte Mitglieder der Bezirks- bzw. Landesverbände, Vertreter Jugendwerk, Vertreter der korporativen Mitglieder. 90 stimmberechtige Mitglieder, tagt mindestens einmal jährlich oder auf Antrag mindestens der Hälfte der Mitglieder.

Vorstand nach § 9 Bundessatzung

Leitung und kaufm. Geschäftsführung des Bundesverbandes. Gerichtliche und außergerichtliche Vertretung, Umsetzung der Organbeschlüsse, Aufsicht und Prüfung gegenüber den Landes- und Bezirksverbänden. Besteht aus bis zu 3 hauptamtlichen Vorständen. Amtsdauer fünf Jahre.

Leitung der AWO Bundesgeschäftsstelle

Eigene Zusammenstellung.

Abbildung 16: AWO Bundesgeschäftsstelle – Stand 1. 02. 2012

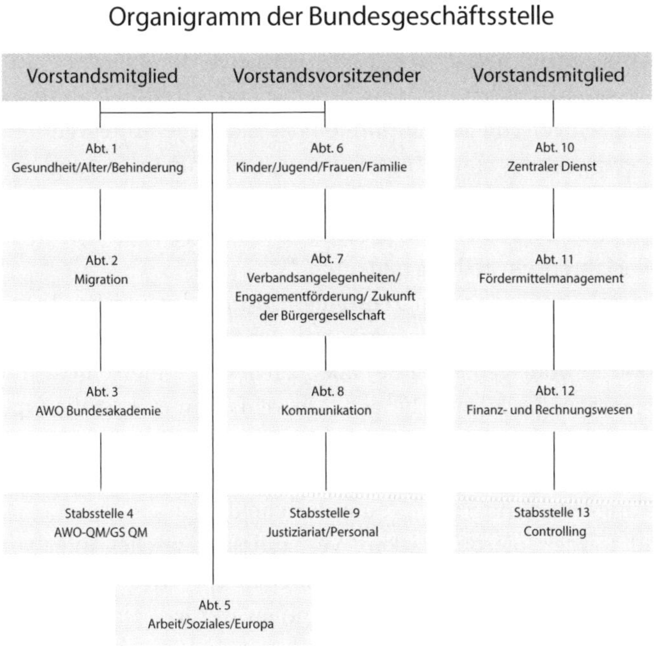

Organigramm der Bundesgeschäftsstelle

Vorstandsmitglied	Vorstandsvorsitzender	Vorstandsmitglied
Abt. 1 Gesundheit/Alter/Behinderung	Abt. 6 Kinder/Jugend/Frauen/Familie	Abt. 10 Zentraler Dienst
Abt. 2 Migration	Abt. 7 Verbandsangelegenheiten/ Engagementförderung/ Zukunft der Bürgergesellschaft	Abt. 11 Fördermittelmanagement
Abt. 3 AWO Bundesakademie	Abt. 8 Kommunikation	Abt. 12 Finanz- und Rechnungswesen
Stabsstelle 4 AWO-QM/GS QM	Stabsstelle 9 Justiziariat/Personal	Stabsstelle 13 Controlling
	Abt. 5 Arbeit/Soziales/Europa	

AWO Bundesverband e. V.: Verbandsbericht 2011. Berlin 2012.

Als föderativ und dezentral strukturierter Verband bestehend aus rechtlich und finanziell weitgehend autonomen Gliederungen verfügt der Bundesverband über keine wirkliche Macht gegenüber seinen Mitgliedern. Hierzu fehlt es der Bundesorganisation an direkten Eingriffsrechten und Befugnissen im wahrzunehmenden Alltagsgeschäft. „Macht" und „Einfluss" des Bundesverbandes kommen damit nur in dem Maße zustande, wie formulierte Strategien, Empfehlungen und sozialpolitische Positionen von den jeweiligen Untergliederungen mitgetragen und adaptiert werden. Gleiches gilt ebenso für das Verhältnis zwischen den Landes- und Bezirksverbänden einerseits und den Kreisverbänden andererseits. Die Arbeiterwohlfahrt ist damit durch ein spezifisches Spannungsverhältnis zwischen zentraler, gesamtverbandlicher Steuerung und dezentraler Autonomie geprägt. Um in Konfliktfällen dennoch die Handlungsfähigkeit des Verbandes und den Zusammenhalt der Gesamtorganisation zu sichern, verfügt der Verband über eine besondere Schiedsordnung.[304] Die auf der Ebene der Bezirks- bzw. Landesverbänden

---

304 Vgl. im Einzelnen: Ordnungsverfahren, beschlossen durch die Bundeskonferenz 1971 in Hannover, zuletzt geändert durch Beschluss der Bundeskonferenz 1986 in

sowie des Bundesverbandes gebildeten Schiedsgerichte führen danach Ordnungsverfahren durch, „wenn a) ein Mitglied sich einer ehrlosen Handlung schuldig gemacht hat, b) einen groben Verstoß gegen das Statut/Satzung der Arbeiterwohlfahrt begangen hat, c) durch sein Verhalten die Arbeiterwohlfahrt schädigt bzw. geschädigt hat.“[305] Je nach Schwere des Konflikts umfasst das Ordnungsverfahren verschiedene Optionen der möglichen Intervention. Sie reichen von der Erteilung einer Rüge, der Suspendierung der mitgliedschaftlichen Rechte und Pflichten, einem Hausverbot, der Funktionsenthebung bis hin zum Verbandsausschluss, können aber ebenso auch den Freispruch oder die Verfahrenseinstellung bedeuten.[306]

Im Spannungsverhältnis zwischen zentraler Leitung, dezentraler Autonomie und konfliktregulierender Instanzen vollziehen sich innerhalb der Gesamtorganisation sowohl gemeinsame, aber auch sehr unterschiedliche und zum Teil gegensätzliche Entwicklungen. Übereinstimmend ist die Option, in den Entscheidungsgremien der Kreis-, Bezirks- bzw. Landeverbände stärker zwischen ehrenamtlichen (Vorstands-)Tätigkeiten einerseits und hauptamtlichen Tätigkeiten andererseits zu unterscheiden.

Dem Vorstand werden hierbei stärkere verbandsstrategische Aufgaben zugewiesen, währenddessen die hiermit verbundenen operativen Aufgaben von einem hauptamtlichen Apparat wahrgenommen werden. Unterschiedliche Antworten finden allerdings die Auseinandersetzungen um die Frage, ob soziale Dienste weiterhin im vereinsrechtlichen Rahmen der Mitgliederorganisation oder als ausgelagerte, rechtlich eigenständige GmbH-Gesellschaften betrieben werden sollen. Hier werden von den einzelnen Landes-, Bezirks- und Kreisverbänden sehr unterschiedliche Organisationsmodelle favorisiert, die von der Variante „traditioneller Mitgliederverein mit eigenen Einrichtungen" bis hin zum Modell „landesweite Betriebsgesellschaft mit Spartenstruktur" reichen. Insbesondere auf der Ebene der Kreis- und Bezirksverbände werden diese Organisationsfragen strittig debattiert und führen zu heftigen Debatten zwischen ehrenamtlichen in den bisherigen Traditionen verwurzelten Mitgliedern und hauptamtlichen, z. T. auch „ehrenamtlichen" Managern und Funktionären. Ganz offensichtlich ist hierbei der Identitätsnerv der Arbeiterwohlfahrt empfindlich berührt, die sich mit Blick auf die eigene Zukunftsfähigkeit immer stärker gezwungen sieht, sich als Dienstleister wettbewerblich zu positionieren, ohne hierbei schon einen gemeinsamen Weg gefunden zu haben. Der hierzu eingeleitete Diskussions-

Dortmund; Bundessatzung § 10; Verbandsstatut, Abschnitte 6. Verbandsführung und Unternehmenssteuerung sowie 9. Aufsichtsrecht und Aufsichtspflicht; Schiedsordnung der Arbeiterwohlfahrt vom 27. April 1996.
305 Vgl.: Schiedsordnung § 2.
306 Vgl.: Schiedsordnung § 15.

prozess enttabuisierte dieses lange Zeit sakrosankte Thema und führte im März 2004 mit dem durch den Bundesverband durchgeführten Kongress „Verbandsentwicklung braucht Strategie" zu einer öffnenden Debatte.[307] Erstmals wurden hierbei in Auseinandersetzung mit Entwicklungen in anderen mitgliedschaftlich verfassten Verbänden Optionen diskutiert, die strategisch auf eine Auflösung bisheriger Zusammenhänge zwischen dem Mitgliederverband einerseits und den von der AWO betriebenen Sozialunternehmen andererseits zielen. In der weiteren Organisationsentwicklung des Verbandes wurden solche radikalen Trennungsoptionen zwar nicht weiter verfolgt, gleichwohl führte diese Debatte zu verschiedensten Neuformierungen bei der Ausbalancierung ehrenamtlich und wirtschaftlich geprägter Arbeitsbereiche.

Die nachfolgenden Beispiele zeigen, wie im Rahmen der rechtlich selbstständigen Untergliederungen unter Wahrung der verbandlichen Einheit inzwischen unterschiedliche Organisationsmodelle praktiziert werden. Und zu sehen ist, dass überall dort, wo die AWO in nennenswerter Weise als sozialer Dienstleister wettbewerblich tätig wird, vermehrt Organisationslösungen favorisiert werden, die durch eine Verantwortungstrennung zwischen Mitgliederverband und Betriebsorganisation geprägt sind. Ausgewählte Beispiele sollen dies nachfolgend illustrieren (s. Abb. 17, S. 190, Abb. 18, S. 191 und Abb. 19, S. 192).

Für den Bundesverband stellt sich als Folge dieser unterschiedlichen regionalen Entwicklungen umso dringender die Frage, mit welchen strategisch-strukturellen Weichenstellungen die Einheitlichkeit des Verbandes gewährleistet und den Gliederungen empfohlen werden kann. Zur Debatte stehen hierbei drei Strukturmodelle: a) das Vereinsmodell, b) das Franchise-System für AWO-Dienste und c) die Bildung von Unternehmensgruppen in der Rechtsform der GmbH. Die faktische Entwicklung zeigt, dass das Vereinsmodell als Rechtsrahmen für den Betrieb sozialer Dienste offensichtlich ausgedient hat. Ebenso nur rhetorisch zur Debatte steht das Franchise-System, mit dem eine Verbandsgeschlossenheit nur schwer erzielt werden könnte und damit die Gefahr einer weiter zunehmenden Entfremdung zwischen Mitgliederverband und Betriebsorganisation verstärken würde. Was bleibt ist der Versuch, innerhalb des Verbandes das entstandene und sich auch zukünftig stärker ausprägende Nebeneinander von Mitgliederverband und wirtschaftlichen Geschäftsbereichen beratend, d.h. konflikt-moderierend zu „steuern".

---

307 Vgl.: Arbeiterwohlfahrt Bundesverband e.V. (2004): Verbandsentwicklung braucht Strategie. 2. AWO-Kongress für Verbands- und Unternehmensmanagement. 22./23. März 2004. Bonn.

Abbildung 17: AWO Bezirk Westliches Westfalen – Hauptamtliche
Unternehmensstruktur 2012

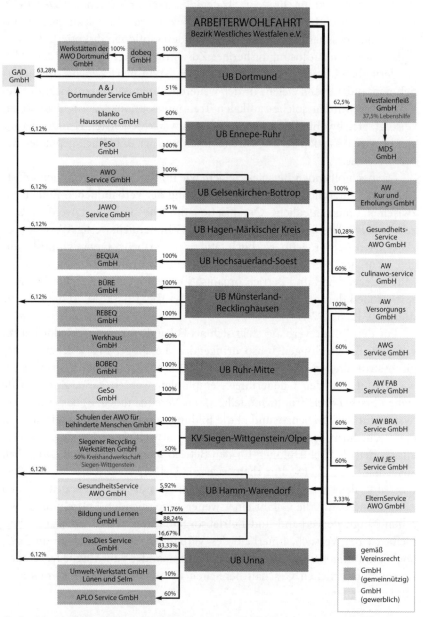

Quelle: Arbeiterwohlfahrt Bezirksverband Westliches Westfalen e. V.: AWO: Solidarisch und gerecht. Bezirkskonferenz 2012. Geschäftsbericht. S. 23.

Abbildung 18: Kreisverband Essen 2012 – Verbindung zwischen Betriebs- und Mitgliederorganisation

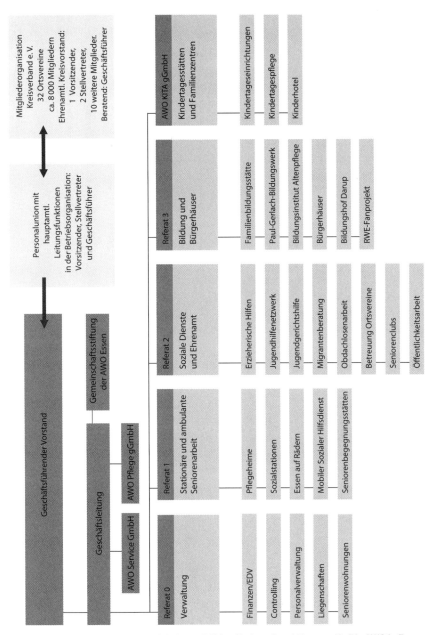

Eigene Zusammenstellung nach: Arbeiterwohlfahrt Kreisverband Essen e. V.: Die AWO in Essen 2008–2012. S. 69 f.

Abbildung 19: Kreisverband Essen – Verbandsstruktur 2012

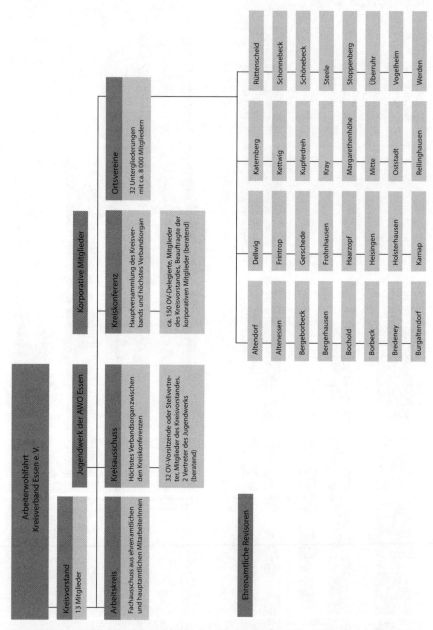

Quelle: Arbeiterwohlfahrt Kreisverband Essen e. V.: Die AWO in Essen 2008–2012. Essen 2012. S. 71.

4.3.4 Aufgabenbereiche und Mitarbeiter

Innerhalb der 30 Landes- und Bezirksverbände, der 36 Unterbezirke, der 480 Stadt- und Kreisverbände sowie der 3 800 Ortsvereine sind etwas über 170 000 hauptberufliche Mitarbeiter tätig. Hinzu kommen knapp 2 000 Plätze im Bundesfreiwilligendienst[308] sowie rd. 70 000 Ehrenamtliche. Die Aktivitäten des Verbandes beziehen sich auf den Gesamtbereich der Sozialen Arbeit und umfassen nach der Satzung folgende Aufgaben:

„Anregung und Förderung der Selbsthilfe; Förderung ehrenamtlicher Betätigung; Vorbeugende, helfende und heilende Tätigkeit auf allen Gebieten der Wohlfahrtspflege; Entwicklung und Erprobung neuer Formen und Methoden der Sozialarbeit; Angebot und Unterhaltung von Einrichtungen und Diensten, u. a. durch eigenständige Rechtsträger; Frauenförderung und Frauenbildungsarbeit; Aufbau und Förderung von Kinder- und Jugendarbeit, u. a. im Rahmen des Jugendwerkes der AWO; Aus-, Fort- und Weiterbildung, Information und Aufklärung über Fragen der Wohlfahrtspflege; Mitwirkung an der Durchführung von Aufgaben der öffentlichen Sozial-, Jugend- und Gesundheitshilfe; Stellungnahmen zu Fragen der Öffentlichen und Freien Wohlfahrtspflege; Mitwirkung bei der Planung sozialer Leistungen und Einrichtungen, Förderung praxisnaher Forschung; Förderung von Projekten im In- und Ausland, insbesondere der Entwicklungszusammenarbeit.“[309]

Rechtsträger der sich aus diesem Aufgabenkatalog ergebenden Sozialen Dienste und Einrichtungen sind von wenigen Ausnahmen abgesehen die einzelnen AWO-Gliederungen und korporativen Mitgliedsverbände. Als eigene operative Einrichtungen betreibt der Bundesverband die AWO Bundesakademie, das Tagungszentrum Haus Humboldtstein sowie die Marie-Juchacz-Stiftung. Daneben besteht eine enge Verflechtung mit der Gesellschaft für Organisationsentwicklung und Sozialplanung bis November 2012, jetzt: Gesellschaft für Organisationsberatung in der Sozialen Arbeit (GOS) in Berlin sowie dem Institut für Sozialarbeit und Sozialpädagogik (ISS) in Frankfurt a. M., so dass der Bundesverband durchaus über eine „eigene" Infrastruktur für Fragen der Forschung, Organisationsentwicklung, Praxisberatung und Weiterbildung verfügt. Bedeutsam sind ebenfalls die zahlreichen

---

308 Bis zur Aussetzung der Wehrpflicht bestanden im Gesamtverband Arbeiterwohlfahrt rd. 7 500 Zieldienstplätze. Trotz aller öffentlichen Lobreden zum Bundesfreiwilligendienst zeigt sich auch in der AWO, dass dieser neue Freiwilligendienst nicht annähernd die Leistungsfähigkeit des früheren Zivildienstes erreicht.
309 Vgl.: Verbandsstatut. Abschnitt „Aufgaben".

Mitgliedschaften und Mitwirkungen des Bundesverbandes in sozialpolitischen Gremien und Fachverbänden, in denen die AWO interessens- und sozialpolitisch eingebunden ist. Die Palette dieser insgesamt 58 Mitgliedschaften umfasst in alphabetischer Auswahl Organisationen wie die Arbeitsgemeinschaft für Erziehungshilfe (AFET), die BAG Wohnungslosenhilfe, die Deutsche Krankenhausgesellschaft, das European Anti-Poverty Network (EAPN), den Förderverein der Deutschen Hauptstelle für Suchtfragen (DHS), die Gesellschaft für sozialen Fortschritt, den International Council of Homehelp Services; das Kuratorium Deutsche Altershilfe (KDA), die Nationale Armutskonferenz, SOLIDAR Brüssel, die Verbraucherzentrale Bundesverband e. V. sowie den Wirtschaftbund sozialer Einrichtungen e. G.

In seiner Eigenschaft als Dienstleister sozialer Arbeit umfasst das Leistungsspektrum der Arbeiterwohlfahrt in der Sozial- und Gesundheitswirtschaft zum Erhebungsstand 2008 summarisch über 12 500 Einrichtungen, in denen mehr als 125 000 hauptberuflich tätige Personen beschäftigt sind. Die Tabelle 15 umfasst hierbei nicht administrative u. a. Mitarbeiter in anderen Tätigkeitsbereichen (Geschäftsstellen etc.) der Arbeiterwohlfahrt.

Erkennbar wird, dass die Beschäftigten der AWO zu einem großen Teil im Bereich der Altenhilfe tätig sind (45,1 %). Als zweitwichtigstes Arbeitsfeld folgt mit deutlichem Abstand die Jugendhilfe mit 21,0 %, danach die Familienhilfe mit knapp 12 % aller Hauptberuflichen. Die anderen Fachbereiche weisen noch geringere Beschäftigungsanteile auf: Weitere soziale Hilfen (8,1 %), Behindertenhilfe (7,4 %), Gesundheitshilfe (4,4 %), Hilfe für Personen in besonderen sozialen Situationen (1,3 %). Schlusslicht bildet der Bereich Aus-, Fort- und Weiterbildung (1,0 %). Dominieren insbesondere bei den kirchlichen Wohlfahrtsverbänden teilzeitbeschäftigte Mitarbeiter, so zeigen die Beschäftigungsverhältnisse bei der Arbeiterwohlfahrt ein anderes Bild. Vollzeit- und teilzeitbeschäftigte Mitarbeiter sind nahezu gleichstark repräsentiert. Ausschließlich das Arbeitsfeld Familienhilfe weist einen deutlich höheren Anteil von Teilzeitbeschäftigten auf.

Tabelle 15: Einrichtungen und Beschäftigte Arbeiterwohlfahrt e. V. – Stand 2008

Fachbereiche und Art der Einrichtung	Beschäftigte			Zahl der Einrichtungen
	Vollzeit	Teilzeit	insgesamt	
Gesundheitshilfe/Krankenhäuser	2 555	2 942	5 497	552
– stationär	2 370	2 199	4 569	64
– teilstationär	66	72	138	21
– ambulant	119	671	790	467
Jugendhilfe	11 813	14 526	26 339	3 690
– stationär	2 305	1 594	3 899	335
– teilstationär	9 442	12 805	22 247	3 228
– ambulant	66	127	193	127
Familienhilfe	4 807	9 942	14 749	1 723
– stationär	160	201	361	111
– teilstationär	114	83	197	77
– ambulant	4 533	9 658	14 191	1 535
Altenhilfe	32 202	24 388	56 590	2 884
– stationär	31 716	20 806	52 522	1 173
– teilstationär	306	3 055	3 361	1 242
– ambulant	180	527	707	469
Behindertenhilfe	4 530	4 758	9 288	977
– stationär	1 423	1 830	3 253	311
– teilstationär	2 813	2 550	5 363	430
– ambulant	294	378	672	236
Hilfe für Personen in besonderen sozialen Situationen	831	746	1 577	742
– stationär	137	58	195	48
– teilstationär	217	282	499	83
– ambulant	477	406	883	611
Weitere soziale Hilfen	4 987	5 108	10 095	1 891
– stationär	k. A.	k. A.	k. A.	k. A.
– teilstationär	k. A.	k. A.	k. A.	k. A.
– ambulant	k. A.	k. A.	k. A.	k. A.
Aus-, Fort-, Weiterbildung	662	570	1 232	82
Insgesamt	62 387	62 981	125 367	12 541
Selbsthilfe- und Helfergruppen	o. A.	o. A.	o. A.	3 287

Eigene Zusammenstellung nach Angaben des Bundesverbandes vom November 2012.

Tabelle 16: AWO-Beschäftigte nach Fachbereichen und
Beschäftigungsverhältnis – 2008

	VZ	TZ	Insgesamt in %
Gesundheitshilfe	46,5	53,5	4,4
Jugendhilfe	44,8	55,2	21,0
Familienhilfe	32,6	67,4	11,8
Altenhilfe	56,9	43,1	45,1
Behindertenhilfe	48,8	51,2	7,4
Hilfe für Personen in bes. sozialen Situationen	52,7	47,3	1,3
Weitere soziale Hilfen	49,4	50,6	8,1
Aus-/Fort-/Weiterbildung	53,7	46,3	1,0
Insgesamt in % aller Beschäftigten	49,7	50,2	100,0

Eigene Zusammenstellung nach Angaben des AWO Bundesverbandes.

Weitere interessante Details machen die vorliegenden Daten deutlich. Denn hinsichtlich der Zahl der Einrichtungen rangiert die Jugendhilfe mit rund 30 % aller Dienste an erster Stelle, gefolgt von der Altenhilfe (23 %). Bestätigt wird damit der schon Mitte der 1990er Jahre vorgenommene Befund, die Arbeiterwohlfahrt hätte sich im Verlaufe ihrer jüngsten Entwicklung wesentlich zu einem Fachverband für Altenarbeit entwickelt.[310] Gleichwohl ist heute zu sehen, dass der Verband mit seinen Dienstleistungen fachlich wesentlich breiter aufgestellt ist und ebenso von der boomartigen Ausweitung des Sozial- und Gesundheitssektors profitierte. Gegenüber dem Erhebungsstand 1.1.1993 beträgt der Zuwachs im Personalbereich rund 64 000 Personen und bei den Einrichtungen fast 5 000 neue Dienste. Mit anderen Worten: Im Zeitraum von 15 Jahren hat sich die Arbeiterwohlfahrt in ihrem Charakter als Betriebsorganisation nahezu verdoppelt![311]

Alle Spitzenverbände der Freien Wohlfahrtspflege beanspruchen in ihrem Selbstverständnis eine flächendeckende soziale Infrastruktur vorzuhalten. Tatsächlich trifft dies jedoch nur bedingt zu. Denn in der räumlichen Verbreitung ihrer operativen Dienste, der hier Beschäftigten sowie der sich ehrenamtlich engagierenden Personen zeigt sich eine durchaus regional unterschiedlich starke Präsenz. Jeweilige Verbandstraditionen und ehemals

---

310 Die 1996 durchgeführten Erhebungen führten zu dem Befund, dass knapp 53 % der Beschäftigten im Bereich der Altenhilfe tätig sind. Vgl. Boeßenecker (1998). S. 114.
311 Vgl.: Karl-Heinz Boeßenecker (1995): Spitzenverbände der Freien Wohlfahrtspflege in der BRD. Votum Verlag. Münster. S. 64.

wirksame sozialkulturelle Milieus erklären diese Differenzierungen nur zum Teil, zumal diese in den vergangenen Jahren einem deutlichen Erosionsprozess ausgesetzt sind.[312] In besonderer Weise ist hiervon die Arbeiterwohlfahrt betroffen. Aus den vorliegenden Verbandsdaten lassen sich zumindest erste Hinweise zur regionalen Repräsentanz der Arbeiterwohlfahrt gewinnen.

Tabelle 17: Die AWO in den Bundesländern 2011 – AWO Einrichtungen 2010

Landesverband	Mitglieder	Beschäftigte	Ehren-amtliche	Soziale Dienste*
Baden-Württemberg	29 045	11 231	5 850	239
Bayern	69 291	25 704	14 000	834
Berlin	6 973	5 811	1 350	65
Brandenburg	12 275	8 162	730	71
Bremen	2 127	2 888	570	18
Hamburg	2 916	1 437	800	94
Hessen	27 418	9 348	2 900	163
Mecklenburg-Vorpommern	5 829	5 696	1 000	49
Niedersachsen	38 493	14 926	4 430	185
Nordrhein-Westfalen	109 255	52 330	21 110	1 537
Rheinland-Pfalz	23 902	5 168	4 670	202
Saarland	14 303	916	2 400	147
Sachsen	6 857	11 814	1 125	53
Sachsen-Anhalt	5 062	4 343	3 000	69
Schleswig-Holstein	18 573	4 144	2 800	259
Thüringen	9 559	9 108	3 000	65
Ohne Zuordnung	–	–	–	2
Gesamt	381 878	173 026	69 735	4 052

* Anzahl der an die BGW für 1910 gemeldeten Unternehmen.

Eigene Zusammenstellung nach: AWO Bundesverband: Verbandsbericht 2011 und BGW Umlagestatistik 2010, Teil Arbeiterwohlfahrt.

---

312 Siehe hierzu: Michael Vester (2006): Soziale Milieus im gesellschaftlichen Strukturwandel. Zwischen Integration und Ausgrenzung. Frankfurt am Main. Rainer Geißler (1992): Die Sozialstruktur Deutschlands. Ein Studienbruch zur sozialstrukturellen Entwicklung im geteilten und vereinten Deutschland. Opladen.

Scheint es zunächst, als hätte die Präsenz der AWO in den einzelnen Bundesländern ein durchaus unterschiedliches Gewicht, so gilt es diesen Eindruck zu korrigieren. Denn gemessen an der jeweiligen Bevölkerungszahl[313] bewegen sich die AWO-Mitgliederschaften überwiegend in einer Spannbreite von zwischen 0,2% bis 0,7%. Ausschließlich im Saarland sind mehr als 1% der Bevölkerung der Arbeiterwohlfahrt mitgliedschaftlich verbunden. Durchschnittlich gesehen sind nicht mehr als 0,5% der Einwohner in Deutschland Mitglied der Arbeiterwohlfahrt. Diese für die Bundesrepublik und die einzelnen Bundesländern vornehmbare Kartografie einer AWO-Repräsentanz ist sicherlich ein nur großflächiger Beleg für eine insgesamt relativ geringe Verankerung des Verbandes in der Bevölkerung. Inwieweit dieser allgemeine Befund auf lokaler Ebene zu relativieren wäre, müssten weitere, über Stichproben hinausgehende und lokal ausgerichtete Erhebungen zeigen.

Die publizistischen Aktivitäten des AWO Bundesverbandes haben sich in den vergangenen Jahren durch die inzwischen im Verband verbreitete Nutzung des Internets stark verändert. Verbunden war hiermit ein regelrechter Bereinigungsprozess der zahlreich vorgelegten Printmedien, deren Umfang sich Mitte der 2000er Jahre noch auf über 170 Titel belief.[314] Weitgehend abgelöst sind diese vormals bestehenden Informationsschriften und Arbeitshilfen durch öffentlich zugängliche Internetseiten, wie beispielsweise die Seite „AWO-Informationsservice" oder „Beratung und Hilfe". Als Printmedien werden vom Bundesverband aktuell die Zeitschriften „AWO Ansicht" sowie „Theorie und Praxis der sozialen Arbeit (TuP)" herausgegeben. AWO-Ansicht, erstmals aufgelegt im März 2011, erscheint vierteljährlich mit einer Auflage von 11 000 Exemplaren und fokussiert jeweils ausgewählte gesellschaftspolitische Themen aus allgemeiner und AWO-spezifischer Sicht. Zielgruppe sind die Mitglieder und Gliederungen des Verbandes. Anders konzeptioniert ist die TuP, die mit einer Auflagenhöhe von 3 000 Exemplaren sechsmal jährlich erscheint. Als Fachzeitschrift wendet sich die TuP in besonderer Weise an ein sozialpolitisch interessiertes Publikum von Fachkräften und Fachpolitikern in der sozialen Arbeit. Die Bedeutung der TuP geht hierbei weit über den Verband hinaus, was nicht zuletzt auch in der Zusammensetzung des Redaktionsbeirats sowie der verlagsmäßigen Anbindung an den Juventa Verlag zum Ausdruck kommt.

Das liebe Geld. Als Verband der „kleinen Leute" und eingebettet in eine sozialdemokratischen Entwicklungstradition zielten die AWO Aktivitäten ganz

---

313 Vgl. hierzu: Statistisches Bundesamt: Gebiet und Bevölkerung – Fläche und Bevölkerung. Stand 25.9.2012.

314 Vgl.: Karl-Heinz Boeßenecker (2005): Spitzenverbände der Freien Wohlfahrtspflege. Weinheim und München. S. 183.

unmittelbar auf eine Ausgestaltung und Stärkung des Sozialstaates. In diesem Kontext sollte sich nicht nur die Entwicklung sozialer Dienste vollziehen, sondern ebenfalls auch die hierfür notwendige Infrastruktur der eigenen Organisation sichergestellt sein. Hinsichtlich der Verbandsentwicklung bis zu den ausgehenden 1980er Jahren waren die hiermit verbundenen Optionen durchaus erfolgreich und boten dem Verband weitreichende Möglichkeiten für Initiativen, Projekte und Akzentsetzungen. Die seit den 1990er-Jahren beginnende Krise der öffentlichen Haushalte sowie die damit einhergehenden Veränderungen im Verständnis einer staatlichen Sozialpolitik[315] führten auch für die AWO zu erheblichen Finanzierungsproblemen. Diese durch ein theoretisch denkbares höheres Beitragsaufkommen der Mitgliedschaft zu lösen, schloss sich durch die sozialökonomische Struktur der Mitgliedschaft weitgehend aus. Ebenso fehlt es an einer finanzstarken Mutterorganisation – wie dies bei den kirchlichen Wohlfahrtsverbänden der Fall ist – die sich an der Finanzierung sozialer Arbeit zumindest partiell beteiligen könnte. Substanziell ist damit die Arbeiterwohlfahrt in besonderer Weise auf öffentliche Zuwendungen, Leistungserstattungen u. a. Einnahmequellen angewiesen. Da auf der Ebene des Bundesverbandes Einnahmen aus operativen Leistungsbereichen sozialer Dienste weitgehend fehlen, ist auf dieser Ebene die Abhängigkeit von öffentlichen u. a. Bezuschussungen besonders groß. So weist die vorläufige Gewinn- und Verlustrechnung des Bundesverbandes für das Geschäftsjahr 2011 Gesamteinnahmen von über 42 Millionen Euro aus, die zu mehr als 30 Millionen aus Zuwendungen bestehen. Einnahmen aus Leistungserbringungen des Verbandes betragen rd. 9,7 Millionen (23 % der Gesamteinnahmen), nur eine marginale Bedeutung haben mit knapp über 163 000 Euro (0,4 % aller Einnahmen) die an den Bundesverband geleisteten Geldspenden.[316]

Wenn auch nicht ganz so stark ausgeprägt, so gilt der vorgenannte Sachverhalt auch für die regionalen und lokalen Gliederungen des Verbandes. Neben vielen anderen Strategien der Finanzakquisition werden hierbei zahlreiche Aktivitäten unternommen, durch Stiftungsgründungen bestehende Finanzierungsprobleme zu lösen, zumindest zu lindern. Die Idee besteht darin, durch die Zusammenführung kleinerer Finanzfonds, die mit der Möglichkeit eigener Namensgebungen und Zwecksetzungen verbunden sind, wegbrechende öffentliche Finanzmittel zu kompensieren und die Fortsetzung sozialer Aktivitäten weiter zu ermöglichen. In diesem Kontext wurden

---

315 Vgl. u. a.: Hans-Jürgen Dahme, Hans-Uwe Otto, Achim Trube, Norbert Wohlfahrt (Hrsg.) (2003): Soziale Arbeit für den aktivierenden Staat. Opladen.
316 Vgl.: Arbeiterwohlfahrt Bundesverband e. V. (2012): Verbandsbericht 2011. Berlin. S. 56.

seit Ende den 1990er-Jahre mehrere überwiegend regional verankerte AWO-Stiftungen gegründet.

Übersicht 16: AWO Gemeinschaftsstiftungen – Stand Oktober 2012

	Jahr der Gründung	Grün- dungs- kapital	Stiftungs- vermögen 2012	Sitz
AWO Marie-Juchacz-Stiftung – Bundes- gemeinschaftsstiftung	1998	655 000	655 000	Berlin
AWO-Duisburg-Stiftung	2000	65 000	400 000	Duisburg
Sozialstiftung der AWO KV Düsseldorf	1999	187 259		Düsseldorf
„Soziale Partnerschaft" Gemeinschafts- stiftung AWO Rhein-Ruhr	2004	82 000		Essen
Gemeinschaftsstiftung AWO Essen	1996		1 143 714	Essen
AWO-mit-Herz-Stiftung. Gemeinschafts- stiftung Arbeiterwohlfahrt Bezirksverband Hannover	2004	80 000		Hannover
Soziale Zukunft – Bürgerstiftung der AWO in der Region Hannover	2004	60 000		Hannover
Sozialstiftung der AWO Baden	2004		250 000	Karlsruhe
AWO-Gemeinschaftsstiftung-Hessen, verwaltet treuhänderisch die Stiftung: „Fuldaer-Integrations-Stiftung (FIS)"	2002	56 241		Kassel
AWO Rheinlandstiftung	1998	150 000	500 000	Köln
AWO Gemeinschaftsstiftung Sachsen-Anhalt	1997		154 000	Magdeburg
Gemeinschaftsstiftung AWO am Niederrhein	1999		273 000	Moers
Hermann-und-Luise-Albertz-Stiftung	2004	25 000		Oberhausen
HORIZONTE Stiftung der AWO und der Wirt- schaft für Mecklenburg-Vorpommern	2003	40 000	50 000	Schwerin
AWO-Saarland-Stiftung	2009			Saarbrücken
AWO-Sozialstiftung Nürnberg	2005			Nürnberg
AWO-Sozialstiftung Roth-Schwabach	2010		50 000	Schwabach
AWO Stiftung – Aktiv für Hamburg	2006		300 000	Hamburg
AWO Stiftung Lichtblicke	2002			Kassel
Stiftung „AWO Ehrenamt lohnt"	2006		505 000	München
AWO Stiftung Zukunft Ennepe	2002		250 000	Gevelsberg
Stiftung für sozialen Frieden	2007	5 000	5 000	Viersen
Stiftung „Soziale Zukunft"	2007		250 000	München

Eigene Zusammenstellung. Ergebnisse der im September/Oktober 2012 durchgeführten Online-Befragung.

Wie zu sehen, sind diese Gründungen mit einer Ausnahme durch regionale Gliederungen initiiert und hinsichtlich ihres Finanzstocks sehr unterschiedlich stark ausgeprägt wie erfolgreich. Die Spannbreite des Stiftungskapitals reicht bis maximal knapp über 1 Million Euro, so dass die damit verbundenen Fördermöglichkeiten neben einer eher symbolischen Zuwendungen bestenfalls die finanzielle Unterstützung kleinerer Projekte erlaubt. Gesamtverbandlich gesehen stellen diese bislang umgesetzten Stiftungskonzepte damit keine Lösung für eine nachhaltige Finanzierung sozialpolitischer Aktivitäten der Arbeiterwohlfahrt dar.

4.3.5 Resümee und Ausblick

Im Vergleich zu den konfessionellen Spitzenverbänden und bundesweit gesehen, zeigt sich die Arbeiterwohlfahrt als der kleinere Verband unter den Spitzenverbänden. Als Arbeitgeber erreicht der Verband mit seinen bundesweit rund 173 000 Mitarbeitern etwa ein Drittel des Beschäftigungsumfangs der Caritas oder der Diakonie. Selbst in sozialdemokratisch geprägten Regionen bleibt die AWO gegenüber den konfessionellen Verbänden in der Regel der kleinere Partner, auch wenn ihm hier – vor allem auf kommunaler Ebene – teilweise ein durchaus stärkeres Gewicht zukommt.

Insgesamt gesehen vermitteln die Organisationsmerkmale der Arbeiterwohlfahrt weder das Bild eines Großbetriebes mit zentralen Führungsstrukturen, noch jenes einer Holdinggesellschaft mit vielen Zweigstellen und Dependancen. Auch die Kennzeichnung als Franchise-Unternehmen, in dem nach lizenzierter Namensvergabe scheinbar Einheitliches und Vergleichbares sich in einzelunternehmerischer Autonomie realisiert, ist unzutreffend. Auch wenn diese Konzepte teilweise in der innerverbandlichen Diskussion präferiert werden, haben sie kaum Prägungskraft für die tatsächliche Ausgestaltung der Gesamtorganisation. Demgegenüber stellt sich die Arbeiterwohlfahrt als ein in der sozialdemokratischen Tradition eingebundener Verband dar, der sich auf der örtlichen Ebene zunehmend in eine Mitgliederorganisation einerseits und in rechtlich selbstständige Betriebsorganisationen andererseits aufsplittet. Unter dem gemeinsamen AWO-Vereinsdach sind beide mit sehr unterschiedlichen Herausforderungen konfrontiert. So zeigt sich der e. V.-strukturierte Mitgliederverband durch Überalterungsprozesse und stagnierende, z. T. rückläufige Mitgliederzahlen geprägt. Nach der im Januar 2004 vorgelegten Studie zählte der Gesamtverband ca. 450 000 persönliche Mitglieder. Das Durchschnittsalter dieser Mitglieder betrug 63 Jahre, jenes der Funktionäre (Vorstände) 60 Jahre. Fast die Hälfte der Mitglieder waren

65 Jahre und älter.[317] Aktuelle Befunde belegen zum Stichtag 31.12.2011 eine Mitgliederzahl von 381 878 Personen.[318] Der in den vergangenen Jahren konstatierte Mitgliederschwund hält damit, wenn auch in abgeschwächter Form, an. Verbandspolitisch prekär ist ebenfalls das im Vergleich zu früheren Jahren zwar abgesenkte, gleichwohl hohe Durchschnittsalter der Mitglieder. Betrug dieses im Jahre 2001 noch 75,8 Jahre, so lässt sich mit dem aktuellen Durchschnittsalter von 66,9 Jahren durchaus ein „Verjüngungsprozess" feststellen, der in erster Linie dem Mitgliederverlust durch Sterbefälle geschuldet ist, nicht aber einem zahlenmäßig relevanten Eintritt jüngerer Neumitglieder. Auch steht ein durchschlagender Erfolg der in den Grundsätzen von 2007 proklamierten Bedeutung von Fördermitgliedschaften noch aus. Mit insgesamt rund 1 500 bestehenden Fördermitgliedschaften in 2012 bleibt der hiermit erhoffte Revitalisierungsprozess der Arbeiterwohlfahrt marginal. Im wesentlich unverändert steht die Arbeiterwohlfahrt vor der zentralen Frage, wie ihre bestehenden Rekrutierungsprobleme nachhaltig zu lösen sind. Parallel hierzu kommt es bei den operativen und zunehmend als GmbH-Unternehmen geführten Geschäftsbereichen verstärkt zu einer wettbewerblichen und betriebswirtschaftlichen Ausrichtung der sozialen Dienste. Eingebunden in ein erodierendes Traditionsmilieu entwickeln sich neue Geschäftsfelder, dessen Portfolio weniger verbandsideologisch als vielmehr durch die Logik betriebswirtschaftlicher Erfordernisse, vermeintlicher Sachzwänge und konkreter Existenzsicherungsstrategien begründet wird. Insbesondere auf lokaler Ebene entstehen deshalb zwangsläufig Kompetenzkonflikte zwischen ehrenamtlichen Mitgliedern, Funktionären, hauptamtlichen Mitarbeitern und geschäftsführenden, in der Regel hauptamtlichen Vorständen. De jure zwar vorhandene, faktisch oftmals jedoch wenig wirksame Entscheidungs- und Kontrollfunktionen der ehrenamtlich geprägten Vereinsorgane gegenüber der hauptamtlich geführten Betriebsorganisation überfordern in weiten Bereichen das traditionelle Ehrenamt. Damit verbundene Verwerfungen führen immer wieder zu bedrohlichen Entwicklungen, die bis hin zur Insolvenz von Einrichtungen oder Kreisver-

317 Vgl.: AWO Bundesverbandes e. V. (2004): Grundlagenstudie als empirische Basis für Verbandsentwicklung. Bonn. Die Überalterung der Mitglieder besteht ebenso auch in den Bezirks- und Landesverbänden. So z. B. sind im AWO Bezirksverband Mittelrhein 65,9 % der Mitglieder über 60 Jahre alt. Vgl.: Tagungsunterlagen „2. AWO-Kongress für Verbands- und Unternehmensmanagement – Verbandsentwicklung braucht Strategie". Tagungsbeitrag Andreas Johnsen: AWO Mitgliederkampagne Bezirksverband Mittelrhein.

318 Arbeiterwohlfahrt Bundesverband e. V. (2012): Bericht zur Mitgliederentwicklung der Arbeiterwohlfahrt – 2011. Arbeitsexemplar für den Workshop „Menschen gewinnen für die AWO". 11. August 2012. Bielefeld.

bänden führen.[319] Optionen für eine stärkere Professionalisierung und betriebswirtschaftliche Ausrichtung in der Mitglieder- und Betriebsorganisation werden hierdurch zusätzlich begründet. In diesem Spannungsfeld verlieren formulierte Leitziele und sozialpolitische Programme in der Alltagsroutine wahrzunehmender Aufgaben schnell ihre handlungsleitende und orientierende Bedeutung. Was stattdessen zunimmt, ist ein durch mehr oder weniger verbindliche Qualitätsvorgaben und gesetzliche Regelungen induzierter Angleichungsprozess sozialer Dienstleistungen, die in der praktischen Ausgestaltung kaum noch qualitative Unterschiede zur professionellen Arbeit anderer Wohlfahrtsverbände zeigen. Bei der föderativen und dezentralen Organisationsstruktur bleibt zudem der „harte" Verbindlichkeitsgrad von Beschlüssen des Gesamtverbandes für die einzelnen Untergliederungen und korporativen Mitgliedsverbände zwangsläufig gering. Gerade deshalb aber gewinnen „weiche" verbandsnormierende Aussagen eine zunehmende Bedeutung für das Selbstverständnis der Organisation. Auch wenn diese eher symbolischen Charakter haben, so sind sie dennoch gewissermaßen der Kitt, der die Organisation sozial zusammenhält und eine identitätsstiftende Abgrenzung gegenüber anderen Anbietern ermöglichen soll. Der Kern der Frage nach dem eigentlichen und unterscheidbaren Sinn der Arbeiterwohlfahrt wurde deshalb mit der 1993 initiierten Leitbilddebatte frühzeitig aufgegriffen und mit dem 1998 beschlossenen neuen Grundsatzprogramm strategisch in eine neue Richtung gelenkt. Die bestehenden Strukturprobleme und Herausforderungen an die weitere und nachhaltige Verbandsentwicklung waren damit zwar enttabuisiert, ohne jedoch schon wirklich gelöst zu sein. Die in der nachfolgenden Entwicklung durch den Bundesvorstand eingerichteten Arbeitsgruppen Unternehmensentwicklung und Verbandsentwicklung erarbeiteten Vorschläge für die weitere Verbands- und Organisationsentwicklung und entwickelten sich zu den operativen Vorbereitungsgremien der schon an anderer Stelle genannten Strategiekonferenz im März 2004. Die in diesem Kontext dem Bundesausschuss vorgelegten Analysen und Überlegungen[320] zeigten nicht nur eine bemerkenswert selbstkritische und bisherige Tabuisierungen überwindende Analyse des Verbandes. Zu-

---

319 Beispielhafte Hinweise zu solchen Vorgängen finden sich u.a. in: WohlfahrtIntern: Ausgabe 9/2010 „AWO Reichenbach. Erst ein Machtkampf, jetzt Grabenkampf". „AWO Berlin. Sanierung durch Insolvenz". S. 24 und 25; Ausgabe 2/2011 „AWO Bremen. Organisierte Pleite soll Neustart ermöglichen". S. 23; Ausgabe 7/2011 „AWO Havelland. Nach gescheiterter Ausgründung kehrt die Tochter in den Mutterverband zurück". S. 34; Ausgabe 3/2012 „AWO BV Baden. Gezerre im Ortsverein". S. 22; Ausgabe 6/2012 „AWO OV Tuttlingen. Trotz Insolvenz gehen die Projekte weiter". S. 22.

320 Vgl.: Bundesausschuss 15.05.04. TOP 3 Verbandsentwicklung. Unveröffentlichtes Papier.

gleich wurden verschiedene Optionsmöglichkeiten für die AWO als Mitgliederorganisation einerseits und Unternehmensorganisation andererseits benannt, die innverbandlich sehr unterschiedlich aufgegriffen wurden. Bezüglich der Mitgliederentwicklung wurde die schon Anfang der 1980er Jahre formulierte Kritik an einer fehlenden Verknüpfung von haupt- und ehrenamtlichen Aktivitäten durch neue Befunde erneuert und zusätzlich untermauert. Die Lösungsperspektive wird neben der Aktivierung bestehender traditioneller Mitgliedschaften in einem offensiven Konzept des bürgerschaftlichen Engagements gesehen, das nicht notwendiger Weise eine AWO-Mitgliedschaft voraussetzt und so zu einer selbstgewählten Mitarbeit innerhalb der AWO motivieren will. In diesem neuen Verständnis von Ehrenamt reduzieren sich Bürgerrechte nicht auf sozialgesetzliche Rechtsansprüche, sondern sollen vielmehr das Solidaritäts- und Selbsthilfepotential sowie die Selbstbestimmungskompetenz von Menschen stärken. Die Quadratur des Kreises besteht hierbei in der ungelösten Frage, wie eine Verzahnung solcher Aktivitäten mit den hauptamtlich geprägten und weitgehend ausgelagerten sozialen Diensten nicht nur proklamiert wird, sondern auch tatsächlich gelingen kann.[321]

Mit der Verabschiedung des AWO Unternehmenskodex im November 2008 fand diese umfängliche Strategiedebatte ihren vorläufigen Abschluss.[322] Hinsichtlich der weiteren Unternehmensentwicklung wird damit der vielfach beschriebene Prozess der Ökonomisierung sozialer Dienste verbandsintern als nicht mehr umkehrbar eingeschätzt, was die Autonomie der Einzel- und Trägerverbände bestärken und die ehedem schwach ausgeprägte Steuerungsfähigkeit des Bundesverbandes weiter reduzieren dürfte. Und gleichfalls wird von sich verschärfenden wettbewerblichen Bedingungen zwischen den Anbietern sozialer Dienstleistungen ausgegangen, die innerhalb der AWO Fusionierungen und Konzentrationsprozesse erfordert, die sich nicht mehr nur im Rahmen politischer Gebietskörperschaften vollziehen können. Ausgehend von diesen Grundeinschätzungen stehen damit das „Vereinsmodell" und das „Spartenmodell" als zwei unterschiedliche Lösungsoptionen zur Debatte. Beide Modelle vollziehen eine unterschiedlich

---

321 Dass sich hier für mitgliederbasierende Organisationen besondere Probleme stellen, zeigen die Befunde zur Entwicklung des Freiwilligen Engagements in Deutschland. Siehe hierzu vor allem: Thomas Gensicke, Sabine Geiss (2010): Hauptbericht des Freiwilligensurvey 2009. Zivilgesellschaft, soziales Kapital und freiwilliges Engagement in Deutschland 1999–2004–2009. Hrsg. BMFSFJ. München; sowie Sibylle Picot (2012): Jugend in der Zivilgesellschaft. Freiwilliges Engagement Jugendlicher im Wandel. Gütersloh.

322 Vgl.: Arbeiterwohlfahrt Bundesverband e. V. (2008): AWO Unternehmenskodex Grundsätze der AWO in Deutschland für eine verantwortungsvolle Unternehmensführung und -kontrolle. Stand: November 2008.

starke Trennung zwischen der Mitgliederorganisation und den sozialen Diensten bzw. Einrichtungen. Das „Vereinsmodell" zeichnet sich dadurch aus, dass die sozialen Dienste der einzelnen Mitgliederverbände (z. B. Kreisverbände) in einer neuen Organisationseinheit (z. B. Verein, Unterbezirk, Regionalverband) zusammengeführt werden und damit Teil der bisherigen verbandlichen Rahmenstrukturen bleiben. Das „Spartenmodell" unterstellt die Betriebsführung für soziale Dienste/Einrichtungen einer neu zu bildenden Unternehmensgruppe, die Einrichtungen einer gleichen Sparte (z. B. Pflege, Kindertagesstätten, Beratungsstellen etc.) zusammenfasst und auf der Grundlage eines Geschäftsbesorgungsvertrages eigenständig führt. Eine solche Option würde allerdings zu einer massiven Änderung der bisherigen AWO-Verbandsstrukturen führen und eine weitere Trennung von der bisherigen Mitgliederorganisation zur Folge haben.

Angesichts dieser Lösungsvarianten ist interessant zu sehen, dass eine weitere Option bei den verbandsstrategischen Diskussionen keine Rolle (mehr) spielt. Es war der Versuch, an die ehemals wahrgenommene sozialpolitische Vorreiterrolle des Verbandes anzuknüpfen und diese erneut mit tagespolitischer Relevanz zu versehen. Denn dieses hätte bedeutet, sich aus der Angebotspalette „normaler" personenbezogener Dienstleistungen weitgehend zurück zu ziehen und sich auf innovative, noch nicht abgesicherte Handlungs- und Problemfelder zu konzentrieren. Für eine solche Option fehlt es dem Verband an einer hierzu notwendigen und Unabhängigkeit sichernden materiellen Basis.

Die Arbeiterwohlfahrt bewegt sich damit in einem tripolaren Spannungsverhältnis zwischen sozialdemokratischem Traditionsverband, gemeinwohlorientierter und die Zivilgesellschaft fördernde Operationsbasis sowie sich unternehmerisch positionierenden Spitzenverband, der seine Dienstleistungen im Rahmen föderativer Zuständigkeiten vor allem auf lokaler Ebene erbringt. Die neuen Rahmenbedingungen für die Ausgestaltung sozialer Dienste als auch die vorliegenden verbandsinternen Befunde sprechen wenig dafür, dass die Arbeiterwohlfahrt in ihrer weiteren Organisationsentwicklung an der ehemals wahrgenommenen Vorreiterrolle für eine präventive und in öffentlicher Zuständigkeit wahrzunehmende Wohlfahrtspflege wieder anknüpfen und diese unterscheidbar zu anderen Wohlfahrtsverbänden revitalisieren kann. Der Trend zu einer Dienstleistungsorganisation dürfte sich damit verstärken. Ob und inwieweit es der AWO hierbei gelingt, sich als Mitgliederorganisation neu zu stabilisieren und die hiermit verbundenen Ressourcen synergetisch mit dem sich abzeichnenden Dienstleistungsverband zu verbinden, lässt sich schwerlich prognostizieren.

4.4 Deutsches Rotes Kreuz e. V.

4.4.1 Entstehung des Verbandes

Als maßgeblicher Initiator und Promotor der internationalen Rotkreuzbewegung gilt Jean Henry Dunant (1828–1910), Genfer Bürger und Ge-
schäftsmann.[323] Dessen unfreiwillige Erlebnisse im Zusammenhang mit der
Schlacht bei Solferino (1859) waren Ausgangspunkt für die Entstehung einer weltweiten Bewegung; dieser Gründungsmythos wirkt auch heute noch
auf das Selbstverständnis des Verbandes. Der historische Hintergrund: Im
Konflikt um die Loslösung Oberitaliens von Österreich führte das König-
reich Sardinien-Piemont gemeinsam mit Frankreich Krieg gegen Österreich.
Henry Dunant geriet im Rahmen einer Geschäftsreise unvermittelt in diese
Kampfhandlungen und erlebte als Zivilist erstmals das Leid verwundeter
Soldaten sowie die Folgen einer weitgehend fehlenden medizinischen Ver-
sorgung. Diese ihn verstörenden Eindrücke machte er mit seiner Schrift
„Eine Erinnerung an Solferino"[324] öffentlich, verbunden mit der Frage, wie
diesem Leid abzuhelfen bzw. zu mildern sei.

„Welchen Nutzen hätte eine Schar tatkräftiger, begeisterter und mutiger
Helfer auf dem Felde der Vernichtung bringen können in jener unheil-
vollen Nacht [...] als Tausende von Verwundeten vor Qual stöhnten und
herzzerreißend um Hilfe riefen, Tausende, die nicht nur unter furchtba-
ren Schmerzen, sondern auch unter einem entsetzlichen Durst litten."[325]

Dunants Idee war, mittels freiwilliger Helfer ein gut organisiertes Hilfswerk
in Friedenszeiten zu schaffen, das in Kriegszeiten aktiv werden sollte. Um zu
gewährleisten, dass hierbei nur die Verwundeten, nicht aber die Interessen
Krieg führender Parteien im Vordergrund zu stehen haben, bedurfte es internationaler, von allen Kriegsparteien einzuhaltender Abkommen, die den
Schutz der Helfer und Betroffenen regelten. Von Regierungen das nötige
Vertrauen für eine solche Hilfsorganisation zu gewinnen, setzte die Verpflichtung für einen neutralen, nicht Partei ergreifenden Militärsanitäts-
dienst voraus.

In der Schweizer Gemeinnützigen Gesellschaft findet Dunant schließlich
einen Wegbereiter seiner Idee. Nach anfänglicher Zurückhaltung im Vor-

---

323 Zur Biographie Dunants vgl.: Willy Heudtlass (1989): Henry Dunant. Gründer des
Roten Kreuzes, Urheber der Genfer Konventionen. Eine Biographie. Stuttgart.
324 Vgl.: Henry J. Dunant (1962): Eine Erinnerung an Solferiono. Hrsg. vom Schweizerischen Roten Kreuz. Genf.
325 Ebd. S. 110.

stand der Gesellschaft wird 1863 ein „Fünferkomitee" gegründet, das der Gesellschaft konkrete Vorschläge zur Umsetzung unterbreiten soll. Das Jahr 1863 gilt deshalb als Gründungsjahr des Roten Kreuzes und das „Fünferkomitee" kann durchaus als Vorläufer des Internationalen Komitees vom Roten Kreuz (IKRK) gesehen werden. Die Initiativen zielten weder auf eine Ächtung des Krieges, noch auf die Beseitigung vorhandener Konflikturschen, noch auf die Propagierung pazifistischer Haltungen und Ideen. Gelindert werden sollte ausschließlich das mit kriegerischen Ereignissen verbundene Leid: „Per humanitatem ad pacem" („durch Menschlichkeit zum Frieden") oder „inter armas caritas" („Menschlichkeit im Krieg") sind vielmehr die tragenden Leitsätze der Rotkreuzbewegung, sie reflektieren das Grundverständnis der Rotkreuzarbeit bis zum heutigen Tage.[326]

Bereits vier Jahre nach Solferino kam es auf Einladung der „Gemeinnützigen Gesellschaft" zur Ersten Genfer Konferenz, bei der immerhin 16 Regierungen (davon sieben deutsche) vertreten waren. Verabschiedet wurde ein zehn Artikel umfassendes Manifest, das 1864 von zwölf Staaten unterzeichnet und als „Genfer Konvention" bekannt wurde. Es bildet den Ausgangspunkt des bis in die Gegenwart gültigen und mehrfach weiterentwickelten Humanitären Völkerrechts, als dessen Wächter sich das Internationale Rote Kreuz bis heute versteht.[327] Die darauf folgende Entwicklung der Rotkreuzbewegung ist eine Erfolgsgeschichte. Die Zahl der angeschlossenen Nationalgesellschaften wuchs rasch. Dass diese Entwicklung sich so schnell vollziehen konnte, lag vor allem an einem Paradigmenwechsel staatspolitischer und militärischer Sichtweisen. Basierend auf der Erkenntnis, durch die Nichtversorgung verwundeter Soldaten größere Verluste als auf dem Schlachtfeld verzeichnen zu müssen, erkannten „weitsichtige" Politiker und Militärs neuen Handlungsbedarf. Aus einer solchen Perspektive stellten humanitäre und militärische Interessen keineswegs mehr sich gegenseitig ausschließende Orientierungen dar, sondern erforderten geradezu ihre operative Verknüpfung.

Zur erfolgreichen Entwicklung des Verbandes trug allerdings noch ein weiterer Faktor bei. Mit der Entstehung einer bürgerlichen Presse erreichte das Grauen des Krieges erstmals eine breite zivile Öffentlichkeit. Die desaströse medizinische und gesundheitliche Versorgung führte vor allem in bürgerlichen Schichten zu Empörung und zur Gründung vereinzelter Initia-

---

326 Vgl.: Dieter Riesenberger (2002): Das Deutsche Rote Kreuz. Eine Geschichte 1864–1990. Ferdinand Schöningh Verlag. Paderborn.

327 Die erste Genfer Konvention betreffend die Linderung des Loses der im Felddienst verwundeten Militärpersonen. Der Wortlaut findet sich bei Hans Haug (1991): Menschlichkeit für alle. Die Weltbewegung des Roten Kreuzes und Roten Halbmondes. Bern/Stuttgart, S. 649 f.

tiven. Beispielhaft hierfür steht die britische Krankenpflegerin Florence Nightingale (1820–1910), die während des Krimkrieges (1853–1856) eine militärische Krankenpflege organisierte. Schon wenige Jahre später entstand mit der 1860 gegründeten Schwesternschule ebenso auch eine konkrete Initiative für eine zivile Krankenpflege.

Für Deutschland lässt sich die Entwicklung des Roten Kreuzes grob in vier Phasen unterteilen: 1. Kaiserreich, 2. Weimarer Republik, 3. Nationalsozialismus und 4. Entwicklung nach 1945. Sie markieren nicht nur unterschiedliche politische Systeme, sondern sind in ihren jeweiligen Übergangsstadien durch die zwei größten Konflikte des 20. Jahrhunderts, den Ersten und Zweiten Weltkrieg, bestimmt. Bedeutete die Zeit nach dem Ersten Weltkrieg eine Umorientierung und Erweiterung der Aufgabenfelder des DRK, so befand sich die Organisation nach dem 2. Weltkrieg am Tiefpunkt ihrer Entwicklung. Durch die Kollaboration mit dem NS-Staat zunächst verboten, dauerte es einige Jahre, bis das DRK in neu konstituierter Form seine Tätigkeiten wieder aufnehmen konnte.

1. Kaiserreich: Der Württembergische Sanitätsverein gehörte im Deutschen Reich zu den ersten nationalen Hilfsgesellschaften. Sehr schnell folgten andere Gesellschaften.[328] Bereits 1869 schlossen sich vierzehn Vereine zum „Centralkomité der Deutschen Vereine zur Pflege im Felde verwundeter und erkrankter Krieger" zusammen. Neben diesen reinen Männer-Vereinen entstanden Frauenvereine und Schwesternschaften, die sich in der Krankenpflege betätigten und im Kriegsfall zur medizinischen Versorgung der Soldaten beitragen sollten. Zu diesem Zweck waren den Mutterhäusern der Schwesternschaften oftmals eigene Krankenhäuser angeschlossen – ein bis in die Gegenwart hinein wichtiges Aufgabengebiet für das Rote Kreuz. 1894 vereinigten sich die auf regionaler Ebene bestehenden Schwesternschaften zum „Verband der Schwesternschaften", später umbenannt in den heute noch bestehenden „Verband der Schwesternschaften vom Deutschen Roten Kreuz e. V." (VdS). Dass Militär- und Sanitätswesen in der frühen Entwicklungsphase des Roten Kreuzes kaum voneinander zu trennen sind, zeigt sich im verbandlichen Selbstverständnis jener Zeit. So heißt es in einem 1900 veröffentlichten Überblick:

---

328 Bereits 1864 wurden in Oldenburg, Preußen, Mecklenburg-Schwerin und Hessen-Darmstadt so genannte Landes-Sanitätsvereine eingerichtet. 1866 folgten dann Hamburg, Sachsen, Baden und Bayern. Vgl. Boethke (o. J.), S. 14 ff.

„[...] es sei das Bestreben, sich im Frieden auf den Krieg vorzubereiten und sich dabei mehr oder weniger an die bestehenden Heereseinrichtungen der Länder anzuschließen."[329]

Zu Beginn des Ersten Weltkrieges umfassten die Organisationen des Roten Kreuzes über 6 300 Vereine und mehr als eine Million Freiwilliger; lediglich ein Fünftel davon waren männlich.[330] Der Erste Weltkrieg (1914–1919) stellte nicht nur die erste große Bewährungsprobe des Sanitätswesens dar, sondern verfestigte ebenso die Verknüpfung von Hilfsorganisation und Militär; angesiedelt wurde die Leitung des RK-Sanitätsdienstes an der Obersten Heeresleitung.[331]

2. Weimarer Republik: Mit dem Ende des Ersten Weltkrieges veränderte sich die Bedeutung der Hilfsorganisationen schlagartig. Artikel 177 des Versailler Vertrages (28.6.1919) untersagte im Zuge der Entmilitarisierung des Deutschen Reiches jegliche Verbindung zwischen dem Rotem Kreuz und dem Militärwesen in Deutschland. Die bisherigen auf Kriegsdienstleistungen hin ausgerichteten Aufgaben entfielen. Die Vereine waren somit zu einer Neuorientierung hin zu wohlfahrtspflegerischen Aufgaben gezwungen und dieses neue Portfolio wurde insbesondere durch die katastrophalen wirtschaftlichen und sozialen Rahmenbedingungen nach 1919 begünstigt. Hohe Arbeitslosigkeit, Inflation, schlechte gesundheitliche Bedingungen sowie eine verheerende Grippeepidemie erforderten nämlich staatliche Maßnahmen und Interventionen, bei denen die Unterstützung freier Verbände benötigt wurde. Der Paradigmenwechsel: die Sozialarbeit und Wohlfahrtspflege wurde zum zweiten Standbein der Rotkreuzarbeit in Deutschland. Neben der Hebung der Volksgesundheit, der Fürsorge für Kriegsversehrte, Hilfeleistungen bei nationalen und internationalen Notständen gehörten nunmehr auch soziale Aufgaben zum Tätigkeitsfeld. Errichtet wurden weltanschaulich neutrale Gemeindepflegestationen und Kindertagesstätten u.a. Einrichtungen. Der Rettungs- und Sanitätsdienst wurde friedenstauglich gemacht und richtete sich nun primär an die Zivilbevölkerung. 1921 kam es zum Zusammenschluss der Landes- und Frauenvereine zum „Deutschen Roten Kreuz" mit Sitz in Berlin. Vereinsrechtlich als Dachverband konstituiert bestand die Aufgabe in der Mitwirkung innerhalb der internationalen Rotkreuzgemein-

---

329 Viktor von Strantz (1896): Das Internationale Rote Kreuz. In: Heere und Flotten der Gegenwart. Bd. 1: Deutschland. Berlin. S. 98.

330 Vgl.: Walter Gruber (1985): Das Rote Kreuz in Deutschland. Zum 125. Jahrestag von Solferino. Wiesbaden. S. 52.

331 Vgl.: Dieter Riesenberger (1992): Das Deutsche Rote Kreuz. Eine Geschichte 1864–1990. Paderborn. S. 79.

schaft, in der Koordination der regionalen Rotkreuzvereine sowie in der Vertretung der rechtlich selbständigen Rotkreuzvereine gegenüber Politik und Gesellschaft. Der föderative Aufbau des Dachverbandes gewährleistete hierbei in hohem Maße die Autonomie der angeschlossenen Mitgliedsvereine und Organisationen. 1926 wurde mit dem „Deutschen Jugendrotkreuz" eine eigene Jugendorganisation gegründet.[332] Im Mittelpunkt des sich neu bildenden Selbstverständnisses stand nunmehr nicht mehr der Dienst am Soldaten, sondern der Dienst am Menschen und der Menschenwürde.

3. Nationalsozialismus: Dieses sich in der Weimarer Zeit neu bildende Selbstverständnis erwies sich im Zuge der nationalsozialistischen Machtübernahme 1933 als nicht wirklich in der Organisation verankert und fragil. Relativ schnell erfolgte eine Rückbesinnung auf die sanitätsmilitärische Tradition und die zunehmende Einbindung in den NS-Staat. Über mehrere Etappen hinweg wurde die Organisation zum Handlanger nationalsozialistischer Politik umfunktionalisiert.[333] Der Status als eingetragener Verein blieb zwar zunächst erhalten, vereinsdemokratische Prinzipien – wie die Wahl der Vorsitzenden – jedoch durch Berufungen ersetzt; auch das Vereinsvermögen wurde unter staatliche Aufsicht gestellt. Bereits 1933 zielte eine Satzungsänderung auf die Remilitarisierung des DRK und führte das Führerprinzip als verbindliches Gestaltungs- und Lenkungsprinzip ein. Die Realität des Verbandes entfernte sich zunehmend von der bislang proklamierten Neutralität und Unabhängigkeit. Gleichwohl blieben das Prinzip der Freiwilligkeit sowie die Mitgliedschaft im Internationalen Roten Kreuz unangetastet, so dass sich das DRK einen gewissen Handlungsspielraum dennoch bewahrte. Angesichts der aufgelösten sozialdemokratischen Wohlfahrts- und Hilfsorganisationen (AWO und Arbeiter-Samariter-Bund) bot so das DRK durchaus auch für frühere Mitglieder dieser Organisationen die Möglichkeit, sich weiterhin und außerhalb von NS-Organisationen im Sanitätsdienst engagieren zu können.[334] Weitere radikale Veränderungen wurden im Rahmen des Reichsgesetzes über das Deutsche Rote Kreuz vom 9.12.1937 erzwungen und mit der erneuerten Satzung vom Dezember 1937 umgesetzt.[335] Die über 9000 eigenständigen RK-Organisationen wurden aufgelöst und zu einer zentralistischen Struktur zusammengeführt, angepasst wurden die geografi-

---

332 Lutz Eckardt (1992): Der Wegbereiter. In: Rotes Kreuz. o. Jg. Heft 5. S. 29.

333 Die Vorgehensweise bei dieser „Reorganisation" schildern ausführlich: Seithe, Hagemann (1993) sowie Liechtenstein (1988).

334 Vgl.: Riesenberger (1992). S. 154. So heißt es beispielsweise in einer Selbstdarstellung des ASB Hamburg: „Beim DRK gab es für Samariter die einzige Möglichkeit weiterhin zu helfen". Fleckenstein, Grosser (1998), S. 17.

335 Vgl.: RGBl 1937 Teil I, S. 1330–1338.

schen Grenzen der Gliederungen an die Gebietsgrenzen der NS-Verwaltung. Dem Rotkreuzzeichen wurde der Reichsadler und das Hakenkreuz hinzugefügt und die RK-Mitglieder hatten einen Treueeid auf den Führer abzulegen.[336] Die Sozialeinrichtungen des DRK wurden aufgegeben und der NS-Volkswohlfahrt zugeführt. Aufgelöst und in die Hitlerjugend integriert wurde ebenfalls das Jugendrotkreuz.[337] Am Ende dieser vom Verband durchaus unterstützten Gleichschaltung stand eine auf die militärische Hilfsfunktion (Sanitätsdienst für Soldaten und Bevölkerung/Zivilschutz) reduzierte Organisation.[338]

4. Entwicklung nach dem Zweiten Weltkrieg: Angesichts der willfährigen Einordnung des DRK in den nationalsozialistischen Staat wundert es nicht, dass der Versuch des DRK, sich deutschlandweit neu zu gründen, vom Alliierten Kontrollrat zunächst abgelehnt wurde. Sehr unterschiedlich vollzogen sich deshalb die Entwicklungen in den einzelnen Besatzungszonen.[339] Ausschließlich in Bayern konnte sich das Rote Kreuz bereits 1945 als Körperschaft des öffentlichen Rechts neu gründen. In der sowjetisch besetzten Zone stieß dagegen die versuchte Wiedergründung auf Ablehnung; die noch bestehende Organisation wurde aufgelöst und ihr Vermögen einbehalten. Neugegründet wurde ein eigenständiges Rotes Kreuz der DDR, das 1954 durch das IKRK anerkannt und in die weltweite Rotkreuzgemeinschaft aufgenommen wurde. Die Konstituierung des Deutschen Roten Kreuzes für die westlichen Besatzungszonen erfolgte im Februar 1950 auf dem Rittersturz bei Koblenz. Die neue Satzung knüpfte dabei bewusst an die Anfänge in der Weimarer Republik an und vermied jeden Bezug auf die unrühmliche DRK-Vergangenheit während des Nationalsozialismus.[340] Bedingt durch den Ost-West-Konflikt sowie die damit verbundene deutsche Teilung entwickelten sich in der BRD und der früheren DDR zunächst eigenständige nationale DRK-Verbände. Erst im Zuge des deutschen Einigungsprozesses 1990 fusionierten beide Verbände durch den Beitritt der ostdeutschen Landesverbände zum DRK.

---

336 Vgl.: § 3 DRK Satzung vom 24.12.37.
337 Vgl.: Gruber (1985). S. 90 ff.
338 Vgl. hierzu: R. Bauer (1986): Vom Roten Kreuz zum Totenkreuz. In: neue praxis. Zeitschrift für Sozialarbeit, Sozialpädagogik und Sozialpolitik. Heft 4. S. 31 ff.; J.-Cl. Favez (1989): Das Internationale Rote Kreuz und das Dritte Reich. München
339 Vgl.: Anton Schlögel (1983): Neuaufbau des DRK nach dem Zweiten Weltkrieg. Bonn.
340 Vgl.: Kristin Eike Krumsiek (1995): Die rechtliche Struktur des Deutschen Roten Kreuzes und des Internationalen Roten Kreuzes. Inauguraldissertation durch die rechtswissenschaftliche Fakultät der Westfälischen Wilhelms-Universität zu Münster. Münster. S. 33.

1859	Schlacht bei Solferino
1863	Gründung des „Internationalen Komitees für Verwundetenhilfe" in Genf
1863	Gründung des Württembergischen Sanitätsvereins
1864	Verabschiedung der Ersten Genfer Konvention
1869	Zusammenschluss der deutschen Vereine in einer föderativen Struktur
1914–1918	Erster Weltkrieg
1919	Versailler Friedensvertrag verbietet Kooperation der Sanitätsdienste mit Armee
1921	Zusammenschluss der Landesverbände zum Deutschen Roten Kreuz
1933	Nationalsozialistische Machtergreifung. Reorganisation des DRK zur zentralistischen Einheitsorganisation
1937	Reichsgesetz über das DRK. Inkorporation des DRK in den NS-Staat
1939–1945	Zweiter Weltkrieg
1945	Auflösung des RK in der sowjetischen Zone
1945	Neugründung des bayerischen Roten Kreuzes als Körperschaft des öffentlichen Rechts
1947	Gründung von RK Landesverbänden in der französischen Zone
1948	Gründung neuer RK Einheiten auf örtlicher Ebene in der britischen Zone
1948	Gründung eines Organisationsausschuss (Vorläufer des Präsidiums) zur Gründung eines Rotkreuzverbandes
1949	Vorlage eines Satzungsentwurfs
1950	Neugründung des DRK für Westdeutschland
1952	Anerkennung des DRK als freiwillige Hilfsorganisation durch Schreiben der Bundesregierung
1952	Anerkennung des DRK durch das IKRK
1952	Gründung des DRK für die DDR
1956	DRK beteiligt sich am Sanitätsdienst der Bundeswehr
1990	Wiedervereinigung. Zusammenschluss beider in Deutschland bestehenden RK-Gesellschaften durch Beitritt der Landesverbände Sachsen, Sachsen-Anhalt, Thüringen, Brandenburg und Mecklenburg-Vorpommern

Eigene Zusammenstellung.

4.4.2 Selbstverständnis des Verbandes

Die ideelle Grundlage der weltweiten Rotkreuzbewegung sind die sieben Grundsätze des Roten Kreuzes, die 1965 auf der XX. Rotkreuzkonferenz beschlossen und 1986 im Rahmen der XXV. Internationalen Rotkreuzkonferenz in Genf erneut bestätigt wurden. Als „Quasi-Verfassung" und kleinsten gemeinsamen Nenner sind die das Wertegerüst der internationalen Organisation und ihrer nationalen Hilfsgesellschaften.

„1. Menschlichkeit
Die Internationale Rotkreuz- und Rothalbmondbewegung, entstanden aus dem Willen, den Verwundeten der Schlachtfelder unterschiedslos Hilfe zu leisten, bemüht sich in ihrer internationalen und nationalen Tätigkeit, menschliches Leiden überall und jederzeit zu verhüten und zu lindern. Sie ist bestrebt, Leben und Gesundheit zu schützen und der Würde des Menschen Achtung zu verschaffen. Sie fördert gegenseitiges Verständnis, Freundschaft, Zusammenarbeit und einen dauerhaften Frieden unter allen Völkern.

2. Unparteilichkeit
Die Rotkreuz- und Rothalbmondbewegung unterscheidet nicht nach Nationalität, Rasse, Religion, sozialer Stellung oder politischer Überzeugung. Sie ist einzig bemüht, den Menschen nach dem Maß ihrer Not zu helfen und dabei den dringendsten Fällen den Vorrang zu geben.

3. Neutralität
Um sich das Vertrauen aller zu bewahren, enthält sich die Rotkreuz- und Rothalbmondbewegung der Teilnahme an Feindseligkeiten wie auch, zu jeder Zeit, an politischen, rassischen, religiösen oder ideologischen Auseinandersetzungen.

4. Unabhängigkeit
Die Rotkreuz- und Rothalbmondbewegung ist unabhängig. Wenn auch die Nationalen Gesellschaften den Behörden bei ihrer humanitären Tätigkeit als Hilfsgesellschaften zur Seite stehen und den jeweiligen Landesgesetzen unterworfen sind, müssen sie dennoch eine Eigenständigkeit bewahren, die ihnen gestattet, jederzeit nach den Grundsätzen der Rotkreuz- und Rothalbmondbewegung zu handeln.

5. Freiwilligkeit
Die Rotkreuz- und Rothalbmondbewegung verkörpert freiwillige und uneigennützige Hilfe ohne jedes Gewinnstreben.

6. Einheit
In jedem Land kann es nur eine einzige Nationale Rotkreuz- oder Rothalbmondgesellschaft geben. Sie muss allen offen stehen und ihre humanitäre Tätigkeit im ganzen Gebiet ausüben.

7. Universalität
Die Rotkreuz- und Rothalbmondbewegung ist weltumfassend. In ihr haben alle Nationalen Gesellschaften gleiche Rechte und die Pflicht, einander zu helfen."[341]

Mit diesen Grundsätzen positioniert das Rote Kreuz auf formeller Ebene nicht nur ihr Verhältnis gegenüber Dritten, sondern ebenso auch die Beziehungen zwischen den unterschiedlichen nationalen Rotkreuzgesellschaften. Unterschiedliche nationale Ausgangsbedingungen, Fragestellungen und Herausforderungen führen hierbei zu durchaus spezifischen Ausformungen dieses Referenzrahmens für das jeweilige Selbstverständnis. Die in Deutschland sich Ende der 1980er Jahre ankündigenden Veränderungen innerhalb eines prosperierenden Sozial- und Gesundheitsmarktes erforderten für das Deutsche Rote Kreuz eine Neuorientierung des Verbandes. Die Option bestand in der Weiterentwicklung bzw. Umformung des DRK zu einem Wohlfahrtsverband, der seine Dienstleistungen zukünftig immer weniger aus staatlichen Refinanzierungen leisten kann und sich in Konkurrenz zu anderen Anbietern sozialer und gesundheitlicher Dienstleistungen behaupten muss. Ein Prozess übrigens, der in ähnlicher Weise auch die anderen Wohlfahrtsverbände betraf und in diesen zwar nicht identische, aber durchaus vergleichbare Initiativen auslöste. Anders als bei anderen Wohlfahrtsverbänden stellte sich jedoch für das DRK die Aufgabe, die sich in der bisherigen Verbandsentwicklung herausbildende Dualität von Hilfsorganisation und Spitzenverband neu justieren zu müssen. Im Kontext dieser Neuorientierung bedurfte es zudem eines zeitgemäßen und den neuen Rahmenbedingungen entsprechenden Selbstverständnisses, aufbauend auf den Grundsätzen der Rotkreuzbewegung entstand Mitte der 1990er Jahre das nachfolgend zitierte neue Leitbild des DRK.

„Der hilfsbedürftige Mensch
Wir schützen und helfen dort, wo menschliches Leiden zu verhüten und zu lindern ist.

Die unparteiische Hilfeleistung
Alle Hilfebedürftigen haben den gleichen Anspruch auf Hilfe, ohne Ansehen der Nationalität, der Rasse, der Religion, des Geschlechts, der sozialen Stellung oder der politischen Überzeugung. Wir setzen die verfügbaren Mittel allein nach dem Maß der Not und der Dringlichkeit der

---

341 Vgl.: IKRK (2000): Die Grundsätze des Roten Kreuzes und Roten Halbmonds. Genf. S. 3.

Hilfe ein. Unsere freiwillige Hilfeleistung soll die Selbstheilungskräfte der Hilfebedürftigen wiederherstellen.

Neutral im Zeichen der Menschlichkeit
Wir sehen uns ausschließlich als Helfer und Anwälte der Hilfebedürftigen und enthalten uns zu jeder Zeit der Teilnahme an politischen, rassischen oder religiösen Auseinandersetzungen. Wir sind jedoch nicht bereit, Unmenschlichkeit hinzunehmen und erheben deshalb, wo geboten, unsere Stimme gegen ihre Ursachen.

Die Menschen im Roten Kreuz
Wir können unseren Auftrag nur erfüllen, wenn wir Menschen, insbesondre als unentgeltliche tätige Freiwillige, für unsere Aufgaben gewinnen. Von ihnen wird unsere Arbeit getragen, nämlich von engagierten, fachlich und menschlich qualifizierten, ehrenamtlichen, aber auch von gleichermaßen hauptamtlichen Mitarbeiterinnen und Mitarbeitern, deren Verhältnis untereinander von Gleichwertigkeit und gegenseitigem Vertrauen gekennzeichnet ist.

Unsere Leistungen
Wir bieten alle Leistungen an, die zur Erfüllung unseres Auftrages erforderlich sind. Sie sollen im Umfang und Qualität höchsten Anforderungen genügen. Wir können Aufgaben nur dann übernehmen, wenn fachliches Können und finanzielle Mittel ausreichend vorhanden sind.

Unsere Stärken
Wir sind die Nationale Rotkreuzgesellschaft der Bundesrepublik Deutschland. Wir treten unter einer weltweit wirksamen gemeinsamen Idee mit einheitlichem Erscheinungsbild und in gleicher Struktur auf. Die föderalistische Struktur unseres Verbandes ermöglicht Beweglichkeit und schnelles koordiniertes Handeln. Doch nur die Bündelung unserer Erfahrungen und die gemeinsame Nutzung unserer personellen und materiellen Mittel sichern unsere Leistungsstärke.

Das Verhältnis zu anderen
Zur Erfüllung unserer Aufgaben kooperieren wir mit allen Institutionen und Organisationen aus Staat und Gesellschaft, die uns in Erfüllung der selbstgesteckten Ziele und Aufgaben behilflich oder nützlich sein können und/oder vergleichbare Zielsetzungen haben. Wir bewahren dabei unsere Unabhängigkeit. Wir stellen uns dem Wettbewerb mit anderen,

indem wir die Qualität unserer Hilfeleistung, aber auch ihre Wirtschaftlichkeit verbessern."[342]

Ob dieses Facelifting der Corporate Identity neuen sozialwirtschaftlichen Rahmenbedingungen überhaupt Rechnung tragen kann, wird jedoch weniger durch ein modernisiertes Leitbild beantwortet. Bedeutsamer sind vielmehr die Antworten zur Frage, wie Organisations-, Entscheidungs- und Handlungsstrukturen des Verbandes auszugestalten sind, um sich veränderten sozialpolitischen Rahmenbedingungen wie Herausforderungen überhaupt stellen und damit verbundene Entwicklungsaufgaben prospektiv aufgreifen zu können. Mit dem 1999 beschlossenen und eingeleiteten Strategieprozess 2010 bündelten sich für die Internationale Rotkreuzgesellschaft verschiedene Reformstrategien erstmals zu einem geschlossenen Konzept. Lehren sollten gezogen werden aus den sich in den 1990er Jahren veränderten Rahmenbedingungen, aktualisiert wurden bisherige Auftrags- und Zielformulierungen sowohl auf internationaler als auch auf nationaler Ebene, dies alles mit dem Ziel, „die Arbeit des Roten Keuzes/Roten Halbmondes stärker an die jeweilige Bedarfslage anzupassen".[343] Der Unterschied zu schon zuvor bestehenden Reformstrategien (z.B. Arbeitsplan für die Neunziger Jahre) bestand vor allem darin, dass sich die Strategie 2010 nicht nur auf eine semantische Neuformulierung allgemeiner Rotkreuz-Zielsetzungen begrenzte, sondern sich als Operationalisierungsleitfaden für durchzuführende Organisationsreformen in der gesamten Arbeit des Roten Kreuzes verstand. Als Teil eines einheitlichen Pakets wurden hierbei für alle Rotkreuzgesellschaften vier zentrale Kernaufgaben benannt, nämlich die Verbreitung der humanitären Werte und Rotkreuz-Grundsätze, die Katastrophenhilfe, der Katastrophenschutz sowie das Gesundheits- und Sozialwesen auf lokaler Ebene.[344] Für das Deutsche Rote Kreuz bedeutete die Adaption der Strategie 2010 eine gründliche Analyse und Evaluation seiner Aktivitäten und Geschäftsfelder. Unter dem Titel „Strategie 2010plus" führte diese deutsche Konkretisierung des Reformleitfadens ab Anfang der 2000er Jahre nicht nur einer neuen Ausrichtung der Hauptgeschäftsfelder, sondern ebenso zu einer umfassenden verbandlichen Organisationsreform.[345] Parallel und ergänzend zu diesen IRK-induzierten

---

342 Leitsatz und Leitbild des Deutschen Roten Kreuzes, verabschiedet durch das Präsidium des DRK am 1.9.1995 und den Präsidialrat des DRK am 29.9.1995.
343 Internationale Föderation der Rotkreuz- und Rothalbmondgesellschaften (1999): Strategie 2010. Das Leben von Menschen in Not und sozial Schwachen durch die Kraft der Menschlichkeit verbessern. Genf. S. 6.
344 Dgl.: S. 15.
345 Vgl.: Deutsches Rotes Kreuz Generalsekretariat (2005): Auf dem Weg in die Zukunft. Die Strategie 2010 plus des DRK. Berlin.

Reformimpulsen wirkte in Deutschland zusätzlich die aufgeworfene Debatte zur Angemessenheit traditioneller Vereinsstrukturen für wirtschaftlich tätige Nonprofit-Organisationen. Als Anbieter sozialer und gesundheitlicher Dienste geriet das DRK immer stärker in den Sog dieser Debatte, zumal sich in vielen Verbandsbereichen gravierende und existenzbedrohende Management- und Steuerungsprobleme zeigten. Das im vereinsrechtlichen Organisationen bestehende Dilemma des Auseinanderfallens zwischen praktischer Verantwortung einerseits (hauptamtliche Geschäftsführung) und juristischer Haftung andererseits (ehrenamtlicher Vorstand und Vereinsmitglieder) führte hierbei im DRK zeitweilig zur Debatte um das „Eisenacher Modell". Im Juni 2002 durch den DRK Kreisverband Eisenach in Form einer Satzungsänderung beschlossen, konstituierte das Modell für den Mitgliederverband DRK eine haftungsrechtliche Trennung zwischen Unternehmensaufsicht der Vereinsorgane und zu bestellenden hauptamtlichen Vorstand als für den Betrieb verantwortliches Geschäftsführungsorgan.[346] Innerhalb des DRK wurde das Eisenacher Modell von den Kreisverbänden und Ortsverbänden sehr unterschiedlich aufgegriffen. Als generelles für den Gesamtverband zu favorisierendes Modell setzte sich dieses Konzept jedoch nicht durch. Die Ergebnisse dieses Ende der 1990er Jahre eingeleiteten Restrukturierungsprozesses zeigen sich in revidierten Satzungen, die bei föderalen Verbandsstrukturen einen einheitlichen Organisationsrahmen sowie eine Umsetzungsstrategie durch die Verbandsgeschäftsführungen gewährleisten sollen. Mit der Umsetzung der Strategie 2010plus ist der innerverbandliche Reformprozess jedoch keineswegs schon abgeschlossen. Denn größeres und verbindlicheres Gewicht erhalten nunmehr die durch die Internationale Föderation weltweit definierten Kernaufgaben. Drei strategische Ziele stehen hierbei im Fokus des DRK, nämlich a) die Stärkung des Bevölkerungsschutzes und die Bewahrung der Umwelt, b) Hilfen zur Ermöglichung eines sozialen, gesicherten und gesunden Lebens sowie c) die Ermöglichung einer Kultur der Gewaltlosigkeit und des Friedens.[347] Mit der 2012 vorgestellten Strategie „Menschen helfen, Gesellschaft gestalten" zeigen sich weitere strategische Maßnahmen zur Profilbildung des DRK: „Im Fokus stehen Menschen in schwierigen Lebenssituationen: Pflegebedürftige und Kranke, Überlastete Eltern, hoffnungsvolle Kinder und Jugendliche, von Ausgrenzung Bedrohte und natürlich Notleidende in der Welt. Das DRK wird mit dieser Strategie weiter an Profil und gesellschaftspolitischer Relevanz gewinnen und damit das Fundament aus ehren-

---

346 Vgl.: DRK Kreisverband Eisenach e. V. (2002): Satzung beschlossen am 3. Mai 2002 durch die Kreisversammlung.
347 Vgl.: Deutsches Rotes Kreuz Generalsekretariat (2011): Grundlagenpapier zu den Eckpunkten des Präsidiums. Strategische Weiterentwicklung des DRK 2010 bis 2020. Berlin. S. VII f.

und hauptamtlichen Mitarbeitern, unseren Mitgliedern, Spendern, Blutspendern und Unterstützern aus Staat und Gesellschaft stärken."[348] Hergeleitet werden diese strategischen Optionen vor allem aus dem die BRD in den nächsten 35 Jahren prägenden Megatrend des demografischen Wandels, auf den sich das DRK einzurichten habe.

4.4.3 Organisationsaufbau und Gliederung

Das Deutsche Rote Kreuz „ist die Gesamtheit aller Mitglieder, Verbände, Vereinigungen privatrechtlichen Gesellschaften, und Einrichtungen des Roten Kreuzes in der Bundesrepublik".[349] Nach eigenen Angaben umfasst das DRK aktuell 19 Landesverbände, 480 Kreisverbände, 4609 Ortsvereine, 33 Schwesternschaften mit rd. 22000 RK-Schwestern sowie ca. 10000 Rotkreuzgemeinschaften und -gruppen. Letztere sind die eigentlichen Organisationseinheiten für die ehrenamtlich aktiven Mitglieder. Die Zahl der insgesamt beschäftigten hauptamtlichen Mitarbeiter wird mit knapp über 140000 beziffert, davon sind über 580 im Generalsekretariat und knapp über 3400 Personen im Verband der Schwesternschaften beschäftigt. Die Gruppe der aktiven freiwilligen Helfer wird mit 290311 angegeben. Neben aktiven Mitgliedschaften kommen zahlreiche Fördermitglieder, deren Zahl rund 3,4 Millionen beträgt.[350] Zum DRK gehören ebenfalls sieben Blutspendedienste[351], die als Wirtschaftsunternehmen in der Rechtsform einer GmbH geführt werden; Gesellschafter sind die Landesverbände. Vereinsrechtlich gesehen besteht das Deutsche Rote Kreuz e.V. (Bundesverband) ausschließlich aus seinen 19 Landesverbänden sowie dem Verband der

---

348 Vgl.: Deutsches Rotes Kreuz e.V. Generalsekretariat: Strategische Weiterentwicklung des DRK 2011–2020. Menschen helfen, Gesellschaft gestalten. Berlin. Dezember 2012. Vorwort.

349 DRK Generalsekretariat: Bundessatzung nach Beschlussfassung der Außerordentlichen Bundesversammlung am 20.03.2009, eingetragen ins Vereinsregister am 12.11. 2009.

350 DRK Generalsekretariat: Das Rote Kreuz im Überblick. Stand April 2012. Berlin 2012.

351 Dies sind: Blutspendedienst West, Sitz Ratingen (Landesverbände Nordrhein, Westfalen-Lippe, Rheinland-Pfalz, Saarland); Blutspendedienst Nord, Sitz Lütjensee (Landesverbände Hamburg und Schleswig-Holstein); DRK-Blutspendedienst Ost, Sitz Dresden; Blutspendedienst NSTOB, Sitz Springe (Landesverbände Niedersachsen, Sachsen-Anhalt, Thüringen, Oldenburg und Bremen); DRK-Blutspendedienst Mecklenburg-Vorpommern, Sitz Neubrandenburg, Blutspendedienst Baden-Württemberg – Hessen, Sitz Mannheim; Blutspendedienst des Bayerischen Roten Kreuzes, Sitz München. Ob die geplante Fusionierung der Blutspendedienste Ost und Nord zum Blutspendedienst Nord-Ost vollzogen wurde, war zum Zeitpunkt der Manuskripterstellung noch nicht bestätigt.

Schwesternschaften. Alle anderen Rotkreuzverbände sind über ihre jeweiligen Landes- und Kreisverbände mittelbare Mitglieder des DRK. Persönliche Mitgliedschaften bestehen ausschließlich auf der Ebene der Kreis- und Ortsverbände sowie im Verband der Schwesternschaften.[352]

Für die Interessenwahrnehmung auf der Bundesebene und gesamtverbandliche Aufgaben ist ausschließlich der Bundesverband zuständig. Dessen Entscheidungsorgane sind nach Bundessatzung die Bundesversammlung, das Präsidium, der Präsidialrat, der Vorstand und die Verbandsgeschäftsführung Bund.[353]

Abbildung 20: DRK Gesamtverband – Organe und Hauptaufgaben

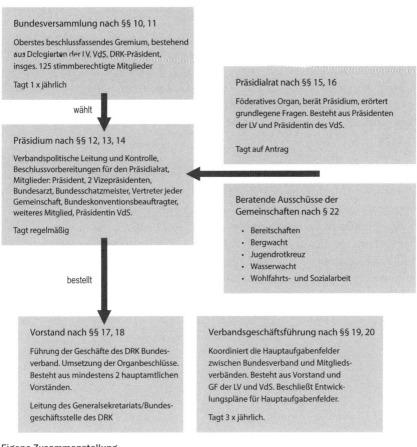

Eigene Zusammenstellung.

---

352 Vgl.: Bundessatzung i. d. F. vom 20. 03. 2009. § 3.
353 Vgl.: Bundessatzung i. d. F. vom 20. 03. 2009. § 5.

Der föderative Verbandsaufbau ist ganz überwiegend durch ein System von Delegation und de facto Kooptation geprägt. Während Kreisverbände und Ortsvereine mitgliedschaftlich strukturiert sind, kennen die Landesverbände und der Bundesverband bis auf wenige Ausnahmen keine persönlichen Mitgliedschaften. Die unmittelbare Mitwirkung der Rotkreuzmitglieder begrenzt sich damit auf das aktive und passive Wahlrecht in den Mitgliederversammlungen auf der Ortsverbands- oder Kreisverbandsebene sowie im Verband der Schwesternschaften. Die Wahlen zu den Landespräsidien und zum Bundespräsidium finden als Delegiertenkonferenzen der jeweiligen Landes- bzw. Bundesversammlung statt. Diese föderative Struktur schließt direktdemokratische Elemente der Willensbildung weitgehend aus. In der herzustellenden Balance zwischen Interessen zentraler und regionaler Verbandsebenen werden hierdurch Formen der Kooptation (faktische Berufung in höhere Entscheidungsgremien) begünstigt.

Die mehrdimensional funktionale Ausrichtung des Verbandes (Dualität von nationaler Hilfsorganisation und Spitzenverband der Wohlfahrtspflege, Nebeneinander von Haupt- und Ehrenamt, Parallelität von vereinsrechtlichem Mitgliederverband und GmbH-Geschäftsbereichen) spiegelt sich auch in der Organisationsstruktur und den Aufgabenbereichen des von dem hauptamtlichen Vorstand geleiteten Generalsekretariats wider (s. Abb. 21, S. 221).

Das Generalsekretariat ist damit nicht nur die operative Handlungsebene für das gewählte und ehrenamtlich tätige Präsidium, sondern zugleich die eigentliche „Machtzentrale" des DRK Bundesverbandes. Die hiermit verbundenen gesamtverbandlichen Steuerungspotentiale sind trotz der 2009 vorgenommenen Satzungsrevision eher schwach ausgeprägt und greifen nur bei verbandsgefährdenden Entwicklungen. Auch die auf der Bundesebene fehlenden operativen Einrichtungen und Dienste tragen dazu bei, Organbeschlüsse und Perspektiven der Bundesebene in eigener Zuständigkeit nur begrenzt umsetzen zu können.

Abbildung 21: DRK Generalsekretariat – Organigramm 2012

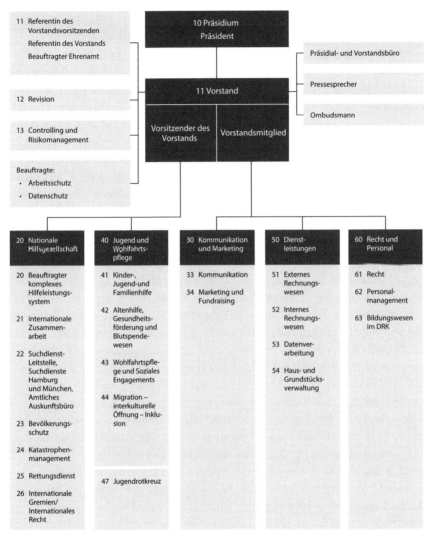

Quelle: Deutsches Rotes Kreuz e.V: Das Jahrbuch 2011. 365 Tage helfen. Berlin 2012. S. 62.

4.4.4 Aufgabenbereiche und Mitarbeiter

Die in der DRK-Bundessatzung für den Verband beschriebenen Aufgaben lassen sich in drei zentralen Tätigkeitsbereichen zusammenfassen[354]: Tätig wird das DRK zugleich als nationale Hilfsorganisation und Teil einer internationalen Bewegung, als Spitzenverband der Freien Wohlfahrtspflege sowie als Jugendverband. Da die Rolle des DRK Jugendverbandes für den wohlfahrtspflegerischen Sektor weniger bedeutsam ist, konzentrieren sich die nachfolgenden Ausführungen auf die als Hilfsorganisation und Spitzenverband wahrgenommenen Aufgaben.

Die im Kontext des Strategieprozesses 2010plus in den 1990er Jahren durchgeführte Portfolioanalyse ermittelte für das Rote Kreuz insgesamt 115 Aufgabenfelder, die der Verband auf den verschiedenen Ebenen wahrnimmt. Abgesehen von den Hauptaufgaben des zivilen und militärischen Sanitätsdienstes sowie des Katastrophenschutzes sind diese zahlreichen Aktivitäten vor allem das Ergebnis spezifischer Konstellationen innerhalb der regionalen bzw. lokalen Organisationsebenen des Roten Kreuzes. In besonderer Weise trifft dies für dessen wohlfahrtspflegerische Aktivitäten zu. Die Frage, weshalb das DRK beispielsweise Rechtsträger eigener Kindertagesstätten wurde, beantwortet sich nicht durch strategische Entscheidungen der jeweiligen Verbandsleitungen, sondern hat u. a. sehr pragmatisch-profane Gründe. So stellte sich beispielsweise im Zusammenhang mit Betriebsschließungen während der 1970er Jahre für eigentümergeführte Gesellschaften örtlich das Problem, betriebliche Sozialeinrichtungen (Betriebskindergarten) sichern zu wollen. Aufgrund einer multireligiös zusammengesetzten Belegschaft kam hierfür keine konfessionell gebundene Trägerschaft in Frage, so dass sich auf der Basis persönlicher Kontakte zum Roten Kreuz eine Trägeralternative anbot. Dass sich aus diesem Engagement in der nachfolgenden Entwicklung ein prosperierender Arbeitsbereich mit heute bestehender Modellfunktion entwickeln würde[355], hatten die damaligen Entscheidungsakteure sicher nicht geahnt. Eine solche „zufällige" Ausgangslage ist innerhalb des DRK keineswegs singulär, denn auch anderenorts finden sich fachliche Entwicklungen in der sozialen und gesundheitlichen Arbeit, die auf persönliche Interessen und Motive Einzelner zurückzuführen sind.[356]

---

354 Vgl. Bundessatzung i. d. F. vom 20. 03. 2009, § 21 Absätze 1–4.
355 Beispielhaft für solche Entwicklungen steht der DRK-Kindergarten Bovenden des DRK Kreisverbandes Göttingen-Northeim e. V.
356 Vgl.: Forschungsschwerpunkt Wohlfahrtsverbände/Sozialwirtschaft der FH Düsseldorf und der FH im Deutschen Roten Kreuz in Göttingen: Prof. Dr. Karl-Heinz

Übersicht 18: Doppelfunktion des DRK

Aufgaben nach Bundessatzung als	
Nationale Hilfsorganisation	**Spitzenverband der Wohlfahrtspflege**
• Hilfe für die Opfer von bewaffneten Konflikten, Naturkatastrophen und anderen Notsituationen • Förderung der Entwicklung nationaler Rotkreuz- und Rothalbmond-Gesellschaften • Förderung der Tätigkeit und Zusammenarbeit seiner Mitgliedsverbände • Unterstützung bei der Spende von Blut und Blutbestandteilen zur Versorgung der Bevölkerung mit Blutprodukten • Suchdienst und Familienzusammenführung • Förderung der Rettung aus Lebensgefahr • Aufgaben im humanitären Bereich für deutsche Behörden nach den Genfer Rotkreuz-Abkommen von 1949, ihren Zusatzprotokollen und dem DRK-Gesetz	• Verhütung und Linderung menschlicher Leiden, die sich aus Krankheit, Verletzung, Behinderung oder Benachteiligung ergeben • Förderung der Gesundheit, der Wohlfahrt und der Bildung • Förderung der Arbeit mit Kindern und Jugendlichen

Eigene Zusammenstellung.

Als Nationale Hilfsgesellschaft nimmt das DRK zudem hoheitliche Aufgaben wahr, die sich insbesondere auf den Zivilschutz und Rettungsdienst konzentrieren. Das durch den Deutschen Bundestag im Oktober 2008 beschlossene DRK-Gesetz[357] bestätigt für diese Aufgabenbereiche ausdrücklich den staatsunabhängigen Status des DRK als Nationale Hilfsgesellschaft und die damit verbundene freiwillige Unterstützung und Mitwirkung u. a. im Sanitätsdienst der Bundeswehr. Abgelöst und formell aufgehoben wurde damit das Rotkreuz-Gesetz vom Dezember 1937, das eine weitgehende staatliche Inpflichtnahme des DRK in den nationalsozialistischen Staat regelte.

Als Spitzenverband der Freien Wohlfahrtspflege ist das Rote Kreuz in den Feldern der Sozial- und Gesundheitspolitik tätig. Die Arbeitsfelder reichen hier von der Altenhilfe und Pflege über den Betrieb von Krankenhäusern, der Behindertenhilfe, dem Angebot von Kuren und Müttergenesungskuren bis hin zu Migrationsarbeit und Kinder-, Jugend- und Familienhilfe. Zugenommen hat die innerverbandliche Relevanz und Akzeptanz des lange

---

Boeßenecker (2007): Lernen von „guten" Beispielen. Best-Practice Beispiele in der DRK Sozialarbeit. Bericht über ein Rechercheprojekt. Düsseldorf – Göttingen.

357 Vgl.: Gesetz zur Änderung von Vorschriften über das Deutsche Rote Kreuz. Vom 5. Dezember 2008. Bundesgesetzblatt Jahrgang 2008 Teil I Nr. 56, ausgegeben zu Bonn am 10. Dezember 2008.

Zeit als Appendix der Rotkreuzarbeit angesehenen und marginal angesiedelten Bereichs der sozialen Arbeit und Wohlfahrtspflege. Insbesondere durch die Satzungsrevision von 2009 erhielt die Wohlfahrts- und Sozialarbeit auf Bundesebene den Status einer Gemeinschaft und ist damit formal gesehen gleich bedeutsam wie die anderen Rotkreuzgemeinschaften.[358] Innerhalb des Verbandes bedeutet dieser neue Status weitergehende Einflusschancen für den Bereich der Wohlfahrtspflege nicht nur auf der Bundesebene, sondern ebenfalls in den Landes- und Kreisverbänden, in denen analoge Satzungsrevisionen anstehen bzw. schon vollzogen sind.

Dem Bundesverband kommt vor allem in der politischen Interessenvertretung und der Internationalen Arbeit eine wichtige Bedeutung zu. Er vertritt das DRK in den internationalen Gremien der Rotkreuzbewegung und gegenüber Politik und Verwaltung auf Bundesebene sowie in Gremien der Europäischen Union. U. a. werden hierbei die sich für den Gesamtverband stellenden Aufgaben der Auslandhilfe wahrgenommen. Bei der Interessenvertretung auf Bundesebene stehen vor allem die entsprechenden politischen Gremien, Abgeordneten und Fachministerien im Fokus. Im Wesentlichen gleiche Intentionen der Interessenvertretung vollziehen sich auf europäischer Ebene. Für den engeren und im Lehrbuch fokussierten Bereich der Wohlfahrtspflege sind hierbei insgesamt mehr als 200 Organisationen und Gremien relevant, in denen das DRK als Bundesverband entweder unmittelbar und federführend tätig ist, mitwirkt oder aus Gründen der Repräsentanz vertreten ist.[359] Unter anderem bestehen 65 rotkreuz-interne Gremien und Ausschüsse. Das DRK ist darüber hinaus vertreten in 36 Ausschüssen der Bundesarbeitsgemeinschaft der Freien Wohlfahrtspflege, 5 Gremien bzw. Ausschüssen der Arbeitsgemeinschaft für Kinder- und Jugendhilfe, 12 Gremien des Deutschen Vereins für öffentliche und private Fürsorge sowie in 23 an Fachministerien o. a. politischen Ebenen angesiedelten Fachausschüssen, Beiräten bzw. Beratungsgruppen. Die Relevanz dieser umfänglichen Mitwirkungen lässt sich näher eingrenzen über die Rolle des DRK-Bundesverbandes innerhalb dieser Gremien, den damit verbundenen Zeitaufwand sowie den Charakter der jeweiligen Gremien bzw. Ausschüsse. Mit ausgewählten Beispielen soll dies nachfolgend illustriert werden.

---

358 Vgl.: Bundessatzung i. d. F. vom 20. 03. 2009. § 22.
359 Ergebnisse der im September/Oktober 2012 durchgeführten Recherche beim DRK Bundesverband, Generalsekretariat, Bereich Jugend- und Wohlfahrtspflege.

Übersicht 19: Beispiele für Gremientätigkeiten des DRK Bundesverbandes

Vorstands-gremien (extern)	• Vorstand der Bundesarbeitsgemeinschaft der Freien Wohlfahrtspflege (4 × jährlich) • Präsidium und Präsidialausschuss des Deutschen Vereins (4–5 × jährlich) • Vorstand der Arbeitsgemeinschaft für Kinder- und Jugendhilfe (3 × jährlich) • Vollversammlung Deutscher Bundesjugendring (1 × jährlich)
Gremien mit Finanzierungs-relevanz (extern)	• Finanzkommission der Bundesarbeitsgemeinschaft der Freien Wohlfahrts-pflege (4 × jährlich) • DRG (Diagnosis Related Groups)-Projektgruppe Krankenhaus (4 × jährlich) • Kuratorium Aktion Mensch (12 × jährlich)
Fachgremien (extern)	• Arbeitsstab Sozialmonitoring der Bundesarbeitsgemeinschaft der Freien Wohlfahrtspflege, (3–4 × jährlich) • Delegiertenversammlung der Nationalen Armutskonferenz (2–3 × jährlich) • Koordinierungsgruppe der National Coalition bei der Arbeitsgemeinschaft für Kinder- und Jugendhilfe (4 × jährlich) • Ständiger Ausschuss der Arbeitsgemeinschaft Schuldnerberatung der Verbände (5 × jährlich)
Politische Beiräte, Gremien	• Beirat Bundesfreiwilligendienst im Bundesministerium für Familie, Senio-ren, Frauen und Jugend (3 × jährlich) • Ausschuss „Nationaler Aktionsplan zur Umsetzung der UN-Behindertenrechtskonvention" beim Bundesministerium für Arbeit und Soziales (4 × jährlich) • Steuerkreis Projekt „Indikatoren Ergebnisqualität und Lebensqualität" im Bundesministerium für Gesundheit (3 × jährlich) • Beraterkreis des Bundesministeriums für Arbeit und Soziales zur Erstel-lung des Armuts- und Reichtumsberichts
Gremien und Ausschüsse im DRK	• Bundesausschuss Wohlfahrts- und Sozialarbeit (2 × jährlich) • Sitzungen der Abteilungsleiter Sozialarbeit (3 × jährlich) • Arbeitskreis Jugendhilfe/Jugendsozialarbeit (2 × jährlich) • Arbeitskreis Behindertenhilfe im DRK (3 × jährlich)
Internationale Gremien (extern)	• Vorstand des European Council on Refugees and Exiles (4 × jährlich) • Exekutivkomitee des European Anti Poverty Network (4 × jährlich) • Vorstand der World Family Organisation (1 × jährlich)
Internationale Gremien (Rotes Kreuz)	• European Red Cross Youth Network (1 × jährlich) • Platform for European Red Cross Cooperation on Refugees, Asylum Seekers and Migrants (2 × jährlich) • European Funding Practitioners Group (2–3 × jährlich) • Treffen des DACHL-Netzwerks, Jugendrotkreuz in Deutschland, Österreich, Schweiz und Luxemburg (1 × jährlich)

Eigene Zusammenstellung nach Mitteilung des DRK GS Bereich Jugend und Wohlfahrtspflege vom 5. 11. 2012.

Wahrgenommen werden diese den Gesamtverband betreffenden Aufgaben durch die jeweiligen Fachabteilungen im Generalsekretariat. Im operativen Geschäft sozialer Dienstleistungen ist der DRK Bundesverband hingegen nicht unmittelbar präsent. Auch die im Generalsekretariat angesiedelte Abteilung Jugend- und Wohlfahrtspflege begrenzt sich ausschließlich auf fachpolitische Beratungs- und Koordinierungsaufgaben und damit verbundene Interessenvertretungen im Bereich der Wohlfahrtspflege, ohne über eigene operative Geschäfts- und Aktionsfelder zu verfügen. Selbst im Bereich der Fort- und Weiterbildung unterhält der Bundesverband aktuell keine eigenen Einrichtungen und ist damit der einzige Spitzenverband der Freien Wohlfahrtspflege ohne bundeszentrale Akademie oder Fortbildungsinstitution. Die ehemals bestandenen Einrichtungen (zentrale Rettungsdienstschule, Akademie des DRK, DRK-Fachhochschule) wurden allesamt in den Jahren von 2002 bis 2007 eingestellt. Grund hierfür war vor allem die ausbleibende Unterstützung und Akzeptanz dieser Einrichtungen durch die Landesverbände des DRK.[360] Als einziges Relikt früher bestandener bundeszentraler Fort- und Weiterbildungseinrichtungen besteht heute nur noch die vom Verband der Schwesternschaften betriebene Werner-Schule vom DRK in Göttingen. Das Bildungszentrum ist die zentrale Fort- und Weiterbildungsstätte im Bereich der Pflegeberufe und betreibt neben diversen Kursangeboten in Kooperation mit der Hochschule für Angewandte Wissenschaft und Kunst Hildesheim/Holzminden/Göttingen (HAWK) zwei berufsbegleitende Bachelorstudiengänge.[361]

Die Interessenvertretung durch die Landesverbände realisiert sich in ähnlicher Weise auf der Ebene der jeweiligen politischen Gebietskörperschaften. Besonders bedeutsam ist dieser Lobbyismus deshalb, da eine öffentliche (Mit-)Finanzierung der sozialen Dienste in hohem Maße durch die Bundesländer und die Kommunen erfolgt und die Landes- und Kreisverbände die eigentlichen Akteure im operativen Geschäft sind. Die Landesverbände nehmen hierbei nicht nur typische Dachverbandsaufgaben (Beratung, Unterstützung; Aus-, Fort- und Weiterbildung; innerverbandliche Kooperation und Koordination) wahr, sondern betreiben in unterschiedlichem Ausmaße auch selbst eigene Einrichtungen bzw. sind an diesen beteiligt. Neben Altenpflegeschulen, Ausbildungsinstituten und Akademien für den Rettungsdienst sowie andere Arbeitsfelder sind die Landesverbände unmittelbar als Gesellschafter in das operative Geschäft der Blutspendegesellschaften involviert.

Die Kreisverbände und Ortsvereine schließlich sind überwiegend die Arenen der eigentlichen Leistungserstellung. Während die Kreisverbände sowohl Aufgaben als Wohlfahrtsverband wie auch als Hilfsorganisationen und damit ein sehr breites Aufgabenspektrum wahrnehmen, sind die Ortsvereine überwiegend im Bereich des Sanitäts- und Rettungsdienstes, des Zivil- und Katastrophenschutzes, der Einsatzeinheiten und Breitenbildung (Erste Hilfe, Le-

---

360 Vgl.: Deutsches Rotes Kreuz Generalsekretariat (2007): Presseinformation. Keine Perspektive für DRK-Fachhochschule in Göttingen/Fortsetzung des Lehrbetriebs bis zu Abschlussprüfungen. Göttingen/Berlin. 12. März 2007.
361 Vgl.: http://www.werner-schule.de/akademisierung.html. Zugriff am 05.10.2012.

bensrettende Sofortmaßnahmen am Unfallort-LSM) aktiv. Sie sind die Ebene, auf der sich überwiegend freiwillig-ehrenamtliches Engagement realisiert. Nicht nur die Vorstände, sondern auch zahlreiche Arbeitsfelder sind hier im Gegensatz zu den anderen Verbandsstufen durch das Ehrenamt geprägt.

Als dienstleistungsorientierter Verband kommt auch beim DRK dem hauptberuflichen Personal eine große Bedeutung zu. Bundesweit und bezogen auf die Gesamtorganisation sind nach verbandlichen Angaben mehr als 140 000 Personen in Vollzeit- und Teilzeitstellen hauptberuflich beschäftigt. Dass zwischen den einzelnen Landesverbänden deutliche Unterschiede hinsichtlich ihrer Größe und regionalen Präsenz bestehen, zeigt die Übersicht 20 (S. 228).

Ganz offensichtlich profitiert die Mitgliederorganisation von der weltweit hohen Reputation des Roten Kreuzes. Denn gemessen an der jeweiligen Bevölkerungszahl[362] repräsentieren die Fördermitgliedschaften im Roten Kreuz eine deutlich höhere Repräsentanz, als dies bei anderen mitgliedschaftlich verfassten Wohlfahrtsverbänden der Fall ist. Durchschnittlich gesehen sind knapp über 4 % der Einwohner in Deutschland Fördermitglieder des Deutschen Roten Kreuzes. Die regionale Spannbreite dieser Verankerung ist groß; sind im Freistaat Bayern 1,2 % der Bevölkerung dem Deutschen Roten Kreuz per Fördermitgliedschaft verbunden, so sind dies in Rheinland-Pfalz 5,4 %.[363]

Diese für die Bundesrepublik und die einzelnen Bundesländern vornehmbare Kartografie einer Rotkreuz-Repräsentanz darf allerdings nicht verwechselt oder gar gleichgesetzt werden mit der Bedeutung des DRK als Wohlfahrtsverband und damit als Anbieter und Organisator sozialer Dienstleistungen. Wenn auch das DRK in seiner Eigenschaft als Wohlfahrtsverband unmittelbar von der bundesweiten Präsenz und dem hohen Bekanntheitsgrad des DRK und der Internationalen Rotkreuz-Gemeinschaft profitiert, so bleibt das DRK verglichen mit den konfessionellen Spitzenverbänden der kleinere Verband im Spektrum der Spitzenverbände. Gleichwohl gilt es frühere Einschätzungen zu revidieren, das DRK beschäftige als Wohlfahrtsverband bundesweit nicht mehr als 60 000 Personen und sei zudem hauptsächlich im Bereich der Altenhilfe tätig.[364] Denn wie die genauere Analyse der

---

362 Vgl. hierzu: Statistisches Bundesamt: Gebiet und Bevölkerung – Fläche und Bevölkerung. Stand 25. 9. 2012.

363 Die Sondersituation des Bayerischen Roten Kreuzes ist hierbei auf deren unterschiedlichen Rechtsstatus zurückzuführen. Im Gegensatz zu den anderen Landesverbänden ist das BRK nicht als Verein, sondern als Körperschaft des öffentlichen Rechts verfasst.

364 Vgl.: Karl-Heinz Boeßenecker (1995). Spitzenverbände der Freien Wohlfahrtspflege. Weinheim und München. S. 232 f.

Übersicht 20: DRK – Mitglieder, Kreisverbände und Beschäftigte nach LV 2011

Mitgliederverband	Förder-mitglieder	Aktive Mitglieder	Kreis-verbände	Beschäf-tigte
Baden-Württemberg	500 139	33 798	34	7 436
Baden	149 758	11 484	16	2 532
Bayern	815 572	118 975	73	22 647
Berlin	65 887	1 605	9	258
Brandenburg	56 768	6 070	19	3 828
Bremen	10 546	692	2	847
Hamburg	48 076	860	7	1 303
Hessen	252 535	14 292	39	6 512
Mecklenburg-Vorpommern	49 599	2 994	16	6 262
Niedersachsen	268 149	25 208	48	13 700
Nordrhein	233 463	13 054	29	5 610
Oldenburg	30 943	2 035	10	625
Rheinland-Pfalz	215 444	11 883	31	9 017
Saarland	44 525	4 641	7	229
Sachsen	121 944	10 407	39	6 804
Sachsen-Anhalt	68 915	4 540	21	5 571
Schleswig-Holstein	87 295	5 713	15	6 337
Thüringen	71 294	3 940	27	6 648
Westfalen-Lippe	288 285	18 120	38	8 411
Verband der Schwesternschaften	676	21 770	33	3 410
Generalsekretariat				585
Insgesamt	3 379 813	290 311	513	140 342

Zusammenstellung nach: Deutsches Rotes Kreuz e. V.: Das Jahrbuch 2011. 365 Tage helfen. Berlin 2012.

verbandsintern vorliegenden Daten über die wohlfahrtspflegerischen Aufgaben zeigt, haben sich die vom Deutschen Roten Kreuz angebotenen sozialen Dienstleistungen nicht nur quantitativ deutlich ausgeweitet, sondern auch hinsichtlich der Angebotsbreite weiter diversifiziert.

Tabelle 18: Einrichtungen und Beschäftigte in der Wohlfahrtspflege des DRK 2008

Fachbereiche und Art der Einrichtung	Beschäftigte			Dienste/ Einrichtungen
	VZ	TZ	Insges.	
Gesundheitshilfe/Krankenhäuser	5 449	9 111	14 560	1 053
– stationäre Einrichtungen	5 265	6 976		55
– Tages- u. teilstationäre Einr.	78	281		18
– Ambulante Dienste/Beratungsstellen	106	1 854		980
Jugendhilfe	3 530	28 781	32 311	1 793
– stationär	512	6 268		115
– Tageseinrichtungen	2 632	17 315		1 313
– ambulante Dienste/Beratungsstellen	386	5 198		365
Familienhilfe	436	3 934	4 370	260
– stationäre Einrichtungen	28	779		10
– Tageseinrichtungen	66	730		83
– ambulante Dienste/Beratungsstellen	342	2 425		167
Altenhilfe	9 927	37 231	47 158	2 400
– stationäre Einrichtungen	7 299	20 256		869
– Tageseinrichtungen	70	1 262		300
– ambulant Dienste/Beratungsstellen	2 558	15 713		1 231
Behindertenhilfe	2 994	47 828	50 822	903
– stationäre Einrichtungen	1 030	23 507		167
– Tageseinrichtungen	1 445	12 335		105
– ambulante Dienste/Beratungsstellen	519	11 986		631
Hilfen für Personen in besonderen sozialen Situationen	452	2 491	2 943	1 392
– stationäre Einrichtungen	64	373		106
– Tageseinrichtungen	21	981		21
– ambulante Dienste/Beratungsstellen	367	1 137		1 266
Weitere soziale Hilfen	69	6 053	6 122	141
– stationär	1	1 268		3
– Tageseinrichtungen	2	215		15
– ambulante Dienste/Beratungsstellen	66	4 570		123
Aus-, Fort-, Weiterbildung für soziale und pflegerische Berufe	215	900	1 115	240
Insgesamt	23 073	136 329	159 401	8 182

Stand: 1. 1. 2008 – Bearbeitungsstand 23. 6. 2009. Eigene Zusammenstellung nach DRK Zentralstatistik. Mitteilung Generalsekretariat vom 1. 11. 2012. Neuere Daten lagen zum Zeitpunkt der Manuskripterstellung noch nicht vor. Die Tabelle enthält nur Angaben zu den Arbeitsbereichen der Jugend und Wohlfahrtspflege.

Interessant und zugleich verwunderlich sind diese vorliegenden Befunde u. a. auch deshalb, weil das Deutsche Rote Kreuz seine Bedeutung als sozialer Dienstleistungsanbieter deutlich unterschätzt. Denn zusammen mit den

Arbeitsbereichen der Hilfsorganisation beschäftigten Mitarbeiter (Rettungsdienste, Blutspendedienste und Krisendienste) ergibt sich aus den verbandsinternen Statistiken für den Gesamtverband eine Zahl von insgesamt rund
186 000 Beschäftigten in mehr als 9 600 Einrichtungen, gegenüber den in
den DRK-Jahrbüchern angegebenen 140 000 Beschäftigten. Im Rahmen seiner öffentlichen Präsentationen stellt das DRK seine Leistungen im Bereich
der Wohlfahrtspflege damit geradezu unter den Scheffel. Möglicherweise ist
diese Wahrnehmung einem verbandsspezifischen Rotkreuzhelfer-Milieu geschuldet, das sozialwirtschaftliche Leistungsbereiche eher ausblendet als integriert.

Je nach dem, unter welchem Gesichtspunkt die vorgenannten Daten weiter gelesen werden, ergeben sich gleich mehrere interessante Befunde. So
bestehen die meisten sozialen Einrichtungen (knapp über 29 %) in der Altenhilfe, gefolgt von der Jugendhilfe (rund 22 %), der Hilfe für Personen in
besonderen sozialen Situationen (17 %), der Gesundheitshilfe (rund 13 %)
sowie der Behindertenhilfe (11 %). Hinsichtlich der repräsentierten Einrichtungen sind die Arbeitsbereiche Familienhilfe (3,2 %), Aus-, Fort- und Weiterbildung (knapp 3 %) sowie weitere soziale Hilfen (1,7 %) von marginaler
Bedeutung. Eine modifiziert andere Rangfolge zeigt sich bei der Betrachtung beschäftigungsrelevanter Arbeitsbereiche. So ist der größte Teil der
Hauptberuflichen (rund 32 %) in der Behindertenhilfe sowie der Altenhilfe
(rund 30 %) tätig. Danach erst und mit Abstand folgen die Bereiche Jugendhilfe (rund 20 %), Gesundheitshilfe (rund 9 %), weitere soziale Hilfen (fast
4 %), Familienhilfe (fast 3 %), Hilfen für Personen in besonderen sozialen Situationen (rund 2 %) sowie der Bereich Aus-, Fort- und Weiterbildung
(0,7 %). So realisieren sich die Beschäftigungsverhältnisse vor allem in stationären Diensten mit 46,5 % aller Beschäftigten, gefolgt von ambulanten
Diensten/Beratungsstellen mit 29,8 % und teilstationären Diensten/Tages-
einrichtungen mit 23,6 % aller Berufstätigen. Dabei ist zu sehen, dass stationäre Einrichtungen knapp über 23 % aller Einrichtungen repräsentieren,
ambulante Einrichtungen hingegen einen Anteil von 60 % ausmachen. Es ist
dies ein Hinweis auf sehr unterschiedliche Einrichtungsgrößen im Bereich
der ambulanten und stationären Dienste. Die Verbreitung prekärer Arbeitsverhältnisse belegt ein weiterer Befund. Denn die allermeisten der in sozialen Einrichtungen des Deutschen Roten Kreuzes beschäftigten Personen
sind Teilzeitbeschäftigte. Ihr Anteil macht insgesamt 85,8 % aller Hauptberuflichen aus. In den beschäftigungsrelevanten Arbeitsbereichen der DRK-
Wohlfahrtspflege zeigen sich zudem Arbeitsfelder, die nahezu ausschließlich
von Teilzeitbeschäftigungsverhältnissen geprägt sind. In der Behindertenhilfe
sind dies knapp über 94 %, in der Jugendhilfe knapp über 89 % und in der
Altenhilfe rund 79 %. Nur im Gesundheitsbereich ist das Ausmaß teilzeitbe-
schäftigter Personen geringer, gleichwohl mit 62,6 % immer noch sehr hoch.

Neben diesen Befunden wird auch deutlich, dass die beiden Funktionsbereiche „Nationale Hilfsorganisation" und „Spitzenverband der Freien Wohlfahrtspflege" nicht immer trennscharf voneinander unterscheidbar sind, sondern sich in vielen Bereichen überlappen bzw. gegenseitig bedingen.

Hinsichtlich der Finanzierung des Deutschen Roten Kreuzes gilt es zwischen mehreren Ebenen zu unterscheiden. Wie schon an anderer Stelle ausgeführt, ist neben der dargestellten Aufgabendualität als nationale Hilfsorganisation einerseits und Wohlfahrtsverband andererseits das DRK als Gesamtverband im Bereich sozialer Dienstleistungen nicht unmittelbar operativ tätig. Die seit einigen Jahren öffentlich vorgelegten Jahresabschlüsse und Bilanzen bilden damit zwar die Finanzzuflüsse und die bereichsbezogene Mittelverwendung auf der Ebene des Bundesverbandes ab, ohne hierbei über die Infrastrukturkosten für den Aufgabenbereich Wohlfahrtspflege zu informieren. Finanziell nachvollzierbar werden damit die Aktivitäten des DRK Bundesverbandes in seiner primären Eigenschaft als nationale Hilfsorganisation. Das für 2011 rund 150 Millionen Euro umfassende Geschäftsvolumen des Bundesverbandes generiert sich zum überwiegenden Teil aus zweckgebundenen Spenden (rund 68 Mill. Euro), Zuwendungen (rund 59 Mill. Euro), davon entstammen rund 49 Millionen aus öffentlichen Haushalten und frei verwendbare Mittel in Höhe von über 20 Millionen Euro. Mitgliederbeiträge stellen im Gesamtbudget des Verbandes mit rund 3,6 Millionen Euro einen vergleichsweise marginalen Einnahmebereich dar. Strategisch und mit Blick auf eine freiere Mittelverwendung neu strukturiert wurde das Stiftungsvermögen des Gesamtverbandes. Mit Wirkung des Geschäftsjahres 2011 erfolgte die Integration der bisherigen drei kleineren Stiftungen in die DRK-Stiftung „Zukunft für Menschlichkeit" (ZFM), deren Stiftungskapital zum 1. Februar 2012 rund 15,7 Millionen Euro beträgt.[365]

Valide Aussagen zur Finanzierung der vom Deutschen Roten Kreuz bzw. seinen Untergliederungen unterhaltenen sozialen Dienstleistungen sind damit für die gesamtverbandliche Ebene derzeit nicht möglich. Aufgrund der vereinsrechtlichen Struktur des Verbandes und der damit fehlenden Veröffentlichungspflicht lassen sich auch für die Landes- und Kreisverbände keine näheren Angaben zu den operativen Aufgaben im Bereich sozialer Dienstleistungen generieren. Die für diese Ebenen vorliegenden Jahres-, Geschäfts- und Tätigkeitsberichte enthalten zwar wichtige Organisationsdaten (z.B. Mitgliederentwicklung, Kreisverbände etc.) sowie zu den Aktivitäten in unterschiedlichen Arbeitsfeldern (z.B. Rotkreuz-Gemeinschaften, Hilfs-

---

365 Vgl.: Jahrbuch 2011 des DRK Gesamtverband e.V. a.a.O. Mitteilung des DRK Generalsekretariats vom 14.1.2013: Demnach verteilen sich die Anteile am Kapital der Stiftung ZFM wie folgt: Stiftung Familie Josef Kreten 10,65%, Stiftung Edmund und Bertha Koch 2,63%, Stiftung Lady Seaforth 2,75%, Stiftung ZFM 83,97%.

einsätze, soziale Dienste etc.), ohne dass hierbei jedoch nähere Informationen zur Bilanzierung und Jahresrechnung vorgelegt werden, so dass eine vergleichende Betrachtung kaum möglich ist.

4.4.5 Resümee und Ausblick

Innerhalb der Spitzenverbände der Freien Wohlfahrtspflege gehört das DRK zu den kleineren Organisationen mit einem begrenzten Wirkungsbereich. Gleichwohl hat der Verband einen hohen öffentlichen Bekanntheitsgrad, der hauptsächlich auf seine Eigenschaft als RK-Gesellschaft zurückzuführen ist. In dieser Funktion zeigt sich das DRK in ein internationales weltweit operierendes Konsortium integriert, dessen Aufgaben durch nationale Gesellschaften wahrgenommen werden.[366] Was die Rolle des DRK als Verband der Wohlfahrtspflege betrifft, so wird die Organisation aufgrund der vorgenannten Einbindungen gleichermaßen überschätzt wie unterschätzt. Überschätzt wird die Steuerungs- und Interventionsfähigkeit des Bundesverbandes auf die dem Gesamtverband zugehörenden Verbandsgliederungen. Weder Weltkonzern, noch national einheitlich agierendes Wohlfahrtsunternehmen wären hier angemessene Charakterisierungen. Zwar bestehen gemeinsame Leitziele und inhaltliche Orientierungen, auch gibt es eine institutionell geregelte Einbindung in den Gesamtverband. Diese Regelungen beziehen sich jedoch primär auf andere als wohlfahrtliche Aktivitäten und berühren den Bereich der Sozialen Arbeit nur peripher. Hinzu kommt eine im Vergleich zu den anderen weltanschaulich geprägten Verbänden auffallende „Wertfreiheit", die das Fehlen eigener sozialpolitischer Konzepte ebenso erklärt, wie den Rückbezug auf eine „entideologisierte" Fachlichkeit ihrer Arbeit. Orientiert an allgemeinen humanistischen und nicht weiter konkretisierten Leitbildern verbleibt die Verständigungsebene bislang auf einem Level, der konzeptionelle sozialpolitische Akzentuierungen weitgehend ausschließt. Wohlfahrtsverbandliche Arbeit erfolgt, ohne dass sich dies mit dezidierten Zielen und Positionen verbindet. Unterschätzt wird das DRK als Spitzenverband der Freien Wohlfahrtspflege und bezüglich seiner inzwischen erreichten Breite sozialer und gesundheitlicher Dienste. Deren Bedeutung hat im vergangenen Jahrzehnt quantitativ nicht nur deutlich zugenommen, sondern überlagert, gemessen an den Beschäftigungszahlen, schon längere Zeit jene Arbeitsbereiche des DRK, die Aufgaben der Nationalen Hilfsorganisation

---

366 Siehe hierzu auch: Internationale Föderation der Rotkreuz- und Rothalbmondgesellschaften (1999): Strategie 1010. Genf. Deutsche Ausgabe: Deutsches Rotes Kreuz, Generalsekretariat (2000): Strategie 1010. Bonn.

betreffen. Dabei agiert das DRK fast ausschließlich auf dem Hintergrund eines Zeitgeistkonzeptes, das neutralisierte Fachlichkeit, ideologiefreier Pragmatismus und betriebswirtschaftlicher Stimmigkeit zu den neuen Paradigmen Sozialer Arbeit erklärt. Hier lassen sich innerhalb des Verbandes verschiedene Initiativen ausmachen, die als engagiertes Plädoyer für ein neues Sozialmanagement zu verstehen sind.[367] Insbesondere das seit 1992 laufende Zukunftsprogramm des DRK[368], die damit verbundenen Entscheidungen von Präsidium und Präsidialrat über beabsichtige Strukturveränderungen in Richtung auf eine stärker betriebswirtschaftlich geprägte Sozialarbeit, haben den Verband inzwischen nachhaltig verändert. Zu sehen ist, dass bisherige von vereinsrechtlich eigenständigen Kreisverbänden wahrgenommenen Dienstleistungen (Rettungsdienst, stationäre Alteneinrichtungen, ambulante Alteneinrichtungen, Verwaltung) vermehrt in die Rechtsform einer KV-übergreifenden gGmbH zusammengeführt werden, womit u.a. eine bessere Wirtschaftlichkeit der Einrichtungen erreicht werden soll.[369] Zusätzlich befördert wurde diese Tendenz durch ansteigende Insolvenzen bei Einrichtungen und Kreisverbänden, die beträchtliche innerverbandliche Turbulenzen nach sich zogen.[370] Hier reagierte die Verbandsspitze mit einem Set von Maßnahmen, die insbesondere auf die Einführung betriebswirtschaftlicher Kontroll- und Steuerungsinstrumente zielen und die Ersetzung bzw. Erweiterung ehrenamtlicher Gremien durch hauptamtliche Vorstände optional ermöglichen sollten. Hauptamtliche Vorstände in Landes- und Kreisverbänden sind inzwischen Normalität. An anderer Stelle wurde die hiermit verbundenen strategisch-operativen Konzepte benannt (Eisenacher Modell, Strategie 2010plus) und auf den vorläufigen Abschluss dieses Modernisierungsprozesses verwiesen.

Das Dilemma des DRK: Die Bekanntheit und das im Großen und Ganzen große Vertrauen welches der Verband in der Öffentlichkeit genießt, gehört zu den zentralen Vorteilen, die das DRK gegenüber anderen Hilfsorganisationen und Wohlfahrtsverbänden hat. Dieses Image wird nicht zuletzt durch die Öffentlichkeitsarbeit und insbesondere durch einen Corporate

---

367 Beispielhaft hierzu: DRK KV Pforzheim e. V. (1993): Dokumentation der Sozialkonferenz. Juni. Ebd. (1994): Zweite Sozialkonferenz. Soziales Unternehmertum. Eine Antwort der Freien Wohlfahrtspflege auf den gesellschaftlichen Wandel. April.

368 Vgl. hierzu: DRK Generalsekretariat: Jahrbuch 94/95. S. 85 f. und 88.

369 Vgl. hierzu u.a.: Gutachten „Pilotprojekt Starkenburg". Schüllermann und Partner GmbH. Wirtschaftsprüfungsgesellschaft – Steuerberatungsgesellschaft. September 1996. DRK-Zukunftsteam: Schriftliche Mitteilung vom 26.11.1996. Jörg Feuck (1996): Das typische Profil ist verblaßt. Landesverband des Roten Kreuzes steht vor großen Einschnitten. Frankfurter Rundschau vom 16.12.1996. S. 21.

370 Vgl.: Deutsches Rotes Kreuz (2003): Geschäftsbericht des Generalsekretärs. Bonn. S. 11.

Identity-Prozess vermittelt, der das Bild eines geschlossenen homogenen Verbandes in die Öffentlichkeit transportiert und hierzu bestehende Fremdbilder gegenüber dem DRK bewusst nutzt. Die Folge hiervon: Das DRK wird als Einheit wahrgenommen und nicht als „Vielfalt in der Einheit". In der Öffentlichkeit kaum wahrgenommen wird dagegen die föderale Struktur mit ihrer hochgradigen Autonomie der Kreis- und Ortsverbände. Das Spannungsverhältnis zwischen regionalem Autonomieanspruch und zentraler Steuerung sowie zwischen den unterschiedlichen Mentalitätsmilieus in der Spannbreite zwischen Bereitschaften bis zur Wohlfahrtspflege bleibt so weiterhin bestehen.

Bezogen auf die Praxis von Sozialer Arbeit ist daher kaum zu erwarten, dass das DRK bei der Suche nach einer neuen Rolle als Anbieter sozialer Dienstleistungen eine sozialpolitische Vorreiterrolle einnehmen wird. Vielmehr ist ein neues Portfolio seiner Geschäftsfelder zu erwarten, das nach wirtschaftlichen Erfolgskennzahlen ausgerichtet ist und zu einer Bereinigung der bisher vorgehaltenen Dienstleistungen führen wird. Ergebnispragmatisch orientiert am betriebswirtschaftlichen Erfolg der Organisation und ihrer Teile wird das DRK als Spitzenverband der Wohlfahrtspflege vor allem durch sein Image als RK-Hilfsorganisation gesellschaftliche Akzeptanz finden, weniger aber als fachlich ausgewiesener Träger von Sozialer Arbeit. Dass das DRK auf diesem Level keineswegs verharren muss, zeigt durchaus auch eine andere Perspektivenrichtung. Denn was aus zentralem Steuerungsinteresse als Nachteil und Defizit gesehen wird, könnte ebenso als bislang wenig genutztes Entwicklungspotential verstanden werden. Schließlich bieten die dezentralen und in überschaubaren Sozialräumen verankerten DRK-Bereiche durchaus Chancen für Synergieeffekte und Vernetzungen, die in dieser Form von keinem anderen Wohlfahrtsverband organisierbar wären. Erste-Hilfe bei Sportveranstaltungen, ambulante Altenpflege, integrationsorientierte Kindergärten, Entwicklung von Nachbarschaften vor allem in ländlichen Regionen, Jugendrotkreuz bis hin zur Beteiligung an internationalen Hilfseinsätzen usw. usw. wären in einem neu zu verstehenden Kooperationssetting aufzugreifende Schnittmengen für eine zukunftsfähige Organisationsentwicklung. Steuerungsrelevant wäre hierbei allerdings weniger der zentrale Bundesverband als vielmehr die regional und lokal verankerten DRK-Verbände. Denn Menschen leben und handeln nicht in zentralen Organisationseinheiten, sondern in überschaubaren und sich verändernden Sozialräumen. Diese Ressourcen stärker in den Blick zu nehmen, könnte eine neue Weggabelung für die weitere Organisationsentwicklung des DRK sein.

4.5 Deutscher Paritätischer Wohlfahrtsverband – Gesamtverband e. V.

4.5.1 Entstehung des Verbandes

Im Februar 2004 feierte der Paritätische Wohlfahrtsverband sein 80-jähriges Bestehen und erinnerte damit an die Ursprünge und wechselhafte Geschichte der Organisation.[371] Denn schon 1919 schlossen sich zunächst auf lokaler Ebene nicht-konfessionsgebundene Träger von Krankenanstalten zum „Verband Frankfurter Krankenanstalten" zusammen. Diese Konföderation von 23 Einrichtungen dehnte sich ab 1920 auf das gesamte Reichsgebiet aus, nunmehr unter dem Namen „Vereinigung der freien privaten gemeinnützigen Kranken- und Pflegeanstalten Deutschlands". Motiviert war dieser Vorläuferzusammenschluss des Paritätischen im Wesentlichen aus zwei Gründen. Zum einen galt es in Abgrenzung zu kirchlichen Lobbyaktivitäten, die hiervon abweichenden Interessen anderer gesellschaftlicher Gruppen zu organisieren und zu vertreten. Zum anderen war einer drohenden Kommunalisierung der Wohlfahrtspflege entgegenzuwirken, die vor allem von sozialdemokratischen Sozialreformern zu Beginn der Weimarer Republik angestrebt wurde. Der 1919 verabschiedeten Weimarer Reichsverfassung folgten recht schnell gesetzgeberische Initiativen: Schon 1922 wurde das Reichsjugendwohlfahrtsgesetz (RJWG) verabschiedet und 1924 folgte die Verordnung über die Fürsorgepflicht (RFV), umgangssprachlich auch Reichsfürsorgepflichtverordnung genannt.[372] Die mit dieser gesetzlichen Neuordnung für eine öffentliche und demokratisch ausgerichtete Wohlfahrtspflege verbundenen Klärungsprozesse erforderten erweiterte Formen von Kooperation, die durch einzelne, isoliert voneinander handelnde Träger alleine nicht geleistet werden konnten. Für nicht-konfessionell orientierte Einrichtungen wurde deshalb ein Organisationsprozess erforderlich, der sich schon bald nicht mehr nur auf den Bereich von Kranken- und Pflegeanstalten begrenzte. Zunehmend schlossen sich auch andere konfessionsfreie und nichtstaatliche Träger dem Frankfurter Verband an. Die ökonomischen und poli-

---

371 Vgl. u. a.: Barbara Stolterfoht (2004): Promotor gesellschaftlicher Bewegungen. Festansprache der Verbandsvorsitzenden. In: Nachrichten Parität. Heft 2. S. 12 ff.

372 Beide Gesetze markieren den Beginn eines neuartigen Reichsfürsorgegesetzeswerkes mit dem die in verschiedenen Gesetzen enthaltenen Regelungen der öffentlichen Wohlfahrtspflege zusammengefasst und von ihrer ordnungs- und eingriffspolitischen Orientierung befreit werden sollten. U. a. wurde hierbei der Leistungscharakter sozialstaatlicher Fürsorge betont und die Zusammenarbeit von öffentlicher und freier Wohlfahrtspflege ausdrücklich vorgesehen. Siehe im Einzelnen: Christoph Sachße, Florian Tennstedt (1988): Geschichte der Armenfürsorge in Deutschland, Bd. 2, Fürsorge und Wohlfahrtspflege 1871–1929. Kohlhammer. Stuttgart.

tischen Turbulenzen der frühen Weimarer Republik verstärkten die Notwendigkeit einer solchen Interessenvertretung, zumal viele „freie" Einrichtungen in wirtschaftliche Existenznöte gerieten. Besonders betroffen waren Erziehungsheime und Kindergärten. Eine Kooperation und gemeinsame Interessenvertretung dieser sehr unterschiedlichen und auf Eigenständigkeit bedachten Einrichtungen wurde deshalb als immer dringlicher angesehen. Die Weiterentwicklung des Fachverbandes der Gesundheitspflege zu einem umfassenderen Wohlfahrtsverband lag somit in der Luft und führte am 7. April 1924 zur Gründung der „Vereinigung der freien gemeinnützigen Wohlfahrtseinrichtungen Deutschlands". Noch im gleichen Jahr wurde der Verband in „Fünfter Wohlfahrtsverband" umbenannt.[373] *Nomen est omen* kommt in dieser Namensnennung die pragmatische Orientierung des Verbandes zum Ausdruck, der sich als fünfter in die Reihe der schon vier bestehenden Verbände (Diakonie, Caritas, Rotes Kreuz und Zentralwohlfahrtsstelle der Juden)[374] einreihte: „Nicht eine gemeinsame Vision oder eine gemeinsame Weltanschauung führte die unabhängigen Einrichtungen zusammen, sondern die schlichte Notwendigkeit, sich gegen Bestrebungen der Kommunalisierung sozialer Arbeit zur Wehr zu setzen, sowie die Befürchtung, als kleine unabhängige Einrichtungen zwischen die Räder der großen Vier [...] zu geraten."[375] Ende 1932 entschied sich der Verband abermals für einen neuen Namen und nannte sich nunmehr „Deutscher Paritätischer Wohlfahrtsverband". Mit der Aufnahme des Attributs „Paritätischer" sollte dem Image entgegen gewirkt werden, ausschließlich einen additiven Interessenzusammenschluss zu repräsentieren, dessen substanzieller Inhalt in einer nur formalen Abgrenzung gegenüber anderen Verbänden besteht.

Mitte der 1920er-Jahre umfasste der Verband 387 Einrichtungen der Gesundheitsfürsorge, 202 der Erziehungsfürsorge und 154 Einrichtungen der Wirtschaftsfürsorge. Überwiegend handelte es sich hierbei um stationäre Dienste (zu über 52 %). Mit der Machtergreifung des Nationalsozialismus vollzog sich auch eine Umformung der Freien Wohlfahrtspflege. Für den „5. Wohlfahrtsverband" bedeutete dies Gleichschaltung und Vereinnahmung durch die NS-Volkswohlfahrt, was 1934 zur Auflösung des Verbandes führte. Mit dem Wiederaufbau der Dachorganisation wurde bald nach dem

---

373 Vgl.: Joachim Merchel (1989): Der Deutsche Paritätische Wohlfahrtsverband. Seine Funktion im korporatistisch gefügten System sozialer Arbeit. Deutscher Studien Verlag. S. 152. Sowie: Dritte Verordnung zur Durchführung des Gesetzes über die Ablösung öffentlicher Anleihen. Vom 4. Dezember 1926. A. a. O.

374 Der Hauptausschuss der Arbeiterwohlfahrt war zu diesem Zeitpunkt noch nicht als Wohlfahrtsverband organisiert und gehörte der Liga noch nicht an.

375 Deutscher Paritätischer Wohlfahrtsverband – Gesamtverband e. V. (Hrsg.) (2007): Der Paritätische in neuem Look. Berlin, S. 5.

Ende des 2. Weltkrieges begonnen. Als Rechtsnachfolger des 1934 aufgelösten Zusammenschlusses konstituierte sich 1948 der Verband erneut unter dem Namen „Deutscher Paritätischer Wohlfahrtsverband e. V. (DPWV)".

4.5.2 Selbstverständnis des Verbandes

Die heterogene Zusammensetzung der Verbandsmitglieder sowie die ausschließliche Dachverbandsfunktion stellten den Paritätischen im Laufe seiner Entwicklung immer wieder vor zwei zentrale Herausforderungen. Zum einen war eine Antwort auf die Frage zu finden, worin denn die verbandliche Identität eines solchen Zusammenschlusses überhaupt bestehe. Zum anderen war eine innerverbandliche Akzeptanz für die durch den Gesamtverband wahrzunehmenden Aufgaben herzustellen. Pointiert lassen sich die diesbezüglichen Antworten in den Aussagen zusammenfassen: Akzeptanz von pluraler Eigenständigkeit und Lobbying für interessenpolitisch schwache Mitglieder.[376] Der Anfang der 1930er Jahre neu gewählte Verbandsname „Deutscher Paritätischer Wohlfahrtsverband" brachte diese Ausgangsprämisse nicht nur begrifflich auf den Punkt, sondern sollte gewissermaßen symbolisch das Vakuum einer fehlenden gemeinsamen Verbandsphilosophie füllen, die zwischen derart ideell verschiedenartigen Mitgliedern zumindest bislang nicht herzustellen war. Die gemeinsamen Linien waren und sind grob konturiert und begrenzen sich auf die Nichtstaatlichkeit, die konfessionelle Unabhängigkeit sowie die Orientierung an der wirtschaftlichen Bestandssicherung der angeschlossenen Einrichtungen. Darüber hinausgehende gemeinsame weltanschauliche Positionen standen weder zur Debatte, noch wurden sie angestrebt.[377] Diese seit der Gründung fehlende sinnstiftende Ideologie bzw. Weltanschauung war für den Verband charakteristisch und wirkt bis heute fort. Die Bewahrung der einzelverbandlichen Autonomie innerhalb eines interessengerichteten größeren Zusammenschlusses bedurfte gleichwohl der satzungsrechtlichen Regelung und Verankerung. Bestimmt wurde deshalb: „Mitglied der Vereinigung kann jede im Reich, Land oder Gemeinde betriebene und keinen wirtschaftlichen Geschäftsbetrieb

---

376 Vgl.: Flugblatt vom 15. Oktober 1926 „Was ist und will der Fünfte Wohlfahrtsverband?" In: Barbara Hüppe, Christian Schrapper (Hrsg.) (1989): Freie Wohlfahrt und Sozialstaat. Der Deutsche Paritätische Wohlfahrtsverband in Nordrhein-Westfalen 1949–1989. Juventa Verlag. Weinheim und München. S. 91.

377 Diese weltanschauliche Neutralität ergibt sich demnach vor allem aus pragmatischen Gründen, die aus der Vielfalt der Mitglieder resultieren und ist weniger – als beispielsweise beim Roten Kreuz – Ergebnis einer bewussten Auseinandersetzung mit der Notwendigkeit des Arbeits- und Aufgabenfeldes.

bezweckende Kranken- und Pflegeanstalt werden, die ihren Sitz in Deutschland hat und ihrer Organisation nach keinem der übrigen vier Verbände des Reichsverbands der privaten gemeinnützigen Kranken- und Pflegeanstalten Deutschlands (…) anzugehören hat."[378]

Pluralität, Toleranz und Offenheit sowohl gegenüber Bestehendem als auch Neuem in der Sozialen Arbeit blieben auch in der weiteren Entwicklung des Verbandes die tragenden Grundprinzipien. Ebenso beibehalten wurde die Konstruktion als lobbyistischer Dachverband, der auf der rechtlichen und programmatischen Selbständigkeit der einzelnen Mitgliedsorganisation basiert.[379] In dieser Tradition stehend, formuliert der Paritätische sein besonderes und bis in die Gegenwart gültiges Selbstverständnis:

„Der PARITÄTISCHE ist ein Wohlfahrtsverband von eigenständigen Organisationen, Einrichtungen und Gruppierungen der Wohlfahrtspflege, die soziale Arbeit für andere oder Selbsthilfe leisten.

Getragen von der Idee der Parität, d.h. der Gleichheit aller in ihrem Ansehen und ihren Möglichkeiten, getragen von den Prinzipien der Toleranz, Offenheit und Vielfalt, will der PARITÄTISCHE Mittler sein zwischen Generationen und zwischen Weltanschauungen, zwischen Ansätzen und Methoden sozialer Arbeit, auch zwischen seinen Mitgliedsorganisationen.

Der PARITÄTISCHE ist der Idee sozialer Gerechtigkeit verpflichtet, verstanden als das Recht eines jeden Menschen auf gleiche Chancen zur Verwirklichung seines Lebens in Würde und der Entfaltung seiner Persönlichkeit. …

Der PARITÄTISCHE vertritt mit seinen Mitgliedsorganisationen insbesondere die Belange der sozial Benachteiligten und der von Ungleichheit und Ausgrenzung Betroffenen oder Bedrohten.

Der PARITÄTISCHE wirkt auf eine Sozial- und Gesellschaftspolitik hin, die die Ursachen von Benachteiligung beseitigen, ein selbstbestimmtes Leben ermöglichen und sachgerechte Rahmenbedingungen für eine zeitgemäße soziale Arbeit schaffen. …

Im PARITÄTISCHEN stehen verschiedene Ansätze und Methoden der sozialen Arbeit gleichberechtigt nebeneinander. Bereits Bewährtes steht neben Neuem, Ehrenamt neben Professionalität, Selbsthilfe neben

---

378 Zitiert nach: Joachim Merchel (1989): Der Deutsche Paritätische Wohlfahrtsverband. Seine Funktion im korporatistisch gefügten System sozialer Arbeit. Deutscher Studien Verlag. S. 151.

379 Siehe hierzu insbes.: Blätter der Wohlfahrtspflege. Deutsche Zeitschrift für Sozialarbeit (1989): Heft 10. Oktober 1989. Paritätische soziale Arbeit in der Bundesrepublik Deutschland. 40 Jahre Neugründung des Paritätischen Wohlfahrtsverbandes.

Fremdhilfe und ambulante neben stationärer Hilfe – getragen von paritätischer Toleranz, die Gegenseitigkeit, konstruktive Kritik, Ergänzung und Kooperation einschließt. …"[380]

Rechtlich ist diese Eigenständigkeit und Pluralität der repräsentierten Mitgliedsorganisationen in der Satzung verankert. § 1 Absätze 2 und 3 regeln hierbei den selbstständigen Charakter der angeschlossenen Mitglieder.

> „(2) In ihm verbinden sich Organisationen der Freien Wohlfahrtspflege, um sachkundige und zeitgerechte Sozialarbeit zum Wohle der Gesellschaft und des einzelnen Menschen zu leisten.
>
> (3) Die Verbundenheit und die Zusammenarbeit im Verband heben die Eigenständigkeit der Mitglieder nicht auf. Die Vielfältigkeit ihrer Beweggründe und Aufgaben verpflichtet sie und die von ihnen getragenen Einrichtungen jedoch zu gegenseitiger Rücksichtnahme, Förderung und Ergänzung. …"[381]

Die organisatorischen und rechtlichen Anforderungen an eine Mitgliedschaft werden näher im § 4 benannt und erfordern zudem ein formal abgrenzendes Verhältnis gegenüber den anderen bestehenden Spitzenverbänden.

> „Mitglied des Gesamtverbandes als überregionale Mitgliedsorganisation kann weiterhin jede als mildtätig oder gemeinnützig anerkannte Wohlfahrtsorganisation werden, die eine selbständige Rechtspersönlichkeit ist und
>
> a) über den Bereich von mindestens fünf Landesverbänden tätig ist und bereits selbst oder mit einer Untergliederung in mindestens fünf Landesverbänden aufgenommen ist, oder
> b) als nicht gegliederter Verband bundesweit tätig ist, sofern sie keinem anderen Spitzenverband der Freien Wohlfahrtspflege (Arbeiterwohlfahrt, Deutscher Caritasverband, Deutsches Rotes Kreuz, Diakoni-

---

380 Grundsätze der Verbandspolitik des Paritätischen Wohlfahrtsverbandes von der Mitgliederversammlung des Gesamtverbandes verabschiedet am 27. Oktober 1989. In: Deutscher Paritätischer Wohlfahrtsverband – Gesamtverband e. V. (Hrsg.) (2012): Grundsätze der Verbandspolitik. Frankfurt am Main. S. 3 f.
381 Satzung des Deutschen Paritätischen Wohlfahrtsverbandes – Gesamtverband e. V. in der Fassung vom 29. Oktober 1993 zuletzt geändert auf der Mitgliederversammlung am 22. April 2010.

sches Werk, Zentralwohlfahrtsstelle der Juden) angehört oder ihrem Selbstverständnis nach angehören sollte."[382]

Diese für den Gesamtverband geltenden Mitgliedschaftsvoraussetzungen gelten analog für die Paritätischen Landesverbände und deren Kreisgruppen. Ursprünglich entstanden als Verband der „Übriggebliebenen", zunächst begrenzt auf Aktivitäten der Gesundheitspflege hat sich der DPWV hinsichtlich seines Mitgliederspektrums und der damit verbundenen sozialpolitischen Themen insbesondere seit den 1970er Jahren quantitativ und qualitativ verändert.

Tabelle 19: DPWV – Mitgliederentwicklung Gesamtverband

Jahr	Anzahl der Mitgliedsorganisationen
1924	127
1927	929
1933	1 469
1951	377
1960	723
1970	1 473
1980	2 858
2012	10 000

Eigene Zusammenstellung aus: Deutscher Paritätischer Wohlfahrtsverband – Gesamtverband e. V. (Hrsg.) (1989): Der Paritätische Wohlfahrtsverband. Informationsschrift. Frankfurt, ergänzt durch Verbandsangaben von 1995 sowie 2012.

Das verbandliche Selbstverständnis wurde hierbei wesentlich durch die ab Mitte der 1960er Jahre entstehenden Bürgerinitiativ- und Selbsthilfebewegungen verändert und nachhaltig geprägt. Prozesse der Selbstorganisation im Bereich der Kinderläden, der Jugend- und Kulturarbeit sowie von Bildung und Erziehung führten vielerorts zur Entstehung von neuen Gruppierungen, die sich mit ihren sozialpolitisch innovativen Impulsen dem Verband bzw. seinen Untergliederungen anschlossen. Diese sich ab Ende der 1960er, Anfang der 1970er Jahre ausbreitenden Selbstverwaltungs- und Selbsthilfeinitiativen in Kultur, Freizeit und Beruf, in der Frauen-, Ökologie- und Friedensbewegung verstanden sich zunächst als radikale und praktische

---

382 Ebd., § 4 (3).

Gegenkräfte zum kritisierten Establishment bestehender Wohlfahrtsverbände. In diesem Kontext richteten sich zeitweilig Überlegungen auf den Aufbau alternativer Machtstrukturen genossenschaftssozialistischer Prägung.[383] Einher ging hiermit zunächst die Ablehnung etablierter Verbände und staatlicher Förderung. Die Erfahrung, auch als Alternativbewegung verlässlich-stabile Organisationsstrukturen zu benötigen und sozialpolitische Herausforderungen auch operativ aufgreifen zu müssen[384], führte schließlich zu einer Annäherung vieler Initiativen an den DPWV. Elterngruppen, Bürgerinitiativen, alternative Träger von Sozialarbeit, Selbstverwaltungsinitiativen schlossen sich verstärkt den jeweiligen Verbandsebenen des DPWV an und beeinflussten damit nachhaltig dessen Entwicklung vor allem in großstädtischen Regionen. Diese Interdependenzbeziehungen veränderten nicht nur die Mitgliederstruktur des Verbandes, sondern ebenso auch dessen Philosophie.

Das bisherige Selbstverständnis einer inhaltlich weitgehend neutral bleibenden und mit Koordinationsfunktionen versehenen Dachverbandsorganisation veränderte sich hin zu einem Verständnis von einem Verband für Bürgerinitiativen, Selbsthilfegruppen und sozialpolitischen Aktionsgruppen. Vor allem in großstädtischen Ballungsräumen setzte sich diese verbandliche Neuorientierung durch. Zeitweilig sehr strittig debattiert wurde die Frage, ob der Verband Träger von eigenen Einrichtungen sein solle, sich vielmehr auf eine Rolle des Beraters, Unterstützers und Lobbyisten für seine Mitgliedsorganisationen zu begrenzen habe oder sich als Dienstleister und staatlich subventionierte Ordnungsagentur weiter ausprägen solle.[385] Bezogen auf die Selbstverständnisdebatte der 1970er und 1980er Jahre wurde diese Frage zunächst zugunsten einer beizubehaltenden Autonomie der Mitgliederorganisationen und ihrer Einrichtungen entschieden. Politische Interessenvertretung, Fachberatung und die Übernahme von Servicefunktionen für selbstständige Trägereinrichtungen wurden als die zentralen Aufgaben des Paritätischen bestimmt und dort – wo vorhanden – die Auslagerung eigener sozialer Einrichtungen forciert. Hinsichtlich der anzustrebenden sozialpolitischen Profilierung konzentrierte sich der Verband phasenweise auf das Thema „Armut und soziale Sicherung". Gewissermaßen bereichs- und mit-

---

383 Vgl. u. a.: Fritz Vilmar, Brigitte Runge (1986): Auf dem Weg zur Selbsthilfegesellschaft? Klartext Verlag. Essen.

384 Vgl. u. a.: Stiftung MITARBEIT (1988): Institutionalisierungsprozesse sozialer Protestbewegungen. Beiträge einer Tagung. Bonn.

385 Siehe hierzu: Joachim Merchel (1986): Der Paritätische Wohlfahrtsverband und seine ‚corporate identity': Probleme und Ansätze der Profilgewinnung des Paritätischen Wohlfahrtsverbandes im sozialpolitischen Kontext. In: Carola Kuhlmann, Christian Schrapper (Hrsg.): Sozialpädagogik und Sozialpolitik. Festschrift zum 60. Geburtstag von Dieter Sengling. Votum Verlag. Münster. S. 139 ff.

gliederübergreifend war mit diesem „Generalthema" der Versuch verbunden, eine mitgliederübergreifende Corporate Identity herauszubilden.[386] Erweitert hat sich diese sozialpolitische Akzentsetzung um Themen der Familienpolitik, Sozialhilfe, Arbeitsmarktpolitik, Suchthilfe, Selbsthilfeförderung, Freiwilligenarbeit und Zuwanderungspolitik. Zu diesen Politikbereichen wurden vom Verbandsrat einzelne Konzepte vorgelegt, mit denen sich der Verband öffentlich als fachkompetenter und innovativer Wohlfahrtsverband präsentiert.[387] Damit einher ging ein Wandel von der bisweilen ironisch geäußerten Wahrnehmung als „Lumpensammler der Freien Wohlfahrtspflege" oder als „unruhiger Partner"[388] hin zu einer als fachlich profiliert wahrgenommenen Gesamtorganisation – ein Bild, das den bisweilen unorganisiert wirkenden internen Prozessen nicht immer entspricht und vor allem einer sich zunehmend professionalisierenden und auf wenige Themen und Akteuren konzentrierenden Öffentlichkeitsarbeit geschuldet ist. Eine Etappe auf dem Weg dorthin, bildete der vergleichsweise früh einsetzende Prozess einer Leitbildentwicklung, der 1989 seinen Höhepunkt in der Verabschiedung der neuen Grundsätze fand.

Trotz eines breiten innerverbandlichen Konsenses blieb gleichwohl die Frage kontrovers, ob der Paritätische sich auch als Anbieter sozialer Dienste generell abstinent verhalten muss. Hier scherte vor allem der Berliner Landesverband frühzeitig aus der beschlossenen Verbandslinie aus und wählte einen anderen Weg. Diese Politik konsequent fortsetzend, entwickelte sich der Paritätische Landesverband Berlin vor dem Hintergrund der Wiedervereinigung phasenweise zu einem großen Träger sozialer Einrichtungen.[389] Diese wurden in den folgenden Jahren zum Teil ausgegliedert oder verkauft und somit vom Mitgliederbereich des Verbandes abgekoppelt. An vielen Einrichtungen ist der Landesverband jedoch weiterhin beteiligt. Er betreibt

---

386 Siehe hierzu auch: Abschnitt „Sozialpolitische Schwerpunkte". In: Deutscher Paritätischer Wohlfahrtsverband – Gesamtverband e. V. (Hrsg.) (1995): Der Paritätische Wohlfahrtsverband. Arbeitsschwerpunkte 1994–1995. Frankfurt a. M., S. 11 ff. sowie: Dieter Sengling (1997): Soziale Arbeit im Paritätischen zwischen Gemeinwohlorientierung und privatwirtschaftlichem Wettbewerb. Rede zum ersten Verbandstag des Paritätischen Gesamtverbandes am 25. Oktober 1996. Beilage zu Nachrichten Parität. Heft 1.

387 Vgl.: Bauer, Ulrike (2002): Paritätischer Wohlfahrtsverband als Motor der Sozialstaatsreform. In: Nachrichten Parität Nr. 5. S. 23–24.

388 Vgl. beispielsweise: Deutscher Paritätischer Wohlfahrtsverband Landesverband Nordrhein-Westfalen e. V. (Hrsg.) (2009): Wir verändern. 60 Jahre Paritätischer in NRW. Wuppertal. S. 5.

389 Vgl. u. a.: Erläuterungen zur strategischen Ausrichtung des Landesverbandes Berlin anlässlich der Vorlage des Geschäftsberichtes 1997 zur Mitgliederversammlung. Oswald Menninger, Geschäftsführer.

darüber hinaus eigene Servicegesellschaften oder hält daran Anteile, so dass sich hier eine Holding- oder Konzernstruktur ausgebildet hat(Abb. 22).

Abbildung 22: Beteiligungen des Paritätischen Wohlfahrtsverbandes Berlin (2012)

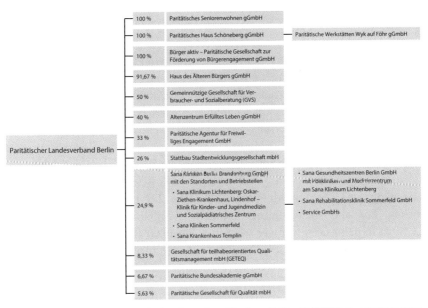

Paritätischer Wohlfahrtsverband – Landesverband Berlin e. V. (Hrsg.) (2012): Geschäftsbericht 2011–2012. Berlin, S. 120.

Ähnliche Entwicklungspfade wurden später auch von anderen Landesverbänden wie Niedersachsen oder NRW eingeschlagen. Auch hier wurde der Betrieb eigener sozialer Einrichtungen wieder ausgebaut: „Anfang der 2000er Jahre wird die ablehnende Haltung zur eigenen verbandlichen Sozialarbeit wieder aufgegeben. Es werden örtliche gemeinnützige Trägergesellschaften (GmbH) gegründet, die in den Feldern sozialer Arbeit aktiv werden, die nicht von Mitgliedsorganisationen besetzt sind. Eine Konkurrenz des Dachverbandes zu seinen Mitgliedern [...] ist explizit ausgeschlossen.“[390] Eine klare gesamtverbandliche Positionierung lässt sich dabei jedoch nicht erkennen. Vielmehr scheint die strategische Stoßrichtung stark von den Landes-

---

390 Deutscher Paritätischer Wohlfahrtsverband Landesverband Nordrhein-Westfalen e. V./Kreisgruppe Bielefeld (2011): 50 Jahre – Der Paritätische in Bielefeld. Soziales Handeln in Vielfalt. Bielefeld. S. 10.

verbänden und hier vor allem von den persönlichen Einschätzungen und Fähigkeiten der hauptamtlichen Landesgeschäftsführungen abzuhängen.

Gesamtverbandlich gesehen prägt sich das paritätische Selbstverständnis jedoch nach wie vor in einer funktionalen Rollentrennung zwischen rechtlich eigenständige Trägereinrichtungen einerseits und Dachverband andererseits aus. Bei allen Schwierigkeiten wird gleichwohl die Chance gesehen, die sich weiter differenzierende Pluralität der Verbandsmitglieder unter der Perspektive einer gemeinsamen bürgerschaftlichen und zivilgesellschaftlichen Orientierung nicht nur organisatorisch zu bündeln, sondern diese mit einer gemeinsamen Stoßrichtung zu versehen. Für das Selbstverständnis des Paritätischen Wohlfahrtsverbandes hat dies zur Folge, sich in noch stärkerem Maße als bisher sozialanwaltlich zu positionieren. Praktisches soziales und bürgerschaftliches Engagement, realisiert durch eigenständige Mitgliedsorganisationen einerseits und politisch-lobbyistische Aufgaben des Dachverbandes andererseits kennzeichnen damit das aktuelle Spektrum, in dem sich das verbandliche Selbstverständnis des Paritätischen ausbildet.

Ausdruck dieses neuen Selbstverständnisses ist eine grundlegende Veränderung der Corporate Identity in 2007(Abb. 23). Über Jahrzehnte hinweg wurde die alte Bezeichnung „Fünfter Wohlfahrtsverband", abgekürzt „VWV", in mehr oder weniger stilisierter Form zur Kennzeichnung des Verbandes im Logo geführt und signalisierte auf zurückhaltende Art dessen empfundenen Residualcharakter und weltanschaulichen Pragmatismus.

Abbildung 23: Corporate Identity als Ausdruck des Selbstverständnisses

| 1924 | 1951 | 1972 | 1989 | 2007 |

Eigene Darstellung in Anlehnung an: Deutscher Paritätischer Wohlfahrtsverband – Gesamtverband e. V. (Hrsg.) (2007): Der Paritätische in neuem Look. Berlin.

Mit dem Gleichheitszeichen als neuem Symbol wird die Idee der Parität gleichsam zum verbindenden sinnstiftenden Element: „Es symbolisiert damit in hervorragender Weise, den Grundgedanken der Parität: Keine Gleichförmigkeit, keine Gleichmacherei, sondern die Gleichwertigkeit von Ungleichem, die nach gleichem Respekt und gleichen Möglichkeiten verlangt."[391]

---

391 Ebd., S. 10.

Zugleich ist das Erscheinungsbild stärker als zuvor an die Erfordernisse einer medialen Öffentlichkeit angepasst: eingängig, leicht wahrnehmbar und auf die Anforderungen unterschiedlicher Medien abgestimmt. Inhaltlich verbindet sich damit ein Themenprofil rund um Fragen der Chancengleichheit, der Gleichheit vor dem Recht sowie der Gleichheit der Lebensbedingungen, wie sie sich beispielsweise in der Armutsdebatte stellen. Diese werden zunehmend auf die Person des Hauptgeschäftsführers des Gesamtverbandes fokussiert und medial inszeniert.[392]

4.5.3 Organisationsaufbau und Gliederung

Der „Paritätische Wohlfahrtsverband – Gesamtverband e. V." hat die Rechtsform eines eingetragenen Vereins. Bis 1990 bestand der Gesamtverband aus zehn rechtlich selbständigen Landesverbänden sowie mehr als 100 überregionalen Mitgliedsorganisationen. Nach dem deutschen Einigungsprozess hat sich die Zahl der Landesverbände auf 15 und die Zahl der überregionalen Mitglieder auf 144 erhöht,[393] wo sie sich in etwa hält.[394] Der Gesamtverband verfügt über eine zentrale Hauptgeschäftsstelle, die bis 2003 in Frankfurt am Main angesiedelt war und als Folge der stärkeren lobbyistischen Ausrichtung im Oktober 2003 nach Berlin verlegt wurde.

Hinsichtlich seines territorialen Organisationsaufbaus ist der Paritätische nahezu identisch mit den staatlichen Gebietskörperschaften. Mit Ausnahme des gemeinsamen Landesverbandes Rheinland-Pfalz/Saarland bestehen in allen Bundesländern vereinsrechtlich selbständige Landesverbände, die ihrerseits über eigene Regionalgruppen oder -geschäftsstellen und Kreisgruppen verfügen. Angehängt an die verschiedenen Verbandsebenen bestehen rechtlich selbstständigen Mitgliedsorganisationen, in denen große Anteile der Sozialen Arbeit geleistet werden.

392 Vgl.: Ralph Bollmann (2012): Der allgegenwärtige Ulrich Schneider. In: Frankfurter Allgemeine Sonntagszeitung vom 14.10.2012, Nr. 41. S. 36.
393 Vgl.: Deutscher Paritätischer Wohlfahrtsverband – Gesamtverband e. V. (1993): Informationsschrift. Erweiterter Nachdruck. Frankfurt a. M.
394 Vgl.: Deutscher Paritätischer Wohlfahrtsverband – Gesamtverband e. V. (2012a): Mitglieder. Fundstelle: http://www.der-paritaetische.de/unseremitglieder (Sichtung: 01.12.12).

Übersicht 21: Der Paritätische – Struktur des Verbandes

1	Gesamtverband
15	Landesverbände
~235	Kreis- und Regionalgruppen
~143	überregionale Mitgliedsorganisationen
~10 000	regionale Mitgliedsorganisationen
~43 000	Einrichtungen und Dienste

In Anlehnung an: Deutscher Paritätischer Wohlfahrtsverband – Gesamtverband e. V. (Hrsg.)
(2009): Soziales Handeln in Vielfalt. Gemeinsam mehr bewegen. Berlin, S. 5.

Hauptamtliche Mitarbeiter sind bei den Landesverbänden und Regionalgruppen, zum Teil auch in Kreisgruppen tätig. Landesverbände und überregionale Mitgliedsorganisationen bilden den Gesamtverband.[395] Die unterste
Ebene bilden die Kreisgruppen mit ihren Mitgliedern. Zu ihren Aufgaben
zählen:[396]

- Zusammenarbeit mit dem Ziel, das Zusammengehörigkeitsgefühl der
  Kreisgruppenmitglieder zu stärken und den gegenseitigen Informations-
  und Erfahrungsaustausch zu ermöglichen.
- Vertretung des PARITÄTISCHEN LV gegenüber Behörden, Verbänden
  und in der Öffentlichkeit.
- Mitarbeit in der Liga der Freien Wohlfahrtspflege und in ihren Arbeits-
  gemeinschaften.
- Mitarbeit in kommunalpolitischen Ausschüssen, Kommissionen, Beirä-
  ten sowie in sonstigen Gremien.
- Durchführung gemeinsamer Aktionen und die Koordinierung und Ab-
  stimmung der Arbeit der Mitglieder.
- Öffentlichkeitsarbeit.
- Beschaffung von öffentlichen Zuschüssen und Werbung von Spenden.
- Anregung und Entwicklung von sozialer Arbeit.

Diese Aufgaben werden zum einen durch Kreisgruppenversammlungen und
deren Sprecher und zum anderen durch thematisch ausgerichtete Arbeitsgemeinschaften wahrgenommen.

---

395 Siehe § 4 der Satzung.
396 Exemplarisch aufgeführt am Beispiel des Paritätischen Landesverbandes Hessen.
   Vgl.: Der Paritätische Wohlfahrtsverband Landesverband Hessen e. V. (2012): Kreisgruppenordnung. Fundstelle: http://www.paritaet-hessen.org/verband/der-paritaeti-
   sche-in-den-regionen/kreisgruppen/kreisgruppenordnung (Sichtung: 05. 12. 12).

Darüber hinaus spielt der Paritätische als Dach für Selbsthilfeorganisationen und -gruppen eine herausragende Rolle. So versammelten sich 2010 rund 110 bundesweit tätige Selbsthilfeorganisationen sowie mehr als 30 000 Selbsthilfegruppen für chronisch kranke und behinderte Menschen im Paritätischen und seinen Untergliederungen.[397]

Der Beitritt zum Paritätischen Verband bedeutet für die jeweilige Mitgliedsorganisation weder die Aufgabe noch die Relativierung eigener Souveränitätsrechte. In vollem Umfang erhalten bleibt die rechtliche Selbstständigkeit der beigetretenen Organisation. Zur Folge hat dies, dass dem Paritätischen auf allen Organisationsebenen (Kreis- oder Regionalgruppe, Landesverband, Gesamtverband) Möglichkeiten fehlen, die Arbeit und Tätigkeit seiner einzelnen Mitglieder entscheidungsprägend, beaufsichtigend oder gar maßregelnd zu beeinflussen. Die schon erwähnten Grundprinzipien „Pluralität – Offenheit – Toleranz" prägen unmittelbar die Struktur der Gesamtorganisation und machen den Unterschied des Paritätischen gegenüber den anderen Spitzenverbänden aus. Für die innerverbandliche Willensbildung und Entscheidungsfindung führen solche Voraussetzungen zu besonderen Schwierigkeiten. Sie bestehen nicht nur aus dem Faktum eines unverbindlichen Nebeneinanders zahlreicher Organisationen, deren Tätigkeit möglichst koordiniert und auf gemeinsame Ziele hin aggregiert werden soll. Ebenso zeigen sich Probleme, die aus inhaltlich unterschiedlich gelagerten Interessen herrühren und zumindest einen kommunikativen Verständigungsprozess erfordern. Diese wiederum sind das Einfalltor für mikropolitische Prozesse. Die mit dieser prekären Verbandssituation einhergehenden Strukturdebatten führten 1993 zu entsprechenden Satzungsänderungen, die mit der Mitgliederversammlung 1995 wirksam wurden.[398] Maßgebliche Ziele dieser Reform waren die Durchsetzung einer effizienteren Arbeits- und Entscheidungsfähigkeit autorisierter Verbandsorgane sowie die Institutionalisierung einer vermehrten und qualifizierteren fachlichen Kommunikation zwischen den verschiedenen Verbandsebenen wie zwischen den einzelnen Mitgliedsorganisationen. Erreicht wurden diese Ziele durch mehrere grundlegende Veränderungen, wie die

- erhebliche Verkleinerung des Vorstandes von vormals bis zu 24 Mitgliedern auf 6 Personen, die Direktwahl des Vorsitzenden durch die Mitglie-

---

397 Vgl.: Eberhard Jüttner (2010): Editorial. In: Deutscher Paritätischer Wohlfahrtsverband – Gesamtverband e.V. (Hrsg.): Der Paritätische – Magazin des Paritätischen. Ausgabe 1/2010. S. 3.

398 Vgl.: Nachrichten Parität Nr. 1-2/96. Sondernummer. Mitgliederversammlung '95: Einsichten – Aussichten.

derversammlung und die Wahl der übrigen Vorstandsmitglieder aus der Mitte des Verbandsrates;[399]

- Abschaffung des Beirates und die Errichtung eines Verbandsrates als das bestimmende Gremium, welches die verbandspolitischen, finanz- und sozialpolitischen Positionen erarbeitet und in dem Landesverbände und überregionale Mitgliedsorganisationen gleiches Stimmrecht haben;[400]
- Einführung von Fachbereichen und Konferenzen als neuen Kommunikationsinstrumenten, mit denen die Vielfalt unterschiedlicher Ziele, Inhalte und Organisationen dialogisch bewältigt werden soll.[401]

Die Organe des Paritätischen sind:
- die Mitgliederversammlung,
- der Verbandsrat und
- der Vorstand.

Die Mitgliederversammlung tagt mindestens alle zwei Jahre und ist das oberste Beschlussgremium des Verbandes. Sie wählt alle vier Jahre den bis zu 19-köpfigen Verbandsrat. Hier sitzen neben dem Vorstandsvorsitzenden 15 Vertreter der Landesverbände und überregionalen Mitgliedsorganisationen sowie bis zu drei weitere Personen. Der Verbandsrat erfüllt die Funktion eines Aufsichtsrates und bestimmt die verbands-, finanz- und sozialpolitischen Richtlinien des Paritätischen.

Die Amtsgeschäfte, sofern nicht der Hauptgeschäftsführung übertragen, werden durch den sechsköpfigen Vorstand wahrgenommen. Der Vorstandsvorsitz wird alle vier Jahre direkt von der Mitgliederversammlung gewählt, die übrigen Mitglieder durch den Verbandsrat.

Die auf diese Weise entschlackten, neu gefassten Organe und Kommunikationsstrukturen des Paritätischen Wohlfahrtsverbandes veranschaulicht die nachfolgende Grafik (Abb. 24, S. 249).

Die 15 Landesverbände mit ihren insgesamt über 10 000 Mitgliedsorganisationen sind in den einzelnen Bundesländern unterschiedlich stark präsent. Sie bringen nicht nur Aktivitäten traditioneller Vereine zum Ausdruck, sondern ebenso aktuelle Formen von Selbsthilfe und Selbstorganisation. Ein wichtiger Schwerpunkt der Aktivitäten des Paritätischen liegt vor allem in den Stadtstaaten, mit vergleichsweise vielen Mitgliedschaften.

---

399 Vgl.: § 11 der Satzung des Paritätischen Wohlfahrtsverbandes – Gesamtverband e. V. in der von der Mitgliederversammlung am 29. Oktober 1993 beschlossenen Fassung, zuletzt geändert auf der Mitgliederversammlung am 22. April 2010.
400 Vgl.: § 10 der Satzung des Paritätischen Wohlfahrtsverbandes – Gesamtverband e. V.
401 Vgl.: § 14 der Satzung des Paritätischen Wohlfahrtsverbandes – Gesamtverband e. V.

Abbildung 24: Organe des Deutschen Paritätischen Wohlfahrtsverbandes –
Gesamtverband e. V.

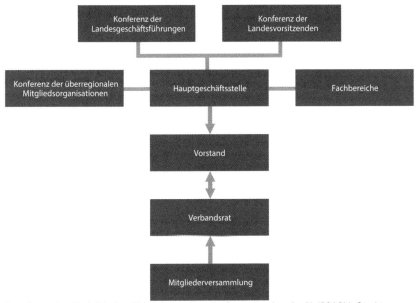

Aus: Deutscher Paritätischer Wohlfahrtsverband – Gesamtverband e. V. (2012b): Struktur.
Fundstelle: http://www.der-paritaetische.de/227/ (Sichtung: 07. 12. 12).

Der zunächst scheinbar überraschende Befund einer starken Repräsentanz
des Paritätischen in den ostdeutschen Bundesländern ist jedoch keineswegs
Ausdruck eines möglicherweise stark entwickelten bürgerschaftlichen Engagements nach dem deutschen Einigungsprozess, sondern überwiegend auf
den Beitritt der Volkssolidarität im Dezember 1990 zurückzuführen.[402] Dieser erfolgte jedoch nicht primär aufgrund eine inhaltlichen oder weltanschaulichen Nähe, sondern mangels realistischer Alternativen. Eine Aufstellung als eigenständiger siebter nationaler Wohlfahrtsverband stellte sich bereits aufgrund der räumlichen Fokussierung auf das Gebiet der ehemaligen
DDR schwierig dar.[403]

402 Vgl.: Susanne Angershausen (2003): Radikaler Organisationswandel. Wie die „Volkssolidarität" die deutsche Vereinigung überlebte. Leske + Budrich, Opladen. Der Mitgliederverband Volkssolidarität umfasste zu diesem Zeitpunkt allein schon über 430 000
Mitglieder, ca. 5 000 Ortsgruppen und über 170 Selbsthilfegruppen. Seine Aktivitäten begrenzen sich unverändert überwiegend auf das Gebiet der ehemaligen DDR.
403 In jüngster Zeit baut die Volkssolidarität ihre Aktivitäten auch in Westdeutschland
(Ortsgruppe Ratingen) aus. Vgl. Häusliche Pflege (Hrsg.) (2005): Expansionspläne:
Volkssolidarität will auch in den alten Bundesländern aktiv werden. Fundstelle:

Übersicht 22: Der Paritätische: Landesverbände und Untergliederungen

Landesverband	Regional-geschäftsstellen/ -büros	Kreisgruppen	Angeschlossene Organisationen (ca.)
Baden-Württemberg (Bezirksgeschäftsstellen)	9	38	800
Bayern (Bezirksverbände)	6	–	770
Berlin	–	–	680
Brandenburg	6	–	340
Bremen	–	–	200
Hamburg	–	–	327
Hessen	7	28	800
Mecklenburg-Vorpommern	–	8	200
Niedersachsen	–	42	800
Nordrhein-Westfalen	–	54	3 000
Rheinland-Pfalz/Saarland (Landesgeschäftsstellen)	2	–	583
Sachsen	8	–	500
Sachsen-Anhalt	4	13	320
Schleswig-Holstein	–	15	500
Thüringen	–	23	330

Eigene Internet- und Telefonrecherchen in 2012 und 2013.

Die unterschiedlichen Anliegen, Zielsetzungen, Personengruppen und Organisationsmuster der überregionalen Mitgliedsverbände umfassen ein beachtliches Spektrum. Initiativgeprägte Verbände finden sich hier ebenso wie etablierte Sozialwerke, christlich geprägte Vereinigungen, Organisationen mit philanthropischen oder ausgesprochen sozialpolitischen Anliegen bis hin zu solchen, die sich auf eher spezifische Problematiken konzentrieren. Viele Mitgliedsorganisationen wie beispielsweise die SOS Kinderdörfer oder der Weiße Ring sind einer breiten Öffentlichkeit bekannter als der Paritätische selbst. Die inhaltliche Bandbreite dieser Organisationen belegt eine kleine Auswahl der überregionalen Mitgliedsverbände (Übersicht 23).

http://www.haeusliche-pflege.net/Infopool/Nachrichten/Expansionsplaene-Volkssolidaritaet-will-auch-in-den-alten-Bundeslaendern-aktiv-werden (Sichtung: 18. 12. 2012). Inwiefern sich der dadurch veränderte Status der größten Einzelorganisation des Paritätischen langfristig auf die Mitgliedschaft auswirkt, ist derzeit nicht absehbar.

Übersicht 23: Überregionale Mitgliederorganisationen im Paritätischen Gesamtverband (2012) (Auswahl)

Advent-Wohlfahrtswerk e. V.
Arbeiter-Samariter-Bund Deutschland e. V.
Arbeitslosenverband Deutschland e. V.
Björn Steiger Stiftung
Bundesarbeitsgemeinschaft der Clubs Behinderter und ihrer Freunde
(BAG cbf) e. V.
Bundesarbeitsgemeinschaft der Kinderschutz-Zentren e. V.
Bundesverband Deutsche Tafel e. V.
Bundesverband Deutscher Stiftungen
Bundesverband Fachkräfte zur Arbeits- und Berufsförderung –
Bundesverband e. V.
Bundeswehr-Sozialwerk e. V. – Bundesgeschäftsstelle
Deutsche AIDS-Hilfe e. V.
Deutsche Arbeitsgemeinschaft für Jugend- und Eheberatung e. V. (DAJEB)
Deutsche Arbeitsgemeinschaft Selbsthilfegruppen e. V.
Deutsche Knochenmarkspenderdatei gGmbH
Deutsche Krebshilfe e. V.
Deutsche Lebens-Rettungs-Gesellschaft e. V.
Deutsche Morbus Crohn/Colitis Ulcerosa Vereinigung e. V.
Deutsche Multiple Sklerose Gesellschaft e. V. – Bundesverband – Bundes-
geschäftsstelle
Deutscher Blinden- und Sehbehindertenverband e. V. (DBSV)
Deutscher Diabetiker Bund e. V. – Bundesgeschäftsstelle
Deutsches Jugendherbergswerk – Hauptverband für Jugendwandern und
Jugendherbergen e. V.
Deutsches Kinderhilfswerk e. V.
Deutsches Sozialwerk (DSW) e. V.
Deutsches Studentenwerk e. V.
Hermann-Gmeiner-Fonds Deutschland e. V.
Kneipp-Bund e. V.
Kultur- und Sozialwerk der Griechischen Gemeinden in der BR Deutschland e. V.
medico international e. V.
Paritätische Akademie gGmbH
Pro Familia Deutsche Gesellschaft für Familienplanung, Sexualpädagogik und
Sexualberatung e. V. – Bundesverband
SOS Kinderdorf e. V.
Sozialverband VdK e. V.
Volkssolidarität – Bundesverband e. V.
Weißer Ring – Gemeinnütziger Verein zur Unterstützung von Kriminalitätsopfern
und zur Verhütung von Straftaten e. V.

Eigene Zusammenstellung in Anlehnung an: Deutscher Paritätischer Wohlfahrtsverband –
Gesamtverband e. V. (2012a).

Diese heterogene Zusammensetzung der Verbandsmitgliedschaften gilt ebenso für die Landesverbände und ihre zahlreichen Kreisgruppen. Beispielhaft soll dies an der hessischen Situation belegt werden. So umfasste der Landesverband Hessen – räumlich identisch mit dem Bundesland – im Jahre 2012 insgesamt 28 Kreisgruppen mit rd. 800 Mitgliedsorganisationen Übersicht 24). Viele dieser Verbände haben selbst den Charakter eines Zusammenschlusses mehrerer selbständiger, lokal agierender Gruppen und Initiativen, so dass die Zahl der durch den LV Hessen repräsentierten Einzelorganisationen höher sein dürfte. Rund zwei Drittel der Mitglieder des LV sind kleinste und kleine Organisationen. Nur rund ein Drittel können somit als größere Organisationen bezeichnet werden.[404]

Übersicht 24: Mitgliedsorganisationen im Paritätischen Landesverband
Hessen (Auswahl 2012)

Advent-Kindergarten e. V.
ADVENT-WOHLFAHRTSWERK e. V. Landesstelle Hessen
Aids-Hilfe e. V.s in: Darmstadt, Frankfurt, Fulda, Gießen, Hanau und
    Main-Kinzig-Kreis, Hessen, Kassel, Marburg, Offenbach, Wiesbaden.
Alzheimer Gesellschaft Wiesbaden e. V.
Ambulante Kranken- und Sozialpflege e. V.
Angehörigengruppe Mittelhessen e. V. c/o Zentrum für Psychiatrie der Uni-Klinik
Arbeiter-Samariter-Bund Gesellschaft für soziale Einrichtungen Hessen mbH
Arbeiter-Samariter-Bund Landesverband Hessen e. V.
Bio-Garten Flechtdorf GmbH
Bleifrei e. V.
Blinden- und Sehbehindertenbund in Hessen e. V. Landesgeschäftsstelle
Darmstädter Pflege- und Sozialdienst e. V.
Deutsche Filmkünstlernothilfe
Deutsche Lebens-Rettungs-Gesellschaft Landesverband Hessen e. V.
Deutsche Multiple Sklerose Gesellschaft Landesverband Hessen e. V.
Frankfurter Verein für soziale Heimstätten e. V.
Frauen helfen Frauen im Landkreis Kassel e. V.
Gemeinschaft für Heilpädagogik und Sozialtherapie e. V.
Landesverband für Körper- und Mehrfachbehinderte Hessen e. V.
Lebenshilfe für geistig Behinderte Kreisvereinigung Dillkreis e. V.
Marburger Waldkindergarten e. V. Vorstand
Marie von Boschan-Aschrott-Altersheim-Stiftung
Paritätischer Betreuungsverein Frankfurt am Main e. V.
Philippstiftung e. V. Fachklinik für Lungenerkrankungen
Reittherapie-Villakunterbunt Gnadenhof e. V.
Rheuma-Liga Hessen e. V.
Werkstatt Frankfurt e. V.
Zuhaus im Alter e. V.

Eigene Zusammenstellung in Anlehnung an: Der Paritätische Wohlfahrtsverband Landesverband Hessen e. V. (2012a): Mitglieder. Fundstelle: http://www.paritaet-hessen.org/verband/unsere-mitglieder/ (Sichtung: 10.12.12)

---

404 Vgl.: Der Paritätische Wohlfahrtsverband Landesverband Hessen e. V. (Hrsg.) (2011), Jahresbericht 2010. Frankfurt am Main. S. 18.

Die räumliche Struktur des Landesverbandes ist durch unselbständige Regionalgeschäftsstellen geprägt, die in Abstimmung mit den örtlichen Kreisgruppen die Interessenwahrnehmung in der Fläche gestalten (Übersicht 25).

Übersicht 25: Regionale Präsenz des Paritätischen Landesverbandes Hessen e. V. (2012)

Region/Regionale Geschäftsstelle	Zugeordnete Kreisgruppen
Nordhessen	LK Kassel Stadt Kassel LK Waldeck-Frankenberg Schwalm-Eder-Kreis Werra-Meißner-Kreis
Mittelhessen	LK Marburg-Biedenkopf Stadt Marburg Lahn-Dill-Kreis LK Limburg-Weilburg LK Gießen Stadt Gießen
Osthessen	LK Hersfeld-Rotenburg Vogelsbergkreis LK Fulda
Rhein-Main	Hochtaunuskreis Main-Taunus-Kreis Stadt Frankfurt am Main
Rhein-Main-West	Rheingau-Taunus-Kreis Stadt Wiesbaden
Rhein-Main-Ost	Wetteraukreis Main-Kinzig-Kreis Kreis Offenbach Stadt Offenbach
Südhessen	LK Groß-Gerau LK Bergstraße Odenwaldkreis LK Darmstadt-Dieburg Stadt Darmstadt

Die Beispiele belegen die durchgängig heterogene Mitgliedschaftsstruktur des Verbandes; es sind konzeptionell unterschiedliche, z. T. sogar gegensätzliche Anliegen, die sich unter dem Dach des Paritätischen lokal, regional und überregional zusammenfinden. Wie schon an anderer Stelle betont, war und ist dies für den Verband mit besonderen Herausforderungen verbunden.

Die sich verändernde Zusammensetzung des Paritätischen in seiner bisherigen Geschichte und die Vielzahl an selbständigen Einzelorganisationen forderten vom Verband zunehmende Organisierungs-, Koordinierungs- und Dienstleistungen, mit denen der Verwaltungsapparat Schritt halten musste. Das breiter werdende Spektrum unterschiedlicher Interessen und Orientierungen muss hierbei nicht nur hinsichtlich der innerverbandlichen Willensbildung funktional organisiert werden, sondern ebenso auf eine „gemeinsame" Handlungsperspektive hin gebündelt werden. Ungeachtet dessen hat sich die Zahl der durch den Paritätischen selbst betriebenen Einrichtungen auf der Landes- und Regionalebene in den letzten Jahren stark erhöht. Auch diese Entwicklung löst einen Bedarf nach neuen Organisationsformen aus. In Hessen sind die Aktivitäten des Landesverbandes beispielsweise in der „Paritätische Projekte gemeinnützige GmbH" gebündelt worden, die Trägerin der sozialen Einrichtungen und Diensten des Landesverbandes ist (Abb. 25, S. 255).

Der Landesverband Niedersachsen weist gleich zwölf Tochtergesellschaften in Form gemeinnütziger GmbHs aus, die wiederum selbst Träger vielfältiger Einrichtungen sind.[405] Die Ausgliederung in GmbHs verlagert damit die Geschäftstätigkeiten stärker aus dem mitgliedschaftlichen Bereich heraus. Zur Schnittstelle aller Aktivitäten werden dadurch die vergleichsweise mächtigen Landesgeschäftsstellen. Tendenziell gleicht sich damit der Paritätische den Strukturen der anderen Spitzenverbände etwas stärker an. Die sich in der Folge ergebende Trennung zwischen dem diskursiv und demokratisch organisierten mitgliedschaftlichen Bereich einerseits sowie dem durch Konzentration von Ressourcen und Entscheidungsmacht konzernartig angelegten Dienstleistungsbereich andererseits dürften damit erheblich zu einer Dominanz hauptamtlicher Leitungsstrukturen beitragen. Ob sich diese doppelte Handlungsrationalität perspektivisch mit der Heterogenität und Interessenvielfalt der Mitglieder in Einklang bringen lässt, wird sich erst noch erweisen müssen.

---

405 Dies sind: Gemeinschaft Deutsche Altenhilfe GmbH – GDA, GDA Senioren-Residenz Schwiecheldthaus GmbH, GDA Service GmbH, Pflegeheim Hannover-Ricklingen GmbH, Gemeinnützige Gesellschaft für Paritätische Sozialarbeit Braunschweig mbH, Gemeinnützige Gesellschaft für Paritätische Sozialarbeit Hannover GmbH, Gemeinnützige Gesellschaft für Paritätische Sozialarbeit Wilhelmshaven mbH, WilSer – Wilhelmshavener Service-Gesellschaft mbH, Ostfriesische Beschäftigungs- und Wohnstätten GmbH – obw, STEP – Paritätische Gesellschaft für Sozialtherapie und Pädagogik mbH, PARLOS gemeinnützige GmbH, Paritätische Lebenshilfe Schaumburg Weserbergland GmbH (Stand 2012).

Abbildung 25: Paritätische Projekte gGmbH: Struktur und Einrichtungen

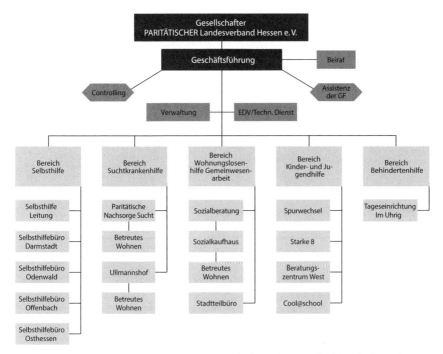

Aus: Paritätische Projekte gemeinnützige GmbH (2010): Paritätische Projekte im Portrait. Frankfurt am Main, S. 6.

4.5.4 Aufgabenbereiche und Mitarbeiter

Die trotz obiger Befunde immer noch starke Mitgliederorientierung des Verbandes wirft die Frage nach den damit verbundenen Aufgaben und Funktionen auf. Im Wesentlichen handelt es sich um drei Aufgabenbereiche, die in unterschiedlichem Ausmaße durch den Gesamtverband, die Landesverbände und die Kreisgruppen wahrgenommen werden. Hierbei geht es um:

- die Beratung und Information der Mitglieder (Fortbildung, Rechtsberatung, Finanzberatung, Personalberatung);
- das Anbieten von Service- und Unterstützungsleistungen (EDV-Finanzbuchhaltung, Gehaltsabwicklung);
- die Repräsentanz und Interessenvertretung (Lobbyarbeit) gegenüber Politik und Gesellschaft (z. B. Mitarbeit in Gremien etc.).

Als sozialpolitischer Lobbyist für seine Mitgliedsorganisationen ist der Gesamtverband deshalb in zahlreichen Gremien vertreten (Übersicht 26). Durch die Mitarbeit in spezifischen Verbänden, teilweise auch durch eigene Einrichtungen erbringt der Gesamtverband gegenüber seinen Mitgliedern Servicefunktionen, die sich u. a. auf den Bereich der Aus-, Fort- und Weiterbildung beziehen. Zentrale Bausteine der Bildungsarchitektur sind neben der „Paritätische Bundesakademie gGmbh" und dem mitgliedschaftlich strukturierten „Paritätischen Bildungswerk Bundesverband e. V." vor allem auch die unterschiedlichen Bildungswerke und -einrichtungen auf Landesebene.[406] Das Angebot reicht von speziellen sozialen Themen, über das Management bis hin zu Vorbereitungskursen auf den Bundesfreiwilligendienst.

Übersicht 26: Paritätischer Gesamtverband – Vertretung in Gremien (2012)

Organisationen
Aktion Deutschland Hilft
Arbeitsgemeinschaft für Jugendhilfe (AGJ)
Bund der älteren Generation Europas (EURAG)
Bundesarbeitsgemeinschaft der Freien Wohlfahrtspflege (BAGFW)
Bundesarbeitsgemeinschaft Kinder- und Jugendschutz (BAJ)
Bundesforum Familie
Deutscher Verein für öffentliche und private Fürsorge (DV)
European Anti Poverty Network
European Council on Refugees and Exiles (ECRES)
European Older People's Platform (AGE)
Frauenhauskoordinierung
Informationsverbund Asyl
Kuratorium Deutsche Altershilfe (KDA)

In Anlehnung an: Deutscher Paritätischer Wohlfahrtsverband – Gesamtverband e. V. (2012c): Mitgliedschaften. Fundstelle: http://www.der-paritaetische.de/57/ (Gesichtet: 27. 11. 12).

Besonderes Gewicht liegt auf der Qualitätsentwicklung und Zertifizierung der Mitgliedseinrichtungen nach dem eigens entwickelten Qualitätssystem „PQ-Sys". Dieses wird über die „PQ GmbH – Paritätische Gesellschaft für Qualität und Management" als Tochtergesellschaft des Gesamt- sowie einiger Landesverbände entwickelt und vertrieben und soll den Mitgliedern helfen, ein bezahlbares und handhabbares Qualitätsmanagement in ihren Ein-

---

406 Dies sind unter anderem die „Paritätische Akademie LV NRW e. V.", die „PariSERVE GmbH", der „Paritätische Sachsen" sowie die als Vereine organisierten Paritätischen Bildungswerke der Landesverbände Thüringen, Baden-Württemberg, Sachsen-Anhalt und Rheinland-Pfalz/Saarland.

richtungen zu entwickeln und zu implementieren. Die externe Begutachtung von Qualitätsentwicklungsaktivitäten und Qualitätsmanagement-Systemen der Mitgliedseinrichtungen übernimmt die „SQ Cert GmbH". Sie ist die gemeinsam betriebene Zertifizierungsgesellschaft des Paritätischen Gesamtverbandes und der Union Versicherungsdienst GmbH. Zertifizierungen nach DIN EN ISO 9000 ff. werden hingegen nicht selbst, sondern in Kooperation mit dem konfessionellen Anbieter „pro Cum Cert GmbH" vorgenommen.[407]

Weitere wirtschaftliche Beteiligungen gibt es an der Union Versicherungsdienst GmbH, die Maklerfunktion für die Mitglieder des Paritätischen übernimmt und der Bank für Sozialwirtschaft, an der der Paritätische wie die anderen Spitzenverbände auch beteiligt ist.[408]

Das sozialanwaltschaftliche Engagement des Paritätischen für benachteiligte Bevölkerungsgruppen sowie seine Positionierung in der aktuellen gesellschaftspolitischen Debatte um die Weiterentwicklung respektive Veränderung des Sozialstaats kommen in zahlreichen Stellungnahmen und Verbandserklärungen zum Ausdruck. Ausgewählte Beispiele machen das Spektrum dieser Stellungnahmen deutlich (Übersicht 27, S. 258).

Realisiert werden diese Aufgaben vorwiegend auf der Ebene des Gesamtverbandes, teilweise auch durch die Landesverbände und ihre regionalen Vertretungen. Eine eher randständige Bedeutung haben die Kreisgruppen, die ressourcenschwach ausgestattet oftmals kaum in der Lage sind, eine wirksame Interessenvertretung oder gar Serviceleistung für ihre Mitglieder zu übernehmen.

Das „Hauptquartier" des Paritätischen ist im Vergleich zu den bundeszentralen Geschäftsstellen der übrigen Verbände eher klein, aber in seinem grundsätzlichen Aufbau durchaus vergleichbar (Abb. 26, S. 259).

---

407 Pro Cum Cert wurde 1998 auf Initiative des Katholischen Krankenhausverbands Deutschlands (KKVD) gemeinsam mit dem Deutschen Evangelischen Krankenhausverband (DEKV) und den kirchlichen Wohlfahrtsverbänden Caritas und Diakonie sowie der Ecclesia Versicherungsdienst GmbH gegründet.

408 Die Anteile an der Bank für Sozialwirtschaft AG verteilen sich relativ ungleichmäßig auf den Bundesverband der Arbeiterwohlfahrt (7,86 %), die Caritas Stiftung Deutschland (25,5 %), den Deutscher Paritätischen Wohlfahrtsverband – Gesamtverband (3,57 %), das Deutsche Rote Kreuz (1,0 %), das Diakonische Werk der Evangelischen Kirche Deutschlands (25,5 %) und die Zentralwohlfahrtsstelle der Juden in Deutschland, (0,53 %). 36,04 % der Anteile befinden sich in Streubesitz. Vgl.: Bank für Sozialwirtschaft (2012): Anteilseigner. Fundstelle: http://www.sozialbank.de/anteilseigner (Sichtung: 08.12.2012).

Übersicht 27: Paritätischen Gesamtverband: Sozialpolitische Stellungnahmen des Paritätischen Wohlfahrtsverbandes – Gesamtverband e. V. (Auswahl)

Art der Stellungnahme	Datum
Betreff: Änderungen des Anwendungserlasses zur Abgabenordnung (AEAO) Änderungen zum Abschnitt Steuerbegünstigte Zwecke (§§ 51 u. 68 AO)	5.12.2012
Stellungnahme des Paritätischen zum Gesetzentwurf der CDU/CSU und FDP zur Zwangsbehandlung/Anhörung im Rechtsausschuss am 10. Dezember 2012	4.12.2012
Stellungnahme des Paritätischen zur ärztlichen Zwangsbehandlung	26.11.2012
Soziale Ungleichheit als Sprengsatz in der Zivilgesellschaft	15.10.2012
Paritätische Stellungnahme zum Referentenentwurf eines „Gesetzes zur Stärkung der Funktionen der Betreuungsbehörde"	03.09.2012
Paritätische Stellungnahme zum „Warnschussarrest" für jugendliche Straftäter	11.07.2012
Paritätisches Modell für ein Mindestarbeitslosengeld I	07.05.2012
Arbeitshilfe zur Umsetzung einer Guten Lebensmittelhygienepraxis mit HACCP-basierten Elementen in kleinen Küchen	08.03.2012
Gemeinsame Stellungnahme gegen die Einführung des Flughafenverfahrens in Berlin	23.01.2012
Kommentar zur Kleinen Anfrage zur Förderung der Integrationsarbeit von Migrantenselbstorganisationen der Fraktion BÜNDNIS 90/DIE GRÜNEN und die Antwort der Bundesregierung	08.12.2011
Stellungnahme des Paritätischen zum Entwurf eines Gesetzes zur Vereinbarkeit von Pflege und Beruf der Bundesregierung – Paritätisches Konzept für ein Familienpflegegeld	19.09.2011
Anhörung des Paritätischen im Ausschuss für Arbeit und Soziales des Deutschen Bundestages zum Entwurf eines Gesetzes zur Verbesserung der Eingliederungschancen am Arbeitsmarkt	05.09.2011
Paritätische Stellungnahme zum Regierungsentwurf eines Bundeskinderschutzgesetzes	13.05.2011

Eigene Zusammenstellung aus den Jahren 2011 und 2012.

Abbildung 26: Organigramm Hauptgeschäftsstelle

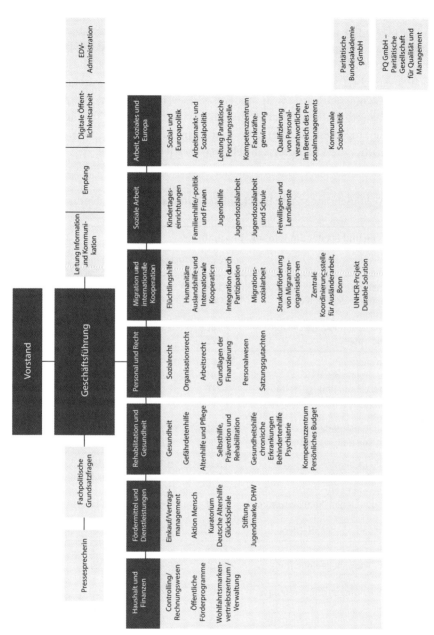

Aus: Deutscher Paritätischer Wohlfahrtsverband – Gesamtverband e. V. (2012b): Struktur.
Fundstelle: http://www.der-paritaetische.de/227/ (Sichtung: 07.12.12).

Dem Paritätischen Gesamtverband gehörten im Jahr 2012 etwa 10 000 Mitgliedsorganisationen an. Nach verbandsinternen Angaben beläuft sich die Gesamtzahl der überwiegend von den Mitgliedsorganisationen bereitgestellten Dienste auf nahezu 43 000 Einrichtungen, in denen rund 545 000 hauptberuflich Beschäftigte tätig sind.[409] Hinsichtlich der Validität dieser statistischen Angaben sind Zweifel berechtigt. Mit Blick auf die verbandsinterne Statistik zeigt sich ein etwas anderes Bild. Hier werden lediglich rund 322 000 hauptberuflich Beschäftigte ausgewiesen. Wie die Tabelle 20 zeigt, haben die einzelnen Fachbereiche und Einrichtungsarten sowie die hierin hauptberuflich Beschäftigten ein sehr verschiedenes Gewicht.

Tabelle 20: Einrichtungen und Beschäftigte Paritätischer Gesamtverband (2008)

Fachbereiche und Art der Einrichtung	Beschäftigte			Zahl der Einrichtungen
	Vollzeit	Teilzeit	insgesamt	
Gesundheitshilfe gesamt	17 158	9 236	26 394	2 604
a) stationär (Kliniken, Reha etc.)	14 083	6 605	20 688	291
b) Tageskliniken	312	322	634	75
c) Beratung und ambulante Dienste	1 292	2 100	3 392	1 310
c) Rettungsdienste	1 471	209	1 680	928
Jugendhilfe (gesamt)	34 569	36 916	71 485	9 557
a) stationär (Heime etc.)	8 141	4 927	13 068	1 533
a) Jugendherbergen und -gästehäuser	3 216	2 024	5 240	554
b) Tageseinrichtungen (Schulen, Freizeitstätten etc.)	4 860	4 918	9 778	1 458
b) Kitas und Kindergärten	15 552	19 765	35 317	4 253
c) Beratung und ambulante Dienste	2 800	5 282	8 082	1 759
Familienhilfe (gesamt)	2 536	5 760	8 296	1 553
a) stationär (Frauenhäuser, Familienferienstätten etc.)	685	775	1 460	212
b) Tageseinrichtungen (Familienzentren etc.)	441	1 678	2 119	446
c) Beratung und ambulante Dienste	1 410	3 307	4 717	895
Altenhilfe (gesamt)	34 856	38 632	73 488	3 916
a) stationär (Altenpflegeeinrichtungen etc.)	25 623	19 498	45 121	1 339
b) Tageseinrichtungen (Seniorentagesstätten etc.)	865	1 434	2 299	822
c) Beratung und ambulante Dienste	334	623	952	405
c) Mahlzeitendienste	429	1 358	1 787	336
c) Sozialstationen und ambulante Pflege	7 605	15 719	23 324	1 014

409 Vgl.: Deutscher Paritätischer Wohlfahrtsverband e. V. – Gesamtverband (Hrsg.) (2009): Soziales handeln in Vielfalt. Gemeinsam mehr bewegen. Berlin. S. 5.

Fachbereiche und Art der Einrichtung	Beschäftigte			Zahl der Einrichtungen
	Vollzeit	Teilzeit	insgesamt	
Behindertenhilfe (gesamt)	54 992	47 169	102 161	8 537
a) stationär (Heime etc.)	22 247	22 992	45 239	3 372
b) Tageseinrichtungen	6 462	5 142	11 604	1 022
b) Kindertageseinrichtungen/Kitas	4 810	3 410	8 220	550
b) Anerkannte Behindertenwerkstätten	15 089	4 086	19 175	548
c) Beratung und ambulante Dienste	6 384	11 539	17 923	3 045
Hilfe für Personen in besonderen Situationen	3 990	2 629	6 619	1 415
a) stationär (Heime, Notunterkünfte etc.)	382	376	758	256
b) Tageseinrichtungen	236	193	429	95
b) Beschäftigungseinrichtungen für Arbeitslose	1 834	735	2 569	220
c) Beratung und ambulante Dienste	1 538	1 325	2 863	844
Weitere soziale Hilfen	18 753	8 099	26 852	3 920
a) stationär (v. a. Wohnheime für Studierende)	12 440	3 021	15 461	1 409
b) Tageseinrichtungen	67	227	294	83
c) Beratungs- und Geschäftsstellen	5 475	3 892	9 367	2 235
c) Tafeln und Suppenküchen	599	586	1 185	68
c) Sonstige mobile Dienste	172	373	545	125
Aus-, Fort-, Weiterbildung	1 223	865	2 088	287
Selbsthilfegruppen	1 906	3 181	5 087	12 013
Insgesamt	169 983	152 487	322 470	

a) stationäre Einrichtungen; b) Kurzzeit- und Tageseinrichtungen; c) Beratungsangebote und ambulante Dienste

Eigene Zusammenfassung auf der Grundlage übermittelter Angaben des Paritätischen Gesamtverbands vom Dezember 2012.

An dieser Stelle wird insbesondere die Bedeutung des Paritätischen als Dachverband für Initiativen und Selbsthilfegruppen deutlich. Mit über 12 000 Gruppen und Initiativen, in denen mehr als 5 000 Personen hauptberuflich beschäftigt sind, repräsentiert der Verband die größte Anzahl der bei einem einzelnen Spitzenverband angeschlossenen Gruppen, die in Bereichen des bürgerschaftlichen Engagement sowie der Selbsthilfe tätig sind. Die hohe Wachstumsdynamik belegt sich durch eine Zunahme der Anzahl der Gruppen und Initiativen von rund 38 % (!) allein in der Zeit zwischen 2001 und 2008.

Lässt man die Selbsthilfegruppen außen vor, zeigen sich folgende Gewichtungen der einzelnen Arbeitsfelder: Die meisten Einrichtungen befinden sich im Bereich der Jugendhilfe (30,0 % aller Dienste) und der Behindertenhilfe (26,9 % aller Dienste). Altenhilfe (12,3 % aller Dienste) sowie Gesundheitshilfe (8,2 % aller Dienste) spielen hingegen eine geringere Rolle. Die hier dominierenden Einrichtungstypen sind einerseits Kindertageseinrichtungen und Kindergärten (15,1 % aller Einrichtungen des Paritätischen)[410], andererseits stationäre Einrichtungen der Behindertenhilfe wie Heime (10,6 % aller Einrichtungen). Hinsichtlich des Betreuungsumfangs dominieren nicht-stationäre Dienste. Hier handelt es sich bei über 73 % der Einrichtungen um Tageseinrichtungen, Beratung oder ambulante Dienste.[411] Was die Beschäftigten über alle Bereiche betrifft, so sind die meisten in der Behindertenhilfe tätig (31,7 %). Als zweitwichtigster Beschäftigungsbereich folgt die Jugendhilfe (22,2 %), gefolgt von der Altenhilfe (22,8 %) und der Gesundheitshilfe (8,2 %). Über die Hälfte aller in paritätischen Einrichtungen beschäftigten Personen ist damit in Einrichtungen der Behinderten- und Jugendhilfe tätig. Insgesamt zeigt sich eine ganz deutliche Erhöhung der Bedeutung der Behinderten- und Altenhilfe insbesondere zu Lasten der Gesundheitshilfe – allein in der Zeit zwischen 2001 und 2008.

Schon in den Jahren nach 1996 ließ sich ein Wachstum bei der Zahl der Beschäftigten verzeichnen, das seitdem ungebrochen ist.[412] Vergleicht man den relativ kurzen Zeitraum zwischen 2001 und 2008 zeigen sich nennenswerte Veränderungen(Tab. 21). Diese liegen zum großen Teil in der boomartigen Entwicklung des Sozial- und Gesundheitsmarktes selbst begründet, gehen jedoch beim Paritätischen deutlich über die Zuwachsraten der anderen Verbände hinaus. Dabei prägt sich der rasante Zuwachs an Beschäftigten durchaus unterschiedlich in den verschiedenen Arbeitsfeldern aus. In der Behindertenhilfe lag der Anstieg der Beschäftigten im untersuchten Zeitraum bei rd. 66 000 (+183,7 %), in der Altenhilfe bei rd. 46 000 (+173,3 %) und in der Jugendhilfe bei rd. 40 000 (+127,7 %). Abgehängt von dieser rasanten Entwicklung erscheint die Gesundheitshilfe mit einem Zuwachs von „nur" rd. 3 000 (+13.3 %) Beschäftigten. Einzig die Familienhilfe verliert an Bedeutung und verzeichnet eine Verringerung der Beschäftigtenzahlen um rd. 2 300 (−22,2 %). Aus derartigen Zahlen wird auch eine neue Bewertung der Bedeutung des Paritätischen als Wohlfahrtsverband resultieren müssen. Lässt man die statistischen Unsicherheiten einmal außer Acht, so nähert sich der Verband durchaus der Größenordnung der beiden kirchlichen Verbände an.

---

410 Inklusive regulärer Kitas, Kindergärten sowie Integrativer Kitas und Kitas für Kinder mit Behinderungen.

411 Heraus gerechnet wurden Einrichtungen der Aus-, Fort- und Weiterbildung sowie die Selbsthilfegruppen und Initiativen.

412 Eigene Zusammenstellung nach verbandsinterner Statistik vom 16.5.1997 und 2.6. 1997 sowie aus 2008.

Tabelle 21: Vergleich der Beschäftigtenzahlen (gesamt) von 2001 und 2008

Fachbereiche	2001	2008	Differenz (%)
Gesundheitshilfe	23 303	26 394	+13,3
Jugendhilfe	31 389	71 485	+127,7
Familienhilfe	10 662	8 296	−22,2
Altenhilfe	26 894	73 488	+173,3
Behindertenhilfe	36 011	102 161	+183,7
Weitere Hilfen	12 972	33 471	+158,0

Eigene Zusammenstellung auf der Grundlage der BAGFW Gesamtstatistik 2000 vom 3. 7. 2001 sowie der an der gleichen Systematik ausgerichteten internen Verbandsstatistik 2008.

Ähnlich wie bei den anderen Spitzenverbänden hat auch im Paritätischen der Anteil der Teilzeitarbeit über alle Bereiche hinweg gesehen weiter zugenommen. Durchschnittlich sind 47,3 % aller Mitarbeitenden teilzeitbeschäftigt. Deutlich Abweichungen nach oben ergeben sich insbesondere in den Arbeitsfeldern der Familienhilfe (69,4 % TZ-Beschäftigte), in den meist sehr klein strukturierten Selbsthilfegruppen (62,5 % TZ-Beschäftigte) sowie in der Jugendhilfe (55,8 % TZ-Beschäftige).

Die fast durchgängige Konstruktion des Paritätischen Gesamtverbands als Dachverband rechtlich selbstständiger Einrichtungen und Organisationen bedingt, dass soziale Dienstleistungen überwiegend durch die Mitgliedsorganisationen und Landesverbände realisiert werden. Dies soll im am Beispiel des Landesverbandes NRW und der Kreisgruppe Bielefeld verdeutlicht werden. Der Paritätische Landesverband NRW e. V. bündelt seine Mitglieder örtlich in 54 nicht selbständige Kreisgruppen, die wiederum organisatorisch in vier Bezirke zusammengefasst werden. Die überörtliche Abstimmung findet im Rahmen von regionalen Konferenzen statt. Hier werden vor allem die Fragen der Koordination und Interessenvertretung erörtert.

Die fachliche Arbeit findet in etwa 30 thematisch differenzierten Facharbeitskreisen statt (Abb. 27, S. 264).

Die verbandliche Mitbestimmung erfolgt im Rahmen der Mitgliederversammlung. Jede der rd. 3 000 Mitgliedsorganisationen hat dabei eine Stimme[413] und damit unabhängig von ihrer Größe die gleichen Mitbestimmungsrechte.

---

413 Vgl. § 6 (3) Satzung des Paritätischen Landesverbandes NRW e. V. in der Fassung vom 15. 11. 1997 vom Januar 2010.

Abbildung 27: Paritätischer Landesverband NRW – Verbandsstruktur

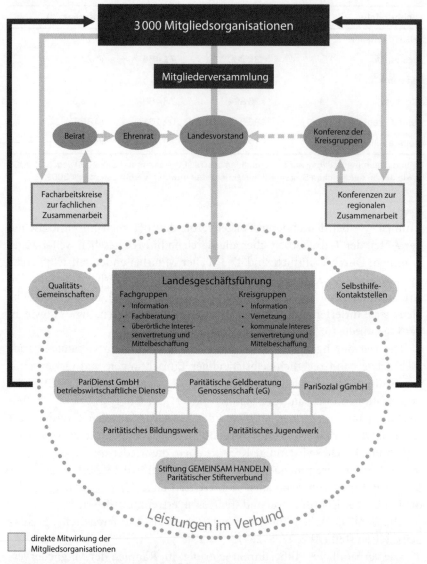

direkte Mitwirkung der Mitgliedsorganisationen

In Anlehnung an: Der Paritätische Landesverband NRW e. V. (2012): Organigramm. Fundstelle: http://www.paritaet-nrw.org/progs/pia/content/e4512/e17135/e15792/Organigramm_XPress_farbig.pdf (Sichtung: 18. 11. 2012).

Der Landesverband bietet daneben mit verschiedenen Gesellschaften unterstützende Servicefunktionen für die Mitglieder an: Das Paritätische Bildungswerk (PBW) und Jugendwerk (PJW), die PariDienst Gesellschaft für Betriebswirtschaftliche Dienste mbH, die Stiftung Gemeinsam Handeln, die PariSozial – gemeinnützige Gesellschaften für soziale Arbeit mbH, die Selbsthilfe-Kontaktstellen und Selbsthilfe-Büros in NRW, die Paritätische Geldberatung eG, die GSP – Gemeinnützige Gesellschaft für soziale Projekte mbH, das Paritätische Qualitätssystem PQ-Sys.

Aufgrund der rechtlichen Struktur des Paritätischen NRW ist die Kreisgruppe Bielefeld eine unselbständige Außenstelle des Landesverbandes. Sie ist eng verknüpft mit den vielfältigen Unterstützungsangeboten und Informationen des Verbandes für seine 143 Mitgliedsorganisationen und insgesamt 210 Einrichtungen. Die drei größten Mitgliedsgruppen sind:

- 38 Einrichtungen zur Tagesbetreuung von Kindern,
- 31 Angebote von Beratungsstellen und Bildungsträgern sowie
- 30 Angebote für Kinder, Jugendliche, Familien und Migranten.[414]

Die Geschichte der Kreisgruppe lässt die wechselvolle Positionierung des Verbandes zwischen Serviceorganisation für Mitglieder und Eigenbetrieb von sozialen Einrichtungen plastisch hervortreten. Mit Beginn der 1960er-Jahre baute die Kreisgruppe eine umfangreiche eigene soziale Infrastruktur mit zahlreichen Angeboten und Einrichtungen auf. Dies wurde aufgrund eines Strategiewechsels im Landesverband rund zwanzig Jahre später aufgegeben:

„Ab Mitte der 1980er Jahre verfolgt der Landesverband NRW des Paritätischen eine neue Linie. Die Konzentration des Dachverbandes auf die Interessenvertretung und die Serviceleistungen für Mitglieder wird beschlossen. Die verbandseigene Sozialarbeit wird ausgegliedert. Eigens dafür wird die Gesellschaft für Sozialarbeit (GfS) im Mai 1983 als Verein gegründet. Heute ist die GfS Träger von Einrichtungen in der Sozialarbeit und Sozialpädagogik, der psychologischen und psychosozialen Beratung, der Pflege und Versorgung, die sich über ganz Bielefeld verteilen. Als Mitgliedsorganisation kooperiert die GfS weiterhin eng mit dem Paritätischen.“[415]

---

414 Deutscher Paritätischer Wohlfahrtsverband Landesverband Nordrhein-Westfalen e. V./Kreisgruppe Bielefeld (2011): 50 Jahre – Der Paritätische in Bielefeld. Soziales Handeln in Vielfalt. Bielefeld S. 6.
415 Ebd. S, 9.

Die zu Beginn des neuen Jahrtausends wieder aufgegebene ablehnende Haltung zur eigenen verbandlichen Sozialarbeit (siehe oben) manifestiert sich in Bielefeld in der Gründung neuer örtlicher gemeinnütziger Trägergesellschaften, die in unterschiedlichen Feldern der sozialen Arbeit aktiv werden. Hier unterstützen sie Mitglieder oder entwickeln – außerhalb möglicher Konkurrenz zu den Mitgliedern eigene Angebote.

Die publizistischen Aktivitäten des Gesamtverbandes begrenzen sich derzeit bundesweit auf die zweimonatliche Herausgabe der Mitgliederzeitschrift „Der Paritätische" sowie ein täglich um 18.00 Uhr aktualisierter Newsletter auf der Homepage der Organisation. Hinzu kommen fachspezifischer Arbeitshilfen und Periodika. Eine besondere bundespolitische Bedeutung hat die monatlich erscheinende Fachzeitschrift „Blätter der Wohlfahrtspflege", die vom Wohlfahrtswerk für Baden-Württemberg in Zusammenarbeit mit dem Paritätischen herausgegeben wird. Mit dieser Publikation verfügt der Verband zumindest mittelbar über ein fachliches Printmedium, mit dem inner- und außerverbandlich die sozialpolitischen Einschätzungen und Positionen des Paritätischen zur Diskussion gestellt werden können.

Auf der Ebene der Landesverbände wird ebenfalls durch verschiedene Zeitschriften und Mitteilungsblätter informiert. Thematisch konzentrieren sich diese Beiträge auf einzelne Themenfelder, die die jeweiligen Handlungsbereiche der Mitgliedsorganisationen widerspiegeln. So sind regelmäßig erscheinende Publikationen der Landesverbände z.B. das „FORUM" für NRW, der „Parität Report" für Niedersachsen oder das „Mitgliedermagazin" in Bayern. Gerade das Internet ermöglicht neue Formen der Interaktion mit den Mitgliedern. Beispielhaft genannt sei hier die „Sozialzentrale", das interne Netzwerk des Paritätischen, wo sich Mitglieder zu aktuellen Themen informieren und austauschen können (www.sozialzentrale.de). Ebenfalls interessant ist ein Projekt zur Aufbereitung der Geschichte des Paritätischen im Zuge eines historischen Portals, indem fortlaufend seit 2004 historische Dokumente eingestellt und besprochen werden (www.zeitzeichen.paritaet.org). Auf allen Ebenen spielt das Internet als Informationsquelle mittlerweile eine herausragende Rolle. Es hat die Printmedien nicht nur ergänzt, sondern in weiten Teilen abgelöst. Die größere Aktualität und geringeren Produktionskosten des Mediums haben über alle Ebenen des Paritätischen zu einer unübersichtlichen Flut von verschiedensten Publikationen beigetragen.

Das Finanzvolumen des Paritätischen Wohlfahrtsverbandes – Gesamtverband e.V. nimmt sich im Vergleich zu den anderen Verbänden und der Anzahl der Einrichtungen und Beschäftigten klein aus. Zuwendungen des Bundes sind dabei von herausragender Bedeutung für den Paritätischen Gesamtverband. Für 2010 betrug die Summe dieser Zuwendungen rd. 13 Millionen Euro bei Gesamterträgen von etwa 20,4 Millionen Euro (rd. 64%). Dazu kamen mit rd. 4,4 Millionen Euro (rd. 22%) Fördermittel anderer Zuschussgeber sowie weitere Erträge in Höhe von rd. 3 Millionen Euro (rd. 14%). Wichtige Zuschussgeber sind in diesem Zusammenhang die Aktion Mensch und die öffentlichen Lotterien wie beispielsweise die Glücksspirale. Mit rd. 12 Millionen Euro wird der größte Teil dieser Erträge letztlich nur durch den Gesamtverband geleitet und fließt an die Mitgliedsorganisationen ab. Die Kanalisation dieser Mittel eröffnet dabei einen gewissen Handlungsspielraum und ermöglicht in gewissen Grenzen auch eine mikropolitische Einflussnahme des Verbandes auf seine Mitglieder.

4.5.5 Resümee und Ausblick

Als Dachverband von rechtlich selbstständigen Mitgliedsorganisationen konstruiert, nimmt der Paritätische Gesamtverband mehrere und voneinander unterscheidbare Funktionen gleichzeitig war. Als Mitgliederverband bedient er Beratungs- und Dienstleistungsaufgaben, so sie von den Mitgliedern erwünscht, nachgefragt und tatsächlich in Anspruch genommen werden. Als sozialanwaltliche Lobbyorganisation positioniert sich der Verband gegenüber Politik und Gesellschaft, wobei diese Aufgabe vor allem durch den Gesamtverband und die Landesverbände wahrgenommen wird. Weniger tangiert hiervon sind die örtlichen Verbandsgliederungen. Als sozialer Dienstleister spielt der Paritätische dort eine Rolle, wo der Verband selbst als Rechtsträger eigener Einrichtungen auftritt und sich als Akteur bei der Ausgestaltung einer sozialen Infrastruktur unmittelbar beteiligt. Während der Paritätische früh auch schon eigene Einrichtungen unterhielt, setzte sich in den 1980er Jahren der Wunsch nach Fokussierung auf die Servicefunktion für Mitglieder durch. Schon betriebene Einrichtungen wurden in dieser Zeit z.T. ausgegliedert und in eigene rechtliche Strukturen gefasst. Nach dieser Phase der „sozialarbeiterischen Abstinenz" in den 1980er und 1990er Jahren wurde diese Zurückhaltung Anfang des neuen Jahrtausends in unterschiedlichen Graden aufgegeben. Häufig finden sich die paritätischen Einrichtungen auch heute noch und wieder in ausgegliederten Geschäftseinheiten. Eine Expansion soll jedoch nur dort erfolgen, wo keine Mitgliedsinteressen berührt sind. Durch diese Konstruktion bleibt der Charakter eines Mitgliedsverbandes trotz Ausweitung der Geschäftstätigkeit erhalten.

Die summarisch beeindruckenden Mitglieder- und Beschäftigtenzahlen täuschen nur äußerlich ein großbetriebliches Unternehmen vor und suggerieren eine Organisationsmacht, die der Logik einer arithmetischen Addition folgt, nicht aber als Indiz für einen sozialpolitischen Einfluss der paritätischen Mitgliedsorganisationen gewertet werden kann. Überhaupt zeigt sich, dass die aus der Betriebswirtschaft entlehnten Kennzeichnungen wie „Konzern", „Holding", „Groß- und Mittelbetriebe" kaum zutreffende Charakterisierungen für den Paritätischen auf Bundesebene sind. Selbst der im Zusammenhang mit den anderen Spitzenverbänden aufgegriffene Begriff des „Franchiseunternehmens" zeigt sich nicht zuletzt deshalb als untaugliche Typisierung, weil es an einem konkreten Lizenzgeber ebenso fehlt wie an einem homogenen öffentlichen Auftritt der Mitgliedsorganisationen. Anders zeigt sich die Situation auf der Ebene der Landesverbände. Hier lassen sich, wie am Beispiel der Landesverbände Berlin und Niedersachsen gezeigt, durchaus konzernartige Strukturen ausmachen, die an Holdinggesellschaften erinnern und in der Regel an der Führungsspitze des Verbandes angedockt sind. Durch die überwiegend hauptamtlich geprägten Strukturen in den Tochtergesellschaften liegen die Schnittstellen meist auf der Ebene der Landesgeschäftsführungen. Es kommt zu einer deutlichen Stärkung der Machtstrukturen an dieser Stelle.

Trotz der vorgenommenen Positionierungen des Gesamtverbandes als sozialanwaltlicher Interessenvertreter für Benachteiligte, als Solidargemeinschaft unterschiedlicher Initiativen und Organisationen sowie als Dienstleister gegenüber diesen Mitgliedern lassen sich nach wie vor kaum gemeinsame Leitziele und inhaltliche Orientierungen erkennen, die sich von ähnlich verlautbarten Erklärungen der anderen Spitzenverbänden substanziell unterscheiden. Darüber hinaus fehlt es dem Verband an institutionell gesicherten Einwirkungsmöglichkeiten auf seine Mitglieder und die von diesen geleisteten Aktivitäten. Die Entscheidungskompetenzen des Paritätischen Wohlfahrtsverbandes beziehen sich damit ausschließlich auf seine Geschäftsstellen und die Einrichtungen in eigener Trägerschaft. Für die praktische Ausgestaltung Sozialer Arbeit haben diese Zuständigkeiten bestenfalls mittelbare Auswirkungen. Begünstigt die basisdemokratische Struktur des Paritätischen einerseits insbesondere die Arbeit von Initiativen und Selbsthilfegruppen und sichert so einen unmittelbaren Klienten- und Betroffenenbezug, so resultiert andererseits gerade hieraus die machtpolitische Schwäche der Organisation. Insbesondere auf der örtlichen Ebene zeigt sich nämlich, dass diese Ausgangslage keinesfalls mit einem erkennbaren Handlungsvorteil gegenüber den anderen Spitzenverbänden verbunden ist. Vielmehr ist zu sehen, dass sich mit dem Abflauen der Selbsthilfe- und Initiativenbewegung der interessenspolitische Einfluss des Paritätischen relativiert. Innerhalb des Paritätischen stellt sich damit weiterhin die Frage, ob und in welchem Ausmaß die bestehenden Organisationsstrukturen trotz vollzogener Verbandsreformen noch geeignet sind, die unterschiedlichen Mitglieder mit ihren sozialen Diensten zu einer gemeinsamen Konflikt- und Organisationsfähigkeit zu aggregieren. Tendenzen, zwischen bestehenden sozialen Dienste stärkere Kooperationsbezüge herzustellen, Fusionierungen zu ermöglichen und soziale

Dienstleistungsangebote zu bündeln, lassen sich hierbei vermehrt auf der Ebene von Landesverbänden feststellen. Eine klar erkennbare Verbandsstrategie im Hinblick auf die Entwicklung neuer Strukturen zeichnet sich in der Praxis jedoch nicht ab. Vielmehr gehen die Landesverbände und ihre Kreisgruppen sehr unterschiedliche Wege, die weniger durch sozial- oder verbandspolitische Zielsetzungen definiert werden, als vielmehr durch zufällige Faktoren wie personelle Konstellationen vor Ort, Gelegenheiten und Ressourcen. Dieses Vorgehen begünstigt ein evolutionäres Wachstum um den Preis einer konzeptionellen Schwäche.

Insgesamt belegen die Beschäftigtenzahlen mittlerweile eine beachtliche Größe des Verbandes, die in der Vergangenheit meist deutlich kleiner eingeschätzt wurde. Das politische Gewicht bleibt jedoch hinter der Größeneinschätzung zurück.

4.6 Die Zentralwohlfahrtsstelle der Juden in Deutschland e. V. (ZWST)

4.6.1 Entstehung des Verbandes

Ebenso wie die beiden christlichen Kirchen können auch die jüdischen Gemeinden auf eine lange Tradition des Helfens verweisen. Zu denken ist beispielsweise an religiös bewegte Gruppen (*„Chewrot"*), die sich – ausgeschlossen von den wohlfahrtlichen Anstrengungen der christlichen Solidargemeinschaft – bereits in den mittelalterlichen jüdischen Ghettos der Armenfürsorge und Hilfe widmeten.[416] Die Aufgaben der zunächst als Beerdigungsgesellschaften fungierenden Zusammenschlüsse angesehener jüdischer Männer weiteten sich später auf andere Unterstützungsbereiche, insbesondere die Krankenpflege, aus. Sie stellen somit eine Urzelle der karitativen Tätigkeiten in den späteren jüdischen Gemeinden der Neuzeit dar.[417] Im Gegensatz zu der eher auf Mildtätigkeit und Almosentum beruhenden Praxis der Pfarrgemeinden wurde die soziale Praxis in den jüdischen Gemeinden jedoch stärker durch sozialethische Verhaltensnormen und religiös begründete Pflichten (*„Mizwa"*) geprägt. Dabei spielte nicht nur die Versorgung der eigenen Gemeindemitglieder eine Rolle. Ein immer wiederkehrendes Motiv jüdischer Hilfeleistung bezieht sich auf die über Jahrhunderte nachweisbare Bewältigung großer Wanderungsbewegungen, die nicht selten aus Vertreibung, aber auch aus Armut und spätestens seit der Industrialisierung aus ei-

---

416 Vgl. zur jüdischen Wohltätigkeit im Mittelalter Arjeh Grabois (1992). S. 32 ff.
417 Vgl. Zentralwohlfahrtsstelle der Juden in Deutschland (1987). S. 18 f.

ner massiven Landflucht resultierten. Zusammen mit der Emanzipation des Judentums, der damit beendeten räumlichen und gesellschaftlichen Isolation, dem wachsenden Wohlstand jüdischer Bürger aber auch der Bewältigung der durch Zuwanderung in den urbanen Gemeinden ausgelösten Not, weitet sich die jüdische Wohlfahrt in den Gemeinden beträchtlich aus.[418] Industrialisierung und Verstädterung prägten wesentlich die Entwicklung der deutschen Gesellschaft ab dem letzten Viertel des 19. Jahrhunderts. Betroffen hiervon war ebenso das Leben der jüdischen Bevölkerung. Lebten schon 1871 fast 20 % aller Juden Deutschlands in Großstädten, so setzte sich diese urbane Siedlungsorientierung in den Folgejahren verstärkt fort. Schon 1925 leben von der nahezu 500 000 Personen umfassenden jüdischen Gesamtbevölkerung über 66 % in Großstädten, dieser Anteil stieg in 1933 auf über 70 %. Neben der Sonderstellung der Hauptstadt Berlin – hier wohnte ca. 1/3 aller Juden – konzentrierte sich jüdisches Leben in den Städten Frankfurt am Main, Breslau, Hamburg, Köln und Leipzig; hier waren 1933 mehr als 50 % der jüdischen Gesamtbevölkerung ansässig. In ganz Deutschland bestanden zu diesem Zeitpunkt ca. 1 600 Synagogengemeinden. Es ist deshalb nicht zufällig, dass die ZWST im September 1917 in Berlin gegründet wurde, dem eigentlichen Zentrum jüdischen Lebens in Deutschland.[419]

Initiatorin war neben vielen anderen Personen Bertha Pappenheim (1859–1936), die Begründerin und langjährige Vorsitzende des Jüdischen Frauenbundes. Pappenheim gehörte zu den Vorkämpferinnen der Frauenbewegung und begeisterte durch ihr modernes, emanzipatorisches und auf Befähigung ausgerichtetes Leitbild von Wohlfahrtspflege zahlreiche Frauen. Dass der Frauenbund in der Folge zum mitgliedsstärksten Trägerverband des ZWST wurde, ist vor allem ihr Verdienst. Ebenfalls aufs Engste mit dem Aufbau des ZWST verbunden waren Namen wie: Jacob Segall, Leo Baeck, Eugen Caspary, Henriette May, Friedrich Ollendorff und Siddy Wronsky, die in Geschäftsführung, Vorstand und Verwaltungsausschuss sowie durch zahlreiche eigene Aktivitäten die Entwicklung des jungen Verbandes beförderten.[420]

---

418 So stellt der später zum Protestantismus konvertierte prominente Vertreter des Reformjudentums Wilhelm Merton 1892 für Frankfurt fest, dass die jüdische Wohlfahrtspflege „in den letzten Jahrzehnten ausserordentlich an Bedeutung und Umfang zugenommen [hat], denn die Bevölkerung hat sich stark vermehrt und die gegenwärtige Verkehrs- und Betriebsentwicklung, welche den wunderbaren Erfindungen unseres Jahrhunderts folgte, hat tief eingreifende Verschiebungen in den Beschäftigungen, Wohnsitzen und Lebensgewohnheiten hervorgebracht, die von vielem Elend begleitet waren." Merton (1893). S. 1 (zitiert nach Stahl (1992), S. 63).

419 Vgl. im Einzelnen: Adler-Rudel (1974).

420 Vgl. hierzu und zu vielen weiteren Akteuren der jüdischen Wohlfahrt: Hering (Hrsg.) (2006).

Das Leben dieser religiösen Minderheit, selbst in Berlin betrug ihr Anteil an der Gesamtbevölkerung nicht mehr als 3,8 %, vollzog sich zuvor innerhalb eines weitgehend abgeschotteten gesellschaftlichen Subsystems. Gleichwohl führte dies nicht zur Herausbildung eines homogenen, gleichförmigen Organisationslebens. Charakteristisch war vielmehr zunächst das Handeln in zahlreichen, autonomen Organisationen, Verbänden und Zusammenschlüssen, die überwiegend durch private Spendentätigkeit im Rahmen der lokal begrenzten Gemeindearbeit entstanden. Dies führte ähnlich der Situation in den christlichen Gemeinden zu einem unkoordinierten Nebeneinander unterschiedlichster, meist philantropisch geprägter Vereine und Stiftungen mit verschiedensten Hilfe- und Unterstützungsangeboten. Die Bildung der ZWST als zentrale Organisation war deshalb weniger einem Koordinierungs- und Kooperationsbedürfnis der lokalen Akteure geschuldet. Vielmehr war sie Folge einer auf zentraler Ebene vorgenommenen strategischen Neuausrichtung, durch die ein größerer Verbandszusammenhalt zwischen den vereinzelt agierenden jüdischen Gemeinden, Provinzial- und Landesverbänden hergestellt werden sollte. Zugleich kann im Aufbau des Verbandes auch eine Antwort auf die sich zunehmend korporatistisch ausgestalten den Koordinationsformen zwischen freier und öffentlicher Wohlfahrtspflege der Weimarer Republik gesehen werden, die nach zentralen Ansprechpartnern verlangte. Auch internationale Hilfsorganisationen wie das „American Joint Distribution Commitee" (Joint), die in der deutschen Inflationszeit, den jüdischen Gemeinden durch ihre Dollarspenden unschätzbare Hilfe zuteilwerden ließen, „zogen es vor, mit einem zentralen Verband – und nicht mit lokalen Stellen – Hilfsmaßnahmen für die notleidende jüdische Bevölkerung in Deutschland einzuleiten."[421] Mit der Herausgabe der Zeitschriften „Nachrichten" und „Zedaka" (hebr. Gerechtigkeit), wurden Mitte der 20er Jahre überregionale Foren zur Kommunikation und Zusammenarbeit geschaffen. 1926 trat der Verband der zwei Jahre zuvor gegründeten „Deutschen Liga der Freien Wohlfahrtsverbände" bei und repräsentierte hierdurch auch interessenspolitisch den eigenständigen Beitrag einer jüdischsozialen Arbeit im Gesamtkontext der Freien Wohlfahrtspflege.

Eine repräsentative jüdische Reichsorganisation entstand erst einige Jahre später als Folge der nationalsozialistischen Machtergreifung und des damit einhergehenden politischen Drucks auf die jüdischen Organisationen. Erst im April 1933 (!) wurde der „Zentralausschuss für Hilfe und Aufbau" gegründet und ein weiterer organisierter Versuch unternommen, die Arbeit der unterschiedlichsten Organisationen und Verbände zu koordinieren und abzusichern. Parallel zu dieser organisationspragmatischen Ausrichtung

---

421 Zentralwohlfahrtsstelle der Juden in Deutschland e. V. (1987). S. 28.

bestand die politische Intention, eine zentrale jüdische Körperschaft in Deutschland zu institutionalisieren. Schon wenige Tage später wurde deshalb die „Reichsvertretung der deutschen Juden" gegründet (Abb. 28). Diese konstituierte sich aus fast allen bedeutenden jüdischen Organisationen wie beispielsweise der Zionistischen Vereinigung, dem Jüdischen Frauenbund, dem Hilfsverein der Deutschen Juden oder dem Preußischen Landesverband Jüdischer Gemeinden sowie allen größeren Kultusgemeinden. Lediglich einige Gruppen von orthodoxen Juden, die Mitglieder des Verbandes nationaldeutscher Juden sowie eine Splittergruppe zionistischer Revisionisten, schlossen sich dem Verband nicht an. Beide Organisationen wirkten zunächst parallel nebeneinander und waren noch durch die Illusion bestimmt, ein eigenständiges jüdisches Leben auch unter den neuen politischen Rahmenbedingungen aufrechterhalten zu können.

Die sich rasch verschärfende Ausgrenzungspolitik des nationalsozialistischen Staates ließ diese Illusion zunehmend schwinden. Erkannt wurde zwar noch nicht der drohende Holocaust, jedoch aber die zunehmende Ausgrenzung und Ghettoisierung jüdischen Lebens in Deutschland.

Zumindest der heranwachsenden Generation sollte diese Perspektive gesellschaftlicher Chancenlosigkeit erspart bleiben, was zu der Aufgabe führte, eine systematische Auswanderungshilfe aufbauen zu müssen. In diesem Kontext kam es zu einer Reorganisation des Hilfs- und Aufbauwerks, das im April 1935 in den Apparat der Reichsvertretung eingegliedert wurde. Wenige Monate später erzwangen die Nürnberger Gesetze vom 15. September 1935 eine Namensänderung des Verbandes, der sich nunmehr „Reichsvertretung der Juden in Deutschland" nannte.

Mit Gesetz vom 28. März 1938 wurde den jüdischen Gemeinden ihr bisheriger Status als Körperschaften des öffentlichen Rechts aberkannt, was bedeutete, nunmehr nur noch im Rahmen von rechtsfähigen Vereinen weiter bestehen zu können. Dieser veränderte Rechtsstatus führte nicht nur zum Verlust des bisherigen Steuerprivilegs. Aufgezwungen wurde ebenfalls eine erneute Umbenennung des Verbandes in „Reichsverband der Juden in Deutschland". Allerletzte Hoffnungen, jüdische Institutionen und jüdisches Leben trotz um sich greifender Repressalien fortführen zu können, schwanden vollends mit der Reichspogromnacht vom 9. zum 10. November 1938. Die vom NS-Staat angestrebte Lösung der „Judenfrage" erreichte eine neue Dimension: Aufgelöst wurde der Reichsverband der Juden in Deutschland, an dessen Stelle wurde eine staatlich kontrollierte Zwangsorganisation mit dem Namen „Reichsvereinigung der Juden in Deutschland" eingesetzt.

Abbildung 28: Organigramm der Reichsvertretung der Juden in Deutschland während der Weimarer Republik

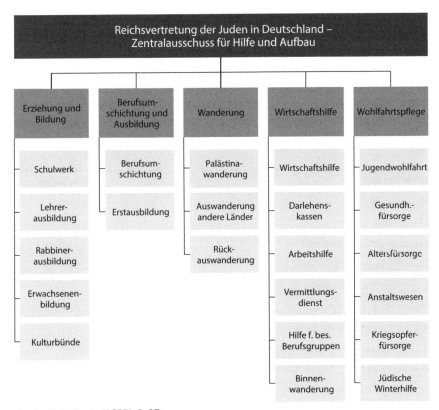

Quelle: Gohl, Beate (1997), S. 97.

Während der Weimarer Republik bis zur faktischen Auflösung der jüdischen Organisationen ab Ende 1938 blieb die jüdische Wohlfahrtspflege auf das eigene Klientel begrenzt. Maximal umfasste diese Bevölkerungsgruppe etwa 500 000 Personen, die sich durch Emigration und Auswanderung Ende der 30er Jahre auf etwa 300 000 Menschen reduzierte und zudem starken Überalterungsprozessen ausgesetzt war (die Hälfte dieser in Deutschland verbleibenden Juden war älter als 50 Jahre). Vollends zum Erliegen kam die jüdische Wohlfahrtspflege während des Jahres 1939. Die weitgehend abgeschlossene Zwangsliquidation der Synagogengemeinden setzte den Schlusspunkt im Auflösungsprozess jüdischer Organisationen und ihrer Wohlfahrtsarbeit.

Zur Entwicklung der jüdischen Wohlfahrtspflege während dieser Repressionsperiode liegen nur spärliche Informationen vor. Das Ausmaß des vormaligen jüdischen Wohlfahrtswesens in Deutschland ist dagegen nachvollziehbarer belegt. Schon 1909 umfasste dieser Bereich insgesamt 1 014 jüdische Gemeinden, über 3 000 Wohlfahrtsvereine. 1917 existierten 40 Anstalten der Jugendwohlfahrt, 38 Alters- und Siechenheime, 14 Einrichtungen für Kranke, 5 Anstalten für gesundheitlich und geistig Behinderte sowie 20 Erholungsheime für Kinder, darüber hinaus bestanden weitere spezielle Institutionen der Wohlfahrtspflege.[422] Und bis zu Beginn der 30er Jahre konnten diese Aktivitäten durchaus erweitert und ausgebaut werden:[423]

Tabelle 22: Einrichtungen der jüdischen Wohlfahrtspflege 1932

Einrichtungen	Zahl	Plätze/Mitglieder
Synagogengemeinden	ca. 1 600	500 000
Altersheime	58	2 489
Speiseeinrichtungen/Küchen	47	
Obdachlosenheime	3	95
Erwerbslosenunterkünfte	3	105
Allgemeine Krankenhäuser	8	1 333
Krankenhäuser in Verbindung mit Altenheimen	6	439
Krankenhäuser für chronisch Kranke	7	283
Anstalten für Blinde, Taubstumme und Geistesschwache	9	350
Sanatorien für Kinder u. Erwachsene	52	3 020
TBC-Sanatorien	2	96
Kinder- und Jugendheime	36	1 655
Erholungsheime	28	730
Kuranstalten für Lungenkranke	2	96
Schule für Wohlfahrtspfleger/innen	1	17

Eigene Zusammenstellung in Anlehnung an: Zentralwohlfahrtsstelle der Juden in Deutschland e. V. (1987), S. 33.

---

422 Vgl.: Zentralwohlfahrtsstelle der Juden in Deutschland e. V. (1987).
423 Siehe hierzu: Adler-Rudel (1974). S. 150 ff.

274

Der deutsche Faschismus mit seinem totalitären Geltungsanspruch „endlöste" die weitere Entwicklung der jüdischen Wohlfahrtspflege in Deutschland. Erste jüdische Gemeinden wurden erst wieder nach 1945 unter schwierigsten Voraussetzungen gegründet.[424] Das personelle Reservoir war weitgehend vernichtet, denn von den ehemals etwa 500 000 deutschen Juden lebten nur noch ca. 15 000 in der Bundesrepublik. Ein erheblich größerer Teil der jüdischen Bevölkerung in den ersten Nachkriegsjahren rekrutierte sich aus den sogenannten *Displaced Persons,* im Krieg aus ihrer Heimat in Osteuropa verschleppte Menschen, die nicht in ihre Heimat zurückkehren konnten oder wollten.[425] Die vorgenommene Neuorganisation der jüdischen Gemeinden erfolgte hierbei spontan, unkoordiniert und ohne konzeptionellen Anspruch. Dabei führten in den ersten Nachkriegsjahren die Informationen über die Gräueltaten des Holocaust zu einer bedeutenden Unterstützung durch ausländische Hilfsorganisationen: Nennenswert sind dabei insbesondere die Leistungen der US-amerikanischen Hilfsorganisation „Joint" in der amerikanischen Zone, und der „Jewish Relief Unit" in der britischen Zone.

Der Neustart realisierte sich in einer demografisch äußerst heterogenen Zusammensetzung. Bestimmend war hierbei das Bedürfnis, in der Nähe zu Schicksalsgefährten erlittenes Leid besser ertragen und die Bewältigung von Not und Elend innerhalb der eigenen Glaubensgruppe überlebenspraktisch zu bewerkstelligen. Erst die Gründung des Staates Israel 1948 beförderte den Prozess einer neuen Gemeinschaftsbildung für die in Deutschland sich erneut ansiedelnde Minorität. In diesem Kontext kam es 1947 zur Bildung der Arbeitsgemeinschaften der Jüdischen Gemeinden und schließlich im August 1950 zur Gründung des Zentralrats der Juden in Deutschland in Form einer Körperschaft des öffentlichen Rechts,[426] der 1951 die Wiedergründung der ZWST beschloss. Diese nahm als „Ein-Mann-Betrieb" ihre Arbeit zunächst in Hamburg auf. 1955 wurde der Sitz nach Frankfurt am Main verlegt und es wurden Zweigstellen in Berlin und München errichtet.[427] Die darauffolgenden Jahrzehnte sind durch die Bewältigung der Folgen von Krieg und Massenvernichtung einerseits sowie einer Verstetigung und Professionalisierung der Arbeit andererseits gekennzeichnet, wobei die sozialen Aktivitäten ausnahmslos auf die minoritäre jüdische Bevölkerung begrenzt blieben. Die in den 1980er-Jahren stattfindende allgemeine Verschlechterung der Wirtschaftslage sowie die Folgen einer veränderten Sozialpolitik bedeuteten auch für die Soziale Arbeit in den jüdischen Gemeinden eine Ver-

---

424 Im Einzelnen siehe hierzu: Brumlik u. a. (1988) sowie Heuberger (1992).

425 Die geschätzte Zahl beläuft sich auf etwa 160 000 bis 180 000 Personen. Vgl. auch Zentralwohlfahrtsstelle der Juden in Deutschland e. V. (1987). S. 45.

426 Vgl. Bodemann (1988), S. 49 ff.

427 Vgl. Bloch (1999).

schlechterung ihrer Rahmenbedingungen. Zudem waren die jüdischen Organisationen perspektivisch auf eine weiterhin zahlmäßig sinkende Mitgliederschaft eingestellt. Das Ende des Kalten Krieges und die Öffnung Osteuropas Anfang der 1990er-Jahre führten jedoch zu einem unerwarteten Paradigmenwechsel. Der in der früheren Sowjetunion praktizierte repressive und marginalisierende Umgang mit der jüdischen Bevölkerung führte nach dem Zusammenbruch der Sowjetunion zu einer großen Zuwanderungswelle von Juden, hier vor allem aus Russland, der Ukraine und dem asiatischen Teil der ehemaligen Sowjetrepublik. Bedingt durch die wachsende Zahl dieser Migranten veränderte sich innerhalb kurzer Zeit die Zusammensetzung der jüdischen Gemeinden in Deutschland. Die ZWST sah sich unerwartet vor gänzlich neue Herausforderungen gestellt, die sowohl auf eine Integration in den jüdischen Gemeinden selbst, als auch in der Gesellschaft allgemein zielten. Die hiermit verbundenen Aktivitäten und Prozesse beförderten das Organisationswachstum und führten zu einer weiteren Ausdifferenzierung der Angebote der ZWST. Heute gehören neben der Hauptstelle in Frankfurt am Main folgende Einrichtungen zur ZWST:

- Zweigstellen in Sachsen und Mecklenburg-Vorpommern
- Berlin: Internationales Büro, Jüdische Galerie, Kunstatelier Omanut für Menschen mit Behinderung
- Potsdam: Überregionale Beratungsstelle Brandenburg, Beratungsstelle der Stadt Potsdam, Integrationszentrum „KIBuZ"
- Jüdisches Kurhotel „Eden-Park" in Bad Kissingen
- Freizeit- und Bildungsstätte „Max-Willner-Heim" in Bad Sobernheim
- Treffpunkt für Überlebende der Shoa in Frankfurt/M.

4.6.2 Selbstverständnis des Verbandes

Heute vertritt die ZWST die jüdischen Landesverbände, jüdischen Gemeinden sowie den jüdischen Frauenbund auf dem gesamten Gebiet der Wohlfahrtspflege. Trotz seiner quantitativ eher marginalen Bedeutung innerhalb der gesamten Freien Wohlfahrtspflege gingen von der jüdischen Wohlfahrtspflege – insbesondere in der Weimarer Ära – viele innovative Impulse für die Soziale Arbeit aus.[428] Als durchgängiges Handlungsmotiv zeigte sich hierbei das Streben nach Gerechtigkeit (*„Zedaka"*) als praktischer Ausdruck jüdischen Religionsverständnisses.

---

428 Vgl. Eckhardt (1999).

„[...] dass das Judentum [...] den wesentlichen Inhalt der Religiosität darin erblickt, dass der Mensch danach strebe, sich selbst und seine Welt, diese Verbindung der Einzelnen und der Gesamtheiten miteinander, nach göttlichen Gedanken und Geboten zu gestalten, sie zum Gottesreich zu machen. Damit ist gegeben, dass diese Religion gewisse Beziehungen zur menschlichen Gesellschaft, zu ihrem augenblicklichen Zustande und zu dem Zustande, welcher werden soll, fordert, dass also diese Religion die Wohlfahrtspflege – allerdings nicht in ihrer Technik, aber in dem, was sie zu ihrem tiefsten Grund hat und als letztes Ziel erreichen soll – zu einem wesentlichen Teile der Frömmigkeit werden lässt. So lassen sich im Judentum Religiosität und Bewährung bestimmter Prinzipien aller Sozialen Arbeit gar nicht voneinander trennen, oder um es ganz kurz zu sagen: im Judentum gibt es keine Religiosität ohne das Soziale und kein Soziales ohne die Religiosität."[429]

Verwurzelt in der Jahrtausende alten Sozialethik des Judentums und orientiert an besonderen sozialethischen Geboten,[430] tat sich die jüdische Sozialarbeit besonders bei der Bewältigung von Armut, Obdachlosigkeit und sozialer Entwurzelung hervor, kümmerte sich aber auch um allgemeine soziale Belange der jüdischen Glaubensangehörigen. Dieses Selbstverständnis prägt unverändert bis in die heutige Zeit hinein die Tätigkeit des Verbandes. So werden im § 2 der Verbandssatzung folgende zentrale Aufgaben benannt:

„1. Vertretung der gemeinsamen Interessen ihrer Mitglieder gegenüber den Bundes- und Landesbehörden, den Bundesorganisationen der Freien Wohlfahrtspflege und ihren Zusammenschlüssen, den jüdischen Bundes- und Landesorganisationen und den internationalen allgemeinen und jüdischen Organisationen auf dem Gesamtgebiet der Wohlfahrtspflege.

2. Sorge für eine lückenlose und wirksame Organisation der jüdischen freien und gemeindlichen Wohlfahrtspflege in Deutschland; Anregung und Förderung der privaten Initiative und der Gewinnung freiwilliger Mitglieder auf allen Gebieten der jüdischen Wohlfahrtspflege.

3. Behandlung von Sozialangelegenheiten ihrer Mitglieder, soweit diese Angelegenheiten entweder zentral oder durch Verhandlungen mit zentralen Stellen zu erledigen sind, insofern ihre Behandlung durch die Zentralwohlfahrtsstelle von den beteiligten Mitgliedern gewünscht wird.

---

429 Baeck (1930). S. 12.
430 Vgl.: Sacks (1992), S. 14 ff.

4. Aufstellung einheitlicher Richtlinien für alle Tätigkeiten im Bereich der Zentralwohlfahrtsstelle; Förderung notwendiger Neueinrichtungen für das Bundesgebiet im Einvernehmen mit den Sozialausschüssen der zuständigen Landesverbände.
5. Wissenschaftlich-fachliche Durcharbeitung der Probleme der allgemeinen Wohlfahrtspflege, Auskunftserteilung, Förderung des sozialen Ausbildungswesens.
6. Wahrnehmung der allgemeinen und besonderen jüdischen Interessen bei der Gesetzgebung und Verwaltung in Sachen der sozialen Fürsorge, unter maßgeblicher Berücksichtigung der Belange jüdischer Hilfsbedürftiger.

Die Zentralwohlfahrtsstelle stellt den Zusammenschluß der jüdischen Wohlfahrtspflege in Deutschland dar und ist ihre Spitzenorganisation. Die Zentralwohlfahrtsstelle verfolgt ihre Ziele unter Ausschluß von Erwerbsinteressen und unter Wahrung der satzungsmäßigen Selbständigkeit ihrer Mitglieder[...]."[431]

Bei der Ausgestaltung ihrer Aktivitäten war die jüdische Wohlfahrtspflege vor allem mit Problemen der Einwanderung und Integration, aber auch des Durchzugs jüdischer Flüchtlinge befasst. Diese Aufgabe stellte sich bereits seit dem Mittelalter und erreichte Ende des 19. Jahrhunderts und zu Beginn des 20. Jahrhunderts mit den Pogromen in Osteuropa, bei denen etwa 3,7 Millionen Juden aus Ost- und Südeuropa überwiegend mit dem Ziel Vereinigte Staaten von Amerika geflohen waren, einen traurigen Höhepunkt. Sie stellte sich ebenso mit dem Ende des Zweiten Weltkrieges und nach der gescheiterten ungarischen Revolution 1956 und den hier staatlich inszenierten antisemitischen Kampagnen in den osteuropäischen Ländern. Diese Zuwanderungen aus dem Osten als auch die Rückwanderungen nach Israel bewirkten innerhalb der jüdischen Gemeinden einen Verjüngungseffekt, der zu neuen, weiteren Aufgaben führte. Neben der Flüchtlingshilfe mussten nunmehr auch verstärkt Einrichtungen für Kinder und Jugendliche geschaffen sowie eine Berufs- und Studienförderung aufgebaut werden. Gleichwohl blieb die Zahl der Juden in Deutschland nicht zuletzt durch die Abwanderung vor allem in die USA und nach Israel gering und erreichte bis zum Ende der 80er Jahre des 20. Jahrhunderts nicht mehr als 28 000 Personen.

---

431 Vgl.: Zentralwohlfahrtsstelle der Juden in Deutschland e. V. (2011): Satzung der Zentralwohlfahrtsstelle der Juden in Deutschland e. V. i. d. F. vom 11. 12. 2011.

Tabelle 23: Mitgliederentwicklung in den Jüdischen Gemeinden Deutschlands (1990–2011)

Jahr	Mitglieder	Zugänge ehemalige SU-Staaten	Geburten/ Todesfälle	Eintritte/ Austritte
1990	29 089	1 008	−322	−1
1991	33 692	5 198	−323	−32
1992	36 804	3 777	−312	1
1993	40 917	5 205	−438	−27
1994	45 559	5 521	−457	−35
1995	53 707	8 851	−397	−134
1996	61 203	8 608	−476	−81
1997	67 471	7 092	−509	−163
1998	74 289	8 299	−659	−235
1999	81 739	8 929	−715	−278
2000	87 756	7 366	−787	−259
2001	93 326	7 152	−873	−256
2002	98 335	6 597	−849	−350
2003	102 472	6 216	−1 021	−332
2004	105 733	4 757	−956	−329
2005	107 677	3 124	−1 050	−247
2006	107 794	1 971	−1 097	−1 038
2007	107 330	1 296	−883	−527
2008	106 435	862	−867	−388
2009	104 241	704	−954	−353
2010	104 024	667	−913	−342
2011	102 797	636	−983	−370

Eigene Darstellung auf der Basis der Zentralwohlfahrtsstelle der Juden in Deutschland e. V. (2012), S. 6.

Wie an anderer Stelle schon erwähnt, führte der Zusammenbruch der früheren Sowjetunion und die damit ausgelösten Zuwanderungen von Juden aus GUS-Staaten zu einem erneuten Wachstumsprozess der jüdischen Bevölkerung und der jüdischen Gemeinden in Deutschland. Der Zuzug erreichte 1999 seinen Höhepunkt und nimmt seitdem langsam wieder ab(Tab. 23).[432] Zu sehen ist, dass sich durch die Zuwanderung aus den Staaten der ehemaligen Sowjetunion die Gemeindegröße innerhalb von zwei Jahrzehnten mehr als verdreifachte. Die damit einhergehenden Integrationsprobleme durch sprachliche, kulturelle und religiöse Differenzen liegen auf der Hand.[433] Die Sozialisation in einem sozialistisch-autokratischen System atheistischer Prägung führte dazu, dass viele der Auswanderer kaum einen Zugang zum Judentum hatten. Ihre Integration gehört auch aktuell noch zu den Herausforderungen der Gemeinden und des ZWST. Seit 2007 nimmt die Zahl der jüdischen Gemeindemitglieder wieder langsam ab und eröffnet damit den Blick auf andere Problemstellung. Diese betreffen die Überalterung der Gemeinden (44 % der Gemeindemitglieder sind älter als 60 Jahre)[434], unverändert geringe Geburtenzahlen sowie einen seit Jahren anhaltenden Mitgliederverlust. Derzeit beträgt die Zahl der jüdischen Gemeindemitglieder rund 103 000.

Die meisten Juden in der Bundesrepublik haben sich in großstädtischen Ballungsräumen[435], davon mehr als ein Viertel in den Metropolen Nordrhein-Westfalens niedergelassen (Übersicht 28). Daneben haben traditionelle Zentren jüdischen Lebens wie Berlin, Frankfurt a. M. und München nach wie vor große Bedeutung.

---

432 Ursächlich für diesen Rückgang war unter anderem die Verschärfung der Zuwanderungsbestimmungen durch das neue Zuwanderungsgesetz im Jahr 2005.

433 Vgl. dazu insbesondere: Hess/Kranz (1999).

434 Eigene Berechnung auf der Grundlage von Zentralwohlfahrtsstelle der Juden in Deutschland e. V. (2012). S. 3.

435 Dieser Befund darf nicht darüber hinweg täuschen, dass viele der zugezogenen Juden aus Metropolen wie Moskau oder Kiew stammen. Bundesdeutsche Städte sind dagegen vergleichsweise klein, Wohn- und Versorgungslagen eher dezentral und kleinräumig angelegt, was zusätzlich zu Anpassungsproblemen der Zuwanderer führt.

Übersicht 28: Jüdische Bevölkerung in Deutschland nach Gemeinden und Landesverbänden (2011)

Landesverband/Gemeinde	Zahl der Mitglieder	Anteil
Israelitische Religionsgemeinschaft Baden	5 221	5,1 %
Landesverband der Israelitischen Kultusgemeinden in Bayern	7 102	6,9 %
Jüdische Gemeinde zu Berlin	10 214	9,9 %
Landesverband der Jüdischen Gemeinden Land Brandenburg	1 006	1,0 %
Jüdische Gemeinde im Lande Bremen	995	1,0 %
Jüdische Gemeinde Frankfurt/Main	6 807	6,6 %
Jüdische Gemeinde in Hamburg	2 649	2,6 %
Landesverband der Jüdischen Gemeinden in Hessen	4 971	4,8 %
Synagogen-Gemeinde Köln	4 308	4,2 %
Landesverband der Jüdischen Gemeinden in Mecklenburg-Vorpommern	1 585	1,5 %
Israelitische Kultusgemeinde München und Oberbayern	9 421	9,2 %
Landesverband der Jüdischen Gemeinden von Niedersachsen	7 026	6,8 %
Landesverband der Israelitischen Kultusgemeinden von Niedersachsen	1 212	1,2 %
Landesverband der Jüdischen Gemeinden von Nordrhein	16 898	16,4 %
Israelitische Kultusgemeinde Nürnberg	1 914	1,9 %
Jüdische Gemeinde Stadt Potsdam	378	0,4 %
Landesverband der Jüdischen Gemeinden von Rheinland-Pfalz	3 311	3,2 %
Synagogengemeinde Saar	1 019	1,0 %
Landesverband Sachsen der Jüdischen Gemeinden	2 663	2,6 %
Landesverband Jüdischer Gemeinden Sachsen-Anhalt	1 504	1,5 %
Landesverband Jüdische Gemeinschaft Schleswig-Holstein	1 279	1,2 %
Landesverband der Jüdischen Gemeinden von Schleswig-Holstein	672	0,7 %
Jüdische Landesgemeinde Thüringen	839	0,8 %
Landesverband der Jüdischen Gemeinden von Westfalen-Lippe	6 789	6,6 %
Israelitische Religionsgemeinschaft Württembergs	3 014	2,9 %
Summe	102 797	100,0 %

Eigene Darstellung nach ZWST (2012) (Hrsg.): Mitgliederstatistik, S. 2 und 7 ff.

4.6.3 Organisationsaufbau und Gliederung

Bundesweit ist die ZWST als „eingetragener Verein" organisiert. Die Hauptgeschäftsstelle befindet sich in Frankfurt a. M., Zweigstellen und Einrichtungen des ZWST bestehen in Berlin, Dresden, Schwerin, Potsdam, Rostock sowie eine Außenstelle in Wismar. Daneben betreibt die ZWST das Kurhotel „Eden-Park" in Bad Kissingen und die Erholungs- und Bildungsstätte „Max-Willner-Heim" in Bad Sobernheim.

Nicht alle der über 100 jüdischen Gemeinden sind dem Zentralrat der Juden in Deutschland sowie der ZWST angeschlossen.[436] Stattdessen wird die ZWST mitgliedschaftlich von Gemeinden und Landesverbänden sowie dem Jüdischen Frauenbund in Deutschland und der Kurheim Eden-Park gemeinnützige Betriebs GmbH getragen.[437] Ähnlich wie auch bei anderen Verbänden ist die ZWST gegenüber den vollständig autonom agierenden Mitgliedern nicht weisungsbefugt.

Zur Wahrnehmung ihrer Aufgabe ist die ZWST in ein umfängliches Kooperationsnetzwerk eingebunden. Dazu zählen neben den Arbeitsgemeinschaften und den nationalen und internationalen Organisationen der Freien Wohlfahrtspflege auch weitere jüdische Institutionen, z. T. deutsche Organisationen oder Zweigstellen von israelischen Organisationen. Unter anderem handelt es sich hier um folgende Institutionen:[438]

Übersicht 29: ZWST Kooperationsnetzwerke (Auswahl)

Organisation	Sitz	Tätigkeitsfeld
Claims Conference	Frankfurt a. M.	Regelung von Wiedergutmachungs- und Entschädigungsansprüchen
MAKKABI Deutschland	Köln	jüdischer Sportverband
Womens International Zionist Organisation (WIZO)	Frankfurt a. M. Tel Aviv	Internationale Frauenorganisation
Bundesverband Jüdischer Studenten Deutschlands (BJSD)	Berlin	Studentenverband

---

436 Der Zentralrat der Juden in Deutschland listet für 2012 108 jüdische Gemeinden sowie 23 Landesverbände als Mitglieder. Zu den Daten vgl. Zentralrat der Juden in Deutschland (2012).

437 Vgl. hierzu § 5 der Satzung des ZWST i. d. F. vom 11. 12. 2011/Zentralwohlfahrtsstelle der Juden in Deutschland e. V. (2011).

438 Überprüfte Darstellung auf der Grundlage von: Zentralwohlfahrtsstelle der Juden in Deutschland e. V. (Hrsg.) (1996): Leitfaden für Jüdische Zuwanderer aus der ehemaligen Sowjetunion. Frankfurt am Main. S. 9 ff.

Organisation	Sitz	Tätigkeitsfeld
Verband der Jüdischen Ärzte und Psychologen	Berlin	Berufsverband
ORT-Deutschland	New York London	Qualifizierungsträger
Israel Bonds	Frankfurt a. M.	Förderagentur für den Verkauf von Staatsanleihen zum Aufbau Israels
Verband Jüdischer Heimat-vertriebener und Flüchtlinge in der BRD e. V.	Frankfurt a. M.	betreut und berät in sozialrechtlichen Fragen, leistet Integrationshilfen
Jewish Agency for Israel (Sochnut)	Frankfurt a. M. Berlin	ausführendes Organ der zionistischen Weltbewegung und Einwanderungs-behörde
Kinder- und Jugend-Aliya	Frankfurt a. M.	Jüdisches Kinderhilfswerk, v. a. in Israel tätig.
Keren Hayessod	Berlin	Aufbau und Unterstützung des Staates Israel
Zionistische Jugend in Deutsch-land e. V. (ZJD)	Frankfurt a. M. Berlin München	Jugendverband, fördert die jüdische Iden-tität
Zionistische Organisation Deutschland (ZOD) KKL/Jüdischer Nationalfonds	Frankfurt a. M. Düsseldorf	leistet Öffentlichkeitsarbeit für den Staat Israel/Völkerverständigung Unterstützung des Keren Kayemeth LeIsrael. Aufforstung, nachhaltige Bewirt-schaftung in Israel.

Eigene Zusammenstellung.

Jüdisches Leben in Deutschland umfasst ebenfalls die Herausgabe von zahl-reichen Zeitschriften und Mitteilungsblättern. Diesbezügliche Sammlungen befinden sich im Zentralarchiv zur Erforschung der Geschichte der Juden in Deutschland, angesiedelt an der Universität Heidelberg.[439] Gelistet sind ne-ben den zahlreichen Publikationen jüdischer Gemeinden und Landesver-bände auch allgemeine Periodika wie die die „Jüdische Allgemeine – Wo-chenzeitung für Politik, Kultur, Religion und Jüdisches Leben" mit einer Auflage von 12 538 Exemplaren[440], die „Jüdische Zeitung – Unabhängige Monatszeitung für zeitgenössisches Judentum" mit einer deutschsprachigen

---

439 Das 1987 gegründete Zentralarchiv zur Erforschung der Geschichte der Juden in Deutschland ist eine Einrichtung des Zentralrats der Juden in Deutschland. Es knüpft an das von 1905 bis 1939 in Berlin bestandene Gesamtarchiv der deutschen Juden an. Vgl. www.uni-heidelberg.de/institute/sonst/aj/.
440 Vgl. Zentralrat der Juden in Deutschland (2012a).

Auflage von 9000 Exemplaren[441] oder das überwiegend zweisprachig publizierende Organ des Verbandes jüdischer Heimatvertriebener und Flüchtlinge in der Bundesrepublik „Unsere Stimme". Über die Aktivitäten der ZWST informiert die Publikation „ZWST informiert".

Die ZWST zählt rund 120 hauptamtliche Mitarbeiter. Dazu kommen zahlreiche ehrenamtlich tätige Mitglieder in Gremien und Kommissionen. Der Aufbau des Dachverbandes weist folgende Organ- und Gremienstruktur auf (Abb. 29):

Abbildung 29: Gremien und Entscheidungsstrukturen der ZWST

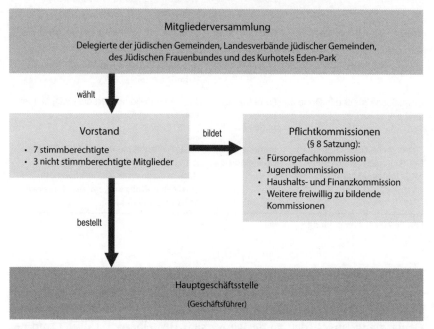

Eigene Darstellung. In Anlehnung an: Zentralwohlfahrtsstelle der Juden in Deutschland e. V. (2011) und (2011a).

Zur Bewältigung der organisatorischen und interessenpolitisch ausgerichteten Aktivitäten verfügt die ZWST über eine Hauptgeschäftsstelle, die hierarchisch flach nach Themen (Jugendarbeit und Sozialarbeit), betrieblichen Funktionen (Finanzen und Öffentlichkeitsarbeit) sowie nach adminis-

---

441 Vgl. Werner Media Group (2012). S. 8.

trativen Aspekten (Projekte und Betreuung Zweigstellen) strukturiert ist (Abb. 30).

Der Charakter als Dachverband bringt es mit sich, dass der jüdische Wohlfahrtsverband auf lokaler Ebene nicht als eigenständiger Rechtsträger besteht. Seine religiösen, kulturellen und wohlfahrtlichen Belange und Funktionen werden hier von den jeweiligen Jüdischen Gemeinden wahrgenommen und zeigen sich durch regionale Besonderheiten bestimmt.

Abbildung 30: Organigramm der ZWST-Geschäftsstelle

Vorstand

| Geschäftsführung (GF) | Assistenz GF |

Öffentlichkeits- arbeit	Finanzreferat	Sozialreferat	Jugendreferat	Projekte	Einrichtungen Zweigstellen
Personal	Senioren- erholungen	Ferienfreizeiten	„Jüdische Sozialarbeit" Berufsbegleitendes Studium (B.A.) FH Erfurt	„Max-Willner Heim" Freizeit- und Bildungsstätte Bad Sobernheim
Buchhaltung	Fortbildung/ Seminare	Fortbildung/ Seminare	„Perspektiv- wechsel" Bildungsinitiativen gegen Antisemitis- mus und Fremden- feindlichkeit	„Eden-Park" Kurhotel Bad Kissingen
Wohlfahrts- marken	Sozialver- waltung Sozialbetreuung	Jugendtreffen Jugend- kongress		ZWST Mecklenburg- Vorpommern
	Projekt Migrations- beratung	Pädagogisches Zentrum (PZ)	„Treffpunkte" für Überlebende der Shoah und ihre Familien	ZWST Sachsen
	Behinderten- projekt	Projekt „Mibereshit"		ZWST Berlin Jüdische Galerie, Kunstwerkstatt, Internat. Büro
	Angebote für Holocaust- überlebende	Portal Jugendarbeit „Hadracha"		ZWST Potsdam Beratungsstellen Brandenburg u. Potsdam, Integra- tionszentrum „Kibbuz"
	Bundes- freiwilligen- dienst	Materialien PZ		

Abbildung zur Verfügung gestellt durch die Abteilung Öffentlichkeitsarbeit der ZWST.

4.6.4 Aufgabenbereiche und Mitarbeiter

Über die genaue Zahl der Einrichtungen und Mitarbeiter der jüdischen Wohlfahrtspflege liegen nur unvollständige statistische Angaben vor. Ein genauerer Vergleich mit den übrigen Spitzenverbänden ist damit kaum möglich und angesichts des schätzbaren Ausmaßes der von jüdischen Organisationen betriebenen sozialen Einrichtungen auch wenig sinnvoll.

Nach einer älteren Selbstdarstellung der ZWST, datiert aus dem Jahr 1987, umfasste deren soziale Infrastruktur bundesweit 14 Altenheime, 26 Kindergärten und Jugendzentren sowie 81 Beratungsstellen mit insgesamt rd. 3 200 Plätzen/Betten.[442] Frühere Angaben der BAGFW dokumentieren für die ZWST bundesweit insgesamt 44 Einrichtungen mit insgesamt etwas über 2 500 Plätzen/Betten. In diesen Einrichtungen sind knapp über 750 Personen hauptamtlich beschäftigt, hiervon 256 in Teilzeitstellen.[443] An dem Mitte der 1990er-Jahre konstatierten Befund, dass die Zahl der in allen jüdischen Wohlfahrts- und Kultureinrichtungen beschäftigten Mitarbeiter maximal 1 000 Personen umfassen dürfte, wird sich auch heute nichts Wesentliches verändert haben.[444]

Auch auf lokaler Ebene bleibt deshalb der sozialinfrastrukturelle Beitrag der jüdischen Wohlfahrtspflege eher gering und konzentriert sich darauf „die Gemeinden in ihren Sozialangelegenheiten zu unterstützen und den Auf- und Ausbau ihrer sozialen Infrastruktur zu fördern. Das geschieht unter anderem durch direkte Beratung vor Ort, durch Fortbildungsseminare […] sowie durch spezifische Ehrenamt-Seminare für unterschiedliche Zielgruppen."[445] Dabei spielt immer auch die Vermittlung von Kenntnissen zu jüdischer Religion und Tradition eine zentrale Rolle.

Die soziale Arbeit wird meist in den Einrichtungen der Gemeinden betrieben. So zum Beispiel unterhält die vergleichsweise große Jüdische Gemeinde Frankfurt folgende soziale Einrichtungen: 2 Kindergärten mit 1 Krabbelgruppe, 1 staatlich anerkannte Ersatzschule mit Hort, 1 Religionsschule, 1 Jugendzentrum, 1 Jüdische Volkshochschule, 1 Sozialabteilung (mit allgemeiner Sozialberatung, psychosozialer Betreuungsstelle, Migrationsberatung und Ehrenamtsprojektbereich), 1 Altenwohnanlage mit Altenzentrum sowie 1 Seniorenclub.[446] Die Mehrheit der jüdischen Gemeinden ist jedoch deutlich kleiner und unterhält daher noch weniger Einrichtungen.

---

442 Zentralwohlfahrtsstelle der Juden in Deutschland e. V. (Hrsg.) (1987). S. 89 f.
443 Vgl.: BAGFW Gesamtstatistik 2000 – Stand 03. 07. 2001. Nicht veröffentlichtes Papier.
444 Aktuellere Angaben liegen derzeit nicht vor.
445 Zentralwohlfahrtstelle der Juden in Deutschland e. V. (Hrsg.) (2012a). S. 3.
446 Zusammenstellung aus: Jüdische Gemeinde Frankfurt (2012). Ders. (2012a). Ders. (2012b). Ders. (2012c). Ders. (2012d).

Als Anbieter sozialer Dienstleistungen werden die ZWST bzw. die jeweiligen jüdischen Gemeinden ebenso wie die anderen Spitzenverbände der Freien Wohlfahrtspflege öffentlich finanziert. In ihrem Charakter als Spitzenverband der Freien Wohlfahrtspflege partizipieren sie darüber hinaus am Privileg einer staatlichen Förderung durch Globalzuschüsse sowie an Ausschüttungen der Lotterien und Wohlfahrtsmarken.[447] Daneben spielen auch spezifische projektbezogene Förderungen, insbesondere im Feld der Bildungsinitiativen gegen Antisemitismus und Fremdenfeindlichkeit oder des berufsbegleitenden Studiums „Jüdische Sozialarbeit B.A." eine herausragende Rolle.

Mit dem im Januar 2003 zwischen der Bundesrepublik Deutschland und dem Zentralrat der Juden geschlossenen Staatsvertrag wurden die Beziehungen zwischen der Jüdischen Gemeinschaft und der Bundesrepublik Deutschland auf eine neue Rechtsgrundlage gestellt: In Anlehnung an die mit den beiden christlichen Kirchen bestehenden Kirchenstaatsverträge erfolgt seit dem eine öffentliche und dauerhafte Finanzierung des jüdischen Religions-, Kultur- und Soziallebens. Garantiert wurde eine finanzielle Unterstützung, die sich ab dem Haushaltsjahr 2003 auf eine jährliche Summe von 3 Millionen Euro[448], ab 2009 auf 5 Millionen Euro belief und schließlich seit 2012 10 Millionen Euro pro Jahr beträgt.[449]

4.6.5 Resümee und Ausblick

Die ZWST ist die kleinste Organisation unter den Spitzenverbänden der Freien Wohlfahrtspflege. Ihre Tätigkeit bezieht sich überwiegend auf die Vertretung und Unterstützung ihrer Mitglieder und weniger auf Errichtung und Eigenbetrieb sozialer Einrichtungen. Von wenigen Ausnahmen abgese-

---

447 Genaue Angaben zu den Lotterieeinnahmen des ZWST sind nicht erhältlich. Diese dürften im Vergleich zu den christlichen Wohlfahrtsverbänden eher bescheiden ausfallen, sind dennoch nicht marginal.

448 Vgl. Artikel 2 des Vertrags zwischen der Bundesrepublik Deutschland, vertreten durch den Bundeskanzler, und dem Zentralrat der Juden in Deutschland – Körperschaft des öffentlichen Rechts, vertreten durch den Präsidenten und die Vizepräsidenten vom 14.08.2003 (BGBl I, S. 1598).

449 Vgl. Artikel 1 (1) des Vertrags zwischen der Bundesrepublik Deutschland, vertreten durch den Bundesminister des Innern, und dem Zentralrat der Juden in Deutschland – Körperschaft des öffentlichen Rechts, vertreten durch den Präsidenten und die Vizepräsidenten, zur Änderung des Vertrages vom 27. Januar 2003, in der Fassung des Änderungsvertrages vom 3. März 2008 zwischen der Bundesrepublik Deutschland und dem Zentralrat der Juden in Deutschland – Körperschaft des öffentlichen Rechts in der Ausgabe vom 08.06.2012 (BGBl I, S. 1222).

hen stehen die Angebote des ZWST auch nur Mitgliedern und Mitarbeitern jüdischer Gemeinden und Landesverbände offen.

Wenn auch die ZWST korporativer Teil der lokalen und überregionalen Arbeitsgemeinschaften der Spitzenverbände sowie deren Bundesarbeitsgemeinschaft ist, so bleibt sie für die praktische Ausgestaltung der Wohlfahrtspflege in quantitativer Sicht von geringer Bedeutung. Die Zahl der Einrichtungen, Aktivitäten und beschäftigten Mitarbeiter ist niedrig. Bedient werden einige Handlungsfelder der Sozialen Arbeit, jedoch nicht annähernd das hier bestehende Gesamtspektrum. Ein Vergleich mit den beiden konfessionellen Wohlfahrtsverbänden verbietet sich an dieser Stelle allerdings allein schon aufgrund der Größe der jeweils adressierten Zielgruppen.

Gemessen an den von der BAGFW genannten Merkmalen eines Spitzenverbandes der Freien Wohlfahrtspflege, lässt sich deshalb die Frage nach der Zugehörigkeit der ZWST zur BAGFW vor allem mit Blick auf die historische Entwicklung des deutschen Wohlfahrtsverbandswesens und der besonderen Rolle der Juden in Deutschland positiv beantworten. Würde man für eine solche Mitgliedschaft die zu belegende Funktion und Präsenz eines Verbandes bei der Bereitstellung und Ausgestaltung einer sozialen Infrastruktur zu Grunde legen, müsste man die Eigenschaft „Spitzenverband der Freien Wohlfahrtspflege" für die ZWST verneinen. Dies mindert in keiner Weise die Bedeutung jüdischer Wohlfahrtspflege und ihrer Einrichtungen für die eigene Gemeinschaft und insbesondere bei der gesellschaftlichen Integration zuwandernder Juden aus Ländern der ehemaligen Sowjetunion. Die verneinend bewertende Beurteilung verweist vielmehr auf die Problematik des Begriffskonstruktes „Spitzenverband der Freien Wohlfahrtspflege", das die Homogenität einer heterogenen Zusammenfassung unterschiedlichster Verbände vortäuscht.

Auch bei der Betrachtung der strategischen und operativen Ebene zeigt sich wenig Vergleichbares zwischen dem Jüdischen Wohlfahrtsverband und den übrigen Spitzenverbänden. Weder lassen sich analoge Organisationsentwicklungen (z. B. Fusionen, Outsourcing oder Umwandlungen von Einrichtungen in GmbHs), noch wettbewerbliche Ausrichtungen bzw. Neupositionierungen erkennen, wie sie den übrigen Spitzenverbänden mehr oder weniger ausgeprägt zugeschrieben werden können. Die Herausforderungen der Zukunft stellen sich insbesondere bei der langfristigen Integration von Gemeindemitgliedern mit Migrationshintergrund und der Unterstützung der Gemeinden, beispielsweise durch Aufbau von Infrastruktur und Nachwuchsförderung, bei künftig rückläufigen Mitgliedszahlen. Standen zu Beginn der Zuwanderungswelle vor allem (materielle) Hilfen zur Sicherung der Existenzgrundlage im Mittelpunkt der Aktivitäten für die Neuzuwanderer, verschieben sich diese zunehmend hin zu komplexeren psycho-sozialen

Unterstützungsbedarfen und erhöhen somit den Professionalisierungsdruck auf den Verband.

Weitere Arbeitsschwerpunkte werden sich daher vermutlich ähnlich wie schon in den vergangenen Jahren auf die Stärkung der jüdischen Identität sowie bedarfsgerechte Hilfsangebote für Senioren, Jugendlichen und Menschen mit Behinderung richten. Von besonderer Bedeutung werden auch weiterhin Hilfs- und Unterstützungsangebote für die Überlebenden des Holocaust sein. Dabei spielen neue psychotherapeutische und soziale Angebote für die 2. und 3. Generation der Überlebenden eine wachsende Rolle. Angesichts der kleiner werdenden Zahl der Überlebenden des Holocaust kommt dem Aufbau einer wirksamen Erinnerungsarbeit – auch als Grundlage der Präventionsarbeit gegen Antisemitismus und Fremdenfeindlichkeit – künftig wachsende Bedeutung zu.

Kapitel 5
Wohlfahrtspflege und Sozialwirtschaft – Entwicklungsperspektiven

Wie an anderer Stelle dargestellt, wurde in Deutschland der demokratische Sozialstaat erstmals in der Weimarer Verfassung verankert. Hier sind bereits auch die Grundzüge des später über Jahrzehnte gültigen korporatistischen Aushandlungsmodells zwischen staatlichen Organen und verbandlicher Wohlfahrtspflege gelegt. Der flächendeckende Ausbau des Sozialsystems erfolgte jedoch erst in den 1950er bis 1970er Jahren. Die ökonomische Basis hierfür bildete die wirtschaftliche Prosperitätsphase der frühen Bundesrepublik und der damit verbundene – heute naiv wirkende – Optimismus, diese Entwicklung könne unendlich fortgesetzt werden und die Realisierung sozialpolitischer Reformkonzepte sicherstellen. Kritische Positionierungen hierzu, erinnert sei beispielhaft an Erhard Epplers Plädoyer „Maßstäbe für eine humane Gesellschaft", wurden nicht wirklich ernst genommen. Umso härter wirkte die dann vorgenommene Zäsur Anfang/Mitte der 1990er Jahre: bisherige Reformkonzepte, gleich welcher politischen Herkunft, mussten angesichts einer strukturellen Wirtschaftskrise versagen; immer stärker setzte sich die Erkenntnis durch, dass der Sozialstaat alter Prägung für die notwendige Ausgestaltung einer sozialen Infrastruktur nicht mehr tauglich ist. Im Zusammenhang mit sich schon länger ankündigenden demografischen Veränderungen entstand das Klima für einen paradigmatischen Politikwechsel, der mit dem PflegeVG 1994 programmatisch das alte etatistischen und auf korporatistischen Beziehungen basierende Sozialstaatsmodell ad acta legte. Die damit verbundene Schwächung korporatistischer Aushandlungsprozesse fokussierte keineswegs nur den wohlfahrtspflegerischen Sektor, sondern umfasste alle gesellschaftlichen Bereiche.

Die unter den Bedingungen starker sozialkultureller Milieus und relativ homogener Interessenlagen entstandene Kultur, bei der einige wenige Großverbände die Interessen großer Mitgliedschaften vertreten, erodierte.[450] Spä-

---

450 Vgl.: Michael Vester (2006): Soziale Milieus im gesellschaftlichen Strukturwandel. Zwischen Integration und Ausgrenzung. Frankfurt a. M.; SINUS Markt- und Sozialforschung GmbH (2012): Die Sinus-Milieus in der VuMA 2012. Heidelberg.

testens mit dem Aufkommen der neuen Sozialen Bewegungen in den 1980er Jahren wurde das hierauf basierende „Verhandlungsoligopol" der Verbände in Frage gestellt. Neue und deutlich vielfältigere Interessen, die mit der Entstehung neuer, kleinerer Milieus wie der Friedens- und Umweltbewegung und der Erosion klassischer Großmilieus (z. B. kirchliche und Arbeitermilieus) einhergingen und bis heute anhalten, wollten artikuliert und in politische Programmatik übersetzt werden. Durch die Inkorporierung großer Teile der sozialen Bewegung in den Paritätischen Wohlfahrtsverband wurde das Problem für die Wohlfahrtsverbände seinerzeit nur vordergründig gelöst. In anderen Politikfeldern, vor allem in den Bereichen Umwelt und Internationale Zusammenarbeit, setzte sich das Paradigma einer heterogenen Interessenvertretung fort und wurde dort auch durch die staatlichen Akteure konzeptionell erwidert. Was sich herausbildete, war eine pluralere Form der Interessenaggregation, die sukzessive bisherige Formen der Zusammenarbeit zwischen Staat und Verbänden veränderte. Dieser sich neu herausbildende Pluralismus wirkte ebenfalls im Wohlfahrtsbereich. Nach Schmitter wird hierunter ein System der Interessenvermittlung verstanden, in dem eine unbestimmte Anzahl freiwilliger, in Wettbewerb stehender, nicht hierarchischer und autonomer Gruppen und Organisationen um Einfluss und Durchsetzung ihrer Interessen ringen[451] Es liegt in der Natur der Sache, dass in dieser Konstellation keine Repräsentationsmonopole aufrecht erhalten werden können. Dies gilt insbesondere auf der kommunalen Ebene. Das politische Gewicht und damit die Durchsetzungskraft einer Organisation hängt dann immer weniger vom Organisationsgrad der Interessen und eingefahrenen alten Beziehungsnetzwerken ab, sondern von der öffentlichen Wahrnehmbarkeit und dem realen Problemlösungsbeitrag der Organisationen. Die Deutlichkeit der Positionierung und die Fähigkeit der Interessenartikulation sowie der Orientierung in sich schnell verändernden Netzwerkkonstellationen – mithin die Öffentlichkeitsarbeit – werden dann zu einem zentralen Erfolgsfaktor. In einer solchen politischen Umgebung wird auch das eigene Handeln zum Indikator der Ernsthaftigkeit der moralischen Appelle und sozialpolitischen Forderungen der Verbände, weil sie sich mit zunehmend geringerem Erfolg in korporatistisch geprägten politischen Gremien und Ausschüssen einbringen lassen und deshalb stärker in der Öffentlichkeit medial vermittelt werden müssen. Vor diesem Hintergrund gewinnen öffentliche Erklärungen, wie beispielsweise Kommentierungen zu Armutsberichten der Bundesregierung oder gegenüber beabsichtig-

---

451 Vgl. Philippe C. Schmitter (1979): Interessenvermittlung und Regierbarkeit, in: Ulrich Alemann, Rolf G. Heinze: Verbände und Staat. Vom Pluralismus zum Korporatismus. Analysen, Positionen, Dokumente. Opladen.

ten Kürzungen öffentlicher Bezuschussungen sozialer Dienste auf kommunaler oder landespolitischer Ebene, eine besondere Relevanz. Eine derart öffentlich inszenierte Interessenpolitik konstituiert sich gewissermaßen neben allen Formen korporatistischer Einflussnahmen, deren Erosionsprozess in Folge von neuen Leistungs- und Entgeltvereinbarungen insbesondere auf kommunaler Ebene beschleunigt wird.[452] Die sich hieraus neu bildende Mischung interessenspolitischer Einflussnahmen löst jedoch keineswegs das bisher schon bestehende Problem intransparenter Strukturen in den Bereichen sozialpolitischer Entscheidungen, aber auch hinsichtlich der Leistungswirksamkeit angekündigter Lösungsbeiträge. Sie stoßen deshalb zunehmend auf eine kritische Öffentlichkeit. Hiermit schwindendes Vertrauen soll im Rahmen von Spendensiegeln und Transparenz fördernden Maßnahmen wieder hergestellt werden. Dies ist löblich, ändert jedoch am geschilderten Grundkonflikt kaum etwas.

Diese schleichende Veränderung in Verbindung mit einem steigenden Kostendruck der öffentlichen Haushalte sowie einem sich international derzeit *en vogue* befindlichen Markt- und Wettbewerbsgedanken in allen gesellschaftlichen Bereichen, führte durch die Zulassung gewerblicher Wettbewerber auch in den „Sozialmärkten" zu mehr Pluralität, ohne dass diese neuen Partner in die bestehenden Interessenvertretungsstrukturen inkorporiert werden konnten. Zugleich greift die alte korporatistische Strategievariante immer weniger; was für die alten *player* den Druck erhöht, sich stärker als Sozialunternehmen profilieren zu müssen. Dabei geraten sie erneut in ein Dilemma. Die Rolle als Gemeinwohlvertreter verliert sich und in der Folge schwinden auch die letzten verbliebenen Statusvorteile (Gemeinnützigkeit und Spenden, bevorzugter Zugang zu Ressourcen und politischen Entscheidern, Transfergelder), so dass auch der ökonomische Erfolg letztlich teuer erkauft sein könnte. Die näher liegende Strategievariante, eine Neupositionierung in der politischen Arena ins Auge zu fassen, neue Netzwerk- und Kooperationsformen zu etablieren sowie die eigene verbandliche Partiallogik zu Gunsten einer neuen Definition von Allgemeinwohlzielen zu überwinden, bleibt aufgrund umfassender Strategiedefizite (noch) unbearbeitet.

---

452 Vgl.: Werner Schöning, Katharina Motzke (2008): Riskanter Korporatismus. Der misslungene Angriff auf die Wohlfahrtsverbände als langfristiges Krisensymptom. In: Soziale Arbeit Heft 7. S. 251–256.

Abbildung 31: Entwicklungslinien sozialstaatlicher Dominanzstrukturen

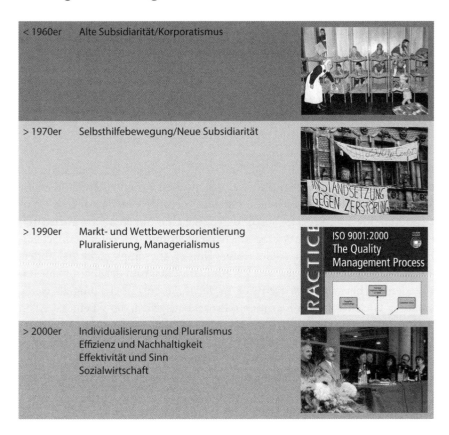

< 1960er	Alte Subsidiarität/Korporatismus
> 1970er	Selbsthilfebewegung/Neue Subsidiarität
> 1990er	Markt- und Wettbewerbsorientierung Pluralisierung, Managerialismus
> 2000er	Individualisierung und Pluralismus Effizienz und Nachhaltigkeit Effektivität und Sinn Sozialwirtschaft

Es besteht kein Zweifel: Die Spitzenverbände der Freien Wohlfahrtspflege befinden sich im 21. Jahrhundert in einem schwierigen Fahrwasser. Unterschiedlichen Strömungen und Wellenstärken ausgesetzt, stehen sie durchaus in der Gefahr zu stranden oder gar unterzugehen.[453] Ob sie auf Dauer wirklich zukunftsfähige Organisationen sind, ist hierbei keineswegs schon sicher. Substanzielle Herausforderungen stellen sich sowohl auf nationalstaatlicher Ebene als auch im Kontext der europäischen Entwicklung. Das einzige was halbwegs sicher scheint ist, dass das historisch gewachsene System des deut-

---

453 Siehe hierzu auch: Friedrich-Ebert-Stiftung (1995): Gesprächskreis Arbeit und Soziales Nr. 64: Wohlfahrtsverbände in Deutschland. Auslauf- oder Zukunftsmodell? Eine Tagung der Friedrich-Ebert-Stiftung am 25. Oktober 1995 in Bonn. Tilmann Schmieder (1996): Wohlfahrtsverbände: Alte Tabus und neue Konflikte. In: Sozialmanagement. Magazin für Organisation und Innovation. 6. Jg. Heft 3. Mai/Juni. S. 23 ff.

schen Wohlfahrtskorporatismus so jedenfalls nicht weiter überlebensfähig ist und an seinen eigenen Strukturen zu scheitern droht.[454] Betrachtet man die Entwicklungen in den vergangenen 20 Jahren, so zeigen sich zwei große Einflussfaktoren, die auf einen substanziellen Organisationswandel der Verbände hindeuten. Es sind die veränderten Rahmenbedingungen im deutschen Sozialleistungsrecht und die Wirkungen europäischer Rechtsregelungen. In ihrem Zusammenwirken führten sie nicht nur zu anderen, erweiterten Anbieterstrukturen im Bereich sozialer Dienste, sondern auch zu einer qualitativ anderen Form der Dienstleistungserbringung.

Neue Herausforderungen – Die nationale Perspektive: Spätestens mit der schon 1984 vorgelegten und viel diskutierten Prognos-Studie über die Zukunftsperspektiven der Wohlfahrtspflege[455] wurde klar, dass sich substanzielle Veränderungsprozesse ankündigen, die eine unveränderte Fortschreibung bisherigen wohlfahrtsverbandlicher Entwicklungen wenig wahrscheinlich machen. Dem Prognos-Gutachten ging es allerdings nicht viel anders als anderen Zukunftsstudien. Die bis zum Jahr 2000 und darüber hinaus reichenden Vorhersagen erwiesen sich in der weiteren Entwicklung als wenig valide.[456] Gleichwohl war hiermit ein Prozess ausgelöst, der zu einer – wenn auch gemächlichen, so doch allmählichen – Neuorientierung innerhalb der Verbände führte. Diese vorsichtige Öffnung gegenüber sich andeutenden neuen Rahmenbedingungen relativierte durchaus die Vorstellung, als spitzenverbandliche Organisationen auch weiterhin den sich neu strukturierenden Sozialmarkt dominieren zu können. Der 1990 unerwartet plötzliche Zusammenbruch der Deutschen Demokratischen Republik und der damit einhergehende deutsch-deutsche Einigungsprozess überrollte jedoch mit eigener Dynamik diese Reformbereitschaft. Im Prozess des Institutionentransfers von West nach Ost wurde stattdessen die Chance genutzt, die in Westdeutschland zunehmend fragilere Situation der Verbände mittels einer Osterweiterung neu zu sichern und zu stabilisieren.[457] In diesem Kontext

---

454 Vgl.: Michaela Evans, Wjatscheslav Galtschenko, Josef Hilbert: Befund „Sociosclerose": Arbeitgeber-Arbeitnehmerbeziehungen in der Sozialwirtschaft in Deutschland in Modernisierungsverantwortung. Institut Arbeit und Technik. Gelsenkirchen.

455 Vgl. hierzu: Prognos AG (1984): Entwicklung der Freien Wohlfahrtspflege bis zum Jahr 2000. Studie der Prognos AG, Basel, im Auftrag der Bank für Sozialwirtschaft GmbH. Köln/Basel.

456 Vgl.: Niedrig, Heinz (2000): Prognosen zur Zukunft der Freien Wohlfahrtspflege – Von Prognos bis Miegel. In: Theorie und Praxis der Sozialen Arbeit Nr. 6. S. 209 ff.

457 Siehe insbesondere: Susanne Angerhausen, Holger Backhaus-Maul, Claus Offe, Thomas Olk, Martina Schiebel (1998): Überholen ohne einzuholen. Freie Wohlfahrtspflege in Ostdeutschland. Westdeutscher Verlag. Opladen/Wiesbaden.

durchaus erfolgreich waren die politisch-lobbyistischen Aktivitäten der Spitzenverbände, ihre bisherige auf Westdeutschland begrenzte Vorrangstellung zumindest programmatisch auch in den neuen Bundesländern zu verankern.[458] Dieser „Erfolg" erwies sich jedoch als Pyrrhussieg insofern, als er nur Aufschub für dringende Modernisierungsprozesse bedeutete und ein trügerisches Sicherheitsgefühl vermittelte. Sehr bald sahen sich die Verbände nämlich in einer geradezu dialektischen Falle, als der einerseits revitalisierte und rechtlich verankerte Handlungsvorrang freigemeinnütziger Trägerschaften öffentlich nicht mehr finanzierbar war.[459] Gefangen in der eigenen Ideologie einer „freigemeinnützigen Vorrangigkeit" entstanden so unbeabsichtigt Handlungsräume für neue und wettbewerblich ausgerichtete Dienstleister. Angesichts einer rückläufigen bzw. ausbleibenden öffentlichen Finanzierung führte dieses Setzen auf die Karte „freigemeinnützige haben Vorrang" zu bedrohlichen Existenzgefährdungen bestehender Einrichtungen[460] und erhöhte den Druck, sich um des „Überlebenswillens" ebenfalls wettbewerblich und marktorientiert positionieren zu müssen. Die ab Mitte der 1990er Jahre beginnend mit dem Pflegeversicherungsgesetz vorgenommenen sozialgesetzlichen Veränderungen forcierten diesen Paradigmenwechsel hin zu wettbewerblich auszugestaltenden Dienstleistungen innerhalb eines politisch gesteuerten Sozialmarktes. Fazit dieser Entwicklungen: die noch in den 1980er Jahren bestehende Monopolstellung der freigemeinnützigen Wohlfahrtspflege gleicht heute einem löchrigen Käse. Enttabuisiert ist das Credo, nur die freigemeinnützigen Wohlfahrtsverbände seien Garanten für qualitative und fachlich ausgewiesene Dienstleistungen. In weiten Bereichen sozialer und gesundheitlicher Dienste agieren inzwischen ebenso auch andere Anbieter und dies durchaus mit nicht geringerem Erfolg.[461] Die noch 1998 von der Monopolkommission erhobenen Forderungen nach einer wettbewerblichen und marktwirtschaftlichen Ausgestaltung des Sozial-,

---

458 Vgl. hierzu: Vertrag zwischen der Bundesrepublik Deutschland und der Deutschen Demokratischen Republik über die Herstellung der Einheit Deutschlands (Einigungsvertrag) vom 31. August 1990, Art. 32.

459 Vgl.: Verfassung des Freistaats Thüringen vom 25. Oktober 1993. „Artikel 41 Die von den Kirchen, anderen Religionsgesellschaften und Weltanschauungsgemeinschaften unterhaltenen sozialen und karitativen Einrichtungen werden als gemeinnützig anerkannt und gefördert. Dies gilt auch für die Einrichtungen der Verbände der Freien Wohlfahrtspflege."

460 Vgl. beispielhaft: Liga der Freien Wohlfahrtspflege in Thüringen: Zukunft der sozialen Infrastruktur in Thüringen. Bad Sulzaer Manifest der Liga der Freien Wohlfahrtspflege in Thüringen. Juli 2003.

461 Vgl.: Wissenschaftliches Institut der AOK (Hrsg.) (1998): Der Pflegemarkt in Deutschland. Ein statistischer Überblick. Bonn.

Gesundheits- und Pflegebereichs ist heute in Teilen Realität.[462] Inzwischen abgelöst sind die in der Historie begründeten „deutschen" Argumentationsfiguren der Sozialpolitik durch eine neue Mixtur von normativ hergeleiteten Leistungszielen und ökonomisch-betriebswirtschaftlich belegbaren Leistungs-„erfolgen", wobei derzeit letztgenannter Referenzpunkt bei der Ausgestaltung sozialer Dienstleistungen (noch) eindeutig dominiert. In diesem Entwicklungskontext verändern sich die freigemeinnützigen Einrichtungsträger immer stärker zu ganz normalen (Sozial-)Unternehmen, wobei insbesondere die Träger in immer größere Legitimationsprobleme und Konflikte bei der Verteidigung eines arbeitsrechtlichen Sonderstatus geraten.[463] Die hiermit verbundenen Rechtsauseinandersetzungen sind durch die im November 2012 getroffenen Entscheidungen des Bundesarbeitsgerichtes nunmehr auf eine neue Basis gestellt. Wenn auch aus gewerkschaftlicher Sicht anders erwartet, wurde der arbeitsrechtliche Sonderweg der Kirchen nicht verworfen, sondern mit Bezug auf die Bestimmungen des Art. 140 GG in Verbindung mit Art. 137 Abs. 3 WRV, Art 4 GG ausdrücklich bestätigt. Unter nunmehr notwendiger institutioneller Mitwirkung der Gewerkschaften kann damit am sogenannten Dritten Weg festgehalten und dieser weiterentwickelt bzw. modernisiert werden.[464]

Wie zu sehen, sind die noch Mitte der 1990er Jahre im sozialen Dienstleistungssektor als wesensfremd und provokativ empfundenen Begriffe wie „Management", „Kundenorientierung", „Wettbewerb", „Produktbeschreibungen", „Leistungstransparenz" etc.[465] heute selbstverständlicher Teil der All-

---

462 Vgl. hierzu u.a.: Deutscher Bundestag 13. Wahlperiode. Drucksache 12/11291 vom 17.07.1998. Unterrichtung durch die Bundesregierung. Zwölftes Hauptgutachten der Monopolkommission 1996/1997. Insbesondere Abschnitt Gesundheitswesen (Kapitel VI). S. 315 ff.

463 Siehe hierzu u.a. die im Juli 2012 von der Hans Böckler Stiftung vorlegte Studie: Heinz-Jürgen Dahme, Gertrud Kühnlein, Anna Stefaniak, Norbert Wohlfahrt (2012): Leiharbeit und Ausgliederung in diakonischen Sozialunternehmen: Der „Dritte Weg" zwischen normativem Anspruch und sozialwirtschaftlicher Realität. Düsseldorf.

464 Siehe hierzu: Bundesarbeitsgericht. Urteile vom 20. November 2012. 1 AZR 611/11 und 1 AZR 179/11. Detlef Esslinger: Richter lockern kirchliches Streikverbot. In: Süddeutsche Zeitung. 21. November 2012. S. 1. Dgl.: Zurück auf dem dritten Weg. Die Gewerkschaft verdi hat recht bekommen vor dem Erfurter Gericht: Streiks sind nicht generell verboten. Aber die christlichen Kirchen dürfen weiterhin selbst bestimmen, wie sie in ihren Einrichtungen die Arbeitsbedingungen regeln. In: Süddeutsche Zeitung. 21. November 2012. S. 2.

465 Siehe hierzu: Holger Backhaus-Maul, Thomas Olk (1995): Von Subsidiarität zu „outcontracting": Zum Wandel der Beziehungen zwischen Staat und Wohlfahrtsverbänden in der Sozialpolitik. Bank für Sozialwirtschaft Köln; Roderich Kulbach, Norbert Wohlfahrt (1996): Modernisierung der öffentlichen Verwaltung? Konse-

tagsroutine. Dieser Mentalitätswandel samt der damit einhergehenden Instrumente und Interventionsformen sollte allerdings nicht verwechselt oder gar gleichgesetzt werden mit einer qualitativ besser gelingenden sozialen Dienstleistungstätigkeit. Denn die nunmehr anzulegenden Bewertungskriterien einer erfolgreichen Dienstleistung begründen sich in ihrer refinanzierbaren Relevanz vornehmlich aus einer Philosophie ökonomisch messbarer Outputziele innerhalb eines enger gewordenen Finanzierungsrahmens. Weitgehend überlagert werden damit die fachlichen Intentionen und Anliegen sozialpolitisch begründeter Optionen und Rechtsansprüche, die den eigentlichen Sinn sozialer Dienstleistungstätigkeiten ausmachen sollten.[466]

Europäische Herausforderungen: Die vorgenannten Modernisierungsprozesse der spitzenverbandlichen Wohlfahrtspflege sind vor allem durch die Änderungen des nationalen Sozialrechts induziert; sie lassen sich durchaus als passive Anpassungsstrategien qualifizieren. Gleichwohl aber begünstigen ebenfalls europäische Rechtsregelungen die wettbewerbliche Ausgestaltung sozialer und gesundheitlicher Dienste, wobei deren Wirkungen zunächst wesentlich gravierender eingeschätzt wurden, als dies die Praxis der Dienstleistungserbringung tatsächlich zeigte. Hoffnungen und Befürchtungen gegenüber einem Europa ohne Grenzen hängen hierbei selbst sehr eng mit dem europäischen Einigungsprozess zusammen. Zwar ist die Forderung zur Gründung der Vereinigten Staaten von Europa eine alte Idee, Winston Churchill erhob sie schon 1946 und stand hiermit nicht alleine. Der Weg in diese Richtung erwies sich als schwierig und kompliziert. Seit der Gründung des Europarates im Mai 1949, der Unterzeichnung der EWG-Verträge 1956 in Rom, den ersten allgemeinen und unmittelbaren Wahlen zum Europäischen Parlament im Juni 1979 bis zur Vollendung des europäischen Binnenmarktes zum 31. Dezember 1992 und den nachfolgenden Rechtsveränderungen blieb die politische Vision einer Europäischen Bürgergesellschaft bis heute ein unerreichter Traum.[467] Stattdessen konzentrierte sich der europäi-

quenzen für die Freie Wohlfahrtspflege. Lambertus Verlag. Freiburg i. Br. Joachim Merchel, Christian Schrapper (Hrsg.) (1996): Neue Steuerung. Tendenzen der Organisationsentwicklung in der Sozialverwaltung. Votum Verlag. Münster. Josef Schmid (1996): Wohlfahrtsstaaten im Vergleich. Soziale Sicherungssysteme in Europa: Organisation, Finanzierung, Leistungen und Probleme. Verlag Leske + Budrich. Opladen. Insbes. Kapitel 16: Reorganisation der Wohlfahrtsproduktion: Verbandlichung, Privatisierung und Dezentralisierung. S. 216 ff.

466 Vgl.: Heinz-Jürgen Dahme, Hans-Uwe Otto, Achim Trube, Norbert Wohlfahrt (Hrsg.) (2003). Thomas Olk, Hans-Uwe Otto (2003).

467 Siehe hierzu: Richard von Weizsäcker im Gespräch mit Gunter Hofmann und Werner A. Perger. Eichborn Verlag. Frankfurt a. M. 1992. Das Konzept „civil society" kritisch anfragend: Rudolph Bauer (1996): Zivilgesellschaftliche Gestaltung der

sche Einigungsprozess auf die Entfaltung und Durchsetzung marktwirtschaftlicher Ordnungsprinzipien, mit denen die politische Zielsetzung der Freizügigkeit von Dienstleistungen, Personen, Waren und Kapital innerhalb eines gemeinsamen Binnenmarktes inzwischen weitgehend realisiert wurde.[468] Die aus zivilgesellschaftlicher Perspektive begründete Verankerung sozialer Bürger- und Schutzrechte, jenseits ihrer jeweiligen wirtschaftspolitischen Umklammerung nationaler Interessen, verblieb demgegenüber auf der Ebene allgemeiner und rechtlich unverbindlicher Erklärungen.[469] Nur beispielhaft sollen genannt werden das im Dezember 1953 unterzeichnete Europäische Fürsorgeabkommen, die im Oktober 1961 durch den Europäischen Rat beschlossene Sozialcharta, das im Januar 1974 durch die Arbeits- und Sozialminister verabschiedete erste sozialpolitische Programm der EG, die im Dezember 1989 durch den Europäischen Rat verabschiedete „Gemeinschaftscharta der sozialen Grundrechte" (Sozialcharta), das im Dezember 1991 durch den Europäischen Rat verfasste sozialpolitische Protokoll, das zu unterzeichnen sich z.B. Großbritannien weigerte. Unterschiedliche nationale Sozialsysteme mit ihren jeweiligen Präferenzen im Hinblick auf die Spannbreite von staatszentrierten gegenüber liberalen Gesellschaftsmodellen[470] signalisierten für den deutschen Wohlfahrtskorporatismus vor allem eins: Gefahr im Verzug! Konnten die Vertreter der deutschen freigemeinnützigen Wohlfahrtspflege bis zur Vollendung des europäischen Binnenmarktes relativ gelassen die Koexistenz unterschiedlicher nationaler Sozialregimes zur Kenntnis nehmen, so ging es nunmehr um die Aufgabe der Gefahrenabwehr. Abzuwehren waren alle Tendenzen und Versuche, die neuen Prinzipien einer europäischen Dienstleistungsfreiheit auch auf die

---

Bundesrepublik: Möglichkeiten oder Grenzen? Skeptische Anmerkungen aus Sicht der Nonprofit-Forschung. In: Hubert Heinelt, Klaus M. Schmals (Hrsg.): Zivilgesellschaftliche Zukünfte – Gestaltungsmöglichkeiten einer zivilen Gesellschaft. Sigma-Verlag. Berlin. Allianz Kulturstiftung (2012): Wir sind Europa! Manifest zur Neugründung Europas von unten, initiiert von Ulrich Beck und Cohn-Bendit. Berlin. Ulrich Beck/Edgar Grande (2004): Das kosmopolitische Europa. Gesellschaft und Politik in der zweiten Moderne. Suhrkamp Verlag. Frankfurt a.M.

468 Vgl.: Vertrag zur Gründung der Europäischen Gemeinschaft (EG). In der Fassung vom 7. Februar 1992. Insbes. Art. 9–37 (freier Warenverkehr), Art. 48–73 (Freizügigkeit, freier Dienstleistungs- und Kapitalverkehr). In: Thomas Läufer (Bearb.) (1992): Europäische Gemeinschaft – Europäische Union. Die Vertragstexte von Maastricht. Hrsg.: Bundeszentrale für politische Bildung. Lizenzausgabe. Bonn.

469 Vgl. hierzu: Ulrich Beck, Edgar Grande (2004): Das kosmopolitische Europa. Gesellschaft und Politik in der zweiten Moderne. Suhrkamp Verlag. Frankfurt a.M.

470 Vgl. u.a.: Josef Schmid (1996): Wohlfahrtsstaaten im Vergleich. Soziale Sicherungssysteme in Europa. Organisation, Finanzierung, Leistungen und Probleme. Verlag Leske + Budrich. Opladen.

deutsche Wohlfahrtspflege zu übertragen und den deutschen Sozialmarkt europäisch zu öffnen. Gründlich überschätzt wurde hierbei die unmittelbare Wirksamkeit und Übertragungsfähigkeit europäischer Wettbewerbsregeln auf das bundesrepublikanische System sozialer und gesundheitlicher Dienste und ebenso erwies sich die Befürchtung als Schimäre, nach dem Fall der innereuropäischen Grenzen drohe die Invasion ausländischer Billiganbieter. Dass die Entwicklung hin zu einem europäischen Sozialmarkt sehr zögerlich verläuft, hat gleich mehrere Gründe. Zum einen erschwert das innerhalb der einzelnen Mitgliedsstaaten jeweilige nationale Gesellschaftsrecht grenzüberschreitende Aktivitäten im Gesundheits- und Sozialsektor. Fehlende einheitliche europäische Rechtsformen stehen hier nicht nur einer Übertragung und Ausdehnung des deutschen Vereinsmodells (e. V.) mit steuerrechtlich anerkannter Gemeinnützigkeit im Wege, sondern behindern ebenfalls die Transferabsichten in umgekehrter Richtung. Mit dem Konzept der *„Economie Sociale"* erfolgte Anfang der 1990er Jahre erstmals der Versuch, diese Beschränkungen für eine europäisch sich formierende Sozialwirtschaft zu überwinden.[471] Die hierzu eingebrachten Vorschläge erwiesen sich innerhalb der Gemeinschaft jedoch als nicht konsensfähig, was den Fortbestand der auf mitgliedsstaatlicher Ebene bestehenden Regelungen zum Bereich sozialer Dienstleistungen zur Folge hatte. Dies erklärt die hohe Bedeutung des Europäischen Gerichtshofes bei der Klärung strittiger, d.h. interessenpolitischer Fragen zur steuerlichen Bewertung und Zulassung freigemeinnütziger und privater Dienstleister und der Vergabe öffentlicher Aufträge. Und wie das Beispiel ambulanter Pflegedienste zeigt, bedarf es noch immer juristischer Klärungen, um eine im Grundsatz anerkannte Wettbewerbsgleichheit privater Anbieter auch in der Praxis sozialer Dienstleistungen wirklich herzustellen.[472]

Ein weiteres Hauptproblem besteht in der nach wie offenen Streitfrage, ob das europäische Wettbewerbsrecht mit seinem Beihilfe- und Subventionsverbot unmittelbar auch auf die in Deutschland erbrachten sozialen Dienstleistungen zutrifft. Denn trotz der vielen getroffenen Einzelentscheidungen des EuGH konnte bislang kein Konsens für eine Neuinterpretation

---

471 Vgl.: Europäisches Parlament. Sitzungsdokumente. 6. Januar 1993. A3-0001/93: Bericht des Ausschusses für Recht und Bürgerechte über die Vorschläge der Kommission an den Rat für eine Verordnung über das Statut des Europäischen Vereins, ..., eine Verordnung über das Statut der Europäischen Genossenschaft, ..., eine Verordnung über das Statut der Europäischen Gegenseitigkeitsgesellschaft, ... Sowie: Amtsblatt der Europäischen Gemeinschaften Nr. C 42/84 und C 42/90 vom 15.2.93.

472 Nach aktueller Entscheidung des EuGH muss die Befreiung von der Mehrwertsteuer ebenso auch für private Pflegedienste gelten und darf nicht auf freigemeinnützige Träger begrenzt bleiben. Siehe Entscheidung der EuGH Az: C-174/11.

des Begriffs „Dienstleistungen von allgemeinem Interesse" gefunden werden. Das von der Europäischen Kommission im Mai 2003 vorgelegte Grünbuch zielte zwar auf eine klärende Debatte, ohne diese jedoch wirklich zu erreichen: „Die realen Bedingungen, unter denen die – wirtschaftlichen und nichtwirtschaftlichen Dienstleistungen von allgemeinem Interesse erbracht werden, sind komplexer Natur und in ständiger Entwicklung begriffen. Sie umfassen ein breites Spektrum von Aktivitäten unterschiedlicher Art, von bestimmten Aktivitäten in den großen netzgebundenen Branchen (Energiesektor, Postdienste, Verkehr und Telekommunikation) bis hin zu den Bereichen Gesundheit, Bildung und Sozialleistungen, die sich sowohl von ihrem Wirkungsfeld – auf europäischer, wenn nicht gar globaler oder auch nur lokaler Ebene – als auch vom Charakter her (marktbezogen oder nicht marktbezogen) voneinander unterscheiden. Die Organisation dieser Dienste hängt von den kulturellen Traditionen, der Geschichte und den geografischen Verhältnissen des einzelnen Mitgliedsstaates und den besonderen Merkmalen der betreffenden Tätigkeit ab, was insbesondere auf den Bereich der technischen Entwicklung zutrifft."[473] Und an anderer Stelle wird dieser Ansatz weitergeführt: „Generell können die Mitgliedstaaten selbst entscheiden, welches System sie zur Finanzierung der Dienstleistungen von allgemeinem Interesse einsetzen möchten. Sie müssen lediglich sicherstellen, dass der gewählte Mechanismus das Funktionieren des Binnenmarktes nicht unverhältnismäßig beeinträchtigt. Insbesondere können die Mitgliedstaaten Ausgleichszahlungen gewähren, die für das Funktionieren einer Dienstleistung von allgemeinem wirtschaftlichem Interesse unerlässlich sind. Durch die Beihilferegelungen wird lediglich die Überentschädigung untersagt. ..."[474] Höchst strittig bleibt damit die Frage, ob freigemeinnützig erbrachte Dienstleistungen als wirtschaftliche Aktivitäten zu charakterisieren sind. Insbesondere die evangelische und katholische Kirche in Deutschland argumentieren gegen eine solche gleichstellende Bewertung und bestehen auf dem besonderen Charakter ihrer Wohlfahrtsverbände, die unmittelbar als Ausdruck kirchlicher Arbeit gesehen werden.[475]

---

473 Vgl.: Kommission der Europäischen Gemeinschaft (2003): Grünbuch zu Dienstleistungen von allgemeinem Interesse (von der Kommission vorgelegt). Brüssel 31.05. 2003. Insbesondere § 17 RZ 44.
474 Ebd.. S. 31, RZ 88.
475 Vgl.: Stellungnahme des Kommissariates der deutschen Bischöfe, des Bevollmächtigten des Rates der Evangelischen Kirche in Deutschland bei der Bundesrepublik Deutschland und der Europäischen Union, des Deutschen Caritasverbandes (DCV) und des Diakonischen Werkes der Evangelischen Kirche in Deutschland (DW-EKD). Berlin. 13. September 2003.

Die Debatte zum Grünbuch erfolgte in Form eines offenen Konsultationsverfahrens und lobbyistisch wurden seitens der Vertreter der Freien Wohlfahrtspflege alle verfügbaren Register gezogen, ungeachtet stattfindender Modernisierungsprozesse und wettbewerblicher Ausrichtung, die mit dem deutschen Subsidiaritätsmodell verbundenen Bestandsschutzgarantien soweit wie möglich zu erhalten. Als zentrale Aufgabe stellte sich, verweisend auf den Sondercharakter von sozialen Dienstleistungen zunächst einmal eine Öffnung wettbewerblicher Regelungen zu erreichen und Gestaltungsspielraum für nationale Lösungen zu gewinnen. Obgleich die Frage des „Sondercharakters" innerhalb der Spitzenverbände durchaus kontrovers eingeschätzt wird[476], realisierte sich dennoch ein miteinander abgestimmtes Vorgehen. In diesem Kontext verabschiedete der Wirtschafts- und Sozialausschuss im Dezember 2003 eine entsprechende Stellungnahme[477], die nicht unwesentlich zu der im Januar 2004 gefassten Entschließung der EU-Kommission zur Freistellung der Notifizierungspflicht führte.[478] Vorgesehen ist, dass gemeinnützige, sozialwirtschaftliche Organisationen unter der Voraussetzung von den strengen wettbewerblichen Regelungen befreit sind, wenn ihr jährlicher Umsatz 60 Millionen Euro nicht übersteigt und die staatlichen Beihilfen nicht mehr als 20 % betragen.[479]

Mit dem von der EU-Kommission im Mai 2004 vorgelegten Weißbuch zu Dienstleistungen von allgemeinem Interesse[480] wurde das öffentliche Konsultationsverfahren[481] zunächst einmal beendet und die noch ausstehen-

---

476 Vgl.: Stellungnahmen der Wohlfahrtsverbände zum Grünbuch Daseinsvorsorge. In: Bank für Sozialwirtschaft (Hrsg.): Trend-Informationen 12/03. S. 8 ff.

477 Vgl.: Amtsblatt der Europäischen Union. C 80/66 vom 30. 3. 2004: Stellungnahme des Europäischen Wirtschafts- und Sozialausschusses zu dem „Grünbuch zu Dienstleistungen von allgemeinem Interesse".

478 Vgl.: Kommission der Europäischen Gemeinschaften (2004): Entscheidung der Kommission über die Anwendung von Artikel 86 EG-Vertrag auf staatliche Beihilfen, die bestimmten Unternehmen als Ausgleich für die Erbringung von Dienstleistungen von allgemeinem wirtschaftlichen Interesse gewährt werden. Brüssel, den 16. 1. 2004.

479 Vgl.: Stephanie Scholz (2004) Die sozialen Dienste im Fokus der EU-Institutionen. Stärkung solidarischer Strukturen. In: Diakonie Impulse 4. S. 18 f.

480 Vgl.: Kommission der Europäischen Gemeinschaften (2004): Mitteilung der Kommission an das Europäische Parlament, den Rat, den Europäischen Wirtschafts- und Sozialausschuss und den Ausschuss der Regionen. Weißbuch zu Dienstleistungen von allgemeinem Interesse. Brüssel, den 12. 5. 2004.

481 An dem Konsultationsverfahren waren insgesamt 273 Organisationen beteiligt, darunter etwa 17 Verbände, die dem engeren Bereich der Freien Wohlfahrtspflege zugerechnet werden können. Vgl.: Kommission der Europäischen Gemeinschaften (2004): Arbeitsdokument der Kommissionsdienststellen. Bericht über die öffentliche

de Präzisierung verfahrenstechnisch einer weiteren Bearbeitung zugeführt: „Nach Auffassung der Kommission wäre es sinnvoll, einen systematischen Ansatz zu entwickeln, um den Besonderheiten von Sozial- und Gesundheitsdienstleistungen von allgemeinem Interesse Rechnung tragen zu können, und den Rahmen genau zu umreißen, in dem diese Dienste funktionieren und modernisiert werden können. Dieser Ansatz wird Gegenstand einer Mitteilung über Sozialdienstleistungen von allgemeinem Interesse unter Einbeziehung der Gesundheitsdienstleistungen sein, die 2005 angenommen werden soll."[482] Mit einem eigens hierzu formulierten Memorandum reagierten inzwischen die deutschen Spitzenverbände auf die geforderte Präzisierung.[483] In Form eines modernisierten Verständnisses als „zivilgesellschaftliche Akteure" präsentiert das Memorandum allgemeine Merkmale von Besonderheiten sozialer Dienste, wie etwa Vielzahl und Vielfalt, Mobilisierung der Zivilgesellschaft, Schaffung sozialer Bindungen und Vernetzungen, Partizipation, Innovationsfunktion, Anwaltschaft, Bürgerverantwortlichkeit in den Verbänden, Zusammenschluss in Verbänden und beschreibt in allgemeiner Weise den gesetzlichen Handlungsauftrag, die Zusammenarbeit mit Freiwilligen sowie die Rolle von Qualität, Nachhaltigkeit und Modernisierung. Ob freilich hiermit gegenüber der EU-Kommission der geforderte konkrete Nachweis von Besonderheiten sozialer Dienstleistungen wirklich erbracht und damit eine weitgehende Befreiung von der Notifizierungspflicht erreicht wird, wird auf Grund der sich inzwischen stärker diversifizierenden Interessenlagen der einzelnen Wohlfahrtsverbände immer unwahrscheinlicher.

Zieht man ein Fazit der bisherigen Entwicklung, so lässt sich das Verhalten der Wohlfahrtsverbände gegenüber europäischen Entwicklungsprozessen grob nach vier Phasen unterscheiden. Schlagwortartig stehen hierfür folgende Überschriften: a) Ignoranz, b) Angst, c) Opportunismus, d) Neubesinnen. Obwohl der europäische Integrationsprozess bis in die frühen 1950er Jahre zurückgeht, spielten die damit verbundenen Entwicklungen für die deutschen Wohlfahrtsverbände bis zum Ende der 1980er Jahre so gut wie keine Rolle. Wenn überhaupt, so war „Europa" ein Thema für Spezialisten und Exoten. Die Verbände – sofern sie nicht strukturell eingebunden sind in transnationale Organisationen – verhielten sich gegenüber Europa schlichtweg abstinent. Mit der forcierten Entwicklung einer europäischen

---

Konsultation zum Grünbuch zu Dienstleistungen von allgemeinem Interesse. Brüssel, 29.3.2004.
482 Weißbuch zu Dienstleistungen von allgemeinem Interesse. A.a.O. S. 19f.
483 Vgl.: Bundesarbeitsgemeinschaft der Freien Wohlfahrtspflege (Hrsg.) (2004): Memorandum Zivilgesellschaftlicher Mehrwert gemeinwohlorientierter sozialer Dienste. Brüssel.

Binnenmarktöffnung veränderte sich dieses Verhalten radikal. Aus Ignoranz und Abstinenz wurde zeitweilige Panikmache. An die Wand gemalt wurde das Menetekel einer drohenden Invasion von Billiganbietern, die das bewährte deutsche System des staatlich subventionierten Wohlfahrtskorporatismus bedrohen und zu dessen Zerstörung führen könnte. Strategisch wurde deshalb der Versuch unternommen, nicht nur das deutsche System zu retten, sondern gleichsam zu europäisieren. Diese denkmalschützerische Haltung war jedoch nur begrenzt erfolgreich und wich einem neuen Verhalten gegenüber Europa.[484] Zunehmend entdeckt wurden die finanziellen Vorteile und Möglichkeiten der europäischen Binnenmarktpolitik, die in ihrer praktischen Ausgestaltung zu zahlreichen Fördertöpfen und Entwicklungsprogrammen führte. Diese anzuzapfen und für die eigenen Verbandsaktivitäten zu instrumentalisieren, prägte nunmehr die neue europäische Perspektive der Verbände.

Inzwischen zeigen sich verbandlich sehr unterschiedliche Diskurse, die eine gemeinsame wohlfahrtsverbandliche Perspektive gegenüber Europa immer weniger wahrscheinlich machen. Denn wie neuere Befunde zeigen, differenziert sich das Konsortium Spitzenverbände auch hinsichtlich ihrer jeweiligen europäischen Interessen weiter aus. Aufschlussreiche Einsichten hierzu liefert die 2010 publizierte Studie „Europarecht kontra Daseinsvorsorge und soziale Dienste?" von Joachim Rock, die nicht nur unterschiedliche Positionierungen der einzelnen Verbände gegenüber dem europäischen Wettbewerbsrecht belegt, sondern ebenfalls differenzierte politische Grundhaltungen bei der europäischen Ausrichtung sozialer Dienstleistungen konstatiert.[485] Pro Europapolitisch positioniert sich nach diesen Befunden ausschließlich die AWO, wohingegen die kirchlichen Wohlfahrtsverbände weitere europarechtliche Rahmenrichtlinien für Sozialdienstleistungen vehement ablehnen und auf ihrer staatskirchenrechtlichen Autonomie und dem nationalstaatlich verankerten Subsidiaritätsprinzip bestehen. Anders hingegen die Position des Paritätischen Gesamtverbandes, der aus einer bürgerrechtlichen Perspektive die Übertragung sozialpolitischer Kompetenzen auf europäische Instanzen ablehnt, sich zugleich aber ausgesprochen wettbewerbsfreundlich positioniert und deshalb spezielle Ausnahmeregelungen für den gemeinnützigen Sektor ablehnt. Die Haltung des DRK ist hinsichtlich der wettbewerblichen Positionierung der des Paritätischen Verbandes ähnlich. Keine Probleme hat das DRK mit der unternehmerischen Qualifizierung

---

484 Vgl. hierzu u.a.: Georg Cremer (2004): Im Wettbewerb und trotzdem sozial. In: neue caritas. Heft 11. S. 9 ff. Frank Brünner (2004): Europa erreicht die Wohlfahrtspflege. In: dgl. S. 14 ff.
485 Vgl.: Joachim Rock (2010): Wohlfahrt im Wettbewerb. Europarecht kontra Daseinsvorsorge und soziale Dienste? VSA-Verlag. Hamburg.

seiner Sozialdienstleistungen; das Selbstverständnis als Teil einer internationalen Hilfsorganisation führt allerdings nicht zu einer ausdifferenzierten europäischen Strategie.[486]

Insgesamt gesehen zeichnet sich also keineswegs eine gemeinsame Vision einer europäischen Wohlfahrtsverbändepolitik ab. Noch bleiben die Vorstellungen zur weiteren Entwicklung verbandlicher Strukturen gefangen im Vorstellungskorsett einer nationalen Sozialstaatspolitik. Die Themen Armut, Gleichheit, Integration, Gerechtigkeit etc. deklinieren sich immer noch aus der Perspektive einer nationalen Sichtweise und den damit verbundenen Organisationsinteressen. Verbunden hiermit ist die Gefahr eines sich zwar modernisierenden, gleichwohl in der Substanz unveränderten Verbändekorporatismus, der auch weiterhin nationalstaatliche Schutzrechte beansprucht. Auf europäisch vielfältige Ungleichheitssituationen dürfte mit einer solchen Orientierung allerdings keine adäquaten Antworten gefunden werden.[487]

Fazit. Die nationalstaatlichen als auch europäischen Aspekte zusammenfassend, zeigen sich auf der Makro-, Meso- und Mikroebene sozialer Organisationen gravierende Veränderungen, die inzwischen zu einer wettbewerblich ausgerichteten und betriebswirtschaftlich basierenden Form der Leistungserbringung geführt haben. Ungeachtet der von Verbandsvertretern öffentlich vorgetragenen Sozialstaatsrhetorik ist dieser Veränderungsprozess zu Sozialunternehmen den Akteuren durchaus bewusst. Gleichwohl wird der „gemeinnützige Bezug" als rhetorisches Argument für die Bewältigung von Übergangsphasen gebraucht, ohne hierbei bisherige Besitzstände und Einflusszonen gänzlich zu gefährden. Und in diesem Kontext macht es für die Verbände durchaus Sinn, auch weiterhin auf ein Subsidiaritätsprinzip alter Prägung zu setzen, an dessen Fortbestand selbst oft nicht mehr geglaubt wird.

Die damit verbundene Hoffnung, aus der bestehenden Handlungsklemme/-misere herauszukommen, dürfte ebenso trügerisch sein, wie der von allen Verbänden strapazierte Verweis auf eine anwaltschaftliche Interessenvertretung für Benachteiligte und arme und lobbyschwache Bevölkerungsgruppen in der Gesellschaft. Denn auch dieses Argument ist nur die eine Hälfte der Wahrheit, zumal diese selbstmandatierte Interessenvertretung keineswegs zu einer praktischen und infrastrukturellen Unterstützung sozialer Gegenbewegungen führt und auf deren größere und eigenständigere

---

486 Joachim Rock (2010): S. 206–230.
487 Vgl. hierzu: Ulrich Beck, Edgar Grande (2004): Das kosmopolitische Europa. Gesellschaft und Politik in der zweiten Moderne. Suhrkamp Verlag. Frankfurt a. M.

Handlungsfähigkeit zielt. Die andere Hälfte dieser Wahrheit zeigt nämlich, dass es bei dieser Form des anwaltschaftlichen Lobbyismus ebenso um eine neue Form der Besitzstandswahrung und Sicherung bestehender Einflusszonen handelt, die gerade die Organisierungsschwäche ausgegrenzter Klientelgruppen braucht, um selbst am Leben zu bleiben. Um was es also letztlich geht, ist nicht mehr und nicht weniger als den geschützten Übergang in einen sich neu regulierenden Sozialmarkt, dessen Korsettstangen allerdings keineswegs schon final gefestigt sind. Denn die Fragen zum zukünftigen und nachhaltigen Entwicklungspotential der deutschen Wohlfahrtsverbände sind durch solche eher passive Anpassungsstrategien weder ausreichend formuliert, noch hinreichend beantwortet. Noch fehlt dem ketzerischen Buchtitel „Wohlfahrtsverbände – auf den Schultern der Schwachen"[488] ein überzeugender und programmatischer Gegenentwurf mit konkret fassbaren Alternativen, die sich nicht in der Neuauflage paternalistischer Hilfs- und Politikkonzepte erschöpfen. Die betriebswirtschaftliche Modernisierung der deutschen Wohlfahrtspflege zeigt damit ein gleichermaßen bestehendes offenkundiges Strategie- und Philosophiedefizit. Denn die Fokussierung auf Fragen der Wirtschaftlichkeit und des Organisationserhalts sozialer und gesundheitlicher Dienste verdrängt notwendigerweise den Blick auf die Bearbeitung der großen und eigentlichen gesellschaftlichen Herausforderungen. Folgen der durch wirtschaftliche Not ausgelösten Armutswanderungen lassen sich durch eine Skandalisierungsrhetorik ebenso wenig lösen, wie sich zunehmende Spaltungsprozesse innerhalb der nationalen Bevölkerung kitten lassen. Und neben vielen anderen Problemen gilt Gleiches für demografische Veränderungen, deren Folgen sich keineswegs nur in einer größer werdenden Gruppe pflegebedürftiger Menschen erschöpfen, sondern ebenso in der Erosion ländlicher und der Gentrifizierung urbaner Lebensräume manifestieren. Dies alles verlangt nach neuen sozialinfrastrukturellen Antworten, die sich aus der Fixierung auf ein erfolgreiches Management einzelner Organisations- und Verbandsbereiche nicht generieren lassen. Und gerade diese Herausforderungen sind es nun auch, die zu einer optimistischen Wende inspirieren. Denn der unauflösbare – wenn auch oftmals vernachlässigte – Zusammenhang von Einzelnem und Ganzen begrenzt die Wirkungen und den Erfolg marktliberaler Globalisierungsprozesse bei der Ausgestaltung sozialer und gesundheitlicher Dienste. Dass ordoliberale Einschätzungen[489] auf einen solchen Weg verweisen und hierbei die Chance sehen,

---

488 Deutscher Institutsverlag (2004): Wohlfahrtsverbände: auf den Schultern der Schwachen. Köln.

489 Als beispielhafte Dokumente für diese Politikorientierung siehe den „Karlsruher Entwurf – Für die liberale Bürgergesellschaft" der FDP vom Februar 1996 sowie die

über eine wettbewerbliche und Markt orientierte Ausgestaltung sozialer Dienste eine sowohl staatsentlastende als auch effektivere und effizientere Leistungserbringung zu realisieren, ist damit nur eine von mehreren Möglichkeiten. Und wenn auch andere ordnungspolitische Optionen, wie beispielsweise die erneute Präferenz des Konzeptes einer sozialen Marktwirtschaft[490] oder die Vorschläge der Arbeitsgruppe Alternative Wirtschaftspolitik[491] derzeit nicht im mainstream aktueller politischer Diskussionen liegen, so heißt dies noch lange nicht, dass diese im öffentlichen Streit um einen neuen Gesellschaftsvertrag gänzlich bedeutungslos und chancenlos wären. Schließlich zeigen sich die Debattenbeiträge zur Weiterentwicklung sozialer Dienste wesentlich breiter und differenzierter als es zuweilen scheint. Unter der programmatischen Überschrift „Umbau des Sozialstaats" verbirgt sich eine konzeptionelle Breite, die von einer radikalen Entstaatlichung, Deregulierung und Privatisierung gesellschaftlicher Risiken[492] bis zum Plädoyer für einen neuen solidarischen Gesellschaftsvertrag reichen.[493] Interessant ist, dass hierbei zunehmend eine stärkere Subjektorientierung bei der Inanspruchnahme sozialer Dienstleistungen zum Tragen kommt, die für die Ausgestaltung und Inanspruchnahme einer sozialen Infrastruktur neue Chancen bietet. Die noch Mitte der 1990er Jahre höchst strittige Positionie-

---

„Wiesbadener Grundsätze. Für die liberale Bürgergesellschaft", Beschluss des 48. ordentlichen Bundesparteitages der FDP vom 23. bis 25. Mai 1997 in Wiesbaden.

490 Vgl. hierzu: Alfred Müller-Armack (1966): Wirtschaftsordnung und Wirtschaftspolitik. Studien und Konzepte zur Sozialen Marktwirtschaft und zur Europäischen Integration. Freiburg.

491 Vgl.: Arbeitsgruppe Alternative Wirtschaftspolitik (2004): Memorandum 2004 Beschäftigung, Solidarität und Gerechtigkeit – Reform statt Gegenreform. Bremen.

492 Beispielhaft hierzu: Achim Steffen (1995): Sozialfibel. Das System der sozialen Sicherung in Deutschland und die Reformvorschläge. Deutscher Instituts-Verlag. Köln. Sowie: „Riesenwirbel um private Arbeitslosenversicherung". KStA vom 12.1. 1996. Bericht über das Angebot der Hamburger Volksfürsorge, das Risiko der Arbeitslosigkeit durch eine private Zusatzversicherung abzusichern.

493 Friedhelm SJ Hengsbach, Matthias Möhring-Hesse (1995): Sozialstaat im Reformstau: Ein solidarischer Umbau der sozialen Sicherung ist notwendig! In: Zeitschrift ARBEITERFRAGEN Heft 5. Hrsg. Oswald-von-Nell-Breuning-Haus. Wissenschaftliche Arbeitsstelle. Herzogenrath; Kirchenamt der EKD und Sekretariat der Deutschen Bischofskonferenz (Hrsg.) (1997): Gemeinsame Texte 9. Für eine Zukunft in Solidarität und Gerechtigkeit. Wort des Rates der Evangelischen Kirche in Deutschland und der Deutschen Bischofskonferenz zur wirtschaftlichen und sozialen Lage in Deutschland. Hannover und Bonn. Warnfried Dettling (1995): Politik und Lebenswelt. Vom Wohlfahrtsstaat zur Wohlfahrtsgesellschaft. Verlag Bertelsmann Stiftung. Gütersloh; Hans-Böckler-Stiftung (Hrsg.) (2004). WSI-Mitteilungen 9. Schwerpunktheft Privatisierung – Aktivierung – Eigenverantwortung. Zukunftsperspektiven für die Sozialpolitik?

rung einer radikalen Subjektförderung[494] ist inzwischen fachlich akzeptiert und in weiten Bereichen des Sozialrechts nicht nur als eine normierende Option verankert, sondern in der Form persönlicher Assistenzen auch operativ handlungsrelevant geregelt.[495] In dieser Option liegt eine von gleich mehreren Entwicklungspotentialen für die Wohlfahrtsverbände alter Prägung. Denn sie erlaubt ein subjektbezogenes Verständnis von Subsidiarität, das in einer solchen Ausgestaltung zu einer größeren Eigenständigkeit und Autonomie führen könnte. Es wäre ein Beitrag zur Überwindung der bislang strukturell weitgehend fehlenden Klienten- bzw. Nutzersouveränität im Bereich sozialer Dienstleistungen. Und ebenso könnte eine solche subsidiäre Verlagerung deutlich machen, worin der substanzielle Beitrag sozialer Dienste für die persönliche Lebensqualität und soziale Teilhabe von Hilfe bedürftigen Personen liegt.

Eine andere und weitere Perspektive besteht in der Weiterentwicklung von Kooperationen und Vernetzungen, die sich bislang fast ausschließlich nur im Organisationsrahmen jeweiliger Dachverbände vollziehen. Angesichts der bestehenden gravierenden sozialpolitischen Herausforderungen, denen sich der Wohlfahrtssektor zu stellen hat, zwingt sich ein neues verbandsübergreifendes Selbstverständnis als „Sozialwirtschaft" geradezu auf. Die sozialen Folgen von Massenarbeitslosigkeit, nachlassenden gesellschaftlichen Bindungskräften, zunehmenden wirtschaftlich und politisch ausgelösten Migrationswanderungen, demografischem Wandel, zunehmenden sozialökonomischen Spaltungsprozessen werden sich nämlich aus der organisationszentrierten Perspektive einzelner Verbände kaum bewältigen lassen. Ein solcher neuer sektoraler Bezug würde sachzielorientiert die Entwicklung einer gemeinwohlorientierten Infrastruktur und damit einhergehenden Unterstützungsformen und Hilfeleistungen in das Zentrum ihres Handelns stellen, ohne den gemeinnützigen Bereich auf ein geschütztes Reservat für die traditionellen Wohlfahrtsverbände zu begrenzen. Diese werden auch zukünftig dann eine wichtige Rolle spielen, sofern sie sich strukturell verändern; ihre traditionelle Ausformung als voneinander abgrenzbare Wertegemeinschaften werden sie in vielen Bereichen überwinden müssen. Denn die zivilgesellschaftliche, auf die Bildung von Sozialkapital gerichtete Perspektive kann sich nicht mehr aus einer traditions- und wertebezogenen

---

494 Siehe Fußnote 57, S. 32.
495 Vgl. u. a.: Gewerkschaft Erziehung und Wissenschaft Hauptvorstand. Organisationsbereich Jugendhilfe und Sozialarbeit: Dok-2004/04/06. Kita-Gutschein Hamburg – Bericht der „Lenkungsgruppe". Frankfurt am Main 4. Mai 2004 sowie Blätter der Wohlfahrtspflege. Themenheft „Persönliches Budget". Ausgabe 4/2004. Juli/August 2004. Stefanie Frings, Melanie Möller (2012): Der Weg zum Persönlichen Budget weist noch Hürden auf. In: neue caritas 17. S. 26–28.

Abgrenzung zwischen unterschiedlichen Verbänden begründen, sondern muss den empirisch nachweisbaren Unterschied gegenüber Profit-Organisationen betonen. Unterschiedliche Verbandstraditionen, Milieus und Motivbündel wären hierbei auf eine gemeinsamen Ausgestaltung des zivilgesellschaftlichen Sektors gerichtet, nicht aber auf die Durchsetzung verbandlicher Egoismen und Besitzstandstrategien.

Schritte in diese Richtung wären u. a. der Aufbau trägerübergreifender Verbundsysteme, eine konsequentere Dienstleistungsorientierung an den Bedarfen der Klienten, die Öffnung bisheriger lobbyistischer Gremienstrukturen durch Integration weiterer Akteure. Die Einführung persönlicher Budgets und Assistenzen im Bereich des Behindertenrechts könnte diese überfällige Entwicklung durchaus forcieren. Und ebenso wäre die Chance neuer Sozialgenossenschaften zu nutzen, durch die das Prinzip „Hilfe zur Selbsthilfe" Teil einer neuen Organisationsidentität werden könnte. Warum sollte am Ende einer solchen Entwicklung nicht eine verbandsübergreifende gemeinnützige Sozial-Genossenschaft stehen, deren Mitglieder u. a. die Bürger und Bürgerinnen einer Gemeinde, aber ebenso auch die Nutznießer sozialer Dienste sind. Die am 18. August 2006 vorgenommene Novellierung des Genossenschaftsgesetzes bietet hierzu ungeahnte und noch keineswegs ausreichend erprobte Möglichkeiten.

Abbildung 32: Referenzsystem Sozialwirtschaft

Sozialgenossenschaft als Realisationsform neuer Kooperationsformen auf kommunaler Ebene

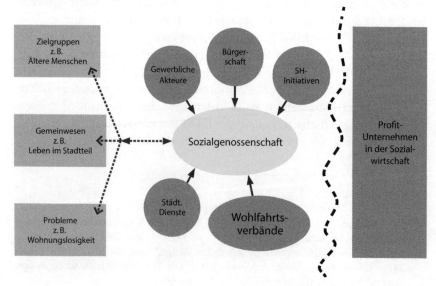

Am Ende ständen Wohlfahrtsverbände anderer Art. Sie wären Teil eines Konsortiums aus gemeinnützigen, Werte basierten, gewerblichen und bürgerschaftlichen Organisationen und Akteuren. Sie würden sich sozialräumlich beziehen auf überschaubare und beeinflussbare Handlungsbereiche in den Kommunen oder fachlich und überregional auf die Bearbeitung und Lösung spezifischer Probleme. Der neue Leitsatz hieße: Angebotsstrukturen nicht wie bisher aus der Logik bestehender Organisationen zu begründen, sondern an definierbaren, überprüfbaren und sich verändernden Hilfebedarfen. Hier wäre diskursiv auszuhandeln, was denn den sozialen Kitt eines demokratischen Gemeinwesens ausmachen soll und wie diese Vorstellungen in eine soziale Infrastruktur zu übersetzen sind. Ausschließlich in einem solchen sektoralen und inhaltlich begründeten Verständnis ließe sich eine Abgrenzung gegenüber gewerblichen und kommerziellen Dienstleistungsanbietern vornehmen. Gelingt dies nicht, so werden die Unterscheidungsmerkmale zwischen einer gemeinnützigen Wohlfahrtspflege und profit-orientierten Sozialunternehmen kaum mehr aufrechtzuerhalten sein. Und spätestens dann stellt sich aus ordnungspolitischer Sicht erneut die Frage nach der Legitimität einer öffentlichen Förderung und Subventionierung der sich weiterhin gemeinnützig nennenden Wohlfahrtspflege. Insbesondere mit Blick auf kirchliche Sozialeinrichtungen und der hier bestehenden Refinanzierung durch ein Mix aus Leistungsentgelten, öffentlichen Zuschüssen und Selbstbeteiligungen der Nutzer und Klienten bei zugleich geringen Eigenmittel der Träger gibt es schon jetzt keine überzeugenden Argumente mehr, weshalb die hier wahrgenommenen Aufgaben weiterhin einem besonderen kirchlichen Rechtssystem unterliegen sollen. Die logische Folge daraus wäre dann die Forderung nach gesetzlichen Regelungen, die die Wahrnehmung und Übertragung öffentlicher Aufgaben an die uneingeschränkte Gültigkeit des öffentlichen Rechts binden.

Gleich wie die weitere Entwicklung verlaufen wird, kann davon ausgegangen werden, dass diese sich keineswegs archaisch oder gar konzeptionell ungerichtet vollzieht. Zur neoliberalen Strategie einer Entkoppelung von Politik und Ökonomie gibt es durchaus die Alternative, die Sozialpolitik erneut als volkswirtschaftliches Konzept der Produktion von sozialer Wohlfahrt und Gerechtigkeit definiert und keineswegs als ökonomische Residualkategorie![496] Dass diese Option sich keineswegs nur auf eine historisierende Erinnerungsarbeit begrenzen lässt, sondern theoretische und handlungsprak-

---

496 Vgl. hierzu u. a.: Leopold von Wiese (1981): Einführung in die Sozialpolitik. Verlag G. A. Gloeckner. Leipzig. Wirtschafts- und Sozialwissenschaftliches Institut des DGB (Hrsg.) (1981): WSI-Studie zur Wirtschafts- und Sozialforschung: Seit über einem Jahrhundert…: Verschüttete Alternativen in der Sozialpolitik. Bund-Verlag. Köln.

tische Herausforderungen zur nachhaltigen Entwicklung des Sozialstaates aufwerfen, belegen zahlreiche Veröffentlichungen.[497]

Für eine sich kritisch verstehende Soziale Arbeit bedeutet die entscheidende und weichenstellende Aufgabe der nächsten Jahre deshalb, policy-Kompetenz zurückgewinnen zu müssen, zumal keineswegs schon entschieden ist, wohin die Reise wirklich geht. Nun wird ein solcher Entscheidungsprozess weniger davon abhängen, wie sich die deutschen Spitzenverbände entwickeln wollen, als vielmehr von der allgemeinen Bereitschaft und Fähigkeit, einen gesellschaftlichen Diskurs über die Inhalte und Ausgestaltung von Sozialpolitik als Teil einer „res publica" zu führen.[498] Gerade weil die Zeiten hierfür augenblicklich schlecht stehen, ist an eine Einsicht zu erinnern, die für die Entwicklung der Nationalökonomie einstmals Pate stand und im Kontext der notwendigen Weiterentwicklung einer nicht mehr nationalstaatlich begrenzbaren sozialen Infrastruktur neu aufzugreifen wäre. So begründete Adam Smith 1776 in seinem berühmt gewordenen Werk „Wealth of Nations" u. a. die staatliche Pflicht, „gewisse öffentliche Werke zu errichten und zu unterhalten, die einzelne oder eine kleine Zahl von einzelnen kein Interesse haben zu errichten und zu erhalten, weil der Gewinn niemals einem einzelnen oder einer kleinen Zahl von einzelnen die Kosten ersetzen würde, obgleich er einem großen Volke die Kosten oft überreichlich ersetzen kann."[499]

Das neue Problem dieser alten Erkenntnis besteht nun allerdings in der Schwierigkeit und Herausforderung zugleich, eine solche Perspektive nicht mehr im Rahmen einer national begrenzten Sozialstaatspolitik realisieren zu können. Die Zeit isolierter nationaler Lösungen dürfte unwiderruflich vorbei sein. Für die Perspektive der deutschen Wohlfahrtsverbände und deren

---

497 Beispielhaft hierzu u. a.: Thomas H. Marshall (1992): Bürgerrecht und soziale Klassen. Zur Soziologie des Wohlfahrtsstaates. Campus Verlag. Frankfurt a. M./New York; Ralf Dahrendorf (1994): Der moderne soziale Konflikt. Essay zur Politik der Freiheit. Dt. Taschenbuchverlag. München; Werner Schönig (2001): Rationale Sozialpolitik: die Produktion von Sicherheit und Gerechtigkeit in modernen Gesellschaften und ihre Implikationen für die ökonomische Theorie der Sozialpolitik. Duncker & Humblot. Berlin; Reinhard Bispinck (Hrsg.) (2012): Sozialpolitik und Sozialstaat. Festschrift für Gerhard Bäcker. Verlag für Sozialwissenschaften. Wiesbaden.

498 Vgl. u. a.: Warnfried Dettling (1996): Was heißt Solidarität heute? In: Die Zeit. Nr. 1. 27. Dezember 1996. 51. Jahrgang. S. 1.

499 Adam Smith: An Inquiry into the Nature and Causes of the Wealth of Nations. 1776. Deutsch: Untersuchung über das Wesen und die Ursachen des Volkswohlstandes. Berlin 1905. Zitiert nach: Ernst Klett Verlag (Hrsg.) (1992): Soziale Marktwirtschaft. Grundlagen und Aufgaben. Band 1: Uwe Tänzer: Ökonomische Kernprobleme in Deutschland. Stuttgart. S. 76.

Weiterentwicklung bedeutet dies, sich verstärkt der Frage stellen zu müssen, ob und inwieweit sie dazu beitragen, den Veränderungsprozess von einem traditionellen und etatistisch geprägten Wohlfahrtsstaat hin zu einer sich neu generierenden Wohlfahrtsgesellschaft[500] aktiv mitzutragen. Und hierbei stellt sich zugleich die Aufgabe, eine solche Perspektive über den national-staatlich engen Tellerrand hinausgehend transnational zu denken und praktisch zu entwickeln.[501] Nur durch ein hierauf bezogenes und transparentes Handeln wird es ihnen zukünftig möglich sein, Ansprüche auf eine öffentliche Förderung zu legitimieren und aufrechtzuerhalten sowie dem zunehmenden öffentlichen Legitimationsdruck standzuhalten. Hierzu wäre es aber auch ebenfalls nötig, sich von bisherigen Abschottungen und verbandlichen Eigeninteressen zu emanzipieren. Nichts spricht gegen das Engagement von freien Trägern bei der Bereitstellung und Sicherung einer sozialen Infrastruktur. Aber alles spricht dagegen, dass sich diese Aktivitäten in einem durch Sonderrechte eingegrenzten Raum realisieren und sich damit dem öffentlichen Diskurs und der öffentlichen Verantwortung entziehen.

---

500 Vgl. u. a.: Adalbert Evers, Thomas Olk (Hrsg.) (1996): Wohlfahrtspluralismus. Vom Wohlfahrtsstaat zur Wohlfahrtsgesellschaft. Westdeutscher Verlag. Opladen.
501 Vgl.: Ulrich Beck, Edgar Grande (2004): Das kosmopolitische Europa. Gesellschaft und Politik in der zweiten Moderne. Suhrkamp Verlag. Frankfurt am Main.

Verzeichnis der Übersichten, Abbildungen und Tabellen

Abkürzungsverzeichnis

ACK	Arbeitsgemeinschaft Christlicher Kirchen
AcU	Arbeitsgemeinschaft caritativer Unternehmen
AFESS	Arbeitsgemeinschaft für Schwerhörigenseelsorge
AFET	Arbeitsgemeinschaft für Erziehungshilfe
AG	Aktiengesellschaft
AGJ	Arbeitsgemeinschaft Jugendhilfe
ARRG	Arbeitsrechtsregelungsgesetz der Evangelischen Kirche in Deutschland
ARSO	Arbeitsgemeinschaft Sozialpolitischer Organisationen
AVR	Richtlinien für Arbeitsverträge in den Einrichtungen des DCV
AWO	Arbeiterwohlfahrt
AZAV	Akkreditierungs- und Zulassungsverordnung Arbeitsförderung
AZWV	Anerkennungs- und Zulassungsverordnung Weiterbildung
BA	Bundesanstalt für Arbeit
BAG	Bundesarbeitsgemeinschaft
BAGFW	Bundesarbeitsgemeinschaft der Freien Wohlfahrtspflege
BAGKJS	Bundesarbeitsgemeinschaft Kath. Jugendsozialarbeit
BAGSB	Bundesarbeitsgemeinschaft kath. Einrichtungen für Sinnesbehinderte Menschen
Be	Bezirk
BETA	Bundesvereinigung Evang. Tageseinrichtungen für Kinder
BFS	Bank für Sozialwirtschaft
BG	Berufsgenossenschaft
BGB	Bürgerliches Gesetzbuch
BGW	Berufsgenossenschaft für Gesundheitsdienst und Wohlfahrtspflege
BJSD	Bundesverband Jüdischer Studenten Deutschlands
BKE	Blaues Kreuz in der Evang. Kirche
BKS	Bundesverband eigenständiger Rettungsdienste
BMGS	Bundesministerium für Gesundheit und Soziales
BRD	Bundesrepublik Deutschland
BSHG	Bundessozialhilfegesetz
BVEA	Bundesverband Evang. Arbeitnehmerorganisationen
BVerfG	Bundesverfassungsgericht
BWL	Betriebswirtschaftslehre
CBP	Caritas Behindertenhilfe und Psychiatrie
CBT	Caritas-Betriebsführungs- und Trägergesellschaft mbH
CIC	Codex Iuris Canonici
CJD	Christliches Jugenddorfwerk Deutschlands
CKD	Caritas Konferenz Deutschlands
CTT	Caritasträgergesellschaft Trier
CV	Caritasverband
CVJM	Christlicher Verein junger Männer und Frauen in Deutschland
DBK	Deutsche Bischofskonferenz
DCV	Deutscher Caritasverband
DDR	Deutsche Demokratische Republik
DEKRA	Deutscher Kraftfahrzeug-Überwachungsverein

DEVAP	Deutscher Evang. Verband für Altenarbeit und Pflege
DGB	Deutscher Gewerkschaftsbund
DHS	Deutsche Hauptstelle für Suchtfragen
DiCV	Diözesan-Caritasverband
DJI	Deutsches Jugendinstitut
DL	Dienstleistung
DPWV	Der Paritätische Wohlfahrtsverband
DQF	Diakonisches Institut für Qualitätsmanagement und Forschung
DRK	Deutsches Rotes Kreuz
DV	Deutscher Verein für öffentliche und private Fürsorge
DW	Diakonisches Werk
DZI	Deutsches Zentralinstitut für soziale Fragen
EC	Entschieden für Jesus
EED	Evang. Entwicklungsdienst
EFAS	Evang. Fachverband für Arbeit und soziale Integration
eG	eingetragene Genossenschaft
EG	Europäische Gemeinschaft
EKD	Evangelische Kirche Deutschland
EKFuL	Evang. Konferenz für Familien- und Lebensberatung, Fachverband für Psychologische Beratung und Supervision
EKH	Arbeitsgemeinschaft Evang. Krankenhaushilfe
EKM	Evang. Kirche und Diakonie in Mitteldeutschland
epd	Evangelischer Pressedienst
EREV	Evang. Erziehungsverband
ESiD	Evang. Schwerhörigenseelsorge in Deutschland
ESW	Evang. Seniorenwerk
EU	Europäische Union
EuGH	Europäischer Gerichtshof
EVA	Fachverband für Frauengesundheit
EWDE	Evang. Werk für Diakonie und Entwicklung
EWG	Europäische Wirtschaftsgemeinschaft
FEH	Freiwillige Erziehungshilfe
FG	Fachgruppe
FH	Fachhochschule
FSP	Forschungsschwerpunkt
GG	Grundgesetz für die Bundesrepublik Deutschland
gGmbH	gemeinnützige Gesellschaft mit beschränkter Haftung
GmbH	Gesellschaft mit beschränkter Haftung
GOS	Gesellschaft für Organisationsberatung
HAWK	Hochschule für angewandte Wissenschaft und Kunst
Hika	Hilfskasse gemeinnütziger Wohlfahrtseinrichtungen Deutschlands
HK	Handwerkskammer
IAB	Institut für Arbeitsmarkt- und Berufsforschung
IAH	Internationale Arbeiterhilfe
IB	Internationaler Bund für Sozialarbeit/Jugendsozialarbeit
IHK	Industrie- und Handelskammer
IKR	Internationales Komitee vom Roten Kreuz

IM	Innere Mission
INVIA	Kath. Verband für Mädchen- und Frauensozialarbeit
ISMO	International Society for Mobile Youth Work
	Internationale Gesellschaft für Mobile Jugendarbeit
ISS	Institut für Sozialarbeit und Sozialpädagogik
JHA	Jugendhilfeausschuss
Jüd.Gem.	Jüdische Gemeinde
JV	Jugendverband
JWG	Jugendwohlfahrtsgesetz
k. A.	keine Angaben
K. A. P. P.	Kooperationsgruppe Ambulante Private Pflegedienste
KAGW	Kath. Arbeitsgemeinschaft Wohnungslosenhilfe
KAM	Kath. Arbeitsgemeinschaft Migration
KDA	Kuratorium Deutsche Altershilfe
KiTa	Kindertagesstätte
KJHG	Kinder- und Jugendhilfegesetz
KJVD	Kommunistischer Jugendverband Deutschlands
KKVD	Kath. Krankenhausverband Deutschlands
KPD	Kommunistische Partei Deutschlands
KTK	Verband Katholischer Tageseinrichtungen für Kinder
KV	Kreisverband
Lv/LV	Landesverband
mbH	mit beschränkter Haftung
MBL NW	Ministerialblatt des Landes Nordrhein-Westfalen
MV	Mitgliederversammlung
NPO	Nonprofit-Organisation
NRW	Nordrhein-Westfalen
NS	Nationalsozialismus
NSV	Nationalsozialistische Volkswohlfahrt
o. A.	ohne Angaben
o. D.	ohne Datum
OE	Organisationsentwicklung
OJC	Offensive junger Christen
OV	Ortsverein
PflegeVG	Pflegeversicherungsgesetz
PiC	Psychiatrie in der Caritas
PR	Public Relations – Öffentlichkeitsarbeit
rDW	Regionales Diakonisches Werk
REF	Konferenz der Rektoren und Präsidenten Evang. Fachhochschulen in der Bundesrepublik Deutschland
REZ	Regionale Einkaufszentren
RFMB	Roter Frauen- und Mädchen-Bund
RFV	Reichsverordnung über die Fürsorgepflicht (Reichfürsorge-pflichtverordnung)
RGBl	Reichsgesetzblatt
RHD	Rote Hilfe Deutschland
RJWG	Reichsjugendwohlfahrtsgesetz

RK	Rotes Kreuz
RWI	Rheinisch-Westfälisches Wirtschaftsinstitut
SächsBRKG	Sächsisches Gesetz über den Brandschutz, Rettungsdienst und Katastrophenschutz
SdöR	Stiftung des öffentlichen Rechts
SGB	Sozialgesetzbuch
SJD	Sozialistische Jugend Deutschland
SKF	Sozialdienst katholischer Frauen
SKFM	Sozialdienst katholischer Frauen und Männer
SKM	Katholischer Verband für soziale Dienste in Deutschland
SMD	Studentenmission in Deutschland
SozArb	Sozialarbeit
SPD	Sozialdemokratische Partei Deutschland
SPFH	Sozialpädagogische Familienhilfe
SRH	Stiftung Rehabilitation Heidelberg
SU	Sowjetunion
TAZ	Die Tageszeitung
TuP	Theorie und Praxis der sozialen Arbeit
TÜV	Technischer Überwachungsverein
TZ	Teilzeitbeschäftigte
USA	United States of America
UWG	Reichsgesetz über den Unterstützungswohnsitz
VCH	Verband Christlicher Hoteliers
VCP	Verband Christlicher Pfadfinderinnen und Pfadfinder
VdDD	Verband diakonischer Dienstgeber in Deutschland
VDO	Vereinigung Deutscher Ordensobern
VdS	Verband der Schwesternschaften vom DRK
VEDD	Verband evang. Diakonen-, Diakoninnen-, Diakonatsgemeinschaften in Deutschland
VKAD	Verband kath. Altenhilfe in Deutschland
VKEDKM	Verband kath. Einrichtungen und Dienste für körper- und mehrfach behinderte Menschen
VO EWG	Verordnung der Europäischen Wirtschaftsgemeinschaft
VOD	Vereinigung der Ordensoberinnen Deutschlands
VPK	Bundesverband privater Träger der freien Kinder-, Jugend- und Sozialhilfe
vs.	versus, gegen
VVaG	Versicherungsverein auf Gegenseitigkeit
VZ	Vollzeitbeschäftigte
WfB	Werkstätten für Behinderte
WIBU	Wirtschaftsbund sozialer Einrichtungen eG
WIZO	Womens International Zionist Organisation
WRV	Weimarer Reichsverfassung
WSA	Wirtschafts- und Sozialausschuss
WSI	Wirtschafts- und Sozialwissenschaftliches Institut des DGB
ZFM	DRK-Stiftung Zukunft für Menschlichkeit
ZJD	Zionistische Jugend in Deutschland e.V.
ZWST	Zentralwohlfahrtsstelle der Juden in Deutschland

Literatur

Abendroth, Wolfgang (1978): Aufstieg und Krise der deutschen Sozialdemokratie. Pahl-Rugenstein Verlag. Köln.

Achilles, Mark (2004): Ansehen und Vertrauen in der Bevölkerung schaffen. In: neue caritas. Heft 15/2004. S. 24 ff.

Adler-Rudel, Scholem (1974): Jüdische Selbsthilfe unter dem Naziregime 1933–1939. Im Spiegel der Berichte der Reichsvertretung der Juden in Deutschland. J. C. B. Mohr (Paul Siebeck) Verlag. Tübingen.

Alexianer Brüdergemeinschaft (2012): www.alexianer.de/home/wir_ueber_uns/?&print=1. (Zugriff am 18. 10. 2012).

Allianz Kulturstiftung (2012): Wir sind Europa! Manifest zur Neugründung Europas von unten, initiiert von Ulrich Beck und Daniel Cohn-Bendit. Berlin. http://manifest-europa.deu/allgemein/wir-sind-europa?lang=de (Zugriff am 20. 11. 2012).

Amtsblatt der Europäischen Gemeinschaften (1993): Nr. C 42/84 und C 42/90 vom 15. 2. 1993.

Amtsblatt der Europäischen Union (2004): C 80/66 vom 30. 3. 2004: Stellungnahme des Europäischen Wirtschafts- und Sozialausschusses zu dem „Grünbuch zu Dienstleistungen von allgemeinem Interesse".

Amtsblatt des Erzbistums Köln (2000): 1. Juni 2000. Erlasse des Herrn Erzbischofs Nr. 138: Satzung des Diözesan-Caritasverbandes für das Erzbistum Köln e. V. i. d. F. vom 3. 2. 2000.

Angerhausen, Susanne/Backhaus-Maul, Holger/Offe, Claus/Olk, Thomas/Schiebel, Martina (1998): Überholen ohne einzuholen. Freie Wohlfahrtspflege in Ostdeutschland. Westdeutscher Verlag. Opladen/Wiesbaden.

Angershausen, Susanne (2003): Radikaler Organisationswandel. Wie die „Volkssolidarität" die deutsche Vereinigung überlebte. Leske + Budrich, Opladen.

Arbeiterwohlfahrt Bezirksverband Westliches Westfalen e. V. (2000): Bezirkskonferenz 2002. Geschäftsbericht 1997–2000.

Arbeiterwohlfahrt Bezirksverband Westliches Westfalen e. V. (2012): AWO: Solidarisch und gerecht. Bezirkskonferenz 2012. Geschäftsbericht.

Arbeiterwohlfahrt Bundesverband e. V. (1988): Die Nationalsozialistische Volkswohlfahrt. Bonn.

Arbeiterwohlfahrt Bundesverband e. V. (1992): Helfen und Gestalten. Beiträge und Daten zur Geschichte der Arbeiterwohlfahrt. Bonn.

Arbeiterwohlfahrt Bundesverband e. V. (2004): Marie Juchacz 1879–1956 – Leben und Werk der Gründerin der Arbeiterwohlfahrt. Zweite Auflage. Bonn.

Arbeiterwohlfahrt Bundesverband e. V. (1987): Grundsatzprogramm der Arbeiterwohlfahrt. Verabschiedet auf der Bundeskonferenz 1987.

Arbeiterwohlfahrt Bundesverband e. V. (1991): Richtlinien der AWO. Beschlossen von der Bundeskonferenz 1974 in Wiesbaden, zuletzt geändert durch Beschluss der Bundeskonferenz 1991 in Nürnberg.

Arbeiterwohlfahrt Bundesverband e. V. (1992): Verbandsstatut der Arbeiterwohlfahrt. Beschlossen auf der Bundeskonferenz vom 11.–13. November 1992 in Berlin. Bonn.

Arbeiterwohlfahrt Bundesverband e. V. (1996): Grundsätzliche Überlegungen für die Aufnahme korporativer Mitglieder. Beschlossen vom Bundesausschuss am 21. 09. 1996.

Arbeiterwohlfahrt Bundesverband e. V. (1996): Schiedsordnung der Arbeiterwohlfahrt. Beschlossen vom Bundesausschuss am 27.04.1996.

Arbeiterwohlfahrt Bundesverband e. V. (1999): Grundsatzprogramm der Arbeiterwohlfahrt. Beschlossen auf der Sonderkonferenz Nov. 1998 in Düsseldorf. Bonn.

Arbeiterwohlfahrt Bundesverband e. V. (2002): Sozialbericht 2001: Ehrenamt im Wandel. Bonn.

Arbeiterwohlfahrt Bundesverband e. V. (2002): Soziale Demokratie im Wandel. Geschäftsbericht.

Arbeiterwohlfahrt Bundesverband e. V. (2004): Verbandsentwicklung braucht Strategie. 2. AWO-Kongress für Verbands- und Unternehmensmanagement. Bonn.

Arbeiterwohlfahrt Bundesverband e. V. (2007): Grundsätze und Eckpunkte zur Verbandsentwicklung der AWO. AWO-Bundeskonferenz Magdeburg am 22.–23.6.2007.

Arbeiterwohlfahrt Bundesverband e. V. (2008): AWO Unternehmenskodex Grundsätze der AWO in Deutschland für eine verantwortungsvolle Unternehmensführung und -kontrolle. Stand: November 2008.

Arbeiterwohlfahrt Bundesverband e. V. (2008): Verbandsstatut der Arbeiterwohlfahrt. Beschlossen durch die Bundeskonferenz 2000 in Würzburg, geändert durch die Sonderkonferenz 2002 in Aachen, geändert durch die Bundeskonferenz 2005 in Hannover, geändert durch die Bundeskonferenz 2007 in Magdeburg, geändert durch die Bundeskonferenz 2008 in Berlin.

Arbeiterwohlfahrt Bundesverband e. V. (2008): Satzung der Arbeiterwohlfahrt Bundesverband e. V. Beschlossen durch die Bundeskonferenz 2000 in Würzburg zuletzt geändert durch die Bundeskonferenz 2008 in Berlin.

Arbeiterwohlfahrt Bundesverband e. V. (2012): Bericht zur Mitgliederentwicklung der Arbeiterwohlfahrt – 2011. Arbeitsexemplar für den Workshop „Menschen gewinnen für die AWO". 11. August 2012. Bielefeld.

Arbeiterwohlfahrt Bundesverband e. V. (2012): Die AWO in Zahlen. Stand 1.12.2011. Berlin.

Arbeiterwohlfahrt Bundesverband e. V. (2012): Verbandsbericht 2011. Berlin.

Arbeiterwohlfahrt Kreisverband Essen e. V. (2012): Die AWO in Essen 2008–2012. Essen.

Arbeiterwohlfahrt Landesverband Schleswig-Holstein e. V. (2003): AWOcado. Sonderausgabe zur Strukturreform des AWO-Landesverbandes. Kiel.

Arbeitsgemeinschaft caritativer Unternehmen (AcU) (2012): Fachtagung „Dritter Weg – Dienstgemeinschaft oder Streikrecht?" am 20. September 2012 in Mainz. Beitrag Hans Jörg Millies, Finanz- und Personalvorstand des Deutschen Caritasverbandes: Das Arbeitsrecht der Caritas – Aktuelle Auseinandersetzungen.

Arbeitsgemeinschaft für Jugendhilfe (AGJ), Fachhochschule für Sozialarbeit und Sozialpädagogik Berlin (1983): 60 Jahre für Jugendwohlfahrt 1922–1982. Bonn.

Arbeitsgruppe Alternative Wirtschaftspolitik (2004): Memorandum 2004 Beschäftigung, Solidarität und Gerechtigkeit – Reform statt Gegenreform. Bremen.

Arbeitsrechtsregelungsgesetz der Evangelischen Kirche in Deutschland (ARRG – EKD) vom 10. Nov. 1988.

Backhaus-Maul, Holger/Olk, Thomas (1995): Von Subsidiarität zu „outconracting". Zum Wandel der Beziehungen zwischen Staat und Wohlfahrtsverbänden in der Sozialpolitik. Köln.

Badelt, Christoph (Hrsg.) (1997): Handbuch der Nonprofit Organisation. Strukturen und Management. Schäffer-Poeschel Verlag. Stuttgart.

Badura, Bernhard/Gross, Peter (1976): Sozialpolitische Perspektiven. Eine Einführung in Grundlagen und Probleme sozialer Dienstleistungen. München.

Baeck, Leo (1930): Jüdische Wohlfahrtspflege und jüdische Lehre. Vortrag zur Eröffnung der Lehrgänge für jüdisch-soziale Ausbildung und Fortbildung in Berlin am 19. Juni 1930. Zitiert aus: Zentralwohlfahrtsstelle der Juden in Deutschland e.V. (Hrsg.): Die Zentralwohlfahrtsstelle. Der jüdische Wohlfahrtsverband in Deutschland – Eine Selbstdarstellung. Frankfurt am Main, S. 10–17.

Bank für Sozialwirtschaft (1984): Entwicklung der Freien Wohlfahrtspflege bis zum Jahr 2000. Studie der Prognos AG. Basel.

Bank für Sozialwirtschaft (1991): Freie Wohlfahrtspflege im zukünftigen Europa. Herausforderungen und Chancen im Europäischen Binnenmarkt. Studie der Prognos AG. Köln/Berlin.

Bank für Sozialwirtschaft (2012): Anteilseigner. Fundstelle: http://www.sozialbank.de/anteilseigner (Sichtung: 08.12.2012).

Bank für Sozialwirtschaft (Hrsg.) (2003): Trend-Informationen 12/03: Stellungnahmen der Wohlfahrtsverbände zum Grünbuch Daseinsvorsorge. S. 8ff.

Baron, Rüdeger/Dykerhoff, Kristin/Landwehr, Rolf/Nootbaar, Hans (Hrsg.) (1978): Sozialarbeit zwischen Bürokratie und Klient – Die Sozialpädagogische Korrespondenz 1969–1973 (Reprint) – Dokumente der Sozialarbeiterbewegung. Hrsg. Sozialistisches Büro. Offenbach.

Bauer, Rudolph (1978): Wohlfahrtsverbände in der Bundesrepublik. Materialien und Analysen zu Organisation, Programmatik und Praxis. Ein Handbuch. Beltz Verlag. Weinheim und Basel 1978.

Bauer, Rudolph (1986): Vom Roten Kreuz zum Totenkreuz. Zur Wohlfahrtsverbände-Politik im Nationalsozialismus. In: neue praxis. Zeitschrift für Sozialarbeit, Sozialpädagogik und Sozialpolitik. Heft4/1986. S. 311ff.

Bauer, Rudolph (1992): Sozialpolitik in deutscher und europäischer Sicht. Rolle und Zukunft der Freien Wohlfahrtspflege zwischen EG-Binnenmarkt und Beitrittsländern. Deutscher Studien Verlag. Weinheim.

Bauer, Rudolph (1996): Zivilgesellschaftliche Gestaltung der Bundesrepublik: Möglichkeiten oder Grenzen? Skeptische Anmerkungen aus Sicht der Nonprofit-Forschung. In: Hubert Heinelt, Klaus M. Schmals (Hrsg.): Zivilgesellschaftliche Zukünfte – Gestaltungsmöglichkeiten einer zivilen Gesellschaft. Sigma-Verlag. Berlin.

Bauer, Rudolph (2001): Personenbezogene soziale Dienstleistungen. Westdeutscher Verlag. Wiesbaden.

Bauer, Rudolph (Hrsg.) (1984): Die liebe Not: zur historischen Kontinuität der Freien Wohlfahrtspflege. (Beiträge der Tagung „Zum Stand der Wohlfahrtsverbände-Forschung in der Bundesrepublik Deutschland"). Beltz Verlag. Weinheim.

Bauer, Rudolph (Hrsg.) (1992): Lexikon des Sozial- und Gesundheitswesens. R. Oldenbourg Verlag. München.

Bauer, Rudolph (Hrsg.) (1992): Sozialpolitik in deutscher und europäischer Sicht. Rolle und Zukunft der Freien Wohlfahrtspflege zwischen EG-Binnenmarkt und Beitrittsländern. Deutscher Studien Verlag. Weinheim.

Bauer, Rudolph/Diessenbacher, Hartmut (Hrsg.) (1984): Organisierte Nächstenliebe. Wohlfahrtsverbände und Selbsthilfe in der Krise des Sozialstaats. Westdeutscher Verlag. Opladen.

Bauer, Rudolph/Thränhard, Anna-Maria (Hrsg.) (1987): Verbandliche Wohlfahrtspflege im internationalen Vergleich. Westdeutscher Verlag. Opladen.

Bauer, Ulrike (2002): Paritätischer Wohlfahrtsverband als Motor der Sozialstaatsreform. In: Nachrichten Parität Nr. 5/2002.

Becher, Berthold (1996): Die Verbände der Freien Wohlfahrtspflege vor dem Zwang zur Neupositionierung: Strategisches Management und Organisationsentwicklung. In: Nachrichtendienst des Deutschen Vereins für öffentliche und private Fürsorge. 76. Jahrgang. Heft 6/96. S. 178 ff.

Beck, Ulrich/Grande, Edgar (2004): Das kosmopolitische Europa. Gesellschaft und Politik in der zweiten Moderne. Suhrkamp Verlag. Frankfurt a. M.

Beher, Karin/Liebig, Reinhard/Rauschenbach, Thomas (1999): Das Ehrenamt in empirischen Studien – ein sekundäranalytischer Vergleich. In: BMFSFJ, Schriftenreihe 163, Berlin.

Benad, Matthias/Althöfer, Ulrich (1997): Friedrich v. Bodelschwingh d. J. und die Betheler Anstalten: Frömmigkeit und Weltgestaltung. Kohlhammer Verlag. Stuttgart/Berlin/Köln.

Berger, Johannes/Offe, Claus (1980): Die Entwicklungsdynamik des sozialen Dienstleistungssektors. In: Leviathan. Heft 8/1980. S. 41–75.

Berger, Peter (2013): Wer hilft, bekommt die Kündigung. Katholische Krankenhäuser dürfen Vergewaltigungsopfer nicht über die Pille danach aufklären. In: Kölner Stadtanzeiger 17. Januar 2013.

Berger, Peter/Frank, Joachim (2013): Meisner erlaubt „Pille danach" … Land begrüßt Kurswechsel. In: Kölner Stadtanzeiger. 1. Februar 2013.

Bertelsmann Stiftung (1995): Neue Steuerungsmodelle und die Rolle der Politik. Dokumente eines Symposiums. Gütersloh.

Berufsgenossenschaft für Gesundheitsdienst und Wohlfahrtspflege (2011): Umlagestatistik 2010. Hamburg.

Berufsgenossenschaft für Gesundheitsdienst und Wohlfahrtspflege (2003): Jahresbericht 2002. Hamburg.

Beyer, Heinrich/Nutzinger, Hans G. (1991): Erwerbsarbeit und Dienstgemeinschaft. Arbeitsbeziehungen in kirchlichen Einrichtungen – Eine empirische Untersuchung. SWI-Verlag. Bochum.

BFS – Bank für Sozialwirtschaft GmbH (1994): Mit uns … (1993). Sowie: Bericht über das Geschäftsjahr 1994. Bonn 1995.

Bispinck, Reinhard (Hrsg.) (2012): Sozialpolitik und Sozialstaat. Festschrift für Gerhard Bäcker. Verlag für Sozialwissenschaften. Wiesbaden.

BKS – Bundesverband eigenständiger Rettungsdienste und Katastrophenschutz e. V. (2011): Göttinger Positionen 2011. Berlin.

Blandow, Jürgen/Tangemann, Marion (1992): Von der christlichen Liebestätigkeit zum Wohlfahrtsverband. Caritas und Diakonie der ehemaligen DDR der Transformation. Beispiele aus Rostock. In: Bauer (Hrsg.): Sozialpolitik in deutscher und europäischer Sicht.

Blätter der Wohlfahrtspflege. Deutsche Zeitschrift für Sozialarbeit (2004): Themenausgabe „Persönliches Budget". Heft 4/2004. Juli/August 2004.

Blätter der Wohlfahrtspflege. Deutsche Zeitschrift für Sozialarbeit (1989): Heft 10. Oktober 1989. Paritätische soziale Arbeit in der Bundesrepublik Deutschland. 40 Jahre Neugründung des Paritätischen Wohlfahrtsverbandes.

Bloch, Benjamin (1999): Zedaka – Die Gerechtigkeit. Jüdische Sozialarbeit 1945 bis heute. In: Romberg, Otto R./Urban-Fahr, Susanne (Hrsg.): Juden in Deutschland nach 1945. Tribüne-Verlag. Frankfurt am Main.

Bodemann, Michal Y. (1988): Staat und Ethnizität: Der Aufbau der jüdischen Gemeinden im Kalten Krieg. In: Brumlik, Micha/Kiesel, Doron/Kugelmann, Cilly/Schoeps, Julius H. (Hrsg.): Jüdisches Leben in Deutschland seit 1945. Athenäum Verlag. Frankfurt am Main, S. 49 ff.

Boeßenecker, Karl-Heinz (1995): Spitzenverbände der Freien Wohlfahrtspflege. Eine Einführung in Organisationsstruktur und Handlungsfelder. Votum Verlag. Münster.

Boeßenecker, Karl-Heinz (1998): Spitzenverbände der Freien Wohlfahrtspflege in der BRD. 2., bearbeitete und erweiterte Auflage. Votum Verlag. Münster. Wohlfahrtsverbände. Juventa Verlag. Weinheim und München.

Boeßenecker, Karl-Heinz (2005): Spitzenverbände der Freien Wohlfahrtspflege in der BRD. Eine Einführung in Organisationsstrukturen und Handlungsfelder der deutschen Wohlfahrtsverbände. Neuausgabe. Juventa Verlag. Weinheim und München.

Boeßenecker, Karl-Heinz u. a. (2003): Qualitätskonzepte in der Sozialen Arbeit. Votum Verlag. Münster.

Boeßenecker, Karl-Heinz/Siedhoff, Christa (2000): Bürgerschaftliches Engagement im Politikbereich Gesundheit. Eine Explorationsstudie. In: FH-Düsseldorf; Forschungsschwerpunkt Wohlfahrtsverbände/Sozialwirtschaft: Schriftenreihe Arbeitsmaterialien Nr. 14, Düsseldorf.

Boeßenecker, Karl-Heinz/Markert, Andreas (2011): Studienführer Sozialmanagement. Studienangebote in Deutschland, Österreich und der Schweiz. Befunde – Analysen – Perpketiven. Nomos Verlag. Baden-Baden.

Boeßenecker, Karl-Heinz/Trube, Achim/Wohlfahrt, Norbert (Hrsg.) (2000): Privatisierung im Sozialsektor. Rahmenbedingungen, Verlaufsformen und Probleme der Ausgliederung sozialer Dienste. Votum Verlag. Münster.

Boethke, Wilhelm (1918): Das Rote Kreuz. Seine Entstehung, sein Wesen und seine Einrichtungen. 2. Aufl., Reclam. Leipzig.

Bollmann, Ralph (2012): Der allgegenwärtige Ulrich Schneider. In: Frankfurter Allgemeine Sonntagszeitung vom 14. 10. 2012, Nr. 41.

Branahl, Matthias/Fuest, Winfried (1995): Kirchensteuer in der Diskussion. Hrsg.: Institut der deutschen Wirtschaft. Beiträge zur Wirtschafts- und Sozialpolitik Nr. 224. Deutscher Institutsverlag. Köln.

Braun, Joachim (1989): Kontaktstellen und Selbsthilfe. Bilanz und Perspektiven der Selbsthilfeförderung in Städten und ländlichen Regionen. ISAB-Verlag. Köln.

Brenner, Tobias (1995): Diakonie im Sozialstaat. Staatskirchenrecht und Evangelische Kirche. Universitas Verlag. Tübingen.

Brückers, Rainer (Hrsg.) (2003): Tandem QM. Das integrierte Qm-Konzept in der sozialen Arbeit. Verlag Gesellschaft für Organisationsentwicklung und Sozialplanung mbH. Bonn.

Brumlik, Micha/Kiesel, Doron/Kugelmann, Cilly/Schoeps, Julius H. (Hrsg.) (1988): Jüdisches Leben in Deutschland seit 1945. Athenäum Verlag. Frankfurt am Main.

Brünner, Frank (2004): Europa erreicht die Wohlfahrtspflege. In: neue caritas. Heft 11. 17. Juni 2004. S. 14 ff.

Brüsseler Kreis (2012): Übersicht http://www.bruesseler-kreis.de/index.php (Zugriff am 17. 12. 2012).

Bucholz, Heinz (1996): Stiftung als weiterführender Weg im Fundraising. Privates Vermögen für soziales Engagement. Arbeiterwohlfahrt Essen gründet erste selbständige Gemeinschaftsstiftung in Deutschland. In: Forum Sozialstation. Das Magazin für ambulante Pflege. Nr. 81. August 1996. S. 20 ff.

Buck, Gerhard (1983): Die Entwicklung der Freien Wohlfahrtspflege von den ersten Zusammenschlüssen der freien Verbände im 19. Jahrhundert bis zur Durchsetzung des Subsidiaritätsprinzips in der Weimarer Fürsorgegesetzgebung. In: Rolf Landwehr, Rüdeger Baron (Hrsg.): Geschichte der Sozialarbeit. Beltz Verlag. Weinheim und Basel.

Bundesanstalt für Arbeit: Institut für Arbeitsmarkt- und Berufsforschung (2010): Berufe im Spiegel der Statistik 2010. IAB Online. http://bisds.infosys.iab.de/bisds/faces/Start.jsp

Bundesarbeitsgemeinschaft der Freien Wohlfahrtspflege (1985): Die Spitzenverbände der Freien Wohlfahrtspflege – Aufgaben und Finanzierung, Lambertus Verlag. Freiburg i. Br.

Bundesarbeitsgemeinschaft der Freien Wohlfahrtspflege (1993): Jahresbericht 1992. Bonn.

Bundesarbeitsgemeinschaft der Freien Wohlfahrtspflege (1994): Stellungnahme zum „Grünbuch der Kommission der Europäischen Gemeinschaften über die europäische Sozialpolitik: Weichenstellung für die Europäische Union" vom 14. März 1994.

Bundesarbeitsgemeinschaft der Freien Wohlfahrtspflege (2002): Die Freie Wohlfahrtspflege. Profil und Leistungen. Lambertus Verlag. Freiburg i. Br.

Bundesarbeitsgemeinschaft der Freien Wohlfahrtspflege (2002): Satzung vom 18.05. 1999, zuletzt geändert durch Beschluss der OMV vom 27.11.2002. Berlin.

Bundesarbeitsgemeinschaft der Freien Wohlfahrtspflege (2003): Anforderungen der Bundesarbeitsgemeinschaft der Freien Wohlfahrtspflege (BAGFW) an die Darlegung und Prüfung von QM-Systemen. Verabschiedet vom Vorstand der Bundesarbeitsgemeinschaft der Freien Wohlfahrtspflege. Berlin 18.03.2003.

Bundesarbeitsgemeinschaft der Freien Wohlfahrtspflege (2003): Grundanliegen der Wohlfahrtsverbände zur Erreichung ihrer spezifischen Dienstleistungsqualität. Verabschiedet vom Vorstand der Bundesarbeitsgemeinschaft der Freien Wohlfahrtspflege. Berlin.

Bundesarbeitsgemeinschaft der Freien Wohlfahrtspflege (2004): Jahresbericht 2003. Bonn.

Bundesarbeitsgemeinschaft der Freien Wohlfahrtspflege (2004): Memorandum „Zivilgesellschaftlicher Mehrwert gemeinwohlorientiert sozialer Dienste". Berlin.

Bundesarbeitsgemeinschaft der Freien Wohlfahrtspflege (2004): Memorandum Zivilgesellschaftlicher Mehrwert gemeinwohlorientierter sozialer Dienste. Brüssel.

Bundesarbeitsgemeinschaft der Freien Wohlfahrtspflege e. V. (2001): Gesamtstatistik 2000 – internes, unveröffentlichtes Arbeitspapier. Stand 3. Juli 2001. Bonn.

Bundesarbeitsgemeinschaft der Freien Wohlfahrtspflege e. V. (2001): Gesamtstatistik der Einrichtungen und Dienste der Freien Wohlfahrtspflege. Stand: 01.01.2000. Berlin.

Bundesarbeitsgemeinschaft der Freien Wohlfahrtspflege e. V. (Hg.) (2001): Die Freie Wohlfahrtspflege – Profil und Leistungen. Lambertus Verlag. Freiburg i. Br.

Bundesarbeitsgemeinschaft der Freien Wohlfahrtspflege e. V. (2009): Die Freie Wohlfahrtspflege. Von Menschen für Menschen. Berlin.

Bundesarbeitsgemeinschaft der Freien Wohlfahrtspflege e. V. (2009): Einrichtungen und Dienste der Freien Wohlfahrtspflege. Gesamtstatistik 2008. Stand: 1. Januar 2008. Berlin.

Bundesarbeitsgemeinschaft der Freien Wohlfahrtspflege e. V. (2012): Jahresbericht 2011. Von Menschen für Menschen. Berlin.

Bundesarbeitsgericht (2012): Pressemitteilung Nr. 81/12. Arbeitskampf in kirchlichen Einrichtungen – Dritter Weg. Urteil vom 20. November 2012 – 1 AZR 179/11.

Bundesarbeitsgericht (2012): Pressemitteilung Nr. 82/12. Arbeitskampf in kirchlichen Einrichtungen – Zweiter Weg. Urteil vom 20. November 2012 – 1 AZR 611/11.

Bundesministerium für Familie und Senioren (Hrsg.) (1994): Schriftenreihe. Band 42: Joachim Braun: Selbsthilfeförderung durch Länder, Kommunen und Krankenkassen. Bonn.

Bundesministerium für Familien, Senioren, Frauen und Jugend (BMFSFJ) (2000): Freiwilliges Engagement in Deutschland. Ergebnisse der Repräsentativerhebung zu Ehrenamt, Freiwilligenarbeit und bürgerschaftlichem Engagement. In: BMFSFJ, Schriftenreihe 194. 1–3. Berlin.

Bundessozialhilfegesetz (BSHG) vom 30. Juni 1961 (BGBl. I. S. 815).

Bundeszentrale für politische Bildung (1992): Europäische Gemeinschaft – Europäische Union. Die Vertragstexte von Maastricht, bearbeitet und eingeleitet von Thomas Läufer. Bonn.

Bundeszentrale für politische Bildung (1992): Vertrag zur Gründung der Europäischen Gemeinschaft (EG). In der Fassung vom 7. Februar 1992. Lizenzausgabe. Bonn.

Bürgerschaft der Freien und Hansestadt Hamburg (1995): 15. Wahlperiode. Drucksache 15/375 1 vom 15. 8. 95. Mitteilungen des Senats an die Bürgerschaft. Stellungnahme des Senats zu dem Ersuchen der Bürgerschaft vom 12./13./14. Dezember 1994 (Drucksache 15/2400) – Zuwendungen.

Caperchione, Eugen/Gudera, Markus (1995): Freie Wohlfahrtsorganisationen in Italien. In: Zeitschrift für öffentliche und gemeinwirtschaftliche Unternehmen (ZögU). Band 18. Heft 4. 1995. 5. 398 ff.

Caritas-Betriebsführungs- und Trägergesellschaft mbH (Hrsg.) (1994): Grundsätze unseres Dienstes. Der Weg der CBT ist der Mensch. Köln.

Caritasverband der Erzdiözese München und Freising e. V. (2001): Satzung i. d. F. vom 20. Juli.

Caritasverband der Erzdiözese München und Freising e. V. (2004): Zukunft gestalten statt verwalten. Jahresbericht 2003/04.

Caritasverband Frankfurt am Main (Hrsg.) (1995): Einrichtung cariteam – Beschäftigungs- und Qualifizierungsmaßnahmen. Jahresbericht 1994. Frankfurt am Main.

Caritasverband für den Bezirk Limburg e. V. (2002): Vorstandsbeschluss vom 11. 4. 02 – Schwangerschaftskonfliktberatung. Nach dem durch die katholische Amtskirche erzwungenen Ausstieg des CV sowie des Sozialdienst katholischer Frauen (SkF) aus dem staatlich anerkannten System der Schwangerschaftskonfliktberatung gründeten katholische Laien 1999 den Verein „Donum Vitae".

Caritasverband für die Stadt Köln e. V. (2012): Gelöste Grenzen – Caritas verbindet Menschen. Das Jahr 2011. Jahresbericht 2011 des Caritasverbandes für die Stadt Köln e. V. Köln.

Cremer, Georg (2004): Im Wettbewerb und trotzdem sozial. In: neue caritas. Heft 11. 17. Juni 2004. S. 9 ff.

Dahme, Heinz-Jürgen/Kühnlein, Gertrud/Wohlfahrt, Norbert (2005): Zwischen Wettbewerb und Subsidiarität. Wohlfahrtsverbände unterwegs in die Sozialwirtschaft. Unter

Mitarbeit von Monika Burmester. Reihe: Forschung aus der Hans-Böckler-Stiftung – 61. edition sigma. Berlin.

Dahme, Heinz-Jürgen/Kühnlein, Gertrud/Wohlfahrt, Norbert (2004): Zwischen Wettbewerb und subsidiärer Leistungserbringung: die Verbände der Freien Wohlfahrtspflege im Modernisierungsprozess. Endbericht des Forschungsprojekts „Vom Wohlfahrtssektor zur Sozialwirtschaft: Wandel der Arbeitsbedingungen und Qualifikationsanforderungen in sozialen Diensten durch Wettbewerb und Kontraktmanagement". Landesinstitut Sozialforschungsstelle Dortmund.

Dahme, Heinz-Jürgen/Kühnlein, Gertrud/Wohlfahrt, Norbert (2008): Zwischen Wettbewerb und Subsidiarität. Wohlfahrtsverbände unterwegs in die Sozialwirtschaft. Edition Sigma. Berlin.

Dahme, Heinz-Jürgen/Otto Hans-Uwe/Trube, Achim/Wohlfahrt, Norbert (Hrsg.) (2003): Soziale Arbeit für den aktivierenden Staat. Leske + Budrich. Opladen.

Dahrendorf, Ralf (1994): Der moderne soziale Konflikt. Essay zur Politik der Freiheit. Dt. Taschenbuchverlag. München.

Dankwart Danckwerts (1978): Grundriß einer Soziologie sozialer Arbeit und Erziehung. Zur Bestimmung der Entwicklung von Sozialarbeit und Sozialpädagogik in der BRD. Beltz Verlag. Weinheim und Basel.

Der Paritätische Landesverband NRW e. V. (2012): Organigramm. Fundstelle: http://www.paritaet-nrw.org/progs/pia/content/e4512/e17135/e15792/Organigramm_XPress_farbig.pdf (Sichtung: 18.11.2012).

Der Paritätische Wohlfahrtsverband Landesverband Hessen e. V. (2012): Kreisgruppenordnung. Fundstelle: http://www.paritaet-hessen.org/verband/der-paritaetische-in-den-regionen/kreisgruppen/kreisgruppenordnung. (Gesichtet: 05.12.12).

Der Paritätische Wohlfahrtsverband Landesverband Hessen e. V. (2012a): Mitglieder. Fundstelle: http://www.paritaet-hessen.org/verband/unsere-mitglieder/ (Sichtung: 10.12.12).

Der Paritätische Wohlfahrtsverband Landesverband Hessen e. V. (Hrsg.) (2011): Jahresbericht 2010. Frankfurt am Main.

Der Spiegel (1988): Nr. 15/1988. S. 52 ff.: „Nur noch saugen und mauscheln". Korruption, Filz und Inkompetenz im System der deutschen Wohlfahrtsverbände.

Der Spiegel (1995): Nr. 52/1995. S. 40 ff.: „Konzerne unterm Kreuz".

Dettling, Warnfried (1995): Politik und Lebenswelt. Vom Wohlfahrtsstaat zur Wohlfahrtsgesellschaft. Verlag Bertelsmann Stiftung. Gütersloh.

Dettling, Warnfried (1996): Was heißt Solidarität heute? In: Die Zeit. Nr. 1/1996. 27. Dezember 1996. 51. Jahrgang.

Deutsche Ordenskonferenz (2012): Ordensgemeinschaften in Deutschland. Zahlen und Fakten von Ordensgemeinschaften. http://www.orden.de. Zugriff am 19.10.2012.

Deutscher Bundestag (1996): Antwort der Bundesregierung auf die Große Anfrage zur Bedeutung ehrenamtlicher Tätigkeit in unserer Gesellschaft, Drucksache 13/5674.

Deutscher Bundestag 13. Wahlperiode. Drucksache 12/11291 vom 17.07.1998: Unterrichtung durch die Bundesregierung. Zwölftes Hauptgutachten der Monopolkommission 1996/1997.

Deutscher Caritasverband (1983): Caritas in Kirche, Staat und Gesellschaft. Ein Positionspapier des Deutschen Caritasverbandes zu Selbstverständnis und Auftrag verbandlich organisierter Caritas im heutigen kirchlichen und gesellschaftlichen Kontext. Freiburg i. Br.

Deutscher Caritasverband (1993): R. Hauser; W. Hübinger: Arme unter uns. Teil 1: Ergebnisse und Konsequenzen der Caritas-Armutsuntersuchung. Teil 2: Dokumentation der Erhebungsmethoden und der Instrumente der Caritas-Armutsuntersuchung. Lambertus Verlag. Freiburg i. Br.

Deutscher Caritasverband e. V. (1993): Die katholischen sozialen Einrichtungen der Caritas in der Bundesrepublik Deutschland. Stand 1.1.1992. Caritas Korrespondenz. Heft 1. Januar 1993.

Deutscher Caritasverband e. V. (1996): Presseinformation vom 20.11.1996. Modellversuch Freiwilligen-Zentren im DCV.

Deutscher Caritasverband e. V. (1997): Meinungsbild Caritas. Die Allensbacher Studien zum Leitbildprozeß: Perspektiven. Band 1 und 2. Lambertus Verlag. Freiburg i. Br.

Deutscher Caritasverband e. V. (2003): Caritas 2004. Jahrbuch des Deutschen Caritasverbandes. Freiburg i. Br.

Deutscher Caritasverband e. V. (2003): Satzung des Deutschen Caritasverbandes e. V. in der Fassung vom 16. Oktober 2003.

Deutscher Caritasverband e. V. (2005): Satzung des Deutschen Caritasverbandes e. V. vom 16. Oktober 2003 in der Fassung vom 18. Oktober 2005.

Deutscher Caritasverband e. V. (2007): Tarifpolitische Leitlinien des Deutschen Caritasverbandes. Freiburg.

Deutscher Caritasverband e. V. (2008): Leitlinien für unternehmerisches Handeln der Caritas. Beschluss der 6. Delegiertenversammlung des DCV Essen, den 16. Oktober.

Deutscher Caritasverband e. V. (2011): Caritas 2012. Jahrbuch des Deutschen Caritasverbandes. Freiburg i. Br.

Deutscher Caritasverband e. V. (2011): Die katholischen sozialen Einrichtungen und Dienste der Caritas. Zentralstatistik des Deutschen Caritasverband e. V. Stichtag 31.12.2010.

Deutscher Caritasverband e. V. (2012): Richtlinien für Arbeitsverträge in den Einrichtungen des Deutschen Caritasverbandes (AVR). Stand: 01.07.2012.

Deutscher Institutsverlag (2004): Wohlfahrtsverbände in Deutschland. Auf den Schultern der Schwachen. Köln.

Deutscher Paritätischer Wohlfahrtsverband – Gesamtverband e. V. (1989): Der Paritätische Wohlfahrtsverband. Informationsschrift. Frankfurt am Main.

Deutscher Paritätischer Wohlfahrtsverband – Gesamtverband e. V. (1993): Informationsschrift. Erweiterter Nachdruck. Frankfurt am Main.

Deutscher Paritätischer Wohlfahrtsverband – Gesamtverband e. V. (1995): Der Paritätische Wohlfahrtsverband. Arbeitsschwerpunkte 1994–1995. Frankfurt am Main.

Deutscher Paritätischer Wohlfahrtsverband – Gesamtverband e. V. (2007): Der Paritätische in neuem Look. Berlin.

Deutscher Paritätischer Wohlfahrtsverband – Gesamtverband e. V. (2009): Soziales Handeln in Vielfalt. Gemeinsam mehr bewegen. Berlin.

Deutscher Paritätischer Wohlfahrtsverband – Gesamtverband e. V. (2012a): Mitglieder. Fundstelle: http://www.der-paritaetische.de/unseremitglieder (Sichtung: 01.12.2012).

Deutscher Paritätischer Wohlfahrtsverband – Gesamtverband e. V. (2012a): Grundsätze der Verbandspolitik. Frankfurt am Main.

Deutscher Paritätischer Wohlfahrtsverband – Gesamtverband e. V. (2012b): Struktur. Fundstelle: http://www.der-paritaetische.de/227/ (Sichtung: 07.12.12).

Deutscher Paritätischer Wohlfahrtsverband – Gesamtverband e. V. (2012c): Mitgliedschaften. Fundstelle: http://www.der-paritaetische.de/57/ (Sichtung: 27. 11. 12).

Deutscher Paritätischer Wohlfahrtsverband Landesverband Nordrhein-Westfalen e. V. (2009): Wir verändern. 60 Jahre Paritätischer in NRW. Wuppertal.

Deutscher Paritätischer Wohlfahrtsverband Landesverband Nordrhein-Westfalen e. V./ Kreisgruppe Bielefeld (Hrsg.) (2011): 50 Jahre – Der Paritätische in Bielefeld. Soziales Handeln in Vielfalt. Bielefeld.

Deutscher Verein für öffentliche und private Fürsorge (1993): Fachlexikon der sozialen Arbeit. 3. Auflage. Eigenverlag. Frankfurt am Main.

Deutsches Rotes Kreuz e.V. (2012): Das Jahrbuch 2011. 365 Tage helfen. Helfen, ohne zu fragen wem! Berlin.

Deutsches Rotes Kreuz Generalsekretariat (1995): Jahrbuch 1994/95. Bonn.

Deutsches Rotes Kreuz Generalsekretariat (2002): Struktur- und Leistungsdaten 2002. Bonn.

Deutsches Rotes Kreuz Generalsekretariat (2003): Geschäftsbericht des Generalsekretärs. Bonn.

Deutsches Rotes Kreuz Generalsekretariat (2005): Auf dem Weg in die Zukunft. Die Strategie 2010 plus des DRK. Berlin.

Deutsches Rotes Kreuz Generalsekretariat (2007): Presseinformation. Keine Perspektive für DRK-Fachhochschule in Göttingen/Fortsetzung des Lehrbetriebs bis zu Abschlussprüfungen gesichert. Göttingen/Berlin. 12. März.

Deutsches Rotes Kreuz Generalsekretariat (2009): Bundessatzung nach Beschlussfassung der Außerordentlichen Bundesversammlung am 20. 03. 2009, eingetragen ins Vereinsregister am 12. 11. 2009.

Deutsches Rotes Kreuz Generalsekretariat (2011): Grundlagenpapier zu den Eckpunkten des Präsidiums. Strategische Weiterentwicklung des DRK 2010 bis 2010. Berlin. 26. August 2011.

Deutsches Rotes Kreuz Generalsekretariat (2012): Das Jahrbuch 2011. 365 Tage helfen. Berlin.

Deutsches Rotes Kreuz Generalsekretariat (2012): Das Rote Kreuz im Überblick. Stand April 2012. Berlin.

Deutsches Rotes Kreuz Generalsekretariat (2012): Strategische Weiterentwicklung des DRK 2011–2020. Menschen helfen, Gesellschaft gestalten. Berlin.

Deutsches Rotes Kreuz Kreisverband Pforzheim e. V. (1993): Dokumentation der Sozialkonferenz. Juni.

Deutsches Rotes Kreuz Kreisverband Pforzheim e. V. (1994): Zweite Sozialkonferenz. Soziales Unternehmertum. Eine Antwort der Freien Wohlfahrtspflege auf den gesellschaftlichen Wandel. April.

Deutsches Rotes Kreuz/Unternehmensberatung Rosenbaum und Nagy (2002): Bericht über die strategische Situation des Deutschen Roten Kreuzes. Auswertung des strategischen Fragebogens 2001. Berlin.

Diakonie Rheinland-Westfalen-Lippe (Hrsg.) (2008): Der Verein Diakonie Rheinland-Westfalen-Lippe e. V. Seine mitgliedschaftlichen, rechtstheologischen und wettbewerblichen Grundlagen.

Diakonisches Werk der EKD e. V. (2001): Diakonische Dokumentation 01/01: Diakonische Profile in der sozialen Arbeit. Stuttgart.

Diakonisches Werk der EKD e. V. (2001): Einrichtungsstatistik zum Januar 2000. Stuttgart.

Diakonisches Werk der EKD e. V. (2008): Mitarbeitendenstatistik zum 1. September 2008. Stuttgart.

Diakonisches Werk der EKD e. V. (2009): Satzung und andere Rechtsgrundlagen. 2. Auflage.

Diakonisches Werk der EKD e. V. (2011): Einrichtungsstatistik – Regional zum 01. 01. 2010. Stuttgart.

Diakonisches Werk der EKD e. V. (2011): Einrichtungsstatistik zum 01. Januar 2010. Stuttgart.

Diakonisches Werk der EKD e. V. (2012): Geschäftsbericht 2012. Stuttgart.

Diakonisches Werk der EKD e. V. (2012): Landesverbände der Diakonie. Fundstelle: http://www.diakonie.de/landesverbaende-9286.html (Sichtung: 15. 11. 2012).

Diakonisches Werk der EKD e. V. (2012a): Fachverbände. Fundstelle: http://www.diakonie.de/fachverbaende-1324.htm (Sichtung: 17. 09. 2012).

Diakonisches Werk Hessen und Nassau e. V. (2012): Regionale Diakonische Werke. Fundstelle: http://diakonie-hessen-nassau.de/organisation/regionale-diakonische-werke.html (Sichtung: 16. 11. 2012).

Die wichtigsten Unternehmen des Jahres 2011. http://top500.welt.de/list/U/ Zugriff 1 08. 2012.

Dietzel, Stefan (2007): Zur Entstehung des Diakonats im Urchristentum. Eine Auseinandersetzung mit den Positionen von Wilhelm Brandt, Hermann Wolfgang Beyer und John N. Collins. In: Herrmann, Volker/Schmidt, Heinz (Hrsg.): Diakonische Konturen im Neuen Testament (DWI-Info Sonderausgabe 9), Heidelberg.

Diözesan-Caritasverband für das Erzbistum Köln e. V. (Hrsg.) (1996): Schriftenreihe des Diözesan-Caritasverbandes Heft Nr. 31: Caritas als Dienstgeber. Köln.

DPA Pressemitteilung (2011): „Deutscher Orden wird Mitglied des Deutschen Caritasverbandes". Berlin 23. 11. 2011.

Dritte Verordnung zur Durchführung des Gesetzes öffentlicher Anleihen vom 4. Dezember 1926 – RGesBl. I Jahrgang 1926. S. 494. 1. Abschnitt. Die soziale Wohlfahrtsrente.

Drobinski, Matthias (2012): Erleichterungen für Wiederverheiratete. Kirche geht auf geschiedene Katholiken zu. In: Süddeutsche Zeitung vom 17. 09. 2012.

DTV-Lexikon (1979): Band 17. München 1979. S. 341.

Duden Fremdwörterbuch (1997): Sechste, auf der Grundlage der amtlichen Neuregelung der deutschen Rechtschreibung überarbeite und erweiterte Auflage. Herausgegeben und bearbeitet vom Wissenschaftlichen Rat der Dudenredaktion. Mannheim. S. 780.

Dunant, Henry J. (1962): Eine Erinnerung an Solferino. Hrsg. vom Schweizerischen Roten Kreuz.

Eckardt, Lutz (1992): Der Wegbereiter. In: Rotes Kreuz, o. Jg., Heft 5/1992, S. 29.

Eckhardt, Dieter (1999): „Soziale Einrichtungen sind Kinder ihrer Zeit …" Von der Centrale für private Fürsorge zum Institut für Sozialarbeit 1899–1999. Hrsg. Vom Institut für Sozialarbeit. Verlag Waldemar Kramer. Frankfurt am Main.

Eichhorn, Peter (1995): Überlebenschancen der Unternehmen der Freien Wohlfahrtspflege im europäischen Binnenmarkt. In: Theorie und Praxis der Sozialen Arbeit. Heft 2/95. S. 55 ff.

Ellwein, Thoma/Hesse, Joachim Jens (1987): Das Regierungssystem der Bundesrepublik Deutschland. 6., neubearbeitete und erweiterte Auflage. Westdeutscher Verlag. Opladen.

Energisch Energie Sparen. Perspektiven der CO_2-Reduktion im Bereich der Evangelischen Kirche in Deutschland. Ein Projekt der Evangelischen Akademien in Deutschland e. V. (EAD). In: epd-Entwicklungspolitik 17/95 (September 95).

Erzbistum Köln (2000): Amtsblatt des Caritasverbandes für das Erzbistum Köln e. V. i. d. F. vom 3. 2. 2000. Präambel.

Erzbistum Köln (2004): Hirtenschreiben des Erzbischofs von Köln zu Projekt „Zukunft heute" vom 1. Oktober 2004.

Esslinger, Detlef (2012): Richter lockern kirchliches Streikverbot.; Zurück auf dem dritten Weg. Die Gewerkschaft verdi hat recht bekommen vor dem Erfurter Gericht: Streiks sind nicht generell verboten. Aber die christlichen Kirchen dürfen weiterhin selbst bestimmen, wie sie in ihren Einrichtungen die Arbeitsbedingungen regeln. In: Süddeutsche Zeitung 21. November 2012. S. 1 und 2.

Ettwig, Sylvia (2000): Subsidiarität und Demokratisierung der Europäischen Union. Die Verbände der Freien Wohlfahrtspflege als sozialpolitische Akteure vor den Herausforderungen einer europäischen Sozialpolitik, Frankfurt a. M.

Europäisches Parlament (1993): Sitzungsdokumente. 6. Januar 1993. A3-0001/93: Bericht des Ausschusses für Recht und Bürgerechte über die Vorschläge der Kommission an den Rat für eine Verordnung über das Statut des Europäischen Vereins, ..., eine Verordnung über das Statut der Europäischen Genossenschaft, ..., eine Verordnung über das Statut der Europäischen Gegenseitigkeitsgesellschaft.

Evangelische Kirche in Mitteldeutschland (2012): Geschichte der Fusion. Fundstelle: http://www.ekmd.de/geschichte/geschichteekm/geschichtefusion/6230.html (Sichtung: 20. 10. 2012).

Evans, Michaela/Galtschenko, Wjatscheslay/Hilbert, Josef: Befund „Sociosclerose": Arbeitgeber-Arbeitnehmerbeziehungen in der Sozialwirtschaft in Deutschland in Modernisierungsverantwortung. Institut Arbeit und Technik. Gelsenkirchen.

Evers, Adalbert/Olk, Thomas (Hrsg.) (1996): Wohlfahrtspluralismus. Vom Wohlfahrtsstaat zur Wohlfahrtsgesellschaft. Westdeutscher Verlag. Opladen.

Evers, Adalbert/Rauch, Ulrich/Stitz, Uta (2002): Von öffentlichen Einrichtungen zu sozialen Unternehmen. Sigma. Berlin.

EWDE (2012a): Struktur der Hauptgeschäftsstelle. Fundort: http://www.diakonie.de/verbandsstruktur-9134.html (Sichtung: 20. 12. 2012).

EWDE (2012b): Fusion. Fundstelle: http://www.diakonie.de/evangelisches-werk-fuer-diakonie-und-entwicklung-9238-fragen-und-antworten-zu-fusion-und-umzug-9249.htm (Sichtung: 20. 09. 2012).

EWDE (2012c): Bundesverband. http://www.diakonie.de/diakonie-bundesverband-9133.html (Sichtung 20. 12. 2012).

Exner, Horst (1996): Auf der Suche nach dem diakonischen Profil. Herausforderungen an die kirchliche Sozialarbeit. In: Diakonie-Jahrbuch '95.

Eyferth, Hanns u. a. (Hrsg.) (1987): Handbuch zur Sozialarbeit, Sozialpädagogik. Verlag Luchterhand. Darmstadt, Neuwied.

Favez, Jean-Claude (1989): Das Internationale Rote Kreuz und das Dritte Reich. München.

Feldhoff, Norbert (1996): Was erwartet die Kirche von den Caritasmitarbeitern? In: Diözesan-Caritasverband für das Erzbistum Köln e. V. (Hrsg.): Schriftenreihe des Diözesan-Caritasverbandes Heft Nr. 31: Caritas als Dienstgeber. Köln 1996. S. 5 ff.

Feldhoff, Norbert (2003): Aufstieg für Unbefugte verboten! Grundordnung fordert Loyalität. In. Neue caritas. Heft 22/2003. S. 18 ff.

Feuck, Jörg (1996): Das typische Profil ist verblasst. Landesverband des Roten Kreuzes steht vor großen Einschnitten. Frankfurter Rundschau vom 16. 12. 1996. S. 21.

Fleckenstein, Knut/Grosser, Walter (1998): 90 Jahre Arbeiter-Samariter-Bund in Hamburg. Der Tradition verpflichtet – auf dem Weg ins nächste Jahrhundert. Herausgegeben vom ASB Hamburg. Hamburg.

Flierl, Hans (1992): Freie und öffentliche Wohlfahrtspflege. Aufbau, Finanzierung, Geschichte, Verbände. 2. Auflage. Jehle Verlag. München.

Forschungsschwerpunkt Wohlfahrtsverbände/Sozialwirtschaft der FH Düsseldorf und der FH im Deutschen Roten Kreuz in Göttingen (2007): Prof. Dr. Karl-Heinz Boeßenecker: Lernen von „guten" Beispielen. Best-Practice Beispiele in der DRK Sozialarbeit. Bericht über ein Rechercheprojekt. Düsseldorf – Göttingen.

Frank, Gerhard/Reis, Claus/Wolf, Manfred (1994): „Wenn man die Ideologie wegläßt, machen wir alle das gleiche" Eine Untersuchung zum Praxisverständnis leitender Fachkräfte unter Bedingungen des Wandels der Freien Wohlfahrtspflege. Arbeitshilfen Heft 47. Deutscher Verein. Frankfurt a. M.

Frankfurter Rundschau (1993): Von Tugenden und Sünden. Neuer Welt-„Katechismus der katholischen Kirche". Frankfurter Rundschau vom 18. 5.

Frankfurter Rundschau vom 17. 10. 1987: „AWO macht sich Gedanken über ihre Zukunft". Bericht über die Bundeskonferenz in Kassel 1987.

Frankfurter Rundschau vom 22. 7. 1996: Caritas: Erstmals wieder eine positive Bilanz. Erfolgreicher Weg der „inneren Reform".

Freie Demokratische Partei (1996): „Karlsruher Entwurf – Für die liberale Bürgergesellschaft" der FDP vom Februar 1996.

Freie Demokratische Partei (1997): „Wiesbadener Grundsätze. Für die liberale Bürgergesellschaft". Beschluss des 48. Ordentlichen Bundesparteitages der FDP vom 23. bis 25. Mai 1997 in Wiesbaden.

Fridolin, Arthur (1965): Formen und Grenzen des Subsidiaritätsprinzips. Heidelberg.

Friedrich-Ebert-Stiftung (1995): Wohlfahrtsverbände in Deutschland. Auslauf- oder Zukunftsmodell? Eine Tagung der Friedrich-Ebert-Stiftung am 25. Oktober 1995 in Bonn. Gesprächskreis Arbeit und Soziales Nr. 64.

Frings, Stefanie/Möller, Melanie (2012): Der Weg zum Persönlichen Budget weist noch Hürden auf. In: neue caritas 17/2012. S. 26–28.

Geerlings, Dieter (2010): Dienstgemeinschaft als Strukturprinzip. In: Neue Caritas. Heft 8/2010.

Geißler, Rainer (1992): Die Sozialstruktur Deutschlands. Ein Studienbuch zur sozialstrukturellen Entwicklung im geteilten und vereinten Deutschland. Westdeutscher Verlag. Opladen.

Gemeinsame Synode der Bistümer in der Bundesrepublik Deutschland/Sachkommission drei (1975): Die Not der Gegenwart und der Dienst der Kirche: ein Arbeitspapier der Sachkommission 3 der Gemeinsamen Synode der Bistümer in der Bundesrepublik Deutschlang. Bonn.

Gensicke,Thomas/Geiss, Sabine (2010): Hauptbericht des Freiwilligensurvey 2009. Zivilgesellschaft, soziales Kapital und freiwilliges Engagement in Deutschland 1999–2004–2009. Hrsg. BMFSFJ. TNS Infratest. München.

Gerhardt, Martin/Herrmann, Volker (2002): Johann Hinrich Wichern und die Innere Mission: Studien zur Diakoniegeschichte. Verlag Winter, Heidelberg.

Gesetz für Jugendwohlfahrt vom 11. August 1961 (JWG). §§ 2, 5, 8, 9, 12, 13 bis 16, 18 und 37.

Gesetz zur Änderung von Vorschriften über das Deutsche Rote Kreuz. Vom 5. Dezember 2008. Bundesgesetzblatt Jahrgang 2008 Teil I Nr. 56, ausgegeben zu Bonn am 10. Dezember 2008.

Gesetz zur Neuordnung des Kinder- und Jugendhilfegesetzes (Kinder- und Jugendhilfegesetz – KJHG) i. d. F. Sozialgesetzbuch (SGB) Achtes Buch (VIII). Kinder- und Jugendhilfe.

Gewerkschaft Erziehung und Wissenschaft Hauptvorstand. Organisationsbereich Jugendhilfe und Sozialarbeit (2004): Dok-2004/04/06. Kita-Gutschein Hamburg – Bericht der „Lenkungsgruppe". Frankfurt am Main.

Ginsburg, Hans Jakob (1988): Politik danach – Jüdische Interessenvertretung in der Bundesrepublik. In: Brumlik, Micha/Kiesel, Doron/Kugelmann, Cilly/Schoeps, Julius H. (Hrsg.): Jüdisches Leben in Deutschland seit 1945. Athenäum Verlag. Frankfurt am Main.

Goeters, J. F. Gerhard (Hrsg.) (1971): Die Akten der Synode der Niederländischen Kirchen zu Emden vom 4. bis 13. Oktober 1571. Im lateinischen Grundtext mitsamt den alten niederländischen, französischen und deutschen Übersetzungen. Neukirchener Verlag. Neukirchen-Vluyn.

Gohl, Beate (1997): Jüdische Wohlfahrtspflege im Nationalsozialismus. Frankfurt am Main 1933–1943. Fachhochschulverlag. Frankfurt am Main.

Goll, Eberhard (1991): Die Freie Wohlfahrtspflege als eigener Wirtschaftssektor. Theorie und Empirie ihrer Verbände und Einrichtungen. Nomos Verlag. Baden-Baden.

Grabois, Aryeh (1992): Der Jude als „der Fremde" in der mittelalterlichen Gesellschaft und die Wohltätigkeitspraxis. In: Jüdisches Museum der Stadt Frankfurt am Main/ Zentralwohlfahrtsstelle der Juden in Deutschland e. V. (Hrsg.): ZEDAKA – Jüdische Sozialarbeit im Wandel der Zeit: 75 Jahre Zentralwohlfahrtsstelle der Juden in Deutschland 1917–1992. Frankfurt am Main, S. 30–43.

Grolle, Ingeborg (1998): Rettungsanstalt Rauhes Haus. Herausgeber: Freie und Hansestadt Hamburg, Amt für Schule, Hamburg.

Gruber, Walter (1985): Das Rote Kreuz in Deutschland. Zum 125. Jahrestag von Solferino. Wirtschaftsverlag. Wiesbaden.

Grunwald, Klaus (2001): Neugestaltung der Freien Wohlfahrtspflege. Management organisationalen Wandels und die Ziele der Sozialen Arbeit. Juventa Verlag. Weinheim und München.

Grzeszick, Bernd (2010): Wohlfahrt zwischen Staat und Markt. Duncker & Humboldt. Berlin.

Hammer, Ulrich (2011): Chefarzt-Kündigung im katholischen Krankenhaus. Wiederverheiratete in kirchlichen Einrichtungen dürfen aufatmen. In: Legal Tribune Online. 9.9.2011. http://www.lto.de/persistant/a_id/4252 (abgerufen am 15.10.2012).

Hammerschmidt, Peter (1999): Die Wohlfahrtsverbände im NS-Staat: Die NSV und die konfessionellen Verbände Caritas und Innere Mission im Gefüge der Wohlfahrtspflege des Nationalsozialismus. Leske + Budrich, Opladen.

Handrick, Michael (2003): Flexibel dank Planung. Die Kommunikationslinie Werte und die Vision der Nachhaltigkeit. In: Jürgen Gohde (Hrsg.): Das Diakonie Jahrbuch 2003. Stuttgart.

Hans Böckler Stiftung (2012): Heinz-Jürgen Dahme/Gertrud Kühnlein/Anna Stefaniak/Norbert Wohlfahrt: Leiharbeit und Ausgliederung in diakonischen Sozialunternehmen: Der „Dritte Weg" zwischen normativem Anspruch und sozialwirtschaftlicher Realität. Düsseldorf.

Hans-Böckler-Stiftung (Hrsg.) (2004): WSI-Mitteilungen 9/2004. Schwerpunktheft Privatisierung – Aktivierung – Eigenverantwortung. Zukunftsperspektiven für die Sozialpolitik? Düsseldorf.

Haslinger, Herbert (2009): Diakonie. Grundlagen für die soziale Arbeit der Kirche. Schöningh UTB. Paderborn.

Haug, Hans (1991): Menschlichkeit für alle. Die Weltbewegung des Roten Kreuzes und Roten Halbmondes. Bern/Stuttgart.

Häusliche Pflege (Hrsg.) (2005): Expansionspläne: Volkssolidarität will auch in den alten Bundesländern aktiv werden. Fundstelle: http://www.haeusliche-pflege.net/Infopool/Nachrichten/Expansionsplaene-Volkssolidaritaet-will-auch-in-den-alten-Bundeslaendern-aktiv-werden (Sichtung: 18.12.2012).

Haußecker, Otto (1996): Leitbildentwicklungen in diakonischen Einrichtungen. In: Diakonie-Jahrbuch '95.

Heimerl, Peter (1995): Wohlfahrtsverbände im Dritten Sektor. Entwicklung und Struktur der Arbeiterwohlfahrt Baden. Hartung-Gorre Verlag. Konstanz.

Heinelt, Hubert/Schmals, Klaus M. (Hrsg.) (1996): Zivilgesellschaftliche Zukünfte – Gestaltungsmöglichkeiten einer zivilen Gesellschaft. Sigma-Verlag. Berlin.

Helbig, Wolfgang (1995): Trägerwechsel und Zielleitlinien. Wie kann „Unternehmensphilosophie" diakonischen Einrichtungen helfen, die bislang nichtkirchliche Trägerschaften hatten? In: DW der EKD: Diakonie-Jahrbuch '94. Stuttgart.

Helbig, Wolfgang (1996): Unternehmenstheologie: Neue Entwicklungen in der Diakonie – Überlegungen und Versuche. In: DW der EKD: Diakonie-Jahrbuch '95. Stuttgart.

Hengsbach SJ, Friedhelm/Möhring-Hesse, Matthias (1995): Sozialstaat im Reformstau: Ein solidarischer Umbau der sozialen Sicherung ist notwendig! In: Zeitschrift ARBEITERFRAGEN 5/1995. Hrsg. Oswald-von-Nell-Breuning-Haus. Herzogenrath.

Hering, Sabine (Hrsg.) (2006): Jüdische Wohlfahrt im Spiegel von Biographien. Erschienen in: Schriften des Arbeitskreises Geschichte der jüdischen Wohlfahrt in Deutschland herausgegeben von Hering, S./Maierhof, G./Stascheit, U.:, Bd. 2, Fachhochschulverlag. Frankfurt am Main.

Herrmann, Volker/Schmidt, Heinz (Hrsg.) (2010): Diakonisch führen im Wettbewerb. Herausforderungen und Aufgaben. Veröffentlichungen des Diakoniewissenschaftlichen Instituts, Bd. 41, Universitätsverlag Winter, Heidelberg.

Hess, Rainer/Kranz, Jarden (1999): Jüdische Existenz in Deutschland heute. Probleme des Wandels der Jüdischen Gemeinden in der Bundesrepublik Deutschland infolge der Zuwanderung russischer Juden nach 1989. Diss., Frankfurt am Main.

Heuberger, Rachel (1992): Die Gründung der „Zentralwohlfahrtsstelle der deutschen Juden" im Jahre 1917. In: Jüdisches Museum der Stadt Frankfurt am Main/Zentralwohlfahrtsstelle der Juden in Deutschland e. V. (Hrsg.): ZEDAKA. Jüdische Sozialarbeit im Wandel der Zeit. 75 Jahre Zentralwohlfahrtsstelle der Juden in Deutschland 1917–1992. Frankfurt am Main, S. 71–78.

Heudtlass, Willy (1989): Henry Dunant. Gründer des Roten Kreuzes, Urheber der Genfer Konventionen. Eine Biographie. 4. Aufl., Stuttgart.

Heun, Gerhard (1981): Freie Träger in der sozialen Arbeit. In: Projektgruppe Soziale Berufe (Hrsg.): Sozialarbeit: Expertisen. Juventa Verlag. München.

Hildemann, Klaus D./Kaminsky, Uwe/Magen, Ferdinand (1994): Pastoralgehilfenanstalt – Diakonissenanstalt – Theodor-Fliedner-Werk: 150 Jahre Diakoniegeschichte. Rheinland Verlag Habelt, Köln.

Hilfswerk der Evangelischen Kirche in Deutschland (Hrsg.) (1955): Dank und Verpflichtung. 10 Jahre Hilfswerk der Evangelischen Kirche in Deutschland. Evangelisches Verlagswerk. Stuttgart.

Hochschulverbund Distance Learning (HDL) (2012): Karl-Heinz Boeßenecker: Wohlfahrtsverbände im Veränderungsprozess. Rahmenbedingungen sozialer und öffentlicher Managementtätigkeit im Sozialstaat BRD. Studienbrief 2-020-0303. 2. Aufl. Brandenburg.

Hoffmann, Ulrich (1991): Neuordnung der Jugendhilfestatistik, in: Wirtschaft und Statistik, Heft 3/1991, S. 153–164.

Hofmann, Gunter/Perger, Werner A. (1992): Richard von Weizsäcker im Gespräch mit Gunter Hofmann und Werner A. Perger. Eichborn Verlag. Frankfurt a. M.

Hofmann, Werner (1969): Grundelemente der Wirtschaftsgesellschaft. Ein Leitfaden für Lehrende. Rowohlt TB Verlag. Reinbek b. Hamburg.

Hornstein, Walter/Mutz, Gerd (1993): Die europäische Einigung als gesellschaftlicher Prozeß. Soziale Problemlagen, Partizipation und kulturelle Transformation. Nomos Verlag. Baden-Baden.

Horstmann, Martin (2011): Das Diakonische entdecken. Didaktische Zugänge zur Diakonie. VDWI Bd. 46. Universitätsverlag Winter. Heidelberg.

Hottelet, Harald (1978): Offensive Jugendhilfe – neue Wege für die Jugend. Verlag Klett-Cotta. Stuttgart.

Hottelet, Harald (1994): Vom Glanz und Elend eines Wohlfahrtsverbandes – Zum Erscheinungsbild der Arbeiterwohlfahrt. In: Theorie und Praxis der sozialen Arbeit. Heft 4/94. S. 138 ff.

Huber, Joseph (1984): Die zwei Gesichter der Arbeit. Ungenutzte Möglichkeiten der Dualwirtschaft. S. Fischer Verlag. Frankfurt a. M.

Hüppe, Barbara/Schrapper, Christian (Hrsg.) (1989): Freie Wohlfahrt und Sozialstaat. Der Deutsche Paritätische Wohlfahrtsverband in Nordrhein-Westfalen 1949–1989. Juventa Verlag. Weinheim und München.

infas-Sozialforschung (1993): Die Freie Wohlfahrtspflege im Spiegel der Öffentlichkeit. Expertenmeinungen und Bevölkerungsbefragung. Bonn. Juni.

Initiative Jugendpolitisches Forum (Hrsg.) (1975): Dokumentation Jugendpolitisches Forum in Frankfurt. Fachhochschule für Sozialarbeit 6.–8. Dezember 1974.

Institut Arbeit und Technik (2012): Michaela Evans, Wjatscheslav Galtschenko, Josef Hilbert: Befund „Sociosclerose": Arbeitgeber-Arbeitnehmerbeziehungen in der Sozialwirtschaft in Deutschland in Modernisierungsverantwortung. Gelsenkirchen.

Institut der deutschen Wirtschaft (2004): Wohlfahrtsverbände in Deutschland. Auf den Schultern der Schwachen. Deutscher Instituts-Verlag. Köln.

Institut für Arbeitsmarkt- und Berufsforschung der Bundesanstalt für Arbeit (2003): Berufe im Spiegel der Statistik. Beschäftigung und Arbeitslosigkeit 1996–2002. Nürnberg.

Institut für Lokale Sozialpolitik und Nonprofit-Organisationen (Sprecher: Prof. Dr. Rudolph Bauer) c/o Universität Bremen (Hrsg.) (1995): Aktionsprogramm zur Förderung des freiwilligen gesellschaftlichen Engagements. Eine Aufforderung zum Handeln. Bremen.

Internationale Föderation der Rotkreuz- und Rothalbmondgesellschaften (1999): Strategie 2010. Das Leben von Menschen in Not und sozial Schwachen durch die Kraft der Menschlichkeit verbessern. Genf.

Internationales Komitee vom Roten Kreuz (2000): Die Grundsätze des Roten Kreuzes und Roten Halbmonds. 2. Aufl., Genf.

Jähnichen, Traugott (2010): Caritas und Diakonie im „goldenen Zeitalter" des bundesdeutschen Sozialstaats. Transformationen der konfessionellen Wohlfahrtsverbände in den 1960er Jahren. Kohlhammer Verlag. Stuttgart.

Jordan, Erwin/Münder, Johannes (Hrsg.) (1987): 65 Jahre Reichsjugendwohlfahrtsgesetz – ein Gesetz auf dem Weg in den Ruhestand Votum Verlag. Münster.

Juchacz, Marie (1924): Die Arbeiterwohlfahrt. Voraussetzungen und Entwicklung. Dietz Verlag. Berlin.

Jüdische Gemeinde Frankfurt am Main (2012): Einrichtungen. Fundstelle: http://www.jg-ffm.de/index.php/wir-ueber-uns/institutionen-a-adressen (gesichtet am: 21. 11. 2012).

Jüdische Gemeinde Frankfurt am Main (2012a): Erziehung/Bildung. Fundstelle: http://www.jg-ffm.de/index.php/erziehungbildung/krabbelstube (gesichtet am: 21. 11. 12).

Jüdische Gemeinde Frankfurt am Main (2012b): Sozialabteilung. Fundstelle: http://www.jg-ffm.de/index.php/sozialabteilung (gesichtet am: 21. 11. 12).

Jüdische Gemeinde Frankfurt am Main (2012c): Senioren. Fundstelle: http://www.jg-ffm.de/index.php/senioren/altenzentrum (gesichtet am: 21. 11. 12).

Jüdische Gemeinde Frankfurt am Main (2012d): Jüdische Gemeindezeitung Frankfurt. Amtliches Organ der Jüdischen Gemeinde Frankfurt am Main. 45. Jg., März 2012, Nr. 1.

Jüttner, Eberhard (2010): Editorial. In: Deutscher Paritätischer Wohlfahrtsverband – Gesamtverband e. V. (Hrsg): Der Paritätische – Magazin des Paritätischen. Ausgabe 1/2010.

Kaiser, Jochen-Christoph (1989): Die zeitgeschichtlichen Umstände der Gründung des Deutschen Caritasverbandes am 9. November 1897. In: Manderscheid/Wollasch 1989. S. 11 ff.

Kamann, Matthias (2012): Kann denn Streiken Sünde sein? Das Verbot von Arbeitsniederlegungen bei kirchlichen Einrichtungen wankt. In: Die Welt. 28. 3. 2012. http://www.welt.de/print/die_welt/politik/article10626043/Kann-denn-Streiken_Suen…/ Sichtung am 12. 10. 2012) Deutscher Bundestag (2012): Öffentliche Anhörung des Ausschusses für Arbeit und Soziales: Dritter Weg der Kirchen im Arbeitsrecht http://www.bundestag.de/dokumente/textarchiv/2012/38078918_kw13_pa_arbeit_sozi… (Sichtung am 12. 10. 2012).

Kessmann, Hans-Josef (2012): Kirchliches Arbeitsrecht: entweder ganz oder gar nicht. In: Neue Caritas. Heft 9/2012.

Kirchenamt der EKD und Sekretariat der Deutschen Bischofskonferenz (1997): Gemeinsame Texte 9. Für eine Zukunft in Solidarität und Gerechtigkeit. Wort des Rates der

Evangelischen Kirche in Deutschland und der Deutschen Bischofskonferenz zur wirtschaftlichen und sozialen Lage in Deutschland. Hannover und Bonn.

Klönne, Arno (1980): Die deutsche Arbeiterbewegung. Geschichte – Ziele – Wirkungen. Diederichs Verlag. Düsseldorf.

Klug, Wolfgang (1997): Wohlfahrtsverbände zwischen Markt, Staat und Selbsthilfe. Lambertus Verlag. Freiburg i. Br.

Kölner Stadtanzeiger (2012): Kirche kündigt Erzieherin. KITA-Streit. Stadt Königswinter übernimmt die Einrichtung, damit die Frau bleiben kann. In: Kölner Stadtanzeiger. 22. März 2012.

Kommissariat der deutschen Bischofskonferenz (2003): Stellungnahme des Kommissariates der deutschen Bischöfe, des Bevollmächtigten des Rates der Evangelischen Kirche in Deutschland bei der Bundesrepublik Deutschland und der Europäischen Union, des Deutschen Caritasverbandes (DCV) und des Diakonischen Werkes er Evangelischen Kirche in Deutschland (DW-EKD). Berlin. 13. September.

Kommission der europäischen Gemeinschaft (2003): Grünbuch zu Dienstleistungen von allgemeinem Interesse (Von der Kommission vorgelegt). Brüssel 21.05.2003.

Kommission der Europäischen Gemeinschaften (2004): Arbeitsdokument der Kommissionsdienstellen. Bericht über die öffentliche Konsultation zum Grünbuch zu Dienstleistungen von allgemeinem Interesse. Brüssel, 29.3.2004.

Kommission der Europäischen Gemeinschaften (2004): Entscheidung der Kommission über die Anwendung von Artikel 86 EG-Vertrag auf staatliche Beihilfen, die bestimmten Unternehmen als Ausgleich für die Erbringung von Dienstleistungen von allgemeinem wirtschaftlichen Interesse gewährt werden. Brüssel, den 16.1.2004.

Kommission der Europäischen Gemeinschaften (2004): Mitteilung der Kommission an das Europäische Parlament, den Rat, den Europäischen Wirtschafts- und Sozialausschuss und den Ausschuss der Regionen. Weißbuch zu Dienstleistungen von allgemeinem Interesse. Brüssel, den 12.5.2004

Kommunale Gemeinschaftsstele für Verwaltungsvereinfachung – KGSt – (1994): Bericht Nr. 9/1994: Outputorientierte Steuerung in der Jugendhilfe. Köln.

Krähmer, Rolf (1992): Das Tilburger Modell der Verwaltungsmodernisierung und Verwaltungsführung. Hrsg. Sozialdemokratische Gemeinschaft für Kommunalpolitik Nordrhein-Westfalen e. V. Düsseldorf.

Kreft, Dieter/Mielenz, Ingrid (Hrsg.) (1988): Wörterbuch Soziale Arbeit: Aufgaben, Praxisfelder, Begriffe und Methoden der Sozialarbeit und Sozialpädagogik. 4. Aufl. Beltz Verlag. Weinheim, Basel.

Kruczek, Dietmar (1999): Theodor Fliedner: mein Leben – für das Leben. Aussaat-Verlag. Neukirchen-Vluyn.

Krumsiek, Kristin Eike (1995): Die rechtliche Struktur des Deutschen Roten Kreuzes und des Internationalen Roten Kreuzes. Inauguraldissertation durch die rechtswissenschaftliche Fakultät der Westfälischen Wilhelms-Universität zu Münster. Münster.

Kulbach, Roderich/Wohlfahrt, Norbert (1996): Modernisierung der öffentlichen Verwaltung? Konsequenzen für die Freie Wohlfahrtspflege. Lambertus Verlag. Freiburg i. Br.

Landwehr, Rolf/Baron, Rüdeger (Hrsg.) (1983): Geschichte der Sozialarbeit. Hauptlinien ihrer Entwicklung im 19. und 20. Jahrhundert. Beltz Verlag. Weinheim und Basel.

Lange, Chris (2001): Freie Wohlfahrtspflege und europäische Integration. Zwischen Marktangleichung und sozialer Verantwortung. Verlag Deutscher Verein. Frankfurt a. M.

Leisner, Walter (1990): Staatliche Rechnungsprüfung Privater unter besonderer Berücksichtigung der Freien Wohlfahrtspflege. Schriften zum Öffentlichen Recht, Band 585. Verlag Duncker & Humblot. Berlin.

Leisner, Walter (1991): Staatliche Rechnungsprüfung kirchlicher Einrichtungen unter besonderer Berücksichtigung der karitativen Tätigkeit. Ebd., Band 600. Berlin.

Lemke, Helga (1964): Wicherns Bedeutung für die Bekämpfung der Jugendverwahrlosung. Verlag Wittig. Hamburg.

Liebig, Reinhard (2005): Wohlfahrtsverbände im Ökonomisierunsdilemma. Analysen zu Strukturveränderungen am Beispiel des Produktionsfaktors Arbeit im Licht der Korporatismus- und der Dritte Sektor-Theorie. Lambertus Verlag. Freiburg i. Br.

Liechtenstein, Heiner (1988): Angepasst und treu ergeben. Das Rote Kreuz im „Dritten Reich". Köln

Liga der Freien Wohlfahrtspflege in Thüringen: Zukunft der sozialen Infrastruktur in Thüringen. Bad Sulzaer Manifest der Liga der Freien Wohlfahrtspflege in Thüringen. Juli 2003.

Loges, Frank (1994): Entwicklungstendenzen Freier Wohlfahrtspflege im Hinblick auf die Vollendung des Europäischen Binnenmarktes. Lambertus Verlag. Freiburg i. Br.

Lojewski, Gerd von/Sauermann, Uwe (1989): Unsere Wohlfahrt: Verbände, Funktionäre – und Filz? Bayerischer Rundfunk.

Ludemann, Peter (1995): Zur (besonderen) Aufgabenstellung der Vertreter der Caritas im JHA. In: Jugendwohl. Zeitschrift für Kinder- und Jugendhilfe 3/1995.

Ludwig, Andreas/Schilde, Kurt (Hrsg.) (2010): Jüdische Wohlfahrtsstiftungen. Initiativen jüdischer Stifterinnen und Stifter zwischen Wohltätigkeit und sozialer Reform. FH-Verlag. Frankfurt a. M.

Maier, Hugo (Hrsg.) (1998): Who is who der Sozialen Arbeit. Lambertus Verlag. Freiburg i. Br.

Manderscheid, Michael/Wollasch, Hans-Josef (Hrsg.) (1989): Lorenz Werthmann und die Caritas. Aufgegriffenes und Liegengelassenes der Verbandsgründung im Jahr 1897. Lambertus Verlag. Freiburg i. Br.

Marienhaus Echo (1992): Neue Organisationsstruktur für die Marienhaus GmbH. In: Marienhaus Echo. Zeitung für Schwestern, Mitarbeiter und Freunde der Franziskanerinnen von Waldbreitbach. Nr. 1. März 1992.

Marshall, Thomas H. (1992): Bürgerrechte und soziale Klassen. Zur Soziologie des Wohlfahrtsstaates. Campus Verlag. Frankfurt a. M./New York.

Mayntz, Renate (1985): Soziologie der öffentlichen Verwaltung. C. F. Müller Juristischer Verlag. Heidelberg.

Merchel, Joachim (1986): Der Paritätische Wohlfahrtsverband und seine ‚corporate identity': Probleme und Ansätze der Profilgewinnung des Paritätischen Wohlfahrtsverbandes im sozialpolitischen Kontext. In: Kuhlmann, Carola/Schrapper, Christian (Hrsg.): Sozialpädagogik und Sozialpolitik. Festschrift zum 60. Geburtstag von Dieter Sengling. Votum Verlag. Münster.

Merchel, Joachim (1989): Der Deutsche Paritätische Wohlfahrtsverband. Seine Funktion im korporatistisch gefügten System sozialer Arbeit. Deutscher Studien Verlag. Weinheim.

Merchel, Joachim (2003): Trägerstrukturen in der Sozialen Arbeit. Eine Einführung. Juventa. Weinheim und München.

Merchel, Joachim/Schrapper, Christian (Hg.) (1996): Neue Steuerung. Tendenzen der Organisationsentwicklung in der Sozialverwaltung. Votum Verlag. Münster.

Merton, Wilhelm (1893): Vorwort. In: Brückner, Nathanael (Bearb.): Die öffentliche und private Fürsorge. Gemeinnützige Thätigkeit und Armenwesen mit besonderer Beziehung auf Frankfurt am Main. Carl Jügel, Frankfurt am Main.

Merzyn, Friedrich (1954): Die Ordnung von Hilfswerk und Innerer Mission im Bereich der Evangelischen Kirche in Deutschland und ihrer Gliedkirchen. Verlag Amtsblatt der Evangelischen Kirche in Deutschland. Hannover.

Meyer, Dirk (1995): Das teure Wohlfahrtskartell. In: Frankfurter Allgemeine Zeitung vom 10. Dezember.

Meyer, Dirk (1998): Die Freie Wohlfahrtspflege zwischen Wettbewerb und Neokorporatismus – Ergebnisse einer Pilotstudie. Institut für Wirtschaftspolitik. Universität der Bundeswehr Hamburg: Diskussionsbeiträge zur Wirtschaftspolitik Nr. 83. Hamburg.

Meyer, Dirk (2003): Wettbewerbliche Diskriminierung privat-gewerblicher Pflegeheimbetreiber. In: Sozialer Fortschritt. Jahrgang 52/2003. Heft 10. Oktober 2003. S. 261 ff.

Ministerialblatt für das Land NRW (1996): 45. Jg. Nr. 51. Düsseldorf 17. August 1996. Ebd. 49. Jg. Nr. 50. Düsseldorf 5. August.

Mommsen, Wolfgang J. (1998): Achtzehnhundertachtundvierzig, die ungewollte Revolution. Die revolutionären Bewegungen in Europa 1830–1849. Bundeszentrale für politische Bildung. Bonn.

Monopolkommission (1998): Marktöffnung umfassend verwirklichen. Hauptgutachten 1996/97. Nomos Verlag. Baden-Baden.

Mühlum, Albert/Walter, Joachim (1998): Diakonale Forschungs- und Bildungsaufgaben. Diakoniewissenschaft zwischen Theologie und Sozialarbeit. Anstöße zur Neuorientierung. In: Götzelmann, Arnd/Herrmann, Volker/Stein, Jürgen (Hrsg.) (1998): Diakonie der Versöhnung. Ethische Reflexion und soziale Arbeit in ökumenischer Verantwortung. Festschrift für Theodor Strohm. Quell-Verlag.

Müller-Armack, Alfred (1996): Wirtschaftsordnung und Wirtschaftspolitik. Studien und Konzepte zur Sozialen Marktwirtschaft und zur Europäischen Integration. Freiburg i. Br.

Münchmeier, Richard (1981): Zugänge zur Geschichte der Sozialarbeit. Juventa Verlag. München.

Münder, Johannes (1996): Verbände der Freien Wohlfahrtspflege – ein strittiger Begriff. In: Nachrichtendienst des Deutschen Vereins für öffentliche und private Fürsorge. 76. Jahrgang. Heft 11/96. S. 350 ff.

Münder, Johannes/Boetticher von, Arne (2003): Wettbewerbsverzerrungen im Kinder- und Jugendhilferecht im Lichter des europäischen Wettbewerbsrechts. Schriftenreihe des VPK-Bundesverband e. V. Band 1. Hamm.

Münder, Johannes/Kreft, Dieter (Hrsg.) (1980): Subsidiarität heute. Votum Verlag. Münster.

Neher, Peter (2011): Interreligiöse Öffnung und ihre Bedeutung für die Caritas. In: Deutscher Caritasverband e. V.: Caritas Jahrbuch 2012. S. 68–63.

Nell-Breuning von, Oswald (1976): Das Subsidiaritätsprinzip. In: Theorie und Praxis der sozialen Arbeit 1976. S. 6–17.

Nell-Breuning von, Oswald (1985): Gerechtigkeit und Freiheit. Grundzüge der katholischen Soziallehre. München.

Niedrig, Heinz (1994): Zur 75jährigen Geschichte der Arbeiterwohlfahrt. In: Theorie und Praxis der sozialen Arbeit. Heft 4/94. S. 131 ff.

Niedrig, Heinz (2000): Prognosen zur Zukunft der Freien Wohlfahrtspflege – Von Prognos bis Miegel. In: Theorie und Praxis der Sozialen Arbeit Nr. 6/2000. S. 209 ff.

Niedrig, Heinz (2003): Die Arbeiterwohlfahrt in der Zeit von 1933 bis 1945. Spurensuche, Aufbau, Verfolgung, Verbot, Widerstand, Emigration. Schüren Verlag. Marburg.

Niedrig, Heinz u. a. (1987): Arbeiterwohlfahrt. Verband für soziale Arbeit. Geschichte, Selbstverständnis, Arbeitsfelder, Daten. Wirtschaftsverlag. Wiesbaden.

Nolte, Bernd (2000): Radikal neue Wege gehen. Neuerungen in Betrieben gelingen nur, wenn Führungskräfte die Unternehmenskultur ändern. In: Das Zukunfts-Magazin, Nr. 6, November 2000. Beilage in: Rotes Kreuz. Das Fachmagazin des DRK, Nr. 6, 2000. S. ZM-10–ZM-11.

Nordholt, Gerhard (1971): Emden 1571 – eine heilsame „Unruhe" für Verfassung und Ordnung der Evangelisch-reformierten Kirche in Nordwestdeutschland. In: Reformierte Kirchenzeitung. Organ des Reformierten Bundes. Nr. 17. 112. Jahrgang. September 1971. S. 182 ff.

Nübel, Hans Ulrich (1994): Die neue Diakonie: Teilhabe statt Preisgabe. Mitarbeiterinnen und Mitarbeiter kommen zu Wort. Lambertus Verlag. Freiburg i. Br.

O. N. (1996): Zukunft für das DRK. In: Rotes Kreuz. Das Fachmagazin des DRK. Nr. 2, 1996. S. 30–31.

O. N. (1998): Rolle der Hilfsorganisationen und Wohlfahrtsverbände in Gefahr? Eine Positionierung der großen deutschen Hilfsorganisationen. In: Das Zukunfts-Magazin, Nr. 3, Oktober 1998. S. 26–28

O. N. (2012): Bischöfe verteidigen „Dritten Weg". In: http://www.domradio.de/aktuell/8 0181/kirche-will-im-streit-um-das-kirchliche-arbeitsrecht-zahlen-vorlegen.html (Zugriff am 12. 10. 2012).

Oehlschlägel, Dieter (1992): Arbeitsgemeinschaft Sozialpolitischer Organisationen (ARSO). In Rudolph Bauer (Hrsg.): Lexikon des Sozial- und Gesundheitswesens. München 1992. S. 150 ff.

Oelschlägel, Christian (2008): Diakonie: Handlungsfelder – Image – Finanzierung. In: Hermelink, Jan/Latzel, Thorsten (Hrsg.): Kirche empirisch. Ein Werkbuch. Gütersloh.

Öhlschläger, Rainer (1995): Freie Wohlfahrtspflege im Aufbruch. Ein Managementkonzept für soziale Dienstleistungsorganisationen. Nomos Verlag. Baden-Baden.

Olk, Thomas (1994): Jugendhilfe als Dienstleistung. Vom Öffentlichen Gewährleistungsauftrag zur Marktorientierung? In: Widersprüche. Heft 53. Dezember.

Olk, Thomas/Otto, Hans-Uwe (Hrsg.) (2003): Soziale Arbeit als Dienstleistung. Grundlegungen, Entwürfe und Modelle. Luchterhand Fachverlag – Wolters Kluwer. München/Unterschleißheim.

Olson, Mancur (1968): Die Logik des kollektiven Handelns. Kollektivgüter und die Theorie der Gruppen. Mohr Siebeck. Tübingen.

Ottnad, Adrian/Wahl, Stefanie/Miegel, Meinhard (2000): Zwischen Markt und Mildtätigkeit. Die Bedeutung der Freien Wohlfahrtspflege für Gesellschaft, Wirtschaft und Beschäftigung. Olzog Verlag. München.

Otto, Hans-Uwe/Schnurr, Stefan (2000): Privatisierung und Wettbewerb in der Jugendhilfe. Marktorientierte Modernisierungsstrategien in internationaler Perspektive, Neuwied, Kriftel.

Paritätische Projekte gemeinnützige GmbH (2010): Paritätische Projekte im Portrait. Frankfurt am Main.

Paritätischer Wohlfahrtsverband – Landesverband Berlin e. V. (2012): Geschäftsbericht 2011–2012. Berlin.

Paul Lempp Stiftung (1996): Dokumentation des 2. Fachkongresses: Soziale Unternehmen im Umbruch. Kundenorientierung in sozialen Unternehmen. Perspektiven und Visionen. Dr. Josef Raabe. Stuttgart.

Perlich, Dieter (1973): Die Akten der Synode der niederländischen Gemeinden, die unter dem Kreuz sind und in Deutschland und Ostfriesland verstreut sind. Gehalten in Emden, den 4. Oktober 1571. Übersetzung aus dem Lateinischen. In: Evangelisch-reformierte Kirche in Nordwestdeutschland (Hrsg.): 1571 Emder Synode 1971. Beiträge zur Geschichte und zum 400jährigen Jubiläum. Bearbeitet und redigiert von Elwin Lomberg. Neukirchener Verlag. Neukirchen-Vluyn.

Pfaffenberger, Hans (1992): Auswirkungen der EG-isierung für Sozialpolitik und Sozialarbeit/Sozialpädagogik. In: Sozialmagazin. Heft Nr. 17/1992. Juventa Verlag. Weinheim.

Picot, Sibylle (2012): Jugend in der Zivilgesellschaft. Freiwilliges Engagement Jugendlicher im Wandel. Verlag Bertelsmann Stiftung. Gütersloh.

Pott, Ludwig (2000): Wohlfahrtsverbände im Dilemma der Zivilgesellschaft. In: Soziale Arbeit, H. 10-11/2000. S. 382–389.

Pott, Ludwig (2002): Die Leitbilddiskussion in der Arbeiterwohlfahrt. In: Arbeiterwohlfahrt Bundesverband e. V.: Sozialbericht 2001: Ehrenamt im Wandel. Bonn.

Potthoff, Heinrich (1974): Die Sozialdemokratie von den Anfängen bis 1945. Verlag Neue Gesellschaft. Bonn-Bad Godesberg.

Presthus, Robert (1966): Individuum und Organisation. Typologie der Anpassung. S. Fischer Verlag. Frankfurt am Main.

Puhl, Ria/Maas, Udo (Hrsg.) (1997): Soziale Arbeit in Europa. Organisationsstrukturen, Arbeitsfelder und Methoden im Vergleich. Juventa Verlag. Weinheim/München.

Puschmann, Hellmut (2002): Kein Zentralismus – aber eine einheitsstiftende Struktur. In: neue Caritas. Heft 7/2002. S. 29 ff.; dgl.: Eckpunkte der Satzungsreform des DCV. Beratungsvorlage für die 15. Vertreterversammlung 2002 vom 21. bis 23. Oktober 2002 in Aachen. In: neue caritas. Heft 15/2002. S. 36 ff.

Ratzinger, Joseph/Schönborn, Christoph (1993): Kleine Hinführung zum Katechismus der katholischen Kirche. Verlag Neue Stadt. München.

Rauschenbach, Thomas (1990): Jugendhilfe als Arbeitsmarkt. Fachschul-, Fachhochschul- und Universitätsabsolvent(innen) in sozialen Berufen. In: Sachverständigenkommission 8. Jugendbericht (Hrsg.): Jugendhilfe – Historischer Rückblick und neuere Entwicklungen. Materialien zum 8. Jugendbericht (Band 1). München. S. 225 ff.

Rauschenbach, Thomas/Sachße, Christoph/Olk, Thomas (1996): Von der Wertgemeinschaft zum Dienstleistungsunternehmen. Jugend- und Wohlfahrtsverbände im Umbruch. Suhrkamp. Frankfurt a. M.

Rauschenbach, Thomas/Schilling, Matthias (Hrsg.) (2011): Kinder- und Jugendhilfereport 3. Bilanz einer empirischen Wende. Juventa Verlag. Weinheim und München.

Reichel-Koß, Ilse/Beu, Ursula (Hrsg.) (1991): Ella Kay und das Jugendamt neuer Prägung. Ein Amt, wo Kinder Recht bekommen. Juventa Verlag. Weinheim und München.

Reichsgesetzblatt. Jahrgang 1926. Teil 1. Dritte Verordnung zur Durchführung des Gesetzes über die Ablösung öffentlicher Anleihen. Vom 4. Dezember 1926. 1. Abschnitt. Die soziale Wohlfahrtsrente. § 8.

Reichsverordnung über die Fürsorgepflicht – RFV vom 13. Februar 1924.

Reiss, Hans-Christoph (1993): Controlling und Soziale Arbeit. Luchterhand. Neuwied/Kriftel/Berlin.

Riesenberger, Dieter (1992): Für Humanität in Krieg und Frieden – Das Internationale Rote Kreuz 1863–1977. Göttingen.

Riesenberger, Dieter (2002): Das Deutsche Rote Kreuz. Eine Geschichte 1864–1990. Ferdinand Schöningh Verlag. Paderborn.

Rock, Joachim (2010): Wohlfahrt im Wettbewerb. Europarecht kontra Daseinsvorsorge und soziale Dienste? VSA-Verlag. Hamburg.

Roehl, Fritzmichael (1961): Marie Juchacz und die Arbeiterwohlfahrt. Überarbeitet von Hedwig Wachenheim. Hannover.

Romberg, Otto R./Urban-Fahr, Susanne (Hrsg.) (1999): Juden in Deutschland nach 1945. Tribüne-Verlag. Frankfurt am Main.

Roth, Niko (2011): Die Finanzen des Deutschen Caritasverbandes e. V. 2010. In: Deutscher Caritasverband e. V.: Neue Caritas Jahrbuch 2010. S. 178–188.

Roth, Rainer A. (2002): Als Solidaritätsstifter unentbehrlich. Beitrag der Wohlfahrtsverbände zur Förderung von Bürgerengagement und Aufbau der Zivilgesellschaft. Lambertus Verlag. Freiburg i. Br.

Rückert, Markus (1995): Standardsicherung in schwieriger Zeit. In: DW der EDK: Diakonie-Jahrbuch '94. Stuttgart.

Ruhl, Klaus-Jörg (1992): Hierarchie oder Anarchie? Der Streit um die Familienrechtsreform in den fünfziger Jahren. In: Aus Politik und Zeitgeschichte. B 45/92. S. 31–42. Hrsg. Bundeszentrale für Politische Bildung. Bonn.

Ruhl, Klaus-Jörg (1993): Familie und Beruf. Weibliche Erwerbstätigkeit und katholische Kirche in den fünfziger Jahren. In: Aus Politik und Zeitgeschichte. B 17/93. S. 30–38. Hrsg. Bundeszentrale für Politische Bildung. Bonn.

Runge, Brigitte/Vilmar, Fritz: Handbuch Selbsthilfe (1988). Verlag Zweitausendeins. Frankfurt a. M.

Rüthers, Jobst (1996): Patient und Kund. Krefelder Klinik entwickelt unter Spardruck neue Einnahmequellen. In: Caritas in NRW. Zeitschrift der Diözesan-Caritas-Verbände Aachen, Essen, Köln, Münster, Paderborn. Heft 2/96. Mai 1996. S. 6 ff.

Sachße, Christoph (2005): Subsidiarität. In: Dieter Kreft, Ingrid Mielenz (Hrsg.): Wörterbuch Soziale Arbeit. Juventa Verlag. Weinheim/München. S. 931 ff.

Sachße, Christoph/Tennstedt, Florian (1988): Geschichte der Armenfürsorge in Deutschland. Band 2. Fürsorge und Wohlfahrtspflege 1871 bis 1929. Verlag W. Kohlhammer. Stuttgart/Berlin/Köln/Mainz.

Sachße, Christoph/Tennstedt, Florian (1992): Der Wohlfahrtsstaat im Nationalsozialismus. Geschichte der Armenfürsorge in Deutschland. Band 3. Verlag Kohlhammer. Stuttgart/Berlin/Köln.

Sacks, Jonathan (1992): Wohlstand und Armut. Eine jüdische Analyse. In: Jüdisches Museum der Stadt Frankfurt am Main/Zentralwohlfahrtsstelle der Juden in Deutschland e. V. (Hrsg.): ZEDAKA. Jüdische Sozialarbeit im Wandel der Zeit. 75 Jahre Zentralwohlfahrtsstelle der Juden in Deutschland 1917–1992. Frankfurt am Main. S. 14–29.

Satzung des Diakonischen Werkes der Evangelischen Kirche in Deutschland in der Neufassung vom 13. Oktober 2004.

Schäfer, Peter (2000): Europäische Integration und Soziale Arbeit. Zu den Auswirkungen europäischer Sozialpolitik in Deutschland und deutscher Sozialpolitik in Europa auf Soziale Arbeit. Peter Lang. Frankfurt a. M.

Scheffler, Jürgen (Hrsg.) (1987): Bürer und Bettler. Materialien und Dokumente zur Geschichte der Nichtsesshaftenhilfe in der Diakonie. Band 1 – 1854 bis 1954. VHS-Verlag. Bielefeld.

Schellberg, Klaus (2010): Organisationen der Sozialwirtschaft. Nomos Verlag. Baden-Baden.

Schellhorn, Walter (2004): Einordnung des Sozialhilferechts in das Sozialgesetzbuch – das neue SGB XII. In: Nachrichtendienst des Deutschen Vereins für öffentliche und private Fürsorge. Heft 5/2004. S. 168 ff.

Schibilsky, Michael/Zitt, Renate (Hrsg.) (2004): Theologie und Diakonie. Gütersloher Verlagshaus. Gütersloh.

Schillinger, Helmut (2004): Kirchliche Krankenhäuser machen sich stark. In: neue caritas. Heft 12. 1. Juli 2004. S. 9 ff.

Schlögel, Anton (1983): Neuaufbau des DRK nach dem Zweiten Weltkrieg. 2. Aufl., Bonn.

Schmid, Josef (1996): Wohlfahrtsstaaten im Vergleich. Soziale Sicherungssysteme in Europa: Organisation, Finanzierung, Leistungen und Probleme. Verlag Leske + Budrich. Opladen.

Schmieder, Tilman (1996): Wohlfahrtsverbände: Alte Tabus und neue Konflikte. In: Sozialmanagement. Magazin für Organisation und Innovation. 6. Jg. Heft 3/96. Mai/Juni 1996. S. 23 ff.

Schmitter, Philippe C. (1979): Interessenvermittlung und Regierbarkeit. In: Alemann, Ulrich und Rolf G. Heinze: Verbände und Staat. Vom Pluralismus zum Korporatismus. Analysen, Positionen, Dokumente. Westdeutscher Verlag. Opladen.

Scholz, Stephanie (2004): Die sozialen Dienste im Fokus der EU-Institutionen. Stärkung solidarischer Strukturen. In: Diakonie Impulse 4/2004. S. 18 f.

Scholz, Stephanie (2004): Die sozialen Dienste im Fokus der EU-Institutionen. Stärkung solidarischer Strukturen. In: Diakonie Impulse 4/2004.

Schönig, Werner (2001): Rationale Sozialpolitik: die Produktion von Sicherheit und Gerechtigkeit in modernen Gesellschaften und ihre Implikationen für die ökonomische Theorie der Sozialpolitik. Duncker & Humblot. Berlin.

Schöning, Werner/Motzke, Katharina (2008): Riskanter Korporatismus. Der misslungene Angriff auf die Wohlfahrtsverbände als langfristiges Krisensymptom. In: Soziale Arbeit Heft 7/2008. S. 251–256.

Schops, Burkhard (2010): Tradition und Kultur der Dienstgemeinschaft im Kontext ausgewählter Managementkonzepte. In: Herrmann, Volker/Schmidt, Heinz (Hrsg.): Diakonisch führen im Wettbewerb. Herausforderungen und Aufgaben. Veröffentlichungen des Diakoniewissenschaftlichen Instituts, Bd. 41. Universitätsverlag Winter. Heidelberg.

Schreiner, Claus (Hrsg.) (1993): Frauenorden in Deutschland. Bonifatius Verlag. Paderborn.

Schüllermann und Partner GmbH Wirtschaftsprüfungsgesellschaft (1996): Gutachten „DRK Pilotprojekt Starkenburg".

Schwartz, Werner (2010): Diakonie und Führung. Herausforderungen des Marktes. Wege in die Zukunft. In: Herrmann, Volker/Schmidt, Heinz (Hrsg.): Diakonisch führen im Wettbewerb. Herausforderungen und Aufgaben. Veröffentlichungen des Diakoniewissenschaftlichen Instituts, Bd. 41. Universitätsverlag Winter. Heidelberg.

Schwester M. Irmgard Schmitt/Hinkel, Norbert (Hrsg.) (1995): Betroffene beteiligen – Prozesse der Organisations- und Kulturentwicklung in den Krankenhäusern der Franziskanerinnen von Waldbreitbach. Teil 1 (Herbst 1993). Ebd.: Teil 2. März

Schwester M. Engeltraud Bergmann/Müller-Horbach, Walter (Hrsg.) (1996): Betroffene beteiligen – Prozesse der Organisations- und Kulturentwicklung im Heilpädagogischen Zentrum Haus Mutter Rosa in Waldgassen. Teil 3. Februar.

Seithe, Horst/Hagemann, Frauke (2001): Das Deutsche Rote Kreuz im Dritten Reich (1933–1939). Mit einem Abriss seiner Geschichte in der Weimarer Republik. Mabuse. Frankfurt a. M.

Sekretariat der Deutschen Bischofskonferenz (1988): Katholische Verbände. Studientag der Vollversammlung der Deutschen Bischofskonferenz. 21. September 1988. Arbeitshilfen Nr. 61.

Sekretariat der Deutschen Bischofskonferenz (2007): Arbeitshilfen Nr. 209: Das Profil sozialer Einrichtungen in kirchlicher Trägerschaft im Kontext von Kooperationen und Fusionen. Eine Handreichung des Verbandes der Diözesen Deutschlands und der Kommission für caritative Fragen der Deutschen Bischofskonferenz. Bonn.

Sekretariat der Deutschen Bischofskonferenz (2012): Katholische Kirche in Deutschland. Zahlen und Fakten 2011/12. Arbeitshilfen 257. Bonn.

Sengling, Dieter (1993): Die heutige und zukünftige Bedeutung der Freien Wohlfahrtspflege. In: Bank für Sozialwirtschaft. Bericht über das Geschäftsjahr 1993. S. 66 ff.

Sengling, Dieter (1997): Soziale Arbeit im Paritätischen zwischen Gemeinwohlorientierung und privatwirtschaftlichem Wettbewerb. Rede zum ersten Verbandstag des Paritätischen Gesamtverbandes am 25. Oktober 1996. Beilage zu Nachrichten Parität. Heft 1/1997.

Serio, Antonelle (2004): Vielfalt – unser Alltagsgeschäft. In: neue caritas. Heft 8. 6. Mai 2004. S. 9 ff.

SINUS Markt- und Sozialforschung GmbH (2012): Die Sinus-Milieus in der VuMA 2012. Heidelberg.

Sozialgesetzbuch (SGB). Achtes Buch (VIII). Kinder- und Jugendhilfe. I. d. F. der Bekanntmachung vom 8. Dezember 1998.

Sozialgesetzbuch (SGB). Elftes Buch (XI). Pflegeversicherungsgesetz ... i. d. F. vom ...

Sozialgesetzbuch II – Grundsicherung für Arbeit Suchende – Vom 24. Dezember 2003. BGBl. I S. 2954.

Sozialgesetzbuch XII – Sozialhilfe – Vom 27. Dezember 2003. BGBl. I S. 3022.

Spiegel Online (2012): Augsburger Urteil. Lesbische Erzieherin siegt gegen katholische Kirche. In: Spiegel Online. 19. Juni 2012. http://www.spiegel.de/karriere/berufsleben/kirche-keine-kuendigung-in-elternzeit-fuer-lesbiscch-erzieherin-a-839767.html (Sichtung: 15. 10. 2012).

Spiegelhalter, Franz (1990): Der dritte Sozialpartner. Die Freie Wohlfahrtspflege – ihr finanzieller und ideeller Beitrag zum Sozialstaat. Lambertus Verlag. Freiburg i. Br.

Stahl, Patricia (1992): Die Tradition der jüdischen Wohlfahrtspflege in Frankfurt am Main vom 15. bis zum 19. Jahrhundert. In: Jüdisches Museum der Stadt Frankfurt am Main/Zentralwohlfahrtsstelle der Juden in Deutschland e. V. (Hrsg.): ZEDAKA – Jüdische Sozialarbeit im Wandel der Zeit: 75 Jahre Zentralwohlfahrtsstelle der Juden in Deutschland 1917–1992. Frankfurt am Main, S. 58–70.

Statistisches Bundesamt (1993): Fachserie 11. Reihe 4.1 Studenten an Hochschulen. WS 1991/92. Wiesbaden.

Statistisches Bundesamt (1996): Statistik der Jugendhilfe. Fachserie 13. Reihe 6.3. Einrichtungen und tätige Personen in der Jugendhilfe 1994. Wiesbaden.

Statistisches Bundesamt (2011): Fachserie 11. R. 4.1. Bildung und Kultur. Studierende an Hochschulen. Wintersemeser 2010/2011. Wiesbaden.

Statistisches Bundesamt (2011): Kinder und tätige Personen in Tageseinrichtungen und in öffentlich geförderter Kindertagespflege am 01.03.2011. Wiesbaden.

Statistisches Bundesamt (2012): Statistiken der Kinder- und Jugendhilfe. Einrichtungen und tätige Personen (ohne Tageseinrichtungen für Kinder) 2010. Wiesbaden.

Steffen, Achim (1995): Sozialfibel. Das System der sozialen Sicherung in Deutschland und die Reformvorschläge. Deutscher Institutsverlag. Köln.

Stiftung MITARBEIT (1988): Institutionalisierungsprozesse sozialer Protestbewegungen. Beiträge einer Tagung. Bonn.

Stiftung Mitarbeit (1988): Karl-Heinz Boeßenecker, Ulrich Buchholz, Theo Bühler: Analyse des Beratungsbedarfs und der Beratungsangebote im Bereich sozialer Selbsthilfe. Eine Pilotstudie. Bonn.

Stolterfoht, Barbara (2004): Promotor gesellschaftlicher Bewegungen. Festansprache der Verbandsvorsitzenden. In: Nachrichten Parität. Heft 2/2004.

Stoppe, Arnd (1994): Steuerung und Kontrolle im Nonprofit-Sektor am Beispiel der Arbeiterwohlfahrt. In: Theorie und Praxis der sozialen Arbeit. Heft 4/94.

Strantz von, Viktor (1896): Das Internationale Rote Kreuz. Berlin 1896. In: Die Heere und Flotten der Gegenwart. Bd. 1. Deutschland. Berlin.

Tänzer, Uwe (1992): Soziale Marktwirtschaft. Grundlagen und Aufgaben. Band 1. Ernst Klett Verlag. Stuttgart.

Van der Will/Wilfried/Burns, Rob (1982): Arbeiterkulturbewegung in der Weimarer Republik. Ullstein Verlag. Frankfurt am Main/Berlin/Wien.

ver.di caritas-verdi.blogs. Infoblog für Verdi-Betriebsgruppen in Caritas-Einrichtungen & Interessierte. http://caritas-verdi.blogspot.de/ sowie http://gesundheit-soziales.verdi. de/++skin++print/kirchen_diakonie_caritas? (Sichtung am 15.12.2012).

Verein zur Förderung der Selbsthilfe und Selbstorganisation e.V. München (Hrsg.) (1992): Wirkungen, Evaluation und sozialpolitische Bewertung des Selbsthilfebereichs in München. Kosten-Nutzen-Analyse der volkswirtschaftlichen Rückflußeffekte und Wert der Freiwilligenarbeit in Selbsthilfe-Initiativen. München.

Vertrag zwischen der BRD und der DDR über die Herstellung der Einheit Deutschlands (Einigungsvertrag) vom 31. August 1990. Artikel 32 Freie und gesellschaftliche Kräfte.

Vertrag zwischen der Bundesrepublik Deutschland, vertreten durch den Bundeskanzler, und dem Zentralrat der Juden in Deutschland – Körperschaft des öffentlichen Rechts, vertreten durch den Präsidenten und die Vizepräsidenten vom 14.08.2003 (BGBl I, S. 1598).

Vertrag zwischen der Bundesrepublik Deutschland, vertreten durch den Bundesminister des Innern, und dem Zentralrat der Juden in Deutschland – Körperschaft des öffentlichen Rechts, vertreten durch den Präsidenten und die Vizepräsidenten, zur Änderung des Vertrages vom 27. Januar 2003, in der Fassung des Änderungsvertrages vom 3. März 2008 zwischen der Bundesrepublik Deutschland und dem Zentralrat der Juden in Deutschland – Körperschaft des öffentlichen Rechts in der Ausgabe vom 08.06.2012 (BGBl I, S. 1222).

Vester, Michael (2006): Soziale Milieus im gesellschaftlichen Strukturwandel. Zwischen Integration und Ausgrenzung. Suhrkamp Verlag. Frankfurt am Main.

Vilain, Michael (2006): Zwischen Auftrag und ökonomischer Notwendigkeit. Eine Finanzierungslehre für Nonprofit-Organisationen. VS-Verlag. Wiesbaden.

Vilmar, Fritz/Runge, Brigitte (1986): Auf dem Weg zur Selbsthilfegesellschaft? Klartext Verlag. Essen.

Völpel, Eva (2011): Kirchliches Arbeitsrecht. Abmahnungen, Angst und Schikane. In: Die Tageszeitung TAZ – vom 21.09.2011.

Wagner, Doris (1994): Von Frauen gegründet – von Männern geführt. Klagelied einer alten AWO-Frau. In: Theorie und Praxis der sozialen Arbeit. Heft 4/94. S. 125 ff.

Wangler, Walter (1998): Bürgschaft des inneren Friedens. Sozialpolitik in Geschichte und Gegenwart. Westdeutscher Verlag. Opladen/Wiesbaden.

Waschkuhn, Arno (1995): Was ist Subsidiarität? Ein sozialphilosophisches Ordnungsprinzip: Von Thomas von Aquin bis zur „civil society". Westdeutscher Verlag. Opladen.

Weger, Hans Dieter/Bucholz, Heinz (1996): Stiftung als weiterführender Weg im Fundraising. Privates Vermögen für soziales Engagement. Arbeiterwohlfahrt gründet erste selbständige Gemeinschaftsstiftung in Deutschland. In: Forum Sozialstation. Das Magazin für ambulante Pflege. Nr. 81. August 1996.

Weis, Otto Jörg (1996): „Potsdam setzt Bischöfen Frist. Konflikt um katholische Schwangerschaftsberatung". Frankfurter Rundschau vom 5.7.1996.

Wendt, Wolf-Rainer (2011): Sozialwirtschaftliche Leistungen, Versorgungsgestaltung und Produktivität. Ziel Verlag. Augsburg.

Werner Media Group (2012): Mediadaten. Fundstelle: http://www.j-zeit.de/download/ Mediadaten_JZ.pdf (Sichtung am: 24.11.12).

Wieler, Joachim/Zeller, Susanne (Hrsg.) (1995): Emigrierte Sozialarbeit. Portraits vertriebener SozialarbeiterInnen. Lambertus Verlag. Freiburg i. Br.

Wiese, Leopold von (1981): Einführung in die Sozialpolitik. Verlag G. A. Gloeckner. Leipzig 1910.

Wildt, Gretel (1996): Was ist das evangelische Profil eines Kindergartens? In: DW der EKD: Diakonie-Jahrbuch '95. Stuttgart.

Willecke, Stefan (1996): Der barmherzige Konzern. In: Die Zeit. Nr. 1. 28. Dezember 1996. 51. Jahrgang. S. 9 ff.

Wirtschafts- und Sozialwissenschaftliches Institut des Deutschen Gewerkschaftsbundes (Hg.) (1981): Seit über einem Jahrhundert ...: Verschüttete Alternativen in der Sozialpolitik. Bund-Verlag. Köln.

Wirtschaftsmagazin Capital (1996): „Wohlfahrt im Rolls-Royce". Nr. 12/96. Dezember. S. 148 ff.

Wischnath, Johannes Michael (1986): Kirche in Aktion. Das Evangelische Hilfswerk 1945–1957 und sein Verhältnis zu Kirche und Innerer Mission. Göttingen.

Wissenschaftliches Institut der AOK (1998): Bettina Gerste/Isabel Rehbein: Der Pflegemarkt in Deutschland. Ein statistischer Überblick. Bonn.

Wohlfahrt, Norbert (1999): Zwischen Ökonomisierung und verbandlicher Erneuerung: Die Freie Wohlfahrtspflege auf dem Weg in einen veränderten Wohlfahrtsmix. In: Theorie und Praxis der Sozialen Arbeit, H.1, 3–8.

WohlfahrtIntern. Das Entscheider-Magazin für die Sozialwirtschaft: Ausgaben 9/2010, 2/2011, 7/2011, 3/2012 und 6/2012. Düsseldorf.

Wohlhüter, Herbert (1996): Diakonie soll unternehmerisch sein. In Diakonie-Jahrbuch '95.

Wollasch, Hans-Josef (1970): Werthmann, Kreutz und die Anfänge der Hauptvertretung Berlin des Deutschen Caritasverbandes. In: Deutscher Caritasverband (Hrsg.): Caritas Jahrbuch 71. S. 155 ff.

Wüllenweber, Walter (2011): Die Hilfsindustrie. In: Stern 8/2011. S. 94–101.

Wunderer, Hartmann (1980): Arbeitervereine und Arbeiterparteien. Kultur- und Massenorganisationen in der Arbeiterbewegung (1890–1933). Campus Verlag. Frankfurt am Main/New York.

Zentralarchiv der Erforschung der Geschichte der Juden in Deutschland. Fundstelle: www.uni-heidelberg.de/institute/sonst/aj/ (Sichtung am: 21.11.12).

Zentralrat der Juden in Deutschland (2012): Landesverbände, Gemeinden und Synagogen. Fundstelle: http://www.zentralratdjuden.de/de/topic/58.html (Sichtung am 22.11.12).

Zentralrat der Juden in Deutschland (2012a): Mediadaten der Jüdischen Allgemeinen. Fundstelle: http://www.juedische-allgemeine.de/mediadaten (Sichtung: 24.11.12).

Zentralwohlfahrtsstelle der Juden in Deutschland e. V. (2011): Satzung der Zentralwohlfahrtsstelle der Juden in Deutschland e. V. beschlossen auf den Mitgliederversammlungen am 21.11.1993 in Frankfurt am Main i. d. F. vom 11.12.2011.

Zentralwohlfahrtsstelle der Juden in Deutschland e. V. (2012 a): Selbstdarstellung. Fundstelle: http://www.zwst.org/de/zwst-ueber-uns/selbstdarstellung (Sichtung am: 17.11.12).

Zentralwohlfahrtsstelle der Juden in Deutschland e. V. (Hrsg.) (1996): Leitfaden für Jüdische Zuwanderer aus der ehemaligen Sowjetunion. Frankfurt am Main.

Zentralwohlfahrtsstelle der Juden in Deutschland e. V. (Hrsg.) (2011a): Jahresbericht 2011 von Oktober 2010 bis Oktober 2011. Frankfurt am Main.

Zentralwohlfahrtsstelle der Juden in Deutschland e. V. (Hrsg.) (2012): Mitgliederstatistik der jüdischen Gemeinden und Landesverbände in Deutschland für das Jahr 2011. Frankfurt am Main.

Zentralwohlfahrtsstelle der Juden in Deutschland e. V. (1987) (Hrsg.): Die Zentralwohlfahrtsstelle. Der jüdische Wohlfahrtsverband in Deutschland – Eine Selbstdarstellung. Frankfurt am Main.

Zimmer, Annette (1996): Vereine – Basiselement der Demokratie. Leske + Budrich. Opladen.

Zimmer, Annette/Priller, Eckhard (2007): Gemeinnützige Organisationen im gesellschaftlichen Wandel. Ergebnisse der Dritte-Sektor-Forschung. Verlag für Sozialwissenschaften. Wiesbaden.

Zukunftssicherung durch Strukturreform – Diskussionspapier zur AWO-Verbandsentwicklung. In: Theorie und Praxis der sozialen Arbeit. Heft 5/2004. S. 48 ff.

Anschriften der bundeszentralen Spitzenverbände

Arbeiterwohlfahrt Bundesverband e. V.
Blücherstraße 62/63
10961 Berlin
Telefon: 030/26309-0
Internet: www.awo.org

Deutscher Caritasverband e. V.
Karlstraße 40
79104 Freiburg i. Br.
Telefon: 0761/200-0
Internet: www.caritas.de

Der Paritätische Gesamtverband e. V.
Oranienburger Str. 13–14
10178 Berlin
Telefon: 030/24636-0
Internet: www.paritaet.org

Deutsches Rotes Kreuz e. V.
Carstennstraße 58
12205 Berlin
Telefon: 030/85404-0
Internet: www.drk.de

Diakonie Deutschland – Evangelischer Bundesverband
Evangelisches Werk für Diakonie und Entwicklung
Caroline-Michaelis-Straße 1
10115 Berlin
Telefon: 030/65211-0
Internet: www.diakonie.de

Zentralwohlfahrtsstelle der Juden in Deutschland e. V.
Hebelstraße 6
60318 Frankfurt a. M.
Telefon: 069/944371-0
Internet: www.zwst.org

Bundesarbeitsgemeinschaft der Freien Wohlfahrtspflege e. V.
Oranienburger Straße 13–14
10178 Berlin
Telefon: 030/240890-0
Internet: www.bagfw.de

Die Autoren

Karl-Heinz Boeßenecker, Prof. Dr. phil., M. A. Jahrgang 1947; nach Berufsausbildung Studium der Sozialarbeit, Soziologie und Politikwissenschaft, promoviert im Fach Soziologie. Mehrjährige Leitungs- und Managementerfahrungen in Nonprofit-Organisationen sowie der Weiterbildung. Von 1991 bis 2009 Professor für „Verwaltungs- und Organisationswissenschaft" an der FH Düsseldorf, Leiter des FSP Wohlfahrtsverbände/Sozialwirtschaft. U. a. Abordnungen an die Universität Siegen (Zentrum für Planung und Evaluation sozialer Dienste) sowie an die Fachhochschule im DRK Göttingen. Bis zur Versetzung in den Ruhestand Professor und hauptamtlicher Dekan/Vizepräsident an der Hochschule für angewandte Wissenschaften (HAW) Hamburg, Fakultät Wirtschaft und Soziales. Seit SS 2010 Mitglied und Direktor am Institut für Zukunftsfragen der Gesundheits- und Sozialwirtschaft der Evangelischen Hochschule Darmstadt. Gesellschafter des Instituts für Sozialplanung und Praxisberatung – ISP – Köln. Schwerpunktthemen: Verbändeforschung, Neuorganisation sozialer Dienste, Personal- und Organisationsberatung, Sozialplanung.

Michael Vilain, Prof. Dr. phil., Dipl.-Kaufmann. Jahrgang 1969, geboren in Johannesburg (Südafrika). Studium der Betriebswirtschaftslehre in Münster. Ab 1994 Tätigkeit als geschäftsführender Gesellschafter eines mittelständischen Betriebes. Ab 1998 berufsbegleitendes Studium der Politikwissenschaft und Wirtschaftspolitik im Promotionsstudiengang. Von 2000 bis 2003 Tätigkeit als wissenschaftlicher Mitarbeiter am FSP Wohlfahrtsverbände/Sozialwirtschaft an der FH Düsseldorf, ab 2003 am Institut für Politikwissenschaft der Westfälischen Wilhelms-Universität Münster. Promotion zum Thema „Zwischen Auftrag und ökonomischer Notwendigkeit. Eine Finanzierungslehre für Nonprofit-Organisationen". Von 2004 bis 2006 Geschäftsführer des Zentrums für Nonprofit-Management. Es folgten Vertretungsprofessuren an der FH im DRK Göttingen und der FH Nordhausen sowie Lehraufträge an der FHVR in Berlin. Seit 2008 Professor für Allgemeine Betriebswirtschaftslehre an der Evangelischen Hochschule Darmstadt und geschäftsführender Direktor des IZGS. Schwerpunktthemen: Management von Nonprofit-Organisationen, Bürgerschaftliches Engagement, Neustrukturierung und Entwicklung kommunaler Versorgungsstrukturen. Mitglied in zahlreichen Vereins- und Verbandsvorständen.

Institut für Zukunftsfragen der Gesundheits-
und Sozialwirtschaft der EHD – IZGS
Zweifalltorweg 12, 64293 Darmstadt

www.izgs.de, Fon: +49(0)6151 8798-839